西北大学名师大家学术文库

张岂之 修订

宋明理学史(下)

侯外庐 邱汉生 张岂之 主编

西北大学出版社

目 录（下）

第四十八章　顾宪成的理学思想 ……………………………………… /1227
  第一节　顾宪成的学术渊源和理学派别 ……………………………… /1227
  第二节　"理是主宰"的本体论和对《太极图说》的解说 ………… /1232
  第三节　"道性善是说本体"的人性论 ……………………………… /1235
  第四节　"道性善"与对"无善无恶心之体"的论辩 ……………… /1237
  第五节　辟佛论 ………………………………………………………… /1245
  第六节　知行观与修养论 ……………………………………………… /1247

第四十九章　高攀龙的理学思想和"致用"学说 …………………… /1257
  第一节　学术渊源与理学派别 ………………………………………… /1257
  第二节　理气观 ………………………………………………………… /1261
  第三节　"复性"说和对"无善无恶"说的论辩 …………………… /1263
  第四节　对管志道的"三教统一"说的论驳 ……………………… /1267
  第五节　"格物穷理"和修悟并重 …………………………………… /1270
  第六节　提倡"治国平天下"的"有用之学" …………………… /1280

第五十章　刘宗周的思想特征及其"慎独""敬诚"理论 ………… /1283
  第一节　刘宗周的生平和思想演变 …………………………………… /1283
  第二节　"离气无理"的理气论和"道不离器"的道器论 ………… /1286

第三节　以"形气为本"的人性论及其心学观点 …………………… /1293
　　第四节　"良知不离闻见"与"求道之要莫先于求心" …………… /1299
　　第五节　辟佛论 ……………………………………………………… /1306
　　第六节　提倡"慎独""敬诚"之说 ………………………………… /1310

第五十一章　黄道周的理学思想 ……………………………………… /1317
　　第一节　黄道周的生平和理学倾向 ………………………………… /1317
　　第二节　黄道周的自然观 …………………………………………… /1321
　　第三节　黄道周的《易》学思想 …………………………………… /1324
　　第四节　黄道周的"格物致知"论 ………………………………… /1328
　　第五节　"修己以敬"的道德修养论 ……………………………… /1332
　　第六节　黄道周的人性论 …………………………………………… /1335

第五十二章　方以智、"易堂九子"与理学 ………………………… /1340
　　第一节　方以智的思想特色 ………………………………………… /1340
　　第二节　"易堂九子"及其思想 …………………………………… /1349

第六编　明末清初对理学的总结及理学的衰颓

概　说 ……………………………………………………………………… /1369

第五十三章　孙奇逢的理学著作与理学思想 ………………………… /1371
　　第一节　孙奇逢的生平及著作 ……………………………………… /1371
　　第二节　孙奇逢的《理学宗传》 …………………………………… /1376
　　第三节　孙奇逢的《四书近指》《书经近指》和《读易大旨》 … /1383
　　第四节　孙奇逢在理学史上的地位 ………………………………… /1391

第五十四章　《宋元学案》及其对宋元时期理学的总结 …………… /1397
　　第一节　《宋元学案》的编纂成书 ………………………………… /1397
　　第二节　《宋元学案》的学术倾向与黄宗羲、全祖望的治学路径 …… /1404

第三节 《宋元学案》对于理学源流和学统师承的辨析……………/1411
第四节 《宋元学案》关于理学史上诸论争的观点………………/1423
第五节 《宋元学案》的体例特点和它在学术史上的地位…………/1437

第五十五章 《明儒学案》及其对明代理学的总结……………/1443
第一节 《明儒学案》的学术渊源与学术倾向……………………/1443
第二节 《明儒学案》论明初理学…………………………………/1449
第三节 《明儒学案》论明代中后期理学（上）……………………/1452
第四节 《明儒学案》论明代中后期理学（下）……………………/1465
第五节 《明儒学案》的理学观点及其在学术史上的地位…………/1470

第五十六章 李颙的反身悔过之学……………………………/1481
第一节 李颙的生平及著作…………………………………………/1481
第二节 李颙的理学思想……………………………………………/1485
第三节 李颙在理学史上的地位……………………………………/1505

第五十七章 陈确与理学………………………………………/1508
第一节 陈确的生平与著作…………………………………………/1508
第二节 事事求实的学风……………………………………………/1511
第三节 在知行论上与理学的论辩…………………………………/1514
第四节 在人性论上对理学的驳难…………………………………/1520

第五十八章 顾炎武、傅山对理学的批评………………………/1527
第一节 顾炎武的学术思想…………………………………………/1527
第二节 傅山的学术思想……………………………………………/1540

第五十九章 王夫之与理学……………………………………/1558
第一节 王夫之对张载气本论的继承和发展………………………/1559
第二节 王夫之对理学的批评………………………………………/1564
第三节 王夫之对理学一些基本观念的固守………………………/1578

第六十章　颜李学派的反理学思想 ……………………………………… /1581
第一节　颜元的生平 …………………………………………………… /1581
第二节　颜学的理论倾向 ……………………………………………… /1582
第三节　颜李学派在理论思维上的经验教训 ………………………… /1586
第四节　颜李学说的历史地位及其命运 ……………………………… /1589

第六十一章　陆世仪的理学思想 ………………………………………… /1596
第一节　陆世仪的生平与著作 ………………………………………… /1596
第二节　陆世仪的理气论 ……………………………………………… /1597
第三节　陆世仪的"格物致知"论与"居敬"说 …………………… /1600
第四节　陆世仪晚年对程朱理学人性论的异议 ……………………… /1606
第五节　陆世仪思想评价 ……………………………………………… /1611

第六十二章　陆陇其的理学思想 ………………………………………… /1614
第一节　陆陇其论"理""道"与"太极" ………………………… /1614
第二节　陆陇其的"中庸"论 ………………………………………… /1618
第三节　陆陇其的"居敬穷理"论 …………………………………… /1620
第四节　陆陇其的尊朱黜王论 ………………………………………… /1623

第六十三章　李光地的理学思想 ………………………………………… /1628
第一节　李光地的生平和著作 ………………………………………… /1628
第二节　李光地的理学派别 …………………………………………… /1632
第三节　李光地的理学诸观点 ………………………………………… /1642
第四节　李光地编纂的性理诸书 ……………………………………… /1659

附录一：理学家生卒年表 ………………………………………………… /1662
附录二：宋明时期主要理学著作目录 …………………………………… /1672

第四十八章 顾宪成的理学思想

顾宪成是明末东林学派的主要创始人之一。黄宗羲在《明儒学案》中,赞扬他们所创建的东林学派是"一堂师友,冷风热血,洗涤乾坤"(卷五十八《东林学案·序》)。

顾宪成的理学倾向,基本是宗程、朱而诋陆、王。他标榜气节,崇尚实学,反对王学末流弃儒入禅、空谈心性而不务实学的风气。

第一节 顾宪成的学术渊源和理学派别

一、顾宪成的生平和学术渊源

顾宪成(公元1550—1612年)字叔时,号泾阳,无锡人,世称泾阳先生或东林先生。万历八年(公元1580年)进士,授户部广东司主事。与魏懋权(允中)、刘国徵(廷兰)合称"三元","言时政得失,无所隐蔽"(《明儒学案》卷五十八《东林学案·顾宪成传》)。万历十五年(公元1587年),他上疏"分别小人,刺及时政"(同上),被贬为湖广桂阳州判官。万历二十年(公元1592年),擢吏部考功司主事。后因他在立皇太子和会推阁臣问题上,与神宗及权臣抵牾,于万历二十二年(公元1594年)被革职回家。顾宪成罢归后,即从事著述,相继写了《小心斋札记》《还经录》《质疑编》《证性编》《桑梓录》等。万历三十二年(公元1604年),他又与高攀龙、顾允成、钱一本等重建东林书院,从事讲学活动。他的著作被编为《顾端文公遗书》。

顾宪成青年时,初学于张淇门下,后又师薛应旂(方山)。据史料记载,张淇年幼曾"师事阳湖邵公,闻阳明致良知之说",后又拜薛应旂为师,"学益进,已乃亟称考亭曰:'毕竟盘不过此老'"(《泾皋藏稿》卷十六《明故学谕损斋张先生墓志铭》)! 称道朱学。万历二十八年(公元1600年),他声斥王学末流为"异说横流","其害真酷似夷狄禽兽"(同上)! 褒朱学而贬王学的态度十分明显。薛应旂从师于王守仁弟子欧阳德,但他却反对那些把王学引向异端的人,批评这些人是"世之堕于腐俗过于玄虚者"(《方山纪述》卷五《与孔文谷提学》)。其晚年倾向朱学,重订宋端仪所撰《考亭渊源录》二十四卷,并将此书授予顾宪成、允成兄弟,称赞朱熹之学,谓"洙泗以下,姚江以上,萃于是矣"(《顾端文公年谱》上)。由此可见,从师承上来说,顾宪成是王门的三传弟子。其师张淇和薛应旂虽出入王门,但思想却已由王学转向朱学,因此,顾宪成的宗程、朱而斥王学末流的理学倾向,多少与其师承有关。

顾宪成还自称曾"私淑本庵方先生有年"(《东林书院记》卷十六)。方学渐是方以智之祖父,虽受学于泰州学派的张甑山、耿楚倥,但已背离王学,"别出一机轴矣"(《明儒学案》卷三十五《泰州学案·方学渐传》)。

此外,从顾宪成、高攀龙重建东林书院的意图来看,是想继承杨时东林书院的传统,以恢复和发扬程朱理学正宗。顾宪成在万历三十一年(公元1603年)《请复东林书院公启》中说:

> 有宋龟山杨先生受业两程夫子,载道而南,一时学者翕然从之,尊为正宗。考锡乘先生(即杨龟山)常讲学是邑,十有八年,建有东林书院。岁久旁落为东林庵,而书院废矣。距今五百年,俯仰顾盼,莫不喟然叹息。某等僭不自量,欲相与共图兴复,然念祠堂以崇先哲之懿范,则道脉系焉,书院以广友朋之丽泽,则学脉系焉,所关重大。……会庠友马希尹等会呈上请,乃敢拜首飏言曰:先生(指杨龟山)之道其源远矣,其流长矣,及门之乐育既多,过化之余风未泯,而今而往有能绍述遗训,如当年之在东

林,一传而为喻工部,再传而为尤文简,三传而为李简肃、蒋忠文,无坠道南之一线者乎,是惟先生之赐。而今而往,有能冥契心宗如当年之在剑南,一传而为罗豫章,再传而为李延平,三传而为朱考亭,直接周、程之正统者乎,亦惟先生之赐。其大造于吾锡何如也!台臺为斯文主盟……幸亟允希尹等之请,上之表章正学,焕发幽光……九峰二泉之间,行将坐收濂洛关闽之胜,其大有造于吾锡,又当何如也!(《东林书院志》卷十七)

后来,高攀龙在万历四十二年(公元1614年)写的《东林原志序》中,也同样强调:

> 龟山杨先生上承洛统,下开闽传,其棲止于晋陵梁溪间,浮云流水之迹耳。而吾郡至今言学不畔洛闽,不忍曲学阿世,于是见先生之精神大而远也。先生于梁溪东林,东林之废久矣,屡有复者而未竟。顾泾阳先生始率同志告于当道而一新之,使吾锡之士,进则行其道于天下,退则明其道于此,如行者之有家,耕者之有土也。(同上卷十六)

可见,顾、高重建东林书院的意图是十分明确的,即发扬杨时的"上承洛统、下开闽传"之传统,"无坠道南之一线","直接周程之正统",使"道脉""学脉"有所系。

顾宪成、高攀龙之所以提出要维系"道脉""学脉",正反映了明朝自正德、嘉靖以来,王守仁心学兴起,天下风靡,朱学衰微,程朱理学的传统发生了危机,所以他们急于要复兴朱学,以矫王学之弊。

顾、高重建东林书院以兴朱学而斥王学的行动,开启了由王返朱的思想趋势。清朝胡慎《东林书院志序》中论述了这一思想历程。他说:

> 至明弘、正之世,则姚江之学大行,而伊洛之传几晦,东林亦

废为丘墟。至万历之季,始有端文顾公、忠宪高子振兴东林,修复道南之祀,仿白鹿洞规为讲学会,力阐性善之旨,以辟无善无恶之说,海内翕然宗之,伊洛之统复昌明于世。

这一叙述指出了顾宪成的思想渊源于程朱理学。

二、顾宪成的理学派别

至于顾宪成的理学派别,从他对周惇颐、二程、朱熹的赞扬备至的态度,即可明显看出其理学派别倾向。他在《小心斋札记》中说:

> 孔子表章六经,以推明羲、尧诸大圣之道,而万世莫能易也。朱子表章《太极图》等书,以推明周、程诸大儒之道,而万世莫能易也。此之谓命世。(卷三)

把朱熹看作是继孔子之后集儒学大成之圣人,在《朱子节要序》中,甚至得出"论造诣,颜、孟犹有歉焉;论血脉,朱子依然孔子也"(《泾皋藏稿》卷六)的结论,足见他对朱子的尊崇。不仅如此,他对理学的开创者周惇颐很推崇。他说:

> 孔孟既没,吾道不绝如线,至宋而始一光,发脉得一周元公,结局得一朱晦翁。(《小心斋札记》卷一)
> 《太极图说》,元公之《中庸》也;《通书》,元公之《论语》也。上下两千年间,一人而已矣。(同上)
> 卓哉其元公乎!吾始以为元公也,而今乃知其宛然一孔子也。(同上卷三)

可见,顾宪成是把周惇颐的创建理学,看成为孔孟之真传、儒学之复兴,其功绩不在孔孟之下。而程、朱,尤其是朱熹,则被视为周惇颐理学的发扬光大者,其功不在周之下。因此,高攀龙在顾宪成病逝后,对顾的学术思想所做的结论是:"远宗孔圣,不参二氏(指佛、道);近契元公,恪遵洛、闽"(《东林书院志》卷七《顾泾阳行状》)。方学渐在他亲赴东林书院参观归来所写的《东游记小引》一文中也说:"东林之学,以朱子为宗"(同上卷十六)。而并非像有人所说的是"王学的修正派,"朱、王之学的调和折中者。

顾宪成的思想学说,虽然"恪遵洛、闽","以朱学为宗",但不抱门户之见。对陆王心学之短长,以至朱熹之不足,他大都能持公允的批评态度。他虽然推崇朱熹,但并不遮掩朱熹之短。在他评论朱(熹)、王(阳明)异同时,其态度更是谦逊而平实。他说:

> 不肖,下里之鄙人耳,无所闻知。少尝受阳明先生《传习录》而悦之。(《泾皋藏稿》卷四《复方本庵》)

又说:

> 当士人桎梏于训诂辞章间,骤而闻良知之说,一时心目俱醒,恍若拨云雾而见白日,岂不大快。(《小心斋札记》卷三)

学宗程、朱的顾宪成,在这里非但毫不讳言自幼学自王门,而且也很称道王守仁,并无门户之见。更可贵的还在于他从总结理学思想发展的途径,肯定了理学各派不同意见的短长和应有的地位。他反对互相排斥,提倡互相尊重、取长补短的见解是可取的。他反对门户之见,而从总结学术思想发展史的角度,给予不同理学派别应有的历史地位,这一做法开启了后来以黄宗羲、全祖望为代表的《宋元学案》《明儒学案》对宋明理学总结的端绪。

第二节 "理是主宰"的本体论和
对《太极图说》的解说

一、"理是主宰"的本体论

顾宪成尊奉程、朱"性即理""理为主"的本体论。他说：

> 伊川曰："性即理也"。此一语极说得直截分明，亘古亘今、颠扑不破，却亦有个来历。《书》云："惟皇上帝降衷于下民。"《诗》云："天生蒸民，有物有则。"曰衷曰则，非"理"而何？但不如拈出"理"字，尤觉易晓耳。朱子尝言："自程、张气质之说出，而后诸子纷纷之论息。"予以为未也。别气质于性则性明，淆气质于性则性晦，犹在人善看。惟"性即理也"之说出，而后诸子更无所置其喙耳。（同上卷十一）

认为理既是宇宙万物的本源，又是宇宙万物的规律和法则，"曰衷曰则，非理而何？"

在理与气的关系上，他认为理在气先，理是主宰，气是从属于理的。他尊奉程、朱的"性即理""理为主"的本体论，阐述理与气的关系。他虽然认为理不离气，理气相依，但强调理是始终处于主宰的地位。因此，他反对分理气为二的理气二元论，也反对混理气为一的混一论。

二、对周惇颐的《太极图易说》的解说

顾宪成同朱熹一样，把"理"也称作"太极"。如说"性，太极也"（同上卷四）、"太极，理也"（《证性编·质疑》下）；并且按照朱熹"理生气"的观点来解释周惇颐的《太极图易说》，同时还借《周易》的传统观点予以论证。他说：

> 《易》曰:"天地絪缊,万物化醇。"周子曰:"太极动而生阳,动极而静,静而生阴,静极复动。一动一静,互为其根。"愚谓知天地之所以生万物,则知太极之所以生天地。周子此数语模写絪缊情状,宛然如画,真造物传神乎也。(同上卷一)
>
> 乾之《彖》曰:"大哉乾元,万物资始。"坤之《彖》曰:"至哉坤元,万物资生。"《系辞》曰:"乾以易知,坤以简能。"又曰:"乾知大始,坤作成物。"这是太极两个大总管,千变万化,皆由此出。人心之有知能,亦犹是也。(同上卷二)

认为太极(理)是产生天地万物以至人的精神知能的根源,是"超形气之上"的"形而上者"之"道"的精神本体。最后他把自己的以"理为主宰"的本体观归结为"太极生天生地之本,阴阳生天生地之具"(同上卷十六)。这个归结也是从朱熹的所谓"理也者,形而上之道也,生物之本也。气也者,形而下者之器也,生物之具也"(《朱文公文集·答黄道夫书》)的概述中脱胎而来的。

顾宪成之所以把精神本体的"理"("太极")赋予主宰的地位,是针对佛教经典称"佛为生天生地之圣人"而言的。他说:

> 《内典》推佛为生天生地之圣人。按《汤诰》有曰:"惟皇上帝,降衷于下民"。予以为非特降衷于下民,实乃降衷于天地,此之所谓生天地之圣人也。(同上卷十六)

当时,在学术思想界,有像管志道、陶望龄、钱渐庵等人为代表的王学末流,他们弃儒入禅,大倡所谓儒、佛、道"三教合一"。于是,一时谈玄说空之论,甚嚣尘上。顾宪成以天帝为"生天生地之圣人"这一儒家传统观点反对"佛为生天生地之圣人"的说法,显然具有防止儒学禅化的意义。

顾宪成之所以要同朱熹一样,把"理"称为"太极",并且按照程、朱"理生气"的观点来解释周惇颐的《太极图易说》,意在消除佛、道的影响,以破除管志道、钱渐庵、陶望龄等人想从周惇颐的"无极"观点中,为"无善无恶是心之体"寻找本体论依据的企图。

顾宪成在解释周惇颐的《太极图易说》时,与朱熹不同的,是他明确宣称周惇颐之所以作《太极图易说》,正以"匡(佛、道)二氏",曰"无极","正为辟老氏而发"。他说:

> 盖周子标〇为太极矣,而其两之为阴阳也,即系〇于阴阳。五行之为水、火、木、金、土也,系〇于水、火、木、金、土。是混者不嫌于析也。何也?混之以本体,析之以为用,体用本一原也。老氏却曰:"失道而后德,失德而后仁,失仁而后义,失义而后礼,失礼而后智。"将无于体用之间,自生拣择。即所云"有物混成",亦归之笼统而已耳。
>
> 周子标〇居上矣,而其次之以水、火、木、金、土也,即系水、火、木、金、土于〇,是上者不离于下也。何也?形而上谓之道,形而下谓之器,道器本一贯也。佛氏却曰:"迷妄有虚空,依空立世界,想澄成国土,知觉乃众生"。将无于道器之间,自生取舍?即所云:惟吾独尊。亦归之孤亢而已耳。由此观之,周子之为是图,正以匡二氏也。其指微矣。(同上)

又说:

> 或曰"无极"二字,原出于老氏,分明与"无善"义同。周子《太极图说》奈何宗之?曰:周子此语正为辟老氏而发……(《还经录》)

从顾宪成对周惇颐《太极图易说》的解说,可以看出他是把"太极"(理)作为宇宙万物的本原,认为所谓"无极而太极",只是"明其非真无也",赋予了"太极"(理)以实在性。这当然并非周惇颐《太极图易说》的本意,而是顾宪成借周惇颐的思想资料,经过自己一番的加工改造而得出的观点。他还以此破除王学末流利用周惇颐的"无极"观点为他们的"无善无恶心之体"的观点寻求依据的企图。

第三节 "道性善是说本体"的人性论

顾宪成在《东林书院院规》中提出"以性善为宗"(《东林书院志》卷二)。高攀龙也认为顾宪成"辟东林精舍"是"讲明性善之旨"(《高子别集》卷六《泾阳顾先生小传》)。

顾宪成的本体论既然是"以理为主宰";那么,自然认为太极(理)是世上万事万物的本原。因而太极(理)赋予人,则自然谓之性,这正如朱熹所谓"在天曰命,在人曰性",性就是天理,而天理也就是太极。所以,顾宪成说:"性即理也"(《小心斋札记》卷十一)、"性,太极也"(同上卷四)、"性,天道也"(同上)。这就把人的本性问题,提到了本体论的高度。

不过,顾宪成与朱熹的观点也有所区别,他为了强调人性"善"的作用和地位,还根据《周易》万物生成的传统观点,提出"善"是天地万物的本原。他说:

> 《易》曰:"大哉乾元,万物资始。"曰:"至哉坤元,万物资生。"曰:"元者,善之长也。"可见乾坤万物,一齐从"善"中流出。圣人要范围天地,曲成万物,所以欲培植此"善"字。(《还经录》)

根据《周易》的注释,《乾》卦象天,故《彖传》以天之德解释卦辞:"元"作"善"解,"资"作"赖"讲。因而,"大哉乾元,万物资始",即谓大哉天德之善,万物赖之而有始。《坤》卦象地,故《彖传》以地之德解释卦辞。因而,所谓"至哉坤元,万物资生",即至哉地德之善,万物赖之以生长(参见高亨《周易大传今注》)。把天地万物的起源与化生都归之于"善"的作用,这就直接地把"善"提到了和"太极""理"的同等地位,认为"乾坤万物,一齐从善中流出。"于是"善"被赋予了本体的性质。

他又说：

> 吾人时刻受用者，性而已矣。性之所以为性者，善而已矣。天地间止是此件，故可欲者，止是此件，受用者，止是此件。(《东林书院志》卷六《补录未刻稿＜东林商语＞一则》)

这就是他自己所归纳的"道性善是说本体"(《经正堂商语》)，以及他临终绝笔："语本体，只是'性善'二字"(《小心斋札记》卷十八)。即是说，"善"与"太极"(理)一样，不仅是天地万物生成的本原，而且具有"天之德""地之德"的性质。

顾宪成对《周易》《乾》卦卦辞"元、亨、利、贞"的解释，不仅认为"善"具有天地之德，而且还具有仁、义、礼、智等道德属性。元、亨、利、贞是《周易》《乾》卦卦辞，是乾(天)之四德，即仁、礼、义、正。《周易正义》又以"元、亨、利、贞"(仁、礼、义、正)四德与天之四时(春生、夏长、秋收、冬藏)相配。朱熹认为元、亨、利、贞具有仁、义、礼、智的道德属性。如说："在天曰元、亨、利、贞，在人曰仁、义、礼、智"(《朱文公文集》卷六十七《仁说》)。顾宪成在继承前人思想的基础上，做了自己的发挥。他强调"善"的作用，认为天之四德"元、亨、利、贞"，皆是"善"的体现，又是"善"的复归。这样，"善"不只是"天之四时"的体现者，也是"君子四德"仁、义、礼、智的体现者。名称虽异，实出一原。

顾宪成之所以如此强调性善说，是有针对性的。当时王守仁的"无善无恶心之体"四句教流行，王学末流掀起空谈心性而不务实学之风，顾说对此而言。他说："将这'善'字打破，本体只是一个'空'"(《小心斋札记》卷三)。又说："往岁唐仲卿过访泾上，语次痛疾心学之说。……仁卿曰：'而今一切托之心，这是无形无影的，何处究诘也？'予曰：'只提出'性'字作主，这心便有管束。孔子'从心所欲，不逾矩，矩即性也'"(同上卷五)。顾宪成认为"点出'善'字，正示性有定体，不可以歧见淆也"；"提出'性'字，正示善有大原,不可以局见窥也"(同上卷二)。可见,顾宪成之所以要抬高性善说,把"性"与"善"结合起来,目的就是用来防范和破除王学"无善无恶"之说的泛滥。

第四节 "道性善"与对"无善无恶心之体"的论辩

明后期,王学末流利用"四句教"的"无善无恶心之体"的理论,谈空说玄,并提倡"三教合一",大张宗风。刘宗周的门人董玚曾指出,"自文成而后,学者盛谈玄虚,遍天下皆禅学"(《刘子全书》卷四十《刘子年谱·万历四十年条》)的严重状况。这种大张宗风的行径,可以管志道(东溟)、钱渐庵、周汝登(海门)、陶望龄(石篑)等人为代表。据《明儒学案》记载:

管志道,字登之,号东溟,苏之太仓人,隆庆辛未(公元1571年)进士。……受业于耿天台,著书数十万言,大抵鸠合儒释。……谓乾元无首之旨,与华严性海浑无差别(卷三十二《泰州学案·序》)。他认为"儒、释、道其心皆一门庭"(管志道《从先维俗议》卷五),故"倡道东南,标三教合一之宗"(《泾皋藏稿》卷十七《文石张君墓志铭》)。

钱渐庵,东林党人钱龙锡之父,云间(今江苏松江)人。曾为官于山东蓬莱,后退居故里,主持日新书院。著有《会语》《空说》等文,主"无善无恶"之说。

周汝登,字继元,别号海门,嵊县(今嵊州市)人,万历丁丑(公元1577年)进士。"闻道于(王)龙溪",后又求教于罗汝芳(近溪)。南都(金陵)讲会,他"拈《天泉证道》一篇相发明","以无善无恶为宗"(《明儒学案》卷三十六《泰州学案·周汝登传》)。

陶望龄,字周望,号石篑,会稽人,万历己丑(公元1589年)进士。他的学问"多得之(周)海门,而泛滥于方外";"其时湛然、澄密、云悟,皆先生引而进之,张皇其教,遂使宗风盛于东浙。其流之弊,则重富贵而轻名节,未必非先生之过也"(同上《陶望龄传》)。

这时与管志道、钱渐庵、周汝登、陶望龄等人相对峙的,除了顾宪成、顾允成兄弟和高攀龙等东林学派人士外,还有湛若水的再传弟子许孚远、陕西学者冯从吾,以及原出于王门而后又别立宗旨,倡"止修"学说的李材,还有和管志道同出于泰州学派的方学渐等人。据《明儒学案》记载:

许孚远,字孟仲,号敬庵,湖州德清人,嘉靖壬戌(公元1562年)进士。年二十四,学于湛若水的弟子唐枢之门。他"信良知,而恶夫援良知以入佛者";"南都讲学,先生(即许孚远)与杨复所、周海门为主盟,周、杨皆近溪之门人,持论不同。海门以'无善无恶'为宗,先生作《九谛》以难之"(卷四十一《甘泉学案·许孚远传》)。周汝登"作《九解》以伸其说"(卷三十六《泰州学案·周汝登传》)。

方学渐,字达卿,号本庵,桐城人。曾受学于泰州学派的张甑山、耿楚侗。他"见世之谈心,往往以'无善无恶'为宗,有忧焉"(卷三十五《泰州学案·方学渐传》)。"独以'性善'扫除'无善无恶',直狂澜之砥柱也"(《小心斋札记》卷十六)。

冯从吾,字仲好,号少墟,陕西长安人,万历己丑(公元1589年)进士。受学于许孚远。曾与邹元标(南皋)于京师建首善书院,"倡明正学"(《明儒学案》卷四十一《甘泉学案·冯从吾传》)

李材,字孟献,别号见罗,丰城人,嘉靖壬戌(公元1562年)进士。初学于邹守益(东廓),"学致良知之学",后"别立宗旨"倡"止修"学说(同上卷三十一《止修学案·李材传》)。他的《性善编》"专为阳明致良知之说而作",认为"阳明以无善无恶为性,则亦以无善无恶为良知,此其合商量处也"。顾宪成评云:"见罗校勘到此,可谓洞见病根"(《小心斋札记》卷十四)。

他们虽然不出于同一学派,但都主"性善"之说,并与"无善无恶心之体"的学说展开了论辩。当时著名学者刘宗周就曾对这场论辩的性质做过评论,他说:

> 王守仁之学良知也,无善无恶,其弊也,必为佛、老顽钝而无耻。……佛、老之害,自宪成而救。(《刘子全书》卷十四《修正学以淑人

心,以培国家元气疏(万历四十一年十月)》)

可见,顾宪成等人与管志道、周汝登等人的这场论辩,是旨在以程朱理学来矫正王学末流之弊。其实,王守仁的"良知"说,既有本体论,也有认识论的内容。从认识主体的分析来说,"良知"的"无善无恶",排斥它的道德属性,仅从主体的意义上来分析,这无疑是对哲学的一个贡献。顾宪成等人排除对认识主体的分析,而用道德学说来代替认识学说,这从理论思维方面说并不是一种进步,毋宁说是一种后退。

这场论辩,围绕"无善无恶"之说而展开。万历二十年前后在南都金陵,有许孚远和周汝登的《九谛》与《九解》的论辩。事隔五年,在吴中,则有顾宪成、高攀龙等人和管志道、钱渐庵的论辩。顾和管等人论辩的问题,可归纳如下几点:

(一)关于本体论

论辩双方,首先从本体论来立论。管志道认为,"无善无恶心之体"来自周惇颐的"太极本无极"的本体论。他说:

> 王子(王守仁)拈出此心无善无恶之本体,可谓重新周子之太极。(《证性编·质疑》上)
>
> 周子之融会二氏(指佛、道),正其所以溯太极于无极也。(同上)

显然,他是想从"太极本无极"中,寻求"无善无恶"之说的本体论的根据,企图把"无善无恶"指为"无极"。

顾宪成则指出周惇颐的"太极本无极"的"本"字,是"原来如是也"(同上《质疑》下)的意思,"太极"即"无极",并非"太极"之上还有一个什么"无极"。他认为"太极"乃是"生天生地之本"(《小心斋札记》卷十六),而不是虚无的。他还说:

> 盖周子自无极而太极说到阴阳、五行,所谓"体用一原"也。自阴阳、五行说到太极本无极,所谓"显微无间"也。(《证性编·质疑》下)

顾宪成这种解释,意在指出太极即无极,太极具有阴阳五行等实在的性质,并不是虚无。他极不赞同管志道把周惇颐的《太极图易说》说成是佛、老"空""无"论的渊薮,是"无善无恶"之说的理论根据。他说:

> 翁(管志道)谓周元公出没三教,融合而成《太极图说》。顾谓其隐释显孔,其说近于相反矣。至云从(高攀龙)谓《太极图说》与佛相反,翁又不肯也。(同上)

围绕本体论,管志道提出以"阴阳"对"善恶"的观点。他说:

> 善恶从阴阳而分也,阴阳一太极也。……阳善而阴恶,阴阳之中又分刚善刚恶、柔善柔恶,一成而不可易。故曰:成之者性也。然其所以生阴生阳、生善生恶、永无间断者,谁为之?太极为之也。(同上)

按照管志道上述的观点,则把阴阳等同于善恶,以阳对善,以阴对恶,所谓"善恶从阴阳而分也","阳善而阴恶"。加之阴阳又是太极所生,这样势必得出"言太极必于阴阳未分之始,言真性必于善恶未分之始"(同上)的结论。管志道的所谓"无阴无阳"状态,也正是他一贯强调的善恶未分的"无善无恶"的状态。

顾宪成针对管志道以"阴阳"对"善恶"的观点,提出了反驳。他说:

> 按周子曰:"太极动而生阳,静而生阴,一动一静,互为其根,分阴分阳,两仪立焉。"所谓分阴分阳,就两仪言也。是故就两仪

未立,而曰阴阳未分,可耳。就阴阳未分而曰无阴无阳,可乎? 诚使就阴阳未分而曰无阴无阳,彼其动而静、静而动者,果何物乎? 而以证性之无善无恶也,疑二。(同上)

根据周惇颐的论述,顾宪成指出分阴分阳是指天地"两仪"。天地未立则谓"阴阳未分",但不能谓"无阴无阳"。如若说是"无阴无阳",那么"动而静、静而动",又是指"何物"呢? 他认为以"无阴无阳"的观点来论证"性之无善无恶"那是不妥的,对此他是存疑的。他根据朱熹的观点,认为"乾元资始,坤元资生,则独阳不生,独阴不成,造化周流,须是并用";"阴阳者造化之本,不能相无而消长"(同上)。他指出管志道想从周惇颐的《太极图易说》中寻找"无善无恶"的本体论的根据,那是徒劳的。

(二)关于本体与功夫

管志道信从王守仁的所谓天泉证道的"四句教",即"无善无恶心之体,有善有恶意之动,知善知恶是良知,为善去恶是格物。""四句教"的第一句"无善无恶心之体,"既有本体论问题,也有认识论问题。其他三句,属于工夫问题。把本体论、认识论问题与方法论问题区别开来,这在理论思维发展史上是一种进步。可是,顾宪成则认为本体与工夫应是合一的,二者既紧密相关,又相互作用,指出管志道所信从的"四句教",则是把本体与工夫分离为二了。他说:

> 本体工夫原来合一,是故儒者以性善为宗,则曰为善去恶。释氏以无善无恶为宗,则曰不思善、不思恶。若曰无善无恶心之体,有善有恶意之动,知善知恶是良知,为善去恶是格物。愚窃疑其二之也。(同上《罪言》上)

顾宪成从"本体工夫原来合一"的观点出发,进而指出"四句教"自相矛盾而不能自圆其说:一是既然说"无善无恶心之体",又言"为善去恶是格物",这就不免将本体与工夫分离为二,造成"往往执上一句,忽下二语"

(同上《质疑》下);二是既然说"无善无恶",但又要"为善去恶";那么,"善"又从何来?既然要"为善去恶",但又说"无善无恶";那么,"善"又何往?三是"心既无善","知安得良?""即其言,亦自相悖矣!"(《小心斋札记》卷十五)他指出:

> 心既无善无恶,意、知、物安得有善有恶?意、知、物若有善有恶,心安得无善无恶?(《证性编·罪言》下)
>
> 本体如是,功夫如是,其致一而已矣。今以无善无恶语心,以为善去恶语格物,已不免判而两歧。(同上《质疑》下)

顾宪成在揭示"四句教"之内在矛盾的同时,还指出管志道所谓"四句教"的"四有说"和"四无说"是分接上、中、下根之说,又与他们的"无善无恶谓之至善"的观点相矛盾。因为既然承认"无善无恶为至善";那么"安得不以无善无恶为上根也"(同上《质疑》上)?总之,这样烦琐的争论,在顾宪成看来,无非是说,用善恶的道德学说可以代替一切。

(三)关于统体之善与散殊之善

管志道、钱渐庵均认为抽象的"统体之善"(管所谓的"至善")与具体的仁、义、礼、智的"散殊之善"(亦称"条件之善")是不能"相对"(同上《质疑》下)的,而是"于执"(《东林商语》下)不变的,也就是说,两者的关系是可分割的、互不联系的。

顾宪成则认为"统体之善,即散殊之善"(同上)。他说:

> 按其统体而言,所谓大德敦化也;指其散殊而言,所谓小德川流也。仁、义、礼、智既列四名,便属散殊。……且统体之善,即散殊之善也,何曾余却一毫。散殊之善即统体之善也,何曾欠却一毫。今以其为散殊,不得等于统体,因别而名之。……颇过于分析矣。(同上)

他反对把"统体之善"与"散殊之善"分割开来,认为"善"不仅是"天之四德"——元、亨、利、贞的体现,也是"君子四德"——仁、义、礼、智的体现。"统体之善",就具有仁、义、礼、智的道德属性。而仁、义、礼、智又归结为"统体之善"。因此,"统体之善,即散殊之善","散殊之善,即统体之善"(同上),两者紧密相关。

顾宪成在反驳钱渐庵时,说得更加明白,认为"善是仁、义、礼、智之统体,仁、义、礼、智是善之条件"(《东林书院志》卷四《东林商语》下)。故他说:

> 言仁,即性之全体在仁;言义,即性之全体在义;言礼,即性之全体在礼;言智,即性之全体在智,有何剩欠?(同上)

他十分强调作为具体的"散殊之善"("善之条件")的仁、义、礼、智可以体现抽象的"统体之善"。

顾宪成之所以强调"统体之善"与"散殊之善"的不可分割,目的在于说明善性并非抽象虚无,而是具有仁、义、礼、智的道德内容的。

顾宪成在和管志道、钱渐庵等人论辩"道性善"与"无善无恶心之体"时,还指出"无善无恶"说的危害性。

首先,它导致人们蔑视道德礼教而放诞不轨。

顾宪成认为"无善无恶"说,是提倡佛、老空无论。"空则一切解脱,无复挂碍",其后果必然导致人们蔑视一切封建道德,引导人们放弃道德修养而放诞不轨:

> 以为心之本体原来是无善无恶也,合下便成一个空。……空则一切解脱,无复挂碍。高明者入而悦之,且从而为之辞曰:理障之害甚于欲障。于是乎委有如所云:以仁义为桎梏,以礼法为土苴,以日用为尘缘,以操持为把捉,以随事省察为逐境,以讼悔迁改为轮回,以下学上达为落阶级,以砥节砺行、独立不惧为意气用事者矣。(《证性篇·罪言》上)

其次,它取消判断是非善恶的道德标准。

顾宪成指出,由于"无善无恶"说所宣扬的是"可是可非之间",取消了判断是非善恶的道德标准,就必然导致人们采取"混则一切含糊,无复拣择"的处世态度:

> 以为无善无恶只是心之不著于有也,究竟且成一个混。……混则一切含糊,无复拣择。圆融者便而趋之,且从而为之辞曰:行于非道乃成至道。于是乎委有如所云:以任情为率性,以随俗袭非为中庸,以阉然媚世为万物一体,以枉寻直尺为舍其身济天下,以依违迁就为无可无不可,以猖狂无忌为不好名,以临难苟免为圣人无死地,以顽钝无耻为不动心者矣。(同上)

他描绘了这种"一切含糊、无复拣择"的处世态度,痛斥了导致取消判断是非善恶的道德标准所造成之危害。

顾宪成把上述"无善无恶"说所造成的危害,归结为"空""混"二字。"本病只是一个'空'字。末病只是一个'混'字"(《还经录》)。并进而指出这种"无善无恶"的"空""混"之论,势必导致"空则并以善为恶,混则遂以恶为善"(同上)的是非颠倒。而且指出这种"空""混"之论的迷惑力很大,"上之可以影附君子之大道","下之可以曲投小人之私心"(同上),其危害之深,甚至已达到"孔、孟复作,其奈之何哉"的程度。所以,顾宪成视"无善无恶"说是"以学术杀天下"(《证性编·罪言》上)的严重祸害。

管志道等人所宣传的"无善无恶"说,既然导致人们蔑视封建道德,引导人们放弃道德修养而自由放任;那么,它在客观上是否具有冲击封建网罗的进步作用?这需要做具体分析,不能一概而论。因为像管志道这批王学末流,与封建的"异端"学者李贽强烈反抗封建正统思想的作为不同。他们宣扬"无善无恶"说的目的,主要在于提倡佛、道的空无之论,主张儒、释、道合流。这些与顾宪成为首的东林学派一贯提倡的"家事、国事、天下事,事事关心"的学风是不相容的。

顾宪成之弟顾允成也指出：

> 迩来反复体勘世道,人心愈趋愈下,只被"无善无恶"四字作祟。君子有所淬励,却以"无"字埋藏；小人有所贪求,却以"无"字出脱。(《小辨斋偶存》卷六《与邹大泽铨部》)

顾允成所说的"君子",一般是指关心国事、同情百姓、对朝廷腐败之事直言敢谏的官吏和文人学士。"小人",主要是指一批热衷利禄、贪恋权势的官僚和追随魏忠贤"阉党"的阁臣和爪牙。"小人"结党营私、欺压百姓、贪赃枉法,而"无善无恶"说,实际是为他们这帮人做了护身符。应该说,这样揭露管志道等人鼓吹"无善无恶"说的实质,是颇为深刻的。

第五节　辟佛论

顾宪成对佛教进行了批驳。严毅在《东林或问》中,就明确指出"顾(宪成)、高(攀龙)诸先生严心学、性学之辨",又"力排佛学之非"(《东林书院志》卷十七)。

顾宪成首先批评王守仁"四句教""无善无恶是心之体"句的根据,是来自佛教禅宗。他说：

> 提宗亦曰："无善无恶心之体"。居然与宗门之旨不异矣。侈谈元虚,而学者竞崇悬解。(《证性编·质疑》上)
> 或问佛氏大意。曰：三藏十二部五千四百八十卷,一言以蔽之曰"无善无恶"。试阅七佛偈便自可见。(《小心斋札记》卷十)

查阅禅宗《坛经》,确有这方面的思想内容。其说认为,从宇宙本体到人的精神世界皆空无。既无方圆大小,亦无任何善恶是非。因此,像管志道、钱渐庵等一些宗禅倾向的学者,均企图依据禅宗的"无善无恶"谓之"空""无"的理论,来说明儒家经典中所云"喜怒哀乐之未发"和"上天之载、无声无臭",从而否定"道性善",而顾宪成则依据程朱理学的观点予以批驳,认为"喜怒哀乐之未发",只是指"性"(理)而言,并非佛教所谓的"虚空"。"上天之载、无声无臭",正是指"无极而太极"是"无形而有理"(《朱子语类》卷九十四),也并非佛教所言的"虚空"。他说:"无声无臭,吾儒之所谓空也。无善无恶,(佛、老)二氏之所谓空也。名似而实远矣"(《小心斋札记》卷四)。所以,顾宪成指斥他们"不必借彼之所谓空,证我之所谓空也"(《东林书院志》卷四《东林商语》下),"以'无声无臭',伸'无善无恶'矣"(《小心斋札记》卷十四)。从而进一步论述"道性善"的实"有",批驳佛教崇"无"的宗旨。他说:

> "无声无臭",儒宗也。"无善无恶",释宗也。(同上)
>
> 以性善为宗,上之则羲、尧、周、孔诸圣之所自出,下之周、程诸儒之所自出也。以"无善无恶"为宗,上之则昙、聃二氏之所自出,下之则无忌惮之中庸,无非刺之乡愿之所自出也,不可不察也!(《东林会约》)
>
> 夫善者,指吾性之所本有而名之也;恶者指吾性之本无而名之也。……性以善为体,犹眼以明为体。此体万象咸备曰实,此体纤尘不着曰空,所谓一物而两名者也。厌有崇无,妄生分别,总为性体之障耳。(《东林书院志》卷四《东林商语》下)
>
> 释氏要混沌天地,灭绝万物,所以欲斩断此"善"字。(《还经录》)

顾宪成对王守仁所谓儒、释、道的"一厅三间之喻"的"三教合一"论,进行了批评。他说:

> 一厅,言同也,俨然以范围三教为己任。曰三间,言异也,又以自托于吾圣人。同而异,天下又孰能议其混异而同?……仙

家说到虚,圣人岂能虚上加得一毫实。释家说到无,圣人岂得无上加得一毫有。是以吾之性命与二氏混也,不可言也!(同上)

他认为,这种所谓儒、释、道的"一厅三间之喻",是一种"阳离阴合"的论调,为后来王学末流提供了由儒入禅的理论根据。所以,顾宪成批评王守仁是"为异端而攻吾儒,此何心哉!"(同上)

顾宪成辟佛,十分赞赏唐代韩愈《原道》篇的观点。他说:

予始读韩昌黎《原道》,以为粗之乎其辟佛者,年来体验,乃知其妙。……《原道》之作,似乎平平无奇,而上下二千年间,辟佛家竟未尚之者也。(《小心斋札记》卷八)

他继承了韩愈从儒家传统的伦理观入手去批驳佛学的主张,认为只有从伦理观去批驳,才能使对方"无辞以解"(同上),使佛学的心性之说,"不攻自破"(同上)。可见,以道德学说代替一切,摒弃在理论上的研究,这是顾宪成思想的特色。他对佛学也是采取这种方法的,以儒家的正统观念代替了对佛学的客观研究。

第六节 知行观与修养论

顾宪成认为,"无善无恶"说沿袭佛教禅宗的空虚幻灭理论,在知行观与伦理观上,则具有"不说工夫"、取消封建道德修养的倾向。他针对这种弊病,极力反对"不学不虑""不思不勉"的"见成良知"说,提倡"躬行""重修"的修养功夫。

一、反对"不说工夫",提倡本体功夫"合一"

顾宪成一贯提倡本体与功夫的"合一"(《证性编·罪言》上)。他说:"道性善,是说本体。称尧、舜,是说工夫"(《经正堂商语》)。"称尧、舜"之目的何在?"揭示标准,鼓舞向往,在此。激发秉彝,振起积习,在此。策懦为强,破昏为明,唤醒一时之醉梦,豁开万世之心眼"(《小心斋札记》卷二)。他激励人们,要以尧、舜为学习的榜样,努力于仁、义、礼、智等封建道德的践履。他强调说:"性,天道也。学,人道也"(同上卷十三)。这里所说的"性",即指本体;"学"即指功夫,两者是合一的。认识本体,才明了用功所达之目标;实下功夫,本体才能得以实现。所以,顾宪成在《东林书院院规》中就定有一条专谈"立志",要求君子立志做"圣贤",否则"浮生浪死,虚担一个人名而已。"他赞同罗洪先对"终日谈本体,不说工夫,才拈工夫,便以为外道"的非议(同上卷一)。

首先,顾宪成反对"不学不虑"的"见成良知"说,指出"不学而能良能""不虑而知良知"的所谓"良知良能",本身就"自相矛盾"(同上卷五),也违反孔子的"学而不思则罔,思而不学则殆"的教导。他赞同罗洪先的"世间那有见成良知"的说法(同上卷十一),认为"良知不是见成的"(同上)。这种"不学而能""不虑而知"的"见成良知"说,是"自欺欺人""自误误人"之谈。他说:

> 良知不虑而知,不学而能,本自见成,何用费纤毫气力。这等大话,岂不自误误人,其为天下祸甚矣!(同上)

顾宪成既而否定世上有"见成圣人"。他说"世间那有见成良知,犹言世间那有见成圣人"(同上)。

顾宪成对孟子"不学不虑"的"良能良知"说采取否定态度,重新做了解说:

> 孟子以不学而能为良能。吾以为学而能亦良能也。何也?能之入处异,而能之究竟处同,非学不学之所得而歧也。
> 孟子以不虑而知为良知。吾以为虑而知亦良知也。何也?知之入处异,而知之究竟处同,非虑不虑之所得而歧也。(同上卷六)

顾宪成的这段十分精彩的论述,强调了以下三点:第一,正由于"不能""不知",而促使人去"学"、去"虑";第二,一反孟子"不学不虑"的"良能良知"的本意,做出了自己新的解说,即"吾以为不能而学亦良能也","吾以为不知而学亦良知也";第三,区别了"学"和"虑"与"不学"和"不虑"的分歧。而这三点归结为一点,就是强调后天的"学"和"虑"。他不赞成孟子所谓的"不学而能为良能""不虑而知为良知"的"良能良知"说,从而使自孟子到陆、王的"良知良能"的认识论得到了修正。

与此同时,顾宪成还批驳了以"不知为知"的"世间通病"(《东林书院志》卷四《东林商语》下)。他对"知"做这样的解释:

> 所谓知之云者,非可凭空胡乱杜撰,非可临时造次主张,须是我这里光光净净,一切呈出本相,没些子遮盖在那知不知处,乃所谓知之耳。(同上)

认为真知既不是任凭胡乱编造,也不是个人的主观偏见。因此,他比较重视闻见之知,反对以"不知为知"和"生而知之"的论调。他说:"不知而作,正犯了不知为知之的病。多闻而择,多见而识,亦须是不知而作的药"(同上)。他还举出孔子所谓"'我非生而知之者,好古敏以求之者也','吾尝终日不食终夜不寝以思,无益,不如学也。'"的言论,来批驳"生而知之"的论调,认为孔子的"入太庙,每事问",是启发那些以"不知为知"者的一剂良药。他说:

> 这话头极易简,又极精密;极直截,又极周致。极能开发人,又极能磨练人。展转玩绎,真是意味无穷耳!(同上)

顾宪成反对"不学不虑"的"良能良知"说和"生而知之"说,说明他的认识论具有唯物主义的思想因素。在王学还颇风行之际,他能这样做,是要有一点勇气的。

其次，顾宪成反对"不思而得""不勉而中"之说，指出：

> 圣人不思而得矣，未尝不思而得概天下也；不勉而中矣，未尝不勉而中概天下也。是故曰：择善固执，曰：博学、审问、慎思、明辨、笃行，曰：人一己百，人十己千。……是故曰：发愤忘食，曰：好古敏求，曰：不如丘之好学。而今开口便说个不思不勉，何言之易也！（《小心斋札记》卷二）

所谓"不思而得，不勉而中"，原出于《中庸》："诚者，不勉而中，不思而得，从容中道，圣人也"（第十九章）。朱熹注："诚者，真实无妄之谓，天理之本然也。……圣人之德，浑然天理，真实无妄，不待思勉，而从容中道。"可见，顾宪成对"不思不勉"的解说，却是一反《中庸》和朱注，大胆否定有"不思而得""不勉而中"的"圣人"，认为要获得对具体事物的认识，"不思不勉"是不行的，而是要靠自己百倍乃至千倍的努力，要有"发愤忘食""好古敏求"的好学精神，以及经过"博学、审问、慎思、明辨、笃行"的知行阶段，才能有所"得"、才能措置适中。这与他号召君子要立志做"圣贤"，学者第一要"发愤"的意思是一致的。要做"圣贤"，得通过自我努力才行；而"不思不勉"是永远也做不了圣人的。这就打破了圣人是"生而知之"的传统观点。这种知行观有积极意义。

顾宪成还抨击了陈献章（白沙）的"以自然为宗"的学说。他指出，"近世儒者皆宗之，而不思不勉之说盈天下"（同上卷十三），这是祸害。他认为所谓"自然"，就是"天理"（同上）。这就有个体认"天理"和"行乎天理"的封建道德践履问题。他从体认天理和"行乎天理"的观点出发，提倡探求天理和践履封建道德。

第三，顾宪成反对"不须防检、不须穷索"之说，认为奢谈本体，而不下功夫去"穷索"和践履，是不行的。当时这种空谈本体而不重功夫的风气是十分严重的。他说：

> 愚谓近世儒者，莫不以明道（程颢）《识仁说》为第一义。徐而察之，大率要洒脱、要自在、要享用。有以工夫言者，辄曰："不须防检，不须穷索，未尝致纤毫之力，此其存之之道"。恐明道复生，亦当攒眉也。（同上卷一）

这种忽视"工夫"的状况，高攀龙也曾指出："世之所谓本体，高者只一段光景，次者一副意见，下者只一场议论而已"（《东林书院志》卷七《顾泾阳行状》）。至于如何体认"天理"和道德践履却是空无下文。因此，他不满这种空谈本体而不言功夫的现象，反对"不须防检、不须穷索"之说，提倡"真穷索"，"真防检"。他所谓的"真穷索"，即是对"天理"，要有"仰之弥高，钻之弥坚，瞻之在前，忽焉在后"的精神。他所谓的"真防检"，即是对道德的践履，要真正做到"非礼勿视、非礼勿听、非礼勿言、非礼勿动"。他认为，只有将本体与功夫相结合，才能真正将封建伦理道德（仁、义、礼、智）付诸践履。从这里，我们可以多少窥出顾宪成的知行观和道德修养论是互相结合的，知是知这封建伦理，行是行这封建伦理，不复别有所谓道德修养。

二、"躬行""讲习"的知行观

顾宪成惩于当时"空言之弊"（《泾皋藏稿》卷十《尚行精舍记》），十分赞同邹元标"躬行立教"（同上）的主张，认为这是"今日对病之药"（同上卷五《简邹孚如吏部》）。他对邹元标在故里新置一书舍，题名"尚行"的举止，大为赞赏，特为撰写《尚行精舍记》以颂之，说"邹子之勇"，"当拜下风矣！"

顾宪成提倡"讲习"（《东林书院志》卷三《丽泽衍》），认为"学问"是个重大的事，"须用大家帮扶，方可得手"（同上）。他主张志同道合的朋友聚集一起，"并胆同心，细细参求，细细理会。未知的要与剖明，已知的要与印证。未能的要与体验，已能的要与坚持。如此而讲，如此而习。讲以讲乎习之事，习以习乎讲之理。……两下交发，缉熙庚续，循环无间"（同上）。这样必能"碍者通，混者析，故者新，相推相引，不觉日进而高明矣"（同上）。他指出过去讲学的缺陷，在于"所讲非所行，所行非所讲"（《东林会约》），也就是"讲"与"习"之间脱节。他所谓的"讲",就是"研究讨论工夫",属知;所谓的"习",就是"持循佩服工夫",属行。"讲"和"习"的一致,就是"知"和"行"的一致。他反对知行不一的"空言之弊"。

"讲""习"结合,要"破二惑"。所谓"二惑",一则曰:"讲学迂阔而不切,又高远而难从";一则曰:"讲之而所行则非"(《东林会约》)。这是当时封建当权者用来禁止自由讲学的借口。顾宪成严正驳斥这种借口。他说:

> 学者学此者也,讲者讲此者也。凡皆日用常行、须臾不可离之事,何云迂阔?又皆愚夫愚妇之所共知共能也,何云高远?此其不当惑者也。(同上)

至于对"讲"与"行"的关系,他指出:"病在所讲非所行,所行非所讲耳"(同上)。士之讲学与农之耕地一样,不能由于禾苗的干枯而归罪于耕,乃至"以耕为讳";不能由于某某士人之"毁行"而归罪于讲学,乃至"以讲学为讳"。

顾宪成通过这类朋友聚集一起的"讲习"结合的讲学活动,看到了"群"的作用。他说:

> 自古未有关闭门户独自做成的圣贤,自古圣贤未有离群绝类、孤立无与的学问。……群一乡之善士讲习,即一乡之善皆收而为吾之善,而精神充满乎一乡矣;群一国之善士讲习,即一国之善皆收而为吾之善,而精神充满乎一国矣;群天下之善士讲习,即天下之善皆收而为吾之善,而精神充满乎天下矣。(《东林书院志》卷三《丽泽衍》)

顾宪成的这段议论,是他为东林书院成立第二年(万历三十三年,公元1605年)九月的全体集会而写的。他在这次全体集会上对"群"的作用如此称道,实际是对集会结社活动的讴歌赞美,也是东林学派人士要求讲学自由和结社自由的呼吁。

三、"重修"的道德修养论

顾宪成为何持"重修"的道德修养论？他认为"悟"是由"修"而入，没有渐修阶段，最终也达不到"悟"的境界。他把"修"与"悟"，比作是"下学"和"上达"的关系，认为"舍下学而言上达，无有是处"（《泾皋藏稿》卷十一《虎林书院记》）。

他还认为"悟"并非凭空而悟，而是与"行"（人们的道德践履）相结合、相终始的。他说："悟于何始？因行而始。悟于何终？因行而终"（同上卷十《尚行精舍记》）。说明顾宪成是重视平时道德的践履，反对不修而悟的"顿悟"说的。

顾宪成提出"重修"，有其针对性。他企图以"重修"来"救正"王学末流重"悟""不修"之弊。他说：

> 窃见迩时论学率以悟为宗，吾不得非之也。徐而察之，往往有如所谓以亲、义、序、别、信为土苴，以学、问、思、辨、行为桎梏，一切藐而不事者，则又不得而是之也。识者忧其然，思为救正，谆谆揭修之一路指点之，良苦心矣。（《东林会约》）

他认为造成这种"以亲义序别信为土苴，以学问思辨行为桎梏"的放荡不羁之弊的，始于"无善无恶"为性之说，而致病之根源，则在提倡"悟"。其弟顾允成认为"'正心诚意'四字不著，则'无善无恶'四字不息。'无善无恶'四字不息，则修、齐、治、平未易几也"（《小辨斋偶存》卷二）。他们认为，与其失于王守仁的"荡"，毋宁失于朱熹的"拘"，故重"修"而不重"悟"。

顾宪成的修养方法，基本上是继承程、朱的。他除了强调要"躬行"外，还主张"居敬穷理"。关于穷理，他认为"必从性入"（《小心斋札记》卷八）。从"性"入手，就是他所说的"道性善"，就是落实到"识仁"，因为"仁"是"四德"之首，又是包括仁、义、礼、智一切封建道德的总原则。"识仁"就是体验"天理"。他很赞同程颢所提出的"须先识仁"的主张：

> 程伯子曰："学者须先识仁，识得此理，以诚敬存之而已。"又曰："学者识得仁体实有诸己，只要义理栽培，如求经义，皆栽培之意。"愚谓以诚敬存之，是收摄保住工夫，以义理栽培是维持助发工夫，说得十分精密。（同上卷一）

顾宪成所谓"以诚敬存之，是收摄保住工夫"，就是朱熹所谓"居敬"，是对封建道德的"执持工夫"。顾宪成一再强调"小心"二字。所谓"语本体，只是'性善'二字。语工夫，只是'小心'二字"（同上卷十八），认为"小心是个敬"（同上卷十二）。关于"敬"的解释，顾宪成与朱熹基本相同，认为"敬"并非像佛家的坐禅和道教的"清静"那样，"块然兀坐，耳无所闻，目无所见，心无所思"（《朱文公文集》卷二）。"敬"只是"有所畏谨，不敢放纵。身心收敛，如有所畏"（同上）。顾宪成之所以提出"小心"二字，也正是针对某些王学末流的放荡不拘，无复忌惮而开的药方。他说：

> 世儒放胆多矣，提出这"小心"二字，正对病之药。曰这是百草中一粒灵丹，不论有病无病都少他不得。而今须要实实调服，莫只把来做个好方子，随口说过，随手抄过，却将自家放在一边也。（《小心斋札记》卷十二）

顾宪成提出的"以义理栽培是维持助发工夫"，是指读书尊经以穷理。这方面，他也继承了朱熹的观点，认为古来圣贤之书是用来解说义理之精微的，因为读书尊经乃是穷理的手段。顾宪成之所以提倡读书尊经，用意还是针对王学"求诸心而得"（《泾皋藏稿》卷二《与李见罗先生书》）的观点而发的。他说：

> 学者试能读一字，便体一字；读一句，便体一句。心与之神

明,身与之印证,日就月将,循循不已。……至乃桀腹高心,目空千古。一则曰何必读书,然后为学?一则曰六经注我,我注六经。即孔子大圣,一腔苦心,程、朱大儒,穷年毕力,都付诸东流已耳。然则承学将安所持循乎?异端曲说,纷纷藉藉,将安所折衷乎?(《东林会约》)

又说:

凭恃聪明,轻侮先圣,注脚六经,高谈阔论,无复忌惮,不亦误乎!(《泾皋藏稿》卷二《与李见罗先生书》)

他认为王学任心太过,目空千古,容易失误,故提出要"质诸先觉、考诸古训"(同上),即必须尊经(《东林会约》)。

顾宪成生活的时代,正是明王朝腐朽没落、"天崩地陷"(高攀龙《顾季时行状》)的时代。顾宪成、高攀龙等在被罢黜返归故里后,仍关心国事,重建东林书院并创立东林学派。他们的理想是要通过讲学,唤起人心,治国平天下。他们的座右铭是"风声、雨声、读书声,声声入耳;家事、国事、天下事,事事关心。"于是,在距今四百一十年前的太湖之滨,东林书院成了正直之士的活动中心。他们在"讲习之余,往往讽议朝政,裁量人物。"一批身在中央和地方任职的正直官吏如赵南星、邹元标、冯从吾、李三才等,与之遥相应和。于是,作为一个学术团体的东林学派,逐渐扩大而形成一个政治派别,封建保守势力乃称之为"东林党"。

顾宪成、高攀龙为首的东林学派,代表了地主阶级的开明派和商人、市民的利益。他们在和封建腐朽势力的集中代表——阉党及其爪牙专权乱政的斗争中,主张革新朝政,反对矿监税使的横征暴敛,要求惠商恤民、减轻赋税,重视工商业的发展。

与顾宪成的社会政治经济思想相关联,他的理学思想是以能否治世作为评价理学思想或其他学说的邪正是非的标准。尽管顾宪成对"无善无恶"说的论辩和批驳,是从儒家正宗立场出发来反对王学末流的佛、老"空""无"思想,其理论深度和理论分析不足,但是他强调治世,反对出世,表露出对讲学自由和结社自由的要求,甚至发出"外人所是,庙堂必以为非;外人所非,庙堂必以为是"和"天下之是非,自当听之天下"(《以俟录·序言》)的呼声。这些思想的进步因素,对明清之际早期启蒙思潮的兴起,产生了积极的影响。它反映了处在资本主义生产关系萌芽时期,新思想开始萌发。因此,在某种程度上,顾宪成、高攀龙等东林学派人士也可说是早期启蒙思潮兴起的先驱人物。但顾宪成的哲学思想,仍然不能摆脱程朱理学的束缚。

第四十九章 高攀龙的理学思想和"致用"学说

史书称赞高攀龙、顾宪成为"一时儒者之宗。海内士大夫识与不识，称高、顾无异词"(《明史》本传)。说明他们在明末学界中有不小的影响。他们是东林学派的创建人，同属一个理学派别，但又各有特点。

第一节 学术渊源与理学派别

高攀龙(公元1562—1626年)初字云从，后字存之，别号景逸，无锡人，神宗万历十七年(公元1589年)进士，后授行人司行人。万历二十一年(公元1593年)，因正直敢言，语侵阁臣，谪为广东揭阳典史，署事三月，即以事归。不久，父母相继病故，遂家居不仕近三十年。万历三十二年(公元1604年)，他与顾宪成等人重建东林书院，著书讲学。顾病逝后，他独肩其责。熹宗天启元年(公元1621年)，诏起光禄寺丞。翌年，进少卿。他上书皇帝，请破格用人，并论述务学之要致治之本。四年，升任左都御史。时杨涟等群揭阉党魏忠贤罪行，他和吏部尚书赵南星联名弹劾贪官崔呈秀，遭到阉党迫害，被削职为民，东林书院也同时被毁。天启六年(公元1626年)二月，阉党魏忠贤再次制造诬陷东林党人的大冤狱，下令逮捕已被罢官家居的高攀龙、周顺昌、缪昌期、李应升、周宗建、黄尊素、周起元等七人(史称"七君子")。高攀龙获悉缇骑即到，即于三月十七日投湖自沉，终年六十五。生前著述颇多，约有二十余种。门人陈龙正编集成《高子遗书》。除此,他还辑有《朱子节要》和《张子正蒙注》,但均未收录于《高子遗书》内,今日难于查找。

高攀龙"少读书,辄有志程、朱之学"(《明史》本传)。年十五,师事茹澄泉和许静余,"以学行相砥砺,暇则默探诸儒语录、性理诸书"(《高子年谱》)。年二十五,听顾宪成和江右罗懋忠(号止庵)讲学于黉宫,"始志于学";"于是早夜孜孜,以全副精神用于止敬慎修、存心养性、迁善改过,间而学始有入门矣"(同上)。年二十八中进士,与薛以身(敷教)、欧阳宜诸(东凤)、王信甫(中嵩)同出赵南星(侪鹤)之门。赵对高教益颇深。年三十一,在京任职期间,由于司中无事,藏书又多,他"得恣意探讨,取二程、朱子全书、薛文清《读书录》手自摘抄"(同上)。"一日读薛文清《粹言》曰:'一字不可轻与人,一言不可轻许人,一笑不可轻假人。'惕然有当于心,自后每事必求无愧三言而后已。固作《日省编》,以先儒所论切要工夫,分附《大学章句》下,为初学指南。又集《崇正编》,以先儒所论儒、释分歧处,汇成一书,以端学脉"(《高子遗书》附录《景逸高先生行状》)。可见,程、朱之学,和明初著名朱学学者薛文清(瑄)对高的影响颇深,因而高攀龙的理学思想基本上是宗程、朱的。

高攀龙谦逊好学,学无常师,在他贬谪广东揭阳途中,遇东粤陆古樵,又间接从他那里接受了陈献章的"主静之学",主张"静坐与读书互用"(《高子年谱》)。在他从揭阳回归故乡途中,经过漳州,又与李材"辩论数日"。高"恪遵程、朱","谓格致是《大学》入门第一义,即《中庸》之明善",对李材的"止修"学说,颇为赞赏,谓"李见罗揭修身为本,于学者甚有益,故游其门者,俱切实可观"(《高子遗书》附录《景逸高先生行状》)。这些都说明高攀龙的学术渊源,主要是来自程、朱之学,但也夹杂着陈献章的"主静之学"和李材的"止修"学说。

高攀龙宗程朱理学,首先,表现在他对朱熹的赞美。他说:

> 删述六经者,孔子也。传注六经者,朱子也。……孔子之学惟朱子为得其宗,传之万世而无弊。孔子集群圣之大成,朱子集

诸儒之大成。(同上卷三)

他认为孔子之学,只有朱子"为得其宗",是孔子的继承者,因此他很赞同薛瑄谓"朱子功不在孟子下"的评价,认为这一评价"可谓知言矣"(《朱子节要序》)。

又说:

> 圣人之道,自朱子出而六籍之言乃始幽显毕彻,吾道如日月之经天,江河之流地。非独研穷之勤,昭晰之密,盖其精神气力真足以柱石两间,掩映千古,所谓豪杰而圣贤也。(同上)

他宣称:"学孔子而不宗程、朱,是望海若失司南也"(《高子遗书·序》)。

其次,表现在他对牴牾程、朱的言论,坚决采取抨击的态度。在他拜官之日,时有四川佥事张世则疏诋程、朱,欲改《易传注》,并要求将所著书颁行天下。高攀龙即上《崇正学辟异说疏》予以抨击。他分析了自明世宗嘉靖以来学术思想界的动向,认为嘉靖以前"虽有训诂词章之习,而天下多实学",而自穆宗隆庆以来,王学炽行,"率多玲珑虚幻之谈,而弊不知所终……以顿悟为工,而巧变圆融不可方物",以致造成"今日高明之士,半以为佛、老之徒"的严重局面。他针对这种弊端,提出"扶植程、朱之学,深严(佛、老)二氏之防,而后孔、孟之学明"的建议。这就进一步表明了高攀龙"扶植程、朱之学"和反王学末流之弊的鲜明态度。

第三,高攀龙还从儒家学脉的演变和权衡它们各自的利弊出发,表明自己宗程、朱而反陆、王的立场。他说:

> 学问俱有一个脉络,即宋之朱、陆两先生这样大儒,也各有不同。陆子之学是直截从本心入手,未免道理有疏略处;朱子却守定孔子家法,只以文、行、忠、信为教,使人人以渐而入。然而朱子大,能包得陆子,陆子便包不得朱子。陆子将周子《太极图》

《通书》及张子《西铭》俱不信,便是他心粗处。朱子将诸书表章出来,由今观之,真可续六经,这便是陆子不如朱子处。(《东林书院志》卷五《东林论学语》上)

又说:

> 吾儒学脉有二,孔、孟微见朕兆,朱、陆遂成异同,文清(薛瑄)、文成(王守仁)便分两歧。我朝学脉惟文清得其宗。百年前,宗文清者多;百年后,宗文成者多。宗文成者,谓文清病实,而不知文成病虚。毕竟实病易消,虚病难补。今日虚病见矣,吾辈稽弊而返之于实。(《高子遗书》附录《景逸高先生行状》)

由此可见,高攀龙是比较清醒地看到了儒学中的分歧。他从纠正当时"虚病"出发,提倡朱学学者薛文清的务实之学,反对宗王学的"病虚"之学。高攀龙的这些见解,以及他特别强调的"吾辈稽弊而返之于实"的观点,是有其现实意义的,所以得到了当时一些儒者以至后学者们的好评和赞同。不过,全盘否定王学,不能从王学中吸收关于理论思维的合理因素,这也是一种偏向。当时有些学者很赞成高攀龙抬高朱学、贬低王学的观点,如:叶茂才就称赞他"忧世淑人,砭俗回澜"(同上)。门人周彦文在《论学语序》中也这样说道:

> 自顿悟之教(指王学)炽,而实修之学衰。嘉、隆以来,学者信虚悟而卑实践……视居敬为拘囚,目穷理为学究;恶言工夫,托之本体,更不知操存为何物矣!斯文未丧,东林代兴。高景逸先生心程、朱而脉孔、孟,拜官之日,首辟世则张子之邪说,使程、朱之学晦而复明。未几罢官,归里三十年,与泾阳顾先生辈力扶正学、专事实修。(《东林书院志》卷十六)

后学叶裕仁在《高子遗书·跋》中,也指出:

> 明正、嘉之际,王学炽行,洎于隆、万,至倡为三教合一之说,猖狂恣肆,无所忌惮,学术之裂极矣!公与顾端文公起而拯之,辟阳儒阴释之害,辩姚江格物致知之谈,其言深切明著,由是绝学复明。

他们都比较一致肯定了高攀龙和顾宪成抨击王学末流的作为和见解,认为顾、高是以纠正王学末流的空谈心性、放诞而不务实学之弊病为着眼点的。故《明史》也称道高攀龙说:

> 初,海内学者率宗王守仁。攀龙心非之,与顾宪成同讲学东林书院,以静为主,操履笃实,粹然一出于正,为一时儒者之宗。
> (《明史》卷二四三《高攀龙传》)

高攀龙的上述见解,以及时人、后学对他的评论,已很清楚地表明他的理学思想是"恪遵程、朱"的。

第二节 理气观

高攀龙的本体论继承了程、朱的理气观。他认为"理"是宇宙万物的本原,"太极"则是天地万物之理的总和,事物之万善至好的标准。"太极者,理之极至处也"(《高子遗书》卷十二《书悟易篇》)。

他又认为,天地万物的形成,既要有"理"为生成之本,又要有"气"为生成之材料。故说:

> 欲明理,先明气。气苟不明,理亦不透……无论人物同此气,即金石瓦砾亦同此气也。知气之不同,则知理之不同,万物

统体一太极也。(《东林书院志》卷五《东林论学语》上)

他强调万物是由理与气二者综合形成的,认为天地万物虽然都统一于理,但又是千差万别,其差异的原因就在于"气"。他说:

> 若到成形便不同,无论瓦砾金石人物之不同,即人之同类者,亦有不同。物物一太极也,同一气也,而有春、夏、秋、冬之异宜。……观物有温、凉、寒、热之异性,则知人有刚、柔、阴、阳之异禀。同者不妨其为异,异者不害其为同,所谓敦化川流。因气观理,更明白也。(同上)

在理和气关系上,高攀龙坚持程、朱以理为主的观点,认为理与气具有"形上形下之分"(同上)。他反对罗钦顺的"气之聚便是理之聚,气之散便是理之散"(《困知记》)的以"气"为本的理气观。他说:

> 有友言罗整庵(钦顺)先生言理气最分明,云气聚有气聚之理,气散有气散之理,气散气聚而理在其中。先生(高攀龙)曰:如此说也好,若以本原论之,理无聚散,气亦无聚散。何也? 以人身言之,身为一物,物便有坏,只在万殊上论。本原上如何有聚散? 气与理,只有形上形下之分,更无聚散可言。(《东林书院志》卷五《东林论学语》上)

这就说明高攀龙所坚持的是程、朱以"理"为本体的理气观。

高攀龙与程朱理学正宗不同在于:他有时又推崇张载的"太虚"(气)为万物之本的自然观,与他的以"理"为本的理气观相矛盾。如说:

> 虚空都是气,不知道者不知耳。人之在气,犹鱼之在水。张子(张载)所谓太和谓道,太虚谓天,指点人极醒。(同上卷六《东林论

学语》下)

张载所谓的"太和",是指阴阳未分之气。所谓"太和谓道",则是指太和之气变化流行的秩序、法则。所谓"太虚",就是通常所说的天空,虽然无形无状,却是气散而未聚的原始状态,一切有形和无形之物都是随着气之聚散而变化的。高攀龙承认"虚空都是气",推崇张载的"太和谓道,太虚谓天"的元气本体论,并且把天地间都看成是"惟气而已",进而又把"心"与"气"看成为"不是二物",都说成是气的性质。如说:

> 天地间充塞无间者,惟气而已。在天则为气,在人则为心。气之精灵为心,心之充塞为气,非有二也。心正则气清,气清则心正,亦非有二也。(《高子遗书》卷四)

又说:

> 心与气不是两物,充塞者气,主宰者是心。主宰(心)是气之精灵,充塞是气之全体。清则为神,浊者为气。(《东林书院志》卷六《东林论学语》下)

这种观点和张载关于气的两种性质的论点是一致的(见本书张载章),而且和朱熹的观点也并无不同。

第三节 "复性"说和对"无善无恶"说的论辩

高攀龙继承了程、朱的"性即理"学说,认为"理"(太极)是天地万物的本原,体现在人身上,则谓之"性"。因此,他在阐述《中庸》"天命之谓性"时,认为"理"在天谓之"命",在人则谓之"性"。如说:

> 《中庸》者何也？人之性也。性者何也？天之命也。在大化上说谓之天，在人身上说谓之性。……性即人之性也。(《高子遗书》卷四)

宣称"命"和"性"虽名称各异，其为"理"则一，故他主张人的本性就是"理"：

> 人不识这个理字，只因不识性。这个理字，吾之性也。人除了这个躯壳，内外只是这个理。程子云"性即理也"。如今翻过来看，理即性也。夫人开眼天地间，化化生生，充塞无间，斯理也，即吾性也。(《东林书院志》卷六《东林论学语》下)

既然是"性即理"，"理即性"；那么，就产生了识"理"、识"性"的问题。高攀龙认为"人不识这个理字，只因不识性"。所以他提出"学问起头要知性；中间要复性；了手要尽性。只一性而已"(《高子遗书》卷八《与许涵淳》)。这是他的人性论学说。

高攀龙在"知性""复性""尽性"的人性论学说中，他所强调的还是以"复性为主"的程朱人性论。如说：

> 学问之道无他，性而已矣。无志于学问者不必言。既有志学问，须要复性，才是有志。(《东林书院志》卷六《东林论学语》下)

被尊为"东林八君子"的叶茂才在评论高攀龙一生学问时，也说："存之之学，以程、朱为的，以复性为主，以知本为宗，以居敬穷理、相须并进为终身之定业"(同上卷七《景逸高先生行状》)。他把"复性"说视作高攀龙的人性论的主要内容。

一、"知性"说

高攀龙认为学问首先在于知性；而知性又在于明善，故知性善，才可言学。他多次强调：

> 性者学之原也,知性善而后可言学。(《高子遗书》卷三《气质说》)
> 学问在知性而已,知性者明善也。(同上卷八下《与陈似木》一)

他和顾宪成一样,根据《易传》《乾》卦的"元、亨、利、贞","大哉乾元,万物资始"以及"元者,善之长也"等观点,进行推论:"吾所倡善,元也,万物之所资始而资生也"(同上卷九)。他强调"善即生生之易也,有善而后有性,学者不明善,故不知性也"(同上卷八《答冯少墟》二),把善看作与"理"一样,是万物的本原,从而得出了"性即理,理即善"(《东林书院志》卷六《东林论学语》下)、"善即天理"(《高子遗书》卷三)的结论。这就把孟子所谓人性皆有仁、义、礼、智的性善论提到本体论的高度,具有道德本体论的意义。所有这些论证,程、朱均有详细的说明,并非高攀龙的创见。他还认为知性即为明善,只有明善,才能为善：

> 鸡鸣而起,孳孳为善,是吾人终身进德修业事也。然为善必须明善,乃为行著习察。何谓明善? 善者,性也。……为善者乃是仁、义、礼、智之事也,明此之谓明善,为此之谓为善。明此以立其体,为之以致其用。(同上《为善说》)

由此他又提出只有知性明善,才能"以此复性,以此尽性"的观点,并认为这才是"易简而天下之理得矣"(同上)的简便之法。也就是说,知性明善,乃是复性、尽性的首要途径和捷径。

二、对"无善无恶"说的辩难

高攀龙根据"性即理、理即善"的性善论,展开了对王守仁的"无善无恶"说的辩难。

关于"道性善"与"无善无恶"说的论辩,乃是当时学术思想界的一场论战。一方是以顾宪成为首,参加者有高攀龙、钱一本、吴觐华等东林学派人士,和方学渐、许孚远、冯从吾等;另一方则有管志道、钱渐庵、周汝登和陶望龄等,其中尤以管志道、周汝登为主要代表。他们在和管志道等人的论辩中,顾宪成的观点最有代表性。

首先,高攀龙指出:"名性曰善",是从孟子始;"名善曰无",是自告子始,与印度佛学的空无之说极相似。至王守仁则"始以心体为无善无恶",即宗"无善无恶"的人性论,因为王曰:"心体即性也"(同上卷九《方本庵先生〈性善绎〉序》)。

其次,高攀龙以性善论与王守仁的人性"无善无恶"论相比,认为"无善无恶"论,是宗"无善"为"无性",是歧本末、体用为二。归结一点,则是"以理为障逆而扫之"而宗"无"。他说:

> 善者,性也。无善是无性也。吾以善为性,彼以善为外也;吾以性为即人伦即庶物,彼以人伦、庶物是善非性也。是歧体用、歧本末、歧内外、歧精粗、歧心迹而二之也。……是以理为障逆而扫之。(同上)

第三,高攀龙指出王守仁所谓"善",是"以善为念","以善为意",而与佛教的以善为意、以善为事相一致,非"吾所谓之性善之善"。也就是说,王守仁所说的善是人们意念的产物,即他"四句教"中所说的:"有善有恶意之动",并不具有本体论的意义。故高攀龙一再指出:

> 窃以阳明先生所为善,非性善之善也。何也?彼谓"有善有恶者意之动",则是以善属之意也。其所谓善,曰善念云而已。所谓无善,曰无念而已。吾以善为性,彼以善为念也。吾以善自人生而静以上,彼以善自五性感动而后也,故曰:非吾所谓性善之善也。(同上)

> 道性善者,以无声无臭为善之体;阳明以无善无恶为心之

体。一以善即性也;一以善为意也,故曰:"有善有恶者意之动。"佛氏亦曰:"不思善,不思恶,以善为善事、恶为恶事也。以善为意,以善为事者,不可曰明善。"(同上)

高攀龙认为宗"无",是"大乱之道","足以乱教"。这是由于"无善之说","夷善于恶而无之"所造成的。他说道:"古之圣贤曰止善、曰明善、曰择善、曰积善,盖恳恳焉。今以'无'之一字,扫而空之,非不教为善也"(同上)?所以,他很赞同方学渐所谓"见为善,色色皆善,故能善天下国家;见为空,色色皆空,不免空天下国家"(同上)的观点。可见,顾宪成、高攀龙他们之所以批驳"无善无恶"论,是出于他们对国事的关心。这主要是针对当时一些王学末流空谈心性而不务实学,谈空说无而流于禅的不良学风而言的。高攀龙在当时就提倡士大夫应有"居庙堂之上则忧其民,处江湖之远则忧其君"之"实念"和"居庙堂之上,无事不为其君;处江湖之远,随事必为吾民"之"实事"(同上卷八)。不过,高攀龙拘守程、朱之学,全盘否定王学中关于人的心理分析的合理因素,则是一种偏见。至于他的"复性"论,完全抄自程、朱,没有什么新的东西,这里从略。

第四节　对管志道的"三教统一"说的论驳

高攀龙在和管志道论辩王守仁的"无善无恶心之体"时,就指出管所推崇的是佛教的空无之论。与这论辩紧相联系的,是他对管志道"三教统一"说的论驳。高攀龙为此专门写了《异端辨》《答泾阳论管东溟》《与管东溟虞山精舍答问》《与管东溟》等文。

高攀龙与顾宪成在辟佛论上,各有侧重,观点也有所不同。高的最大特点,是比较集中地批评了管志道的"三教统一"说。

首先,高攀龙指出管志道大倡"三教统一"说的目的,是"本无三教,惟是一乘","全体大用,总归佛门"(同上《与管东溟》二)。也就是要以佛代儒,一统三教。他说:

> 窃谓先生(指管志道)大旨,要在统一三教。……而窥先生之意,实以一切圣贤皆是逆流,菩萨本无三教,惟是一乘耳。故攀龙谓先生之学,全体大用,总归佛门。而后之信先生者,必以牟尼之旨;疑先生者,必以仲尼之道。(同上)

第二,高攀龙批评管志道以佛代儒、一统三教的各种理论根据。他说:

> 盖此翁(指管志道)一生命脉,只在统合三教,其种种开阖,不过欲成就此局。拈出一个周元公,是欲就道理上和合;拈出一个高皇帝,是欲在时势上和合;拈出"群龙无首",则欲暗夺素王道统,而使佛氏阴篡飞龙之位;拈出敦化川流,则欲单显毗卢性海,而使儒宗退就川流之列。(同上卷三《答泾阳论管东溟》)

可见,高攀龙直接地指向了管志道所持的理论根据之一,即所谓"拈出一个周元公"。管志道之所以要在理论上抬出周惇颐,是因为周的《太极图易说》中"自无极而太极""太极本无极"的宇宙观,是以虚无为天地万物的本原,与佛、老的"有生于无"的论点是吻合的。因此,管志道在其《东溟粹言》中极力调和儒、佛,以佛代儒,宣扬"空空正是孔子立大本处"。其目的,正如高攀龙所指出的是"创溯太极于无极之旨,欲学者从此悟虚空法界之体"(同上卷八《与管东溟》二)。管志道要以佛代儒,一统三教,必然要在理论上调和儒、佛。在他看来,"贯通三教者,周元公一人而已"(《周易六龙解·附录》)。所以,周惇颐之《太极图易说》,一时就成了管志道和一些由儒逃禅者们鼓吹"三教统一"的理论根据。

高攀龙又指向了管志道所持的理论根据之二,即所谓"拈出一个高皇帝"。管所说的"高皇帝"是指明太祖。管志道之所以要抬出明太祖,是因为在明太祖御制的《三教论》和《宦释论》中,曾称道"佛、仙之幽灵,暗助王纲,唯常是吉"。因而管志道想借助这一言论来为他的以佛代儒、一统三教的目的服务,达到"欲在时势上和合"。高攀龙则从儒学的正宗地位出发,针对管志道的观点,指出明太祖从未有过"三教合一"的意图。他说:

> 孔子道无亏欠,本不须二氏帮补。圣祖(即明太祖)所以不废二氏,不过以其阴翊王度,使其徒各守其教,亦未尝合之使一也。(同上)

高攀龙又指向管志道所持的理论根据之三,即所谓"拈出'群龙无首'"。"群龙无首"出于《周易》《乾》卦,其卦辞是用来比喻春秋时代的诸侯并立。而管志道之所以抬出《周易》"群龙无首"的卦辞来,其用意正如高攀龙所说的:"则欲暗夺素王道统,而使佛氏阴篡飞龙之位"。因为管志道在其《易道"六龙无首"合华严十地为首微旨》一文中,曾说:"《易》言'见群龙无首,吉。'而《华严十地品》中,却云'我当于一切众生中为首为胜'"(管志道《从先维俗议》卷五)。

高攀龙还指向管志道所持的理论根据之四,即所谓"拈出'敦化川流'"。"敦化川流"本出于《中庸》之"小德川流,大德敦化"句。意在说明天地之道是"万物并育而不相害,道并行而不相悖"(《中庸》第三十章)。管志道抬出"敦化川流",借此说明佛教如"大德敦化",才是万殊之本。儒学则如"小德川流",退居川流细支之列。高攀龙指出:"则欲单显毗卢性海,而使儒宗退就川流之列",从而达到其以佛代儒、一统三教之目的。因此,高攀龙对管志道倡言"三教统一"论,不惜全力加以抨击。他说:

> 昔之惑人也,立于吾道之外,以似是而乱真;今之惑人也,据于吾道之中,以真非而灭是。昔之为佛氏者,尚援儒以重佛;今之为儒者,于轩佛以轻儒。其始为三教之说,以为与吾道列而三,幸矣;其后为一家之说,以为与吾道混而为一,幸矣。……斯

言不出于释氏之徒,而出于圣人之徒,是可忍也,孰不可忍也!
(《高子遗书》卷三《异端辨·又辨三教一家》)

他认为,在万历年间,重佛轻儒的现象已很严重。而问题又多出于儒学内部的弃儒宗禅。他在《异端辨》一文中指出了这点:

乙巳(万历三十年)仲夏,余游武林,寓居西湖,见彼中士人,半从异教,心窃忧之!问其所从,皆曰莲池。问其教,出所著书数种,多抑儒扬释之语。此僧原廪于学官,一旦叛入异教,已为名教所不容,而又操戈反攻,不知圣人之教何负于彼,庠序之养育何负于彼,而身自叛之。(同上)

他指出"彼中士人,半从异教",未免夸大其词,但也多少反映了当时信佛之盛和弃儒宗禅之严重,因而引起了顾宪成和高攀龙等东林学派人士之关注,并对佛教和"三教统一"说加以批评。

此外,高攀龙还对佛教的因果迷信提出了非议。他重人事而非天命,说"命之自我造者也,惟即感为应,故即人为天。不然是有天命、无人事,圣贤修道之教皆赘矣"(同上卷九上《重刻感应篇事》)。他承认有"感应"的存在,即善有善报,恶有恶报,但又认为这种善恶吉凶的报应,并非是天命鬼神的作祟,而是人们是否遵循儒家义理行事的结果。故他明确提出"感应者何? 义理也"的观点,认为遵循儒家义理的结果,则善者必吉,恶者必凶,正同"夏之必暑,冬之必寒"的自然规律。但儒家义理决定善恶吉凶的道理,又非世人所知,因而他最终又不得不"示以鬼神之言"。

第五节 "格物穷理"和修悟并重

一、"格物穷理"的认识论

高攀龙继承了程、朱"格物穷理"说,提出"学必由格物而入"(同上卷一)、"圣学正脉,只以穷理为先"(同上卷五)的观点。由此,他对《大学》的"格物致知"说作了发挥。

首先,他认为格物的对象很广,天地万物都是物,日常"动念"都是格。他把《大学》等皆看作是"格物穷理"的经典:

> 天地间触目皆物,日用间动念皆格。一部《大学》皆格物也,六经皆格物也。《孟子》七篇更作《大学》注疏。何者?以皆穷至其极,见天理真面目也。(同上卷九)

其次,高攀龙的格物说,主要在于求取"至善",即封建道德的根本原则,而不在于认识自然界和人类社会。他说:

> 《大学》在明明德、在新民、在止于至善三句。一句少不得,如此方是圣人之学。(《东林书院志》卷六《东林论学语》下)
> 先生(指高攀龙)曰:"天理与明德何异?"彦文(高之弟子)曰:"天理云者,是天然一定之理。明德云者,是明此天理。天理即明德,明德即天理,本无异也。"先生曰:"明德才是我之天理。"(同上卷五《东林论学语》上)
> 或问曰:《大学》并列三纲而归重知止(善),何也?三纲非三事,一明明德而已。明明德者,明吾之明德也;新民者,明民之明德也;止至善者,明德之极至处也。然不知止(善),德不可得而明,民不可得而新。何者?善即天理,至善即天理之至精至粹、无纤芥夹杂处也。不见天理之至,便有人欲之混,明德、新民总无是处,故要在知止(善)也。(《高子遗书》卷三《经解》)

可见,高攀龙是以"性即理、理即善"的观点来论述《大学》三纲领的。他认为"明德"即"我之天理";"新民"即"明民之明德",也就是"明民之天理";"知止(善)",即达到"天理之至精至粹、无纤芥夹杂处。"一句话,就是明天理而达到所谓"至善"的"天理之极至处"。所以,他强调《大学》"三纲非三事,一明明德而已","而归重知止(善)"。高攀龙之所以强调"止至善",除了他以上所述,是由于"至善"是"天理之至精至粹、无纤芥夹杂处","不见天理之至,便有人欲之混"的根本原因外,还因为只有明天理之"至善"处,才可排除佛教和霸王之道的搀入。

他还认为"格物穷理"的最终目的,就是达到天理之"至善"。他一再强调:

> 何谓格物? 曰:程、朱之言至矣。所谓穷至事物至理者,穷究到极处,即本之所在也,即至善之所在也。(同上)
>
> 窃以自孔子而来,欲寻其绪,多必由《大学》以明明德为主,以格物为先。格物者穷究到天理极至处,即至善也。(同上卷八《答方本庵》)
>
> 《大学》在明、新、止。格物者,格知明新之至善处也。(同上卷九)

高攀龙强调所谓"至善",从抽象的精神本体"天理",具体化为人的道德伦理。因此,可以说,高攀龙的格物说,即是其"穷理为先"的认识论。在本体论上,则是求得对天地万物的本原——"天理"的认识;在人性论上,则是复"天命之性"的"天理"之善,而除尽"气质之性"的"人欲"之恶;在道德伦理观上,则是求取"至善"的封建道德(仁、义、礼、智)的根本原则。所以他的"穷理为先"的认识论,又是与其人性论和道德观紧相结合的。这正是宋明理学的特点。

第三,高攀龙强调穷理功夫的重要。他说:

> 《大学》之旨,明德、新民要止至善。止至善者,一篇主意也,其下皆止至善工夫。(同上卷八《与泾阳论知本》)
>
> 《大学》在明、新、止。格物者,格知明新之至善处也。故身、

心、意、知、家、国、天下,皆明、新、止之物也。诚、正、修、齐、治、平皆明、新、止之格也。(同上卷九《王仪寰先生格物说小序》)

认为《大学》所言格物、致知、诚意、正心、修身、齐家、治国、天平下,皆是"止至善"的功夫。他提倡本体与功夫并重,断言"不识本体皆差工夫","不做工夫皆假本体"(同上卷八下《与薛用章》一)。他反对某些儒者"以易简废工夫"的做法,认为"若以易简为心,便入异端去矣"(同上《与逯确斋》)!

二、对王守仁"致知格物"说的批评——《阳明说辨》

高攀龙系统地批评了王守仁的"格物致知"说。他为此写了《阳明说辨》等文。

首先,他指出王守仁对《大学》"格物"说的解释,是用"正心""诚意"来代替"格物",这和《大学》以三纲为本体("主意")。八目为功夫的宗旨相违背。他说:

> 阳明格物……却是诚意正心事矣,非格物也。(《东林书院志》卷六《东林论学语》下)

> 至于说格物,曰:"极力致其良知于事事物物之间,使事物各得其正。"又曰:"为善去恶是格物。"夫事物各得其正,乃物格而非格物也。为善去恶乃诚意而非格物也。又以诚意为主意,格致为工夫。《大学》固以三纲为主意,八目为工夫矣。试举王先生古本序一绎之,其于文义合耶?否耶?(《高子遗书》卷三《经解》)

他认为"阳明之说《大学》也,吾惑之",并且赞同罗钦顺和顾宪成对王守仁"格物"说的批评,即"整庵罗氏所谓左笼右罩,以重为诚意、正心之累。顾(宪成)氏所谓颠倒重复,谓之阳明之《大学》可矣"(同上《阳明说辨》二)!

高攀龙指出只重本体(主意)而摒弃功夫的危害,认为这是朱(熹)、王(阳明)之学的"实"与"虚","心即性"还是"心非性"的分界线,也是儒、佛分歧之所在。他说：

> 阳明于朱子格物，若未尝涉其藩焉，其致良知乃明明德也。然而不本于格物，遂认明德为无善无恶。故明明德一也，由格物而入者，其学实，其明也是。心非性。心性岂有二哉？则从入者有毫厘之辨也。（同上卷八下）

> 二先生（指陆、王）学问俱是从致知入。圣学须从格物入。致知不在格物，虚灵知觉虽妙，不察于天理之精微矣。（《东林书院志》卷六《东林论学语》下）

> 圣人之学，所以与佛氏异者，以格物而致知也。儒者之学，每入于禅者，以致知不在格物也。致知而不在格物者，自以为知之真，而不知非物之则，于是从心逾矩，生心害政，去至善远矣。（《高子遗书》卷九）

这说明高攀龙强调致知必须通过格物，否则儒学即"入于禅"而"虚其实"。所以，他认为如何"致知"是个十分重要的问题，"关系学术之大小偏正"，"古今学术，于此分歧"。他说：

> 这"知"字却最关系学术之大小偏正，都在这里。……古今学术，于此分歧，便分两路去了：一者在人伦、庶物、实知、实践去；一者在灵明、知觉、默识、默成去。此两者之分，孟子于夫子微见朕兆，陆子于朱子遂成异同。本朝（薛）文清与（王）文成便是两样。宇内之学，百年前是前一路，百年来是后一路，两者递传之后，各有所弊。毕竟实病易消，虚病难补。今日虚证见矣，吾辈当相与稽弊而反之于实。（同上卷四）

高攀龙总结了儒学在致知问题上出现的分歧，指出这种分歧后来发展成宋代朱、陆的异同，以至演变为薛瑄、王守仁的不同途径，及至明末，王学已是弊端丛生,"今日虚病见矣!"为此,他提出"吾辈当相与稽弊而反之于实",说明他看到了王学末流症结之所在。总之,他反对用"正心""诚意"来代替"格物""致知",而走"默识""默成"的途径。在"格物致知"问题上,高攀龙基本上恪守程、朱理论,没有什么创新。

其次,高攀龙反对王守仁提出的忠孝之理只能向心上求的观点。他说:

> 夫臣之事君以忠也,夫人知之,而非知之至也。孟子曰:"欲为臣尽臣道,法舜而已。"……苟不如舜之所以事君,则已陷于天下之大恶而不自知焉,则所以去其不如舜以就其如舜者,当无不至也。子之事亲而当孝也,夫人知之,而非知之至也。孟子曰:"事亲若曾子者可也。"夫至于曾子之事亲而始曰可也。……此人伦之至,天理之极止之则也。此为格物而至于物,则物理尽者也。所谓因其已知之理益穷之,以至乎其极也。(同上卷三)

这里,高攀龙针对王守仁致心之理、格心之物的"致知格物"说,运用朱熹的"格物穷理"的观点加以驳难,认为人对忠孝之理的认识,首先则是"格物而至于物,则物理尽者也"。也就是"欲为臣尽臣道,法舜而已","事亲若曾子者可也"。然后,从已知的忠孝之理,进而穷尽更深的忠孝之理。高攀龙在这里区别了认识主体和认识对象。而不像王守仁那样,把"心"看作既是认识主体,又是认识对象,其认识对象只是认识主体——"心"之显现。

此外,高攀龙还批驳了王守仁关于"孝之理"随"亲没"而消失的观点,认为忠孝观念不会由于某个人的"亲没"而消失,人们仍会从已知的忠孝观念而"益穷之,以至乎其极"。在这个问题上,高攀龙对王守仁的驳难也只能到此为止。事实上,他所谓忠孝观念,只是封建社会伦理关系在人头脑中的反映,有封建社会的伦理关系,才会有人们对忠孝之理的认识。因此,封建社会的伦理关系,不会由于某个人的死亡而消失,在人们头脑中的忠孝观念,自然也不会因某个人的"亲没"而不存在。

第三,高攀龙以"闻见之知"反对王守仁"扫闻见以明心"。

他指出王守仁"任心而废学","非孔子之教也"(同上卷九上),认为"闻见之知",虽然是"知之次",但仍应足够重视,不能像王守仁那样"扫闻见而明心"。他肯定了孔子的"多闻从善,多见而识"(同上)的观点:

> 夫圣人不任闻见、不废闻见,不任不废之间,天下之至妙存焉。舜闻一善言,见一善行,若决江河,沛然莫之能御也。非闻见乎?而闻见云乎哉?!(同上卷三)

高攀龙看到了"闻见之知"的重要性,如"舜闻一善言,见一善行,若决江河,沛然莫之能御也。"提出"不任闻见、不废闻见"的观点,并且说"不任不废之间,天下之至妙存焉。"说明他意识到:完善的认识,要凭闻见,但又不能光凭"闻见之知"。

三、主张格"一草一木之理"

高攀龙的"格物穷理"论,不仅对王守仁"格物"即"格心"说加以论驳,而且在《答顾泾阳先生论格物》一文中,对顾宪成"格物草木之说"提出异议。

高攀龙虽然强调格物主要在于求取"至善"的封建道德的根本原则,但他仍主张要探求一草一木之理。他不赞同顾宪成"以六经、语(《论语》)、孟(《孟子》)中未见论著此等工夫"为理由,轻视或甚至把一草一木之理排斥于格物之外。高攀龙的理由是:

(1)虽然在"《六经》《语》《孟》中未见论著此等工夫",但"近取诸身,远取诸物",正是"孔门一贯之学"(同上卷八)。根据朱熹的"万物各具一理,而万物同出一原"的观点,一草一木虽小,但"从来源头是一个,故明此即通彼,通彼亦明此耳"(同上)。因此,他认为"一草一木是格物事,鸢飞鱼跃是格物事"(同上)。

(2) 一草一木是人们随其所见之物。既然是物,就应属格物范围之内,强调"格诸身"和"格诸物"没有什么不同。他说:

> 先生(指顾宪成)曰:"鸢飞鱼跃,傍花随柳乃是自家一团生机,活泼泼地,随其所见,无非是物。"若不是物,何以随其所见,无非是物;既是此物,则格诸身、格诸物,何以见根趣之殊邪?(同上)

(3) "天下之理,无内外、无巨细","一草一木"和"鸢飞鱼跃","亦皆有理,不可不格。"如"以草木为外,便是二本,便说不得格物"。他说:

> 天下之理,无内外、无巨细,自吾之性情以及一草一木,通贯只是一理。见有彼此,便不谓尽心知性。……一草一木亦皆有理,不可不格。会得此意,则与《中庸》所指"鸢飞""鱼跃"者,何以异哉?(同上)

> 先生云:"莫非理也,有何巨细、有何精粗?但就学者工夫论,自有当务之急耳。龙(即高攀龙)谓《大学》最先格物,便是急。开眼天乔飞走,孰非心体,以草木为外,便是二本,便说不当务之得格物。"(同上)

(4) "天地间物莫非阴阳五行",宇宙万物由于"各自其所禀"之不同,而各有其特点和不同的生长发展法则,因此要对大至天地、小至草木之物都得去探求其理。他说:

> 先生(指顾宪成)云:"有梅于此,花何以白?实何以酸?有桃于此,花何以红?实何以甘?一则何以冲寒而即放?一则何以待暖而方荣?"龙谓天地间物莫非阴阳五行,五行便是五色,便有五味,各自其所禀,纷然不同,固无足异。至发之先后,盖天地

间有一大元亨利贞,各物又具一元亨利贞,杂然不齐,良有以也。
(同上)

可知高攀龙的"格物穷理"论,是坚持要把一草一木之物都作为格物的对象,不能由于"格物穷理"的主要对象是对"至善"的封建道德的根本原则的探求,而忽视或甚至把一草一木之理排斥于格物之外。

高攀龙也不赞同顾宪成所持的格草木之理会影响"正心""诚意"的封建道德修养的见解。他说:

先生(指顾宪成)云:"于此格之(指格草木),何以便正得心?诚得意?于此不格,何以便于正心诚意有妨?"

龙敬问先生曰:"此一草一木与先生有关否?若不相关,便是漠然与物各体,何以为仁?不仁何以心说得正、意说得诚?"

"乐意相关禽对语,生香不断树交花",所以为善形容浩然之气,所以不可不理会也。(同上)

他根据"万物一体"的观点,认为探求客观外界的自然草木之理与"正心""诚意"的主观道德修养是相关的。格草木不仅不会影响正心、诚意的主观道德修养,反而会促进道德修养。因为像"禽对语""树交花"的自然现象,都能表现出天地间的"浩然之气"。由此,他得出"格物是求放心""观物即是养心"(同上)的结论。

高攀龙的格物说目的在于"格物是求放心""观物即是养心"的封建道德修养。他与顾宪成不同的,只是在格求"至善"的道德根本原则的同时,并不贬低或排斥格草木,甚至还想从格草木中体验天地间"浩然之气"。

四、修悟并重的道德修养论

高攀龙提倡修悟并重的道德修养论,认为"悟修二者并无轻重"(同上卷五《会语》)。如以仁、义、礼、智四字而言,"言仁、智处皆是悟,言礼、义处皆是修。悟则四字皆是修,修则四字皆是悟"(同上)。因而他的结论是"半斤八两"(同上)。他之所以提倡悟修并重,是因为"修而不悟者,徇末而迷本。悟而不彻者,认物以为则"(同上卷九上)。"不悟之修,止是妆饰;不修之悟,止是见解"(同上卷八《答肖康侯》)。只有修悟结合,才能算是"修而悟,悟而彻"的"真圣人之学"(同上卷九)。他认为悟和修、本体与功夫之间的关系不是对立,而是彼此紧密结合。他说:

> 善言工夫者,惟恐言本体者之妨其修;善言本体者,惟恐言工夫者之妨其悟。不知欲修者,正须求之本体;欲悟者正须求之工夫。无本体无工夫,无工夫无本体也。(同上卷九上《冯少墟先生集序》)

至于如何修养? 高攀龙遵循朱熹的"居敬穷理"的功夫。

关于居敬,他认为"须是主一无适"(同上卷四《君子修己以敬章》)。即是专心致志地对"至善"的道德原则执着的追求,做到丝毫不与义理相违背。这和佛、道追求玄虚、空无之境而"坐禅","坐忘"的自我参悟的修养方法有所不同。他批评某些儒者(指王学末流)提倡禅学的自我参悟是"误天下学者":

> 今之谈学者多混禅学,便说只要认得这个己,他原自修的,何须添个修。原自敬的,何须更添个敬,反成障碍了。此是误天下学者,只将虚影子骗过一生,其实不曾修,有日就污坏而已。(同上)

关于穷理,高攀龙极力提倡"读书穷理"。他认为读书多了,即能开阔心胸,明晓义理,增进修养:

> 学者要多读书。读书多,心量便广阔,义理便昭明。读书不多,便不透理;不透,则心量窒塞矣。吾人心量原是广阔的,只因读书少,见识便狭窄。若读书穷理工夫到,穷得一分理,心量便开一分,读书即明心也。(《东林书院志》卷六《东林论学语》下)

他把"读书穷理",比作"正如跛者之杖,盲目之相,病者之药"(《高子遗书》卷三《示学者》)。强调"穷理必由读书而入,静坐、读书必由朋友讲习而入"(同上卷十二),认为这是"入德要诀"(同上)。这就把"读书穷理"看作修养道德之门径。他给自己提出了"半日静坐、半日读书"的规定。

至于如何静坐?如何读书?高攀龙反对闭目塞听的"静坐",同时也反对不假思索的死"读书"。他说:"吾辈每日用功,当以半日静坐、半日读书。静坐以思所读之书,读书以考所思之要"(同上卷八)。他主张"静坐"与"读书"相结合,反对那种"书自书,我自我,都无意味"(同上卷三《读书法示揭旧诸友》)的态度。

第六节 提倡"治国平天下"的"有用之学"

高攀龙虽然在认识论和道德修养论上偏重于对封建道德的践履,基本遵循程朱理学的途径,但由于面临阉党专权、国危民艰的严重现实,又促使他的忧国忧民的"实念""实事"的思想油然而生。他说:

> 居庙堂之上则忧其民,处江湖之远则忧其君,此士大夫实念也。居庙堂之上,无事不为吾君;处江湖之远,随事必为吾民,此士大夫实事也。(同上卷八《答朱平涵书》)

这就迫使他把注意力趋向"治国平天下"的"有用之学"。他说:

> 事即是学,学即是事。无事外之学、学外之事也。然学者苟

能随事察,明辨的确,处处事事合理,物物得所,便是尽性之学。若是个腐儒,不通事务,不谙时事,在一身而害一身,在一家而害一家,在一国而害一国,当天下之任而害天下。所以《大学》之道,先致知格物,后必归结于治国平天下,然后始为有用之学也。不然单靠言语说得何用?(《东林书院志》卷五《东林论学语》上)

先生(指高攀龙)曰:心为体,则身为用;身为体,则心为用。无用便是落空学问。

立本正要致用。(同上卷六《东林论学语》下)

可见,高攀龙对那些"不通事务,不谙时事"的腐儒是嗤之以鼻的。因为他们只会背诵经典,而不讲"治国平天下"的"有用之学"。他认为《大学》格物、致知和正心、诚意的个人道德修养,目的就在于"治国平天下"。他把能否"治国平天下",看作衡量学问之"有用"或"无用"的尺度。他说,"学问通不得百姓日用,便不是学问"(《高子遗书》卷五《东林会语》)。这和李贽的"百姓日用即是道"(王世贞《弇州史料》)的观点接近。

与"治国平天下"的"有用之学"紧相联系的,是他的"学问必须躬行实践"(同上)的观点。高攀龙认为"学问不是空谈而贵实行"(《东林书院志》卷六《东林论学语》下)。他说:

学问必须躬行实践方有益,如某人见地最好,与之言亦相入。但考之躬行,便内外不合,是以知虚见无益。(同上)

他反对谈玄说空,认为"道理不向身心上去,总是虚语"(同上卷八),宣称"东林朋友俱是硁硁者,不知玄"(同上卷六《东林会语》下)。他发挥孔子的"学而时习之"的观点,强调"学""习""时"三字的重要。他说:

此无别法,即如门下所谓知不能者,习之而已。……《论语》开卷示一"学"字,即示一"习"字,又示一"时"字。学而习,习而

时,自凡人作圣贤,不过三字立下见效者也。(《高子遗书》卷八下《答陈似木》三)

这是说,"治国平天下"的"有用之学"的得来,以至"躬行实践"而"立下见效",都得通过"学""习""时"的实践过程。因此,高攀龙在提倡"治国平天下"的"有用之学"的同时,强调"学问必须躬行实践";否则,"有用之学"也会落空。故他一再反对空谈而"贵实行"。

此外,与"贵实行"相联系的,是他提倡"真"和"老实"的态度。高攀龙根据荀子的"名实论"思想,提出"名者,实也。圣人言名,即是实"(《东林书院志》卷六《东林论学语》下)的观点,反对虚假而不务实,强调必须有个"老老实实"的态度,才能做出一番大事业;否则,便会弄巧成拙。他说:

> 人只是一个真,真便做得大事业。自古大人物做大事业,只是一个老老实实。有一毫假意,便弄巧成拙。(同上)

高攀龙这种"老老实实"的态度是可贵的。但是也令人想到,正由于"老实",他终不免"自沉"的悲剧。

第五十章 刘宗周的思想特征及其"慎独""敬诚"理论

刘宗周是明末著名的儒学大师,他所创建的蕺山学派,是一个很有影响的学派。黄宗羲、陈确、张履祥等都是他的学生。刘宗周的思想学说有鲜明的特色,和黄道周堪称明末两大师,其学问的渊博和气节之高尚,为当时和后世学者所称道。《明史》赞曰:"其论才守,别忠佞,足为万世龟鉴"(《明史》本传)。

第一节 刘宗周的生平和思想演变

刘宗周(公元1578年—1645年)初名宪章,字起东,号念台,浙江山阴(今浙江绍兴市)人,因讲学山阴县城北蕺山,学者称为蕺山先生。其父早逝。他自幼随母依养于外祖父章颖①家,受到外祖父的培育,勤奋好学。为诸生时,刘宗周的祖父为其延请名师教授。万历二十五年(公元1597年)二十岁举乡试。万历二十九年(公元1601年),二十四岁中进士。自万历三十二年(公元1604年),他二十七岁任行人司行人之后,历官礼部主事,尚宝司少卿、顺天府尹、工部左侍郎、左都御史等职。此后长期被排斥在野。天启四年(公元1642年)、崇祯九年(公元1636年)和十五年(公

---

① 章颖为当时颇有学问而屡试不举的儒者,徐阶、陶望龄、周应中等著名学者和官僚皆出于其门下。

元1642年)三次被革职。史载他"通籍四十五年,在仕版六年有半,实立朝者四年"(《刘子全书》卷四十《先君子蕺山先生年谱》)。刘宗周为官正直清廉,就连刚愎自用的崇祯帝朱由检也不得不承认他"清执敢言,廷臣莫及"(《明儒学案》卷六十二《蕺山学案·刘宗周传》)。南明弘光元年(即清顺治二年,公元1645年),清兵南下,南京陷落,同年六月十五日杭州失守。刘宗周见大势已去,明王朝危在旦夕,于六月十七日绝食而亡,享年六十八。

刘宗周是位尚气节、重操守、刚直敢言的封建士大夫。他目击阉党专权、朝政腐败而挺身抨击时弊。他多次上疏弹劾奸党,声援东林,力辩顾宪成、高攀龙等东林人士"多不乏气节耿介之士"(《刘子全书》卷十四《修正学以淑人心以培国家元气疏》)。他还和东林党人一起,指陈时政,揭露和斥责阉党"干预朝政"等严重罪行,因而被罢斥在野。

刘宗周长期在野,对人民的疾苦有一定的了解和同情,因而在他"重民命""厚民生"(同上卷十五《祈天永命疏》)"匡救时艰"的社会政治主张中,不仅为民请命,要求减轻赋役和放松对百姓的政治压制,而且揭露和抨击晚明苛政。

刘宗周自幼就学于外祖章颖门下。章颖"喜与门士激扬风节"(同上卷三十九《子刘子行状》),对刘宗周的一生尚气节、重操守的品德影响较大。万历三十一年(公元1603年),刘宗周二十六岁拜许孚远(敬庵)为师。据《明儒学案·甘泉学案》记载,许孚远是湛若水(甘泉)门下唐枢(一庵)的弟子,"笃信良知,而恶夫援良知以入佛者",故反对罗汝芳之弟子周汝登(海门)"以无善无恶为宗",以为此"非文成(即王守仁)之正传",作《九谛》以难之。刘宗周拜许为师时,"问为学之要",许"告以存天理、遏人欲"。许孚远还借为刘宗周之母作传的机会,以"敬身之孝"勉励刘宗周"念念不忘母氏艰苦,谨身节欲,一切世味不入于心,即胸次洒落光明,古人德业不难成,传所谓求忠臣于孝子之门,乃刘子所以报母氏于无穷也"(同上卷四十《先君子蕺山先生年谱》)。次年,刘宗周北上赴行人司行人任时,路过德清,"拜别许师",孚远勉以"为学不在虚知,要归实践",刘宗周"为之猛省"(同上)。刘宗周对其师十分崇敬,他说:"平生服膺许师"(同上卷十九

《与履思书》),"余年二十六,从德清许恭简公(即许孚远)游,亹亹问学,于今颇有朝闻之说"(同上卷二十二《刘子暨配浩淑人孝庄章氏合葬预志》)。黄宗羲也称宗周"师许敬庵先生孚远"(同上卷三十九《子刘子行状》)。可见,从师承关系上看,王守仁和甘泉学派的心学对刘宗周的思想自然会产生影响,因而刘宗周到中年提倡"慎独"之说是有他的思想渊源的。

综观刘宗周的理学思想是一个充满自相矛盾的体系。他经历了一个发展演变的过程。黄宗羲概述这一演变过程说:"先生于新建之学(指王守仁的心学)凡三变:始而疑、中而信、终而辩难不遗余力"(同上)。就是说,黄宗羲从王守仁的心学立场出发,认为刘宗周早年持程、朱立场怀疑王守仁的心学。其子刘汋也说他父亲"早年不喜象山、阳明之学"(同上卷四十《先君子蕺山先生年谱》)。刘宗周认为陆王心学存在"皆直信本心以证圣,不喜言克己功夫,则更不用学问思辨之事矣"的弊病,"其旨痛险绝人,与龙溪(指王畿)四无之说相似"(《刘子全书遗编》卷四《与陆以建年友书》),容易导致禅学途径,对儒学危害甚大。这说明刘宗周不满陆、王抛弃儒家《中庸》所提倡的"学问思辨行",而提倡发明本心的修养方法。所以,他早年好与宗奉程朱学说的东林人士如高攀龙、魏大中、丁元荐、黄尊素等切磋学问,并且高度评价东林学派首领顾宪成的思想学说是"扶危显微,屏玄黜顿,得朱子之正传"(《刘子全书》卷十四《修正学以淑人心以培国家之气疏》)。足见刘宗周早年的理学观点与东林学派一样,除自然观以外,基本是崇尚程朱学说的。

刘宗周中年转向陆王心学。万历四十二年(公元1614年),他三十七岁,正值朝廷"群小在位,党祸将兴",阉党走卒、江西巡抚韩凌上疏参劾刘宗周,"比之为少正卯,谓行伪言坚,足以乱天下而有余,乞赐尚方加诛,以为惑世诬民之戒";"归子顾、刘廷元复相继攻之"(姚名达《刘宗周年谱》)。刘宗周不堪忍受"群小"对他的诬陷和压制,于是申文吏部,请给假放归。同年五月抵家,即闭门读书,"久之,悟天下无心外之理,无心外之学。乃著《心论》"(《刘子全书》卷四十《先君子蕺山先生年谱》),提出"只此一心,散为万化;万化复归一心"(同上卷二十三)的观点。把精神(心)看成是天地万物的本原,从而转向心学。天启五年(公元1625年),刘宗周四十八岁,阉党魏忠贤专权,大兴党狱,残酷镇压东林党人。刘宗周慨然叹曰:"天地晦冥,人心灭息,吾辈惟有讲学明伦,庶几留民彝于一线乎?"遂于同年五月朔(初一)会讲于蕺山解吟轩,"痛言世道之祸,酿于人心,而人心之恶,以不学而进,今日理会此事,正欲明人心本然之善,他日不至凶于尔国,害于尔家","座中皆有省"。自此每月一会,至岁终而辍讲。"每会令学者收敛身心,使根柢凝定,为入道之基"(同上卷四十《先君子蕺山先生年谱》),由此刘宗周正式提出了"慎独"之说。这与他所处之逆境和屡受打击的遭遇有一定联系,导致他把世道之坏单纯归结为"人心之恶",说什么"世道之祸,酿于人心",转向内心世界去寻求出路。

刘宗周到了晚年,已初步认识到王守仁的良知说易于同禅学合流,因而对它的信仰发生动摇,想从心学的束缚中摆脱出来。临终时,他向学生指出:"若良知之说,鲜有不流于禅者"(同上)。嘱咐学生:"学问未成,全赖诸子"(同上),把摆脱心学的希望寄托于他的学生们。

刘宗周的著作,被后人编辑成书的有:《刘子全书》(学生董玚编)、《刘子全书遗编》(清人沈复粲编)、《刘子节要》(学生恽日初辑)、《刘子粹言》(学生张履祥辑)。

第二节 "离气无理"的理气论和"道不离器"的道器论

在理和气的关系问题上,自北宋以来,理学阵营内部就存在着分歧。张载则主"太虚无形,气之本体"的元气本体论,把"气"作为宇宙之本原。程、朱则主"理本气末"的理本体论。刘宗周继承发展了张载的"气"为宇宙本体的观点,形成了自己颇有特点的"离气无理"的理气论和与此相联系的"道不离器"的道器论。

首先,刘宗周提出了"盈天地间一气而已矣"(同上卷二《读易图说》)的观点,认为"气"是构成天地万物的本原。正是由于这个"气","天得之以为天;地得之以为地;人物得之以为人物"(同上卷十一《学言》中)。即是说,天、地、人以至万物都是"气"派生出来的。

其次,他认为"气"不仅是天地万物的本原,而且是产生精神性的"理"的根源。刘宗周提出"离气无所谓理"(同上)的观点,认为"气"是根本,为"理"之所寓,"有是气,方有是理",即先有"气"然后才有"理"。他说:

> 理即是气之理,断然不在气先,不在气外。(同上)
> 有是气,方有是理,非理能生气也。(《刘子全书遗编》卷二《学言》)
> 非有理而后有气,乃气立而理因之寓也。(《刘子全书》卷五《圣学宗要》)

刘宗周从"有是气,方有是理"的观点出发,进而推论:

> 有气斯有数,有数斯有象,有象斯有名,有名斯有性,有性斯有道,故道其后起也。(同上卷十一《学言》中)

这里虽明显地带有"卦气""卦象"论的痕迹,但其主旨是强调有气方有道,气在道之先。故他对程、朱的理(道)在气先的观点提出了诘问:"求道者辄求之未始有气之先,以为道生气,则道亦何物也?而能遂生气乎"(同上)?

刘宗周指出,虽然附丽于气而存在的理,一经形成,即具有相对独立的精神作用,但也不能误解为"理能生气"。他说:

> 有是气,方有是理。无是气则理于何丽?但既有是理,则此理尊而无上,遂足以为气之主宰。气若其所以从出者,非理能生气也。(同上)

可见,刘宗周对理和气的关系的认识,是比较精细的。他既看到了气为理之所寓,同时也看到了理气之间的辩证关系:理虽有它独立的精神作用,成为"形而上者",但仍是物质性的"气"的产物,是从属于"气"的。

第三,刘宗周遵循张载的"太虚无形、气之本体"(《正蒙·太和篇》)的观点,认为世界上一切有形的物体和无形的虚空,均为"气"的不同形态。"太虚"是"气"散的形态,即本来的原始的形态。"太虚"聚为万物,仍不改变"气"的本质。因此,刘宗周得出"虚即气"的结论,正确地回答了"气"从何来的问题。他对所谓虚生气、无生有的论调进行诘问:

> 或曰:虚生气。夫虚即气也,何生之有?吾溯之未始有气之先,亦无往而非气也。(同上)

在这里刘宗周指出"虚即气",就是对张载的"太虚无形、气之本体"的概括。他不承认气是别的什么实体所生,否认在原始的物质形态——"气"之外还有另一种非物质性的实体之存在,这就击中了"虚生气""无生有"论调的要害。

上述观点,仅是刘宗周对张载自然观的继承,但他并未就此停步,而是有所发展。

第一,刘宗周在批驳"虚生气""无生有"的论调的同时,论述了"有"和"无"的辩证关系。他从"虚即气"的观点出发,认为无形的"虚"和有形的"万物",都是"气"的不同的存在形态。"当其屈也,自无而之有,有而未始有。及其伸也,自有而之无,无而未始无也"(同上)。即是说,从事物的产生看,它是从无到有,即从"气"散为"太虚"的无形形态发展变化为"气"聚为万物的有形形态;从事物的消亡看,它是从有到无,即从"气"聚为万物的有形形态散入"太虚",变化为"气"散的无形形态。可见,一般所谓"由无到有"或"由有到无"不过是气的聚散,由一种形态到另一种形态的变化。所以,"有"中有"无","无"中有"有",说明事物的产生与消亡是统一的,在产生中有消亡,在消亡中有产生。正如他自己所概括的:"非有非无之间,而即有即无,是谓太虚,又表而尊之曰太极"(同上)。刘宗周把"太虚"看作是"有"和"无"的统一,又把气之"有"(无形)和具体万物之"有"(有形)做了一定的区别。这种对"气"的原始物质存在形态变化的辩证观点,是对"虚即气"的唯物论观点的深化。当然,刘宗周的这些辩证思维仍然是朴素的、臆测的,缺乏近代实验科学的依据。

第二,刘宗周进一步运用"气"这一原始物质不同形态相互转化的辩证观点,对周惇颐《太极图易说》的所谓"无极而太极""太极本无极"的观点作了唯物主义的解说。

他指出"太极"即原始物质的"气":

> 一奇即太极之象,因而偶之,即阴阳两仪之象。(同上)
> 太极、阴阳只是一个。(《明儒学案》卷六十二《蕺山学案·来学问答》)

可见,他所说的"一奇",即奇数"一"的意思。而所谓的"一",即是汉代王充"元气论"中所说的"元气未分,混沌为一"的原始物质的"气"。他所说的"因而偶之,即阴阳两仪之象",也正如唐末《无能子》中对混沌无形的"元气"生成宇宙天地的描述:"天地未生,混沌一气;一气充溢,分为两仪。有清浊焉,有轻重焉。轻清者上为阳为天,重浊者下为阴为地……气之自然也。"刘宗周提出"一奇即太极之象,因而偶之,即阴阳两仪之象"的观点,虽然有"象数"论的痕迹,但他是把"阴阳两仪之象",即天地宇宙的构成,看作是"太极"这一混沌无形的原始物质"气"的自身发展变化的结果。

此外,刘宗周还认为由于"太极"("气")这一物质自身矛盾对立运动,促使万物"生生不息"。他说:

> 言太极则有阴阳,言阴阳则有变化。而盈天地间平陂往复之数,该于此矣。变变化化,游于无穷。(同上卷三十一《论语学案·尧曰》)
> 太极之妙,生生不息而已矣。生阳生阴、而生水、火、木、金、土,而生万物,皆一气自然之变化。(同上卷五《圣学宗要》)

只此动静之理,分言之是阴阳,合言之是太极。(同上卷十《学言》上)

很显然,刘宗周所说的"太极",即是指原始物质的"气",是"气"散为"太虚"的无形形态,故他把"太虚",也"尊之曰太极"(同上卷十一《学言》中)。这种"气"的自身矛盾运动,乃是形成天地万物"生生不息"的本原。所以,黄宗羲把刘宗周的"太极"范畴概括为"万物之总名"(同上卷三十九《子刘子行状》),是符合其原意的。

既然"太极"是原始物质形态的"气";那么,刘宗周又是如何理解周惇颐在《太极图易说》中所说的"无极而太极"的"无极"呢？他提出"无极则有极之转语"(同上卷十一《学言》中)的观点,认为"无极"并非是周惇颐等人所说的"虚无",而是和"太极"一样,是原始物质"气"的无形形态。因而他说:"愚按无极、太极,又是夫子以后破荒语,此无字是落实语,非玄妙语也"(同上卷三十四《周易古文钞·系辞下》)。刘宗周把"无极"看作和"太极"一样,都是原始物质的"气",是"有极之转语",这对持"无极"为"虚无"看法的周惇颐等人来说,是大相径庭的。

第三,与"有是气、方有是理""离气无理"的理气论相联系,刘宗周提出"道不离器"的道器论。他说:

盈天地间,凡道理皆从形器而立,绝不是理生气。(同上卷十九《答刘乾所学宪》)

道理皆从形气而立。离形无所谓道,离气无所谓理。(同上卷十一《学言》中)

形即象也,象立而道器分,一上一下之谓也。上者即其下者也。器外无道也,即变通即事业,皆道也,而非离器以为道也。(同上卷三十四《周易古文钞·系辞上》)

离器而道不可见,故道器可以上下言,不可以先后言。"有物先天地",异端千差万错,从此句来。(《明儒学案》卷六十二《蕺山学案·语录》)

可见,刘宗周从"离气无理"的观点出发,已认识到作为具体事物的"器"是作为一般原理的"道"的根本。而许多理学家则往往利用《易传》中"形而上者谓之道,形而下者谓之器"的命题,加以唯心主义的发挥,认为"道"是"器"的根本。刘宗周则与此相反,强调"凡道理皆从形器而立",因而和程朱理学的"道本器末""理在事先"的观点不同。特别是他明确指出他们之所以"千差万错",都从"有物先天地"的观点引申而来,颇切中要害。

刘宗周这种"道不离器"的道器论,上接宋代叶适的"道在于器数,其通变在于事物"(《水心别集·进卷·总义》)的道在事中的观点,而又比王夫之的"天下唯器""道在器中"(《思问录·内篇》)的道器论略早些。因此,黄宗羲很推崇他的老师刘宗周的理气论和道器论,称:"师于千古不决之疑,一旦拈出,使人冰融雾释"(《黄梨洲文集·先师蕺山先生文集序》)。其实,这个"冰融雾释"的工作,在刘宗周之前,已有张载、杨万里、陈亮、叶适、王廷相等作过。他这样评价,未免过誉。尽管如此,还是应该承认刘宗周的理气论和道器论,与明清之际的早期启蒙思潮的兴起有着联系。

由上所述,我们不难看出刘宗周的自然观更多的是继承了张载的"元气本体论",但他本人却认为《礼记》的《曾子·天圆》篇是张载《正蒙》的思想渊源。他在《天圆》篇的注释中,就明确说:"愚按《天圆》一篇与《易》道相发明,其《中庸》《太极图说》《正蒙》之祖与"(《刘子全书》卷三十五《曾子章句》)。这种看法虽有偏颇,但却说明刘宗周对《天圆》篇的重视,思想上也自然会受其影响。

《曾子·天圆》篇以阴阳之气为天地万物之本原,对刘宗周的"离气无理"的理气论和"道不离器"的道器论有启迪作用。他说:

> 愚按:天积气,气浑然而运则圆;地积形,形块然而处则方。此天地自然之体也。有天地之体,斯有天地之道。《易》曰:"形而上者谓之道,形而下者谓之器"是也。(《刘子全书》卷三十五《曾子章

句·天圆》)

> 人禀天地阴阳之气以有生。(同上)

这里,刘宗周持传统的"天圆地方"的理论是错误的,但他以物质性的"气"作为天地和人类形成的本原,则包含了真理的粒子。特别是他由此而得出"有天地之体,斯有天地之道"的观点,与他在《周易古文钞·系辞上》中所讲的"形即象也,象立而道器分,一上一下之谓也。上者即其下者也,器外无道也"(《刘子全书》卷三十四)的"道不离器"论是相吻合的。

刘宗周在《天圆》篇的注释中,还表露出试图以阴阳之"精气"来说明人的生命以及人的道德伦理等社会意识的产生。他说:

> 阴阳之气一也,而其精者则曰神与灵,其粗者则物而已。精气者,纯粹以精之气,道之形而上者是也。神者,气之吐也。灵者,气之含也。一精含吐而神灵分,灵亦神也。人物之生,莫不本乎阴阳之气,则莫非神之所为,故以为品物之本。而人物之中,惟人也得其气之精者为最全,故生为万物之灵,而礼乐仁义从此出焉。……夫人之生,未尝不各禀阴阳之精,抱礼乐仁义之德,而精者不能不揉于物,则不能无善否治乱之异,二者相为贞胜,莫非一神之变化。(同上卷三十五《曾子章句·天圆》)

他认为,阴阳之气中最"纯粹"的部分为"精气",它是构成"万物之灵"——人的本原,因为它"得其气之精者为最全",因而也由此产生出人们的道德伦理等社会意识。他的这种观点虽然不能说明人的精神思维是人脑这一物质发展的最高产物,也没有说明道德伦理等社会意识是社会存在的反映,但它却排斥天帝这个神秘外力的作用,而把人的生命和意识的起源归之于物质性的"精气"所固有。不过,他又把"精气"称之为"神"和"灵",这不仅把"神"看作"品物之本",而且把人类社会的善恶治乱也看作"神"(精气)的作用——"莫非一神之变化"。这样,就把"精气"所具有的运动变化功能——"神"的作用绝对化、神秘化,似乎真正成了支配自然与人类社会变化的"神""灵"了!

其实,这种企图用"精气"或"气"来说明人的生命和精神活动的产生,早在战国时代就有人论述过。如宋尹学派的"精气"论就说:"精也者,气之精者也。气,道(通)乃生,生乃思,思乃知,知乃止矣"(《管子集校》下册第786页,科学出版社1956年出版)。认为"精气"产生了人的生命,有了生命才有了人的思想和智慧。又如荀子说:"水火有气而无生,草木有生而无知,禽兽有知而无义。人有气有生亦且有义,故最为天下贵也"(《荀子·王制》)。荀子不仅认为宇宙万物都是由"气"构成的,而且揭示出人和其他万物有质的区别。人不仅有生命、有知觉,而且具有道德属性即"义"。到了公元后十六世纪末至十七世纪中的刘宗周时代,他仍在运用"精气"说的理论来论证人的生命和道德伦理等社会意识的产生,那就显得陈旧落后了。这说明刘宗周的自然观,仍停留在"天才的猜测"阶段,还十分缺乏近代实验科学基础。因而他也很容易夸大"精气"的作用,尤其是用它来解释人的精神现象时,易于滑向唯心主义的歧途。

此外,还需指出,刘宗周的自然观基本上是持"盈天地间皆气"的"离气无理"和"道不离器"的观点;而另一方面,他又保留理学的"慎独"学说,提出"独之外别无本体,慎独之外别无功夫"(《明儒学案》卷六十二《蕺山学案·绪说》)的观点。他把人的自我意识的"独"看作与王守仁的"良知"一样,不但是宇宙本体,而且是道德和认识的基础。这说明刘宗周的思想体系存在着矛盾,颇类似于张载。

第三节 以"形气为本"的人性论及其心学观点

全祖望说:"蕺山之学,专言心性"(《鲒琦亭集》卷十一《梨洲先生神道碑文》)。说明刘宗周很重视对人性问题的探索,在他的思想中占有重要的地位。

刘宗周的人性论是与"离气无理"的理气论紧相联系的,因而形成了颇有特色的、以形气为本的人性论。

一、关于人性的由来问题

刘宗周认为,人性是人出生以后才形成的,是以人的身体和气质为依据的。他说:

> 盈天地间一气而已矣。气聚而有形,形载而有质,质具而有体,体列而有官,官呈而性著焉。(《刘子全书》卷七《原性》)
>
> 形而下者谓之气,形而上者谓之性,故曰性即气,气即性。(《明儒学案》卷六十二《蕺山学案·证学杂解》)
>
> 人生而有此形骸,便有此气质。就中一点真性命,是形而上者,虽形上不离形下。(《刘子全书》卷八《气质说》)

在这里,刘宗周仍运用"气"为天地万物之本原的自然观来说明由形而下之"气"决定了人的身体各器官的产生,从而有了形而上之"性"的由来。所以他说:"凡言性者,皆指气质而言"(同上卷十一《学言》中),"离气质无所谓性者"(同上卷十二《学言》下)。总之,有"气"才有"性",不能离"气"谈"性"。他还认为,正如不能离气而言道、离事而言理一样,不能离开人心而谈人性:

> 形而上者谓之性,形而下者谓之心。(同上卷十《学言》上)
>
> 心生之谓性,心率之谓道,心修之谓教。(同上卷十一《学言》中)
>
> 离心无性,离气无理。(同上卷十九《复沈石臣进士》)
>
> 有心而后有性,有气而后有道,有事而后有理。故性者,心之性。(同上卷十三《会录》)

因此,他认为人心不能与人性同等,因为人性是在有了人心之后才产生的。故而他指斥离心谈性或是把心性等同的观点,认为这样做,则会促使人们趋向"愈玄愈远"的迷途。他说:

凡所云性，只是心之性，决不得心与性对。(《明儒学案》卷六十二《蕺山学案·语录》)

后之言性者，离心而言之；离之弗能离，则曰一而二，二而一。愈玄愈远。(同上)

刘宗周这种离气无性、以形气为本的人性论，是他的"离气无理"的自然观在人性论上的贯彻和发挥。

这样，刘宗周就回答了人性产生的本原问题，即人性是后天才形成的，而不是先天就存在的。他否认程、朱的人性根源于"理"、是先天的观点，指出这种先天人性论的错误就在于"舍已生后，分外求个未生前，不免当面错过"(同上)。他批评程、朱这种舍弃人的后天而到未生前去寻求人性根源的做法，认为，"五行不到处，父母未生前"(同上)，是谈不上什么人性的。这样，他就把人性置于金、木、水、火、土的物质元素和后天形成的基础上。这显然是突破了先天人性论的传统观念。不过，刘宗周的这种看法，仍然是把人仅看作自然界各种物类中的一种，仅从人的自然属性来解释人性产生的本原问题。说明他只了解人的自然属性而不了解人的社会属性。

二、关于人性的内容问题

刘宗周与张载、程颢、程颐、朱熹和王守仁等人的观点不同。他反对从先天人性论出发，把以仁、义、礼、智、信为内容的封建伦理道德观念也看作是先天的、人性所固有的。他认为，以仁、义、礼、智、信为内容的伦理道德观念，并不是先天地存在于人的本性之中，而是人们有了"父子君臣"等社会关系之后才出现的。这正如道和器的关系一样，是先有器而后有道，先有具体事物而后有抽象观念。如：没有父子关系的存在，人们不可能产生"仁"的观念；没有君臣关系的存在，人们不可能产生"义"的观念。其他如礼、智、信等观念，也是如此。所以他说：

> 无形之名，从有形而起。如曰性，曰仁、义、礼、智、信，皆无形之名也。然必有心而后有性之名，有父子而后有仁之名，有君臣而后有义之名，推之礼、智、信皆然。(《刘子全书》卷十三《会录》)

认为仁、义、礼、智、信伦理道德观念是父子、君臣等社会关系的反映。

那么，刘宗周所说的人性内容又是什么呢？他把人的生理功能看作是人性的具体体现。他说：

> 性者，生而有之之理，无处无之。如心能思，心之性也；耳能听，耳之性也；目能视，目之性也。(同上卷十一《学言》中)

这里，他把性解释为人的生理功能，所以他的人性论带有自然人性论的倾向。

值得注意的是，刘宗周从反对先天人性论出发，认为人性的好坏是靠后天所处的环境和主观努力结果而发展变化的。因而，他把人的贤愚、圣凡的差别归之于后天的"习"和"学"。他说：

> 人生而有习矣。……有习境，因有习闻；有习闻，因有习见；有习见，因有习心；有习心，因有习性。……习于善则善，习于恶则恶，犹生长于齐、楚不能不齐、楚也。习可不慎乎！(同上卷八《习说》)

有人问：为何"均是人也，或为圣人，或为凡人？"他回答说：

> 人生之初，固不甚相远矣。孩而笑，呝而啼，饥渴嗜欲有同然也。及夫习于齐而齐，习于楚而楚，始有相径庭者矣。生长于齐，既而习为楚语焉，不弗楚也；生长于楚，既而习为齐语焉，无

弗齐也。此学之说也。(同上卷七《原学》)

刘宗周的这些观点,后来由他的学生陈确继承和发展。陈确也把人性的善恶好坏看作是后天学与习的结果,而且把人性看作是一种天然的性质,表现为气、情、才(详见陈确章)。

三、关于"义理之性"与"气质之性"的关系

关于这个问题,刘宗周和张载、二程、朱熹也有所不同。

张、程、朱等人将"义理之性"与"气质之性"对立起来,认为二者的关系是善恶对立的关系。刘宗周则认为"义理之性"和"气质之性"并不对立,二者是"俱善"的关系,而不是善恶对立的关系。他说:

> 要而论之,气质之性即义理之性,义理之性即天命之性,善则俱善。(同上卷十九《答王右仲州刺(嗣奭)》)

他由此出发,认为"义理之性"和"气质之性"的关系是统一的,而"义理之性"是"气质之性"之所为。他说:

> 须知性只是气质之性,而义理者气质之本然,乃所以为性也。(同上卷八《中庸首章说》)
> 性只是气质之性,而义理之性者,气质之所以为性也。(同上卷十三《会录》)
> 性是就气质中指点义理者。(同上卷三十一《论语学案·阳货》)

认为"义理之性"和"气质之性"非但不对立,而且"义理之性"寓于"气质之性"中,有"气质之性"然后才有"义理之性","气质之性"是"义理之性"的根据。

由此,刘宗周进而否定"天理"和"人欲"的对立。他说:

人心,道心,只是一心。(同上卷八《中庸首章说》)

离却人心别无道心。(同上卷十三《会录》)

心只有人心,而道心者,人之所以为心也。(同上)

曰人心,言人之心也;曰道心,言心之道也。心之所以为心也,非以人欲为人心,天理为道心也。(《刘子全书续编》卷二十二《中兴金鉴录》七)

而道心者,心之所以为心也,非以人欲为人心,天理为道心也。(《明儒学案》卷六十二《蕺山学案·来学问答》)

在他看来,"天理"和"人欲"是统一的,并不像程、朱所说的水火不相容。二者虽有不同,但是相通的,可以相互转化。他说:

天理人欲本无定名,在公私之间而已。(《刘子全书》卷十《学言》上)

欲与天理只是一个,从凝处看是欲,从化处看是理。(同上)

天理、人欲同行而异情,故即欲可以还理。(同上)

他认为,"人欲"只是人的生理的自然要求,即所谓"生机之自然而不容已者,欲也"(同上卷六《原心》),故不能把它看作"恶",只有那些纵欲过度的行为,才是"恶"。

刘宗周把"人欲"看成是人的生理要求的观点,为后来陈确所发展,得出了"人欲恰好处,即天理"(《陈确集·无欲作圣辨》)的结论,把"人欲"看成是人性的自然流露,而"天理"则是"人欲"的合理体现。

由此可见,刘宗周基于"离气无理"的自然观而提出的关于人性论观点,是不同于程、朱的先天人性论的,但这些并不能概括他的人性论的全貌,因为刘宗周的思想体系是矛盾的。他虽然不同意张载、二程、朱熹将人性分为"义理之性"和"气质之性",也反对将"义理之性"和"气质之性"

以及"道心"与"人心""天理"与"人欲"看作是对立的,但他仍然承认他们所说的"义理之性""道心"和"天理"的存在。而且,他对"心"的解释,有时指人的一种器官,有时指人的道德的本原,它比前者更为根本。例如他说:

> 道心即人心之本心,义理之性即气质之本性。千古支离之说可以尽扫,而学者从事于人道之路,高之不堕于虚无,卑之不沦于象数,而道术始归一乎。(同上卷十一《学言》中)

既然"道心即人心之本心","义理之性即气质之性之本性",那么,依此推演,势必要承认宋儒乃至王守仁的先天人性论和先天道德观的存在。这样,先天道德观即成为"义理之性"(或"道心")和"气质之性"(或"人心")统一的基础。除此,刘宗周还把"心"和"意"之间的关系,也同样看成为"意"是"心"的主宰,他说:

> 天,一也。自其主宰而言,谓之帝。心,一也。自其主宰而言,谓之意。(同上卷十二《学言》下)

这样,原来作为意念而言的"意"就变成和"道心"(或"义理之性")一样,成了先天固有的道德观念,主宰着"心"。至于人们如何认识"道心"(或"义理之性"),刘宗周提出"不慎独,又如何识得天命之性"(《明儒学案》卷六十二《蕺山学案·语录》),提倡内心省察。可见,刘宗周最终并未能摆脱王学的影响。

第四节 "良知不离闻见"与"求道之要莫先于求心"

刘宗周的认识论也是自相矛盾的。他一方面认为"良知"是学而后知,强调"闻见之知"是人们认识的基础;另一方面,却又未能摆脱王学的羁绊,提出"求道之要,莫先于求心"和"识不待求,反之即是"的观点。

刘宗周认识论有如下几个主要特色:

一、关于"良知"的来源。刘宗周认为"良知"不是先天固有,而是学而后知的。他指出"世间安有生知"(《刘子全书》卷十三《会录》),就连圣人"尧、舜、禹、汤、文、武举非生知","亦必待学而后有"(同上卷二十九《论语学案·述而》)。他提出,"学知之知即良知之知",不赞成王守仁"不虑而知为良知"的先天良知论。认为人们的认识或"良知"来自同外界事物的接触,否则是得不到任何"良知"的。因而,他提出"离物无知":

> 心以物为体,离物无知。今欲离物以求知,是程子所谓反镜索照也。(同上卷十《学言》上)

这里,他指出人们的认识或"良知"是需要通过对客观外界事物的接触才能产生,如若脱离外界事物而求"良知",则如同"反镜索照"一样,见不到被反映的事物,必然对事物一无所知。而"心以物为体",则是其"离物无知"的前提和基础。他在回答友人的信中,强调认识不能"离物以空之,与逐物以外之";否则,"总于致知之学,无有是处"(同上卷十九《答履思》十二)。他认为儒学之所以没有堕入佛学的"虚空圆寂之觉",就在于儒学讲求"格物"而获得对于事物的认识。他说:

> 释氏之本心,吾儒之学亦本心,但吾儒自心而推之意与知,其工夫实地却在格物。……释氏言心便言觉……其所谓觉,亦只是虚空圆寂之觉,与吾儒体物之知不同。(同上卷十《学言》上)

因此,刘宗周认为"世未有悬空求觉之学"(同上卷六《证学杂解》),"如学书必须把笔伸纸,学射必须张弓挟矢"(同上)。而且主张"学"还要和"思""问""辨""行"相结合,才能"觉斯理"(同上),获得真正的认识。"五者废其一,非学也"(同上)。若做到"学""问""思""辨""行"结合,则一刻也不能与外界事物相离,他力主"即物以求之"的格致说,反对有人倡导王守仁的"先物而求之"的格致说:

> 读年台《格致辨》,大抵力提主翁,以为印证物理之本(学),而八者一齐俱到,可为深契文成之旨。第其所为主翁者,果即物以求之乎?抑先物以求之乎?如先物而求之也,则心自心、物自物矣,而复本心以格物,是役其心于外物也,势必偏内而遗外矣,焉能格之?而焉能致之?即其所为格而致焉者,亦格其无物之物而非吾之所为物也;且致其无知之知,而非吾之所为心与意也。修齐治平,一举而空之矣。此龙溪之说,所以深陷于释氏而不自知也。若即物以求心,则物未尝外也,而知亦未尝内也,即格而即致矣。二者于年台何居焉?阳明先生主脑良知,而以格物为第二义,似终与《大学》之旨有异。儒、释之分,实介于此。……愿年台力回禅帜,直达孔宗,以续斯文之脉。(同上卷十九《与王弘台年友》)

这里,他批评"先物以求之"的格致说的弊病,就在于心物脱离。所谓心物脱离,就是说认识主体——"心"不去接触外界事物的认识对象——"物",反而去求其"本心"的自我认识。这不仅"偏内而遗外"以导致"离物无知",甚至会像王畿那样堕入佛教的空无虚幻之境而不自知。其根源就在于王守仁的先天良知说。王守仁把"良知"看作天赋,因而人们不用"格物"就能获得认识,只要格其"本心"就行了。所以,刘宗周对这种"先物以求之"的格致说的弊病的批评,实际上是对王守仁先验论的"良知"说的批评。

二、刘宗周还认为依赖耳目等感官得来的"闻见之知"是人们获取认识的重要来源。他针对王守仁的"良知不由见闻而有"(《王文成公全书》卷二《传习录》中)的命题,提出"良知何尝离得闻见"的命题。这两个相反的命

题,不仅反映各自对"良知"的不同理解,而且也说明他们的根本分歧。他说:

> 盖良知与闻见之知,总是一知。良知何尝离得闻见,闻见何尝遗得心灵。(《明儒学案》卷六十二《蕺山学案·语录》)
>
> 文成云:"闻见非知,良知为知;践履非行,致良知为行。……"然须知良知之知,正是不废闻见;致良知之行,正是不废践履。(《刘子全书》卷二十八《大学古记义约》)

认为"良知"的取得,是与耳目感官的"闻见之知"分不开的。他把耳目等感官比作是接触外界事物而获得聪明才智的窗户,故说"耳目者聪明之户牖"(同上卷十二《学言》下)。

三、刘宗周不赞成把知分为"闻见之知"和"德性之知"。他否定有脱离闻见的"德性之知",认为聪明才智依赖于耳目的见闻之知,而非恃乎"睿知之体"。他说:

> 德性、闻见本无二知,心一而已。聪明睿智出焉,岂可以睿知者为心而委聪明于耳目乎?今欲废闻见而言德性,非德性也。转欲合闻见而全德性,尤未足以语德性之真也。世疑朱子支离,亦为其将尊德性、道问学分两事耳。夫道一而已矣,学亦一而已矣。(同上卷十九《答吾仲》三)
>
> 世谓闻见之知与德性之知有二。予谓聪明睿知,非恃乎睿知之体,不能不穷于聪明,而闻见启焉。性亦闻见也,效性而动者学也。今必以闻见为外而欲堕体黜聪以求睿知,并其睿知而搞矣,是堕性于空而禅学之谈柄也。(同上卷二十九《论语学案·述而》)

可见,刘宗周反对把知分为"闻见之知"和"德性之知",而只赞同有闻见的"睿知",因为"睿知"是不脱离耳目等感官的"闻见之知"的,有了"闻见之知",才会有"聪明睿知";即使所谓"天聪天明",也无非是"耳辨闻、目辨见是也"(同上);至于所谓"天聪明之尽",也无非是孔子所说的"多闻,择其善者而从之,多见而识之是也"(同上)。他否认有脱离闻见的"德性之知"。他批评"废闻见而言德性"的观点,指出如若像佛教僧侣那样摈弃见闻,以求"睿知",那就连聪明睿知也会变得枯竭,如"堕性于空"。他又说:

> 致知有二义:从横说,在即此以通彼;从竖说,在由表以彻里。人心未尝无知,只是明一边又暗一边,若仿佛举得全到,却又只是明个外一层,于透底处,全在窣黑地。如此,安得不用于格物之功!(同上卷九《秦履思问致知之说》)

刘宗周看到了人们认识上的表面性和片面性,要求通过格物致知之功,使认识深刻而全面。这就是他所说的:一要"即此以通彼",由事物的已知部分推测到未知部分,由知之甚少到知之甚多;二要"由表以彻里",由对事物的表面现象的了解进到对于事物内部联系的认识。这样,就不能单纯依赖耳目感官得来的"闻见之知",而须"耳目心思并而用之"(同上卷二十八《论语学案·为政》),发挥"心之官则思"的作用。

四、刘宗周在致知问题上,不同意王守仁的"心悟",提倡"学而知之"和"读书为格物致知之要",指出王守仁从"良知即天理"出发,强调"此知(指良知)之外更无知"(同上卷十二《学言》下),是为了"开人悟门""致知存乎心悟"(同上)。他反对这种致知在于"心悟"的观点,认为这非"《大学》之本旨,《大学》是学而知之者"(同上)。所以他提倡读书,赞同先儒"特以读书一事为格物致知之要",指斥后儒"蔽其旨于良知"(同上卷十三《会录》)。刘宗周之所以提倡读书,是因为他把书看成是"闻见之知"的记录,它能指导和启发人们的言行和思考。他说:

> 夫书者,指点之最真者也。前言可闻也,往行可见也,多闻择其善者而从之,多见而识之,所以牗吾心也。(同上卷八《读书说》)

> 读书者,闻见之精者也。(同上卷十三《证人会约》)

刘宗周要求对书中的"圣贤说话",不可泛泛看过,而要加以体验和印证,要能疑。他说:

> 人须用功读书,将圣贤说话反复参求、反复印证一番,疑一番。得力须是实,实将身体验,才见圣人说话是真实不诳语。(同上《会录》)

他批评那些"不善读书者","专以记诵辞章"为能事。他这种重闻见、重读书、提倡验证的思想,是可贵的。

五、在本体与功夫、知与行的问题上,刘宗周和王守仁也存在分歧。他和王学末流的代表人物陶奭龄等进行论辩。

陶奭龄是当时王门后学、泰州学派的著名人物陶望龄之弟,其兄之学"多得之(周)海门",宗王学,后又信佛,"遂使宗风盛于东浙"(《明儒学案》卷三十六《泰州学案·陶望龄传》)。陶奭龄学同其兄,二人均是当时王学末流的代表人物。崇祯初年,刘宗周曾与陶奭龄会讲于石簣书院,后来因学术观点不同而发生争辩,刘宗周自行成立证人书院,单独主讲。

关于本体与功夫的论辩,陶奭龄从王守仁"心即理"的本体论出发,强调本体即功夫,认为只要认识了本体的"心",功夫就在其中了。他说:"识认本体,识认即是工夫","识得本体,则工夫在其中"(《刘子全书》卷十三《会录》)。实际上,这是把认识看作来自内心,其实是以消功夫归本体为宗旨。刘宗周指出,把本体看作自己主观的"心"是不对的,认为"本体只在日用常行之中"(同上),如果把它"别作一物"——"心"来看待,不去认识"日用常行"的外在世界;那么,无异于"索吾道于虚无影响之间"(同上)。在他看来,陶奭龄所谓"识认本体"的"识认","终属想象边事,即偶有所得,亦一时恍惚之见,不可据以为了彻也"(同上)。他还认为,外在世界才是认识的源泉,格物致知的功夫愈精密,"则本体愈昭荧"(同上卷十九《答履思》二)。

第五十章 刘宗周的思想特征及其"慎独""敬诚"理论

关于知与行的论辩,刘宗周主要针对王守仁的"知行合一"论而发。他说:

> 知行自有次第,但知先而行即从之,无间可截,故云一。后儒喜以觉言性,谓一觉无余事,即知即行,其要归于无知。……是率天下而为禅也!(《明儒学案》卷六十二《蕺山学案·语录》)
>
> 知行何可偏废……知之至才能行之至,行之至方是知之至。后人言即知即行,不必于知外更求行,重本体不重工夫,所以致吾道之大坏也!(《刘子全书》卷十三《会录》)

综上所述,不难看出,刘宗周的认识论和王守仁及其后学之间是有区别的。

刘宗周的认识论虽具有某些唯物主义因素,但并未能完全摆脱王学的思想影响。这突出地表现在他提出"求道之要莫先于求心",认为"求道"不能离开"自识其心"。他说:

> 夫学不识心,而欲求圣人之道者,未之有闻。不自识其心,而欲求圣人之心,尤未闻之也。(同上卷二十一)
>
> 求道之要,莫先于求心。(同上卷十九)

他强调王学"识心之说"和孟子的"养心"说的一致性,提出"识不待求,反之即是"这一理学家传统的"内省""反求"的认识功夫。他说:

> 后儒喜言心学,每深求一步,遂有识心之说。又曰:人须自识其真心。或驳之曰:心自能识,谁为之者?余谓心自能识,而真处不易识;真妄杂揉处,尤不易识,正须操而存之耳,所云存久自明是也。若存外求识,当其识时而心已亡矣,故识不待求,反之即是。……所以孟子又言"养心",知存养之说者,可与识心

矣。(同上卷六)

他认为,既然认识在于"识心",那么,为学之要则莫过于"治心";而妨碍"治心"的最大危害是"出于人欲之私",故必须"求仁",以"破除私意、完复心体"。他说:

> 学莫要于治心,而恶与过皆出于人欲之私者,累心者也。……即心为理,在事为义,以此为学,而作圣之功,端在是矣。此孔门克复之旨也。(同上卷三十五《曾子章句·立事》)
> 求仁是圣学第一义。为仁之功,随处可下手。总之只要破除私意、完复心体而已。(同上卷八《读书要义说》)
> 先儒尝言心是镜,仁是镜之明,私欲是尘埃,尘去则镜明,故克己复礼以为仁。(同上卷二十八《论语学案·雍也》)

刘宗周从"识心"出发而提出的"治心""去人欲""求仁"之说,实际是认识论和道德修养论的结合,其目的,正如他自己所说的"遏人欲、存天理"(同上《论语学案·宪问》)。

第五节 辟佛论

刘宗周的一生对佛学一向是持批判态度的。

当时正值王学末流利用王守仁"四句教"谈空说玄,甚至公开提倡"三教合一",大张宗风。刘宗周的儿子刘汋对此曾说:"自文成而后,学者盛谈玄虚,遍天下皆禅学"(同上卷四十《先君子蕺山先生年谱》)。在刘宗周《答王生士美书》中也曾指出,在陶奭龄门下的弟子"入门不免借途于释氏,一时从游之士多以禅起家"(同上卷十九)。黄宗羲对当时王门后学的宗禅情况更有详细的记载:

> 当是时……新建一传而为王龙溪(畿),再传而为周海门(汝登),陶文简(望龄),则湛然澄之禅入之;三传而为陶石梁(奭龄),辅之以姚江之沈国谟、管宗圣、史孝威,而密云悟之禅又入之。会稽诸生王朝式者,又以捭阖之术,鼓动以行其教。证人之会(即刘宗周创建的证人书院),石梁与先生(指刘宗周)分席而讲,而又为会于白马山,杂以因果僻经妄说,而新建之传扫地矣。
> (同上卷三十九《子刘子行状》)

这种弃儒入禅、空谈心性而不务实学的行径,对解救国艰民危的明末统治和对儒学传统的维护都是很不利的。刘宗周赞同其师许孚远批驳周汝登的观点,他说:"仆生平服膺许师者也。于周师之言,望门而不敢入焉"(同上卷十九《与履思》十)。当王学末流的代表人物管志道(东溟)、周海门(汝登)、陶望龄(石篑)相继去世之后,陶望龄之弟陶奭龄继起,广收门徒。刘宗周则与他们在学术观点上发生论辩,并写《人谱》等著作以批驳他们信佛宗禅的理论。

首先,他批驳佛禅"言心曰空","以无言道"的"空无"宗旨和"惑世害道"的危害。刘宗周指出,儒、佛皆言"心",但佛学"言心曰空"(同上卷七《原道》)与儒学截然不同:佛禅"言心曰空"在于说明现实世界是"空无"(同上)、"空本无"(同上卷十一《学言》中)的,故可"以无言道"(同上卷一《人谱·自序》)。他认为这种以"空无"为宗旨的佛学理论,必然会给治世和封建伦理道德的维护带来直接的危害。他说:

> 佛氏者以天地为尘劫,以世界为幻妄,以形躯为假合,以日用彝伦事理为障碍,至此一切无所依附。……噫嘻危矣!(同上卷七《原道》)

> 佛氏止言一心,心外无法,万法归空,依空立世,何等说得高妙。乃其教门则忍情割爱,逃亲弃君……流遁无穷,则云空本无。……则佛氏之言心,可谓丧心之极!(同上卷十一《学言》中)

佛教倡道"空无",目的在于诱使人们鄙弃现实而超脱人世,这种消极出世的理论,当然要遭到刘宗周这样以社稷、百姓为重的儒学大师的反对。他揭露禅学之危害说:"禅学有三绝:一绝圣学、一绝彝伦、一绝四民(指士、农、工、商)之业";"一切扫除而归之空,故惑世害道,莫甚于禅"(同上卷十三《会录》)!他指斥这种言空道无的佛教理论是不可信的,是"弄精魄,语下而遗上"的一派胡言。

其次,他批驳佛教的生死观。刘宗周认为,儒、佛对生死问题的看法是不同的,故作《生死说》以驳斥佛禅的生死观。王学末流陶奭龄及其门徒则维护佛禅的生死观。陶还特著《知生说》以相难。

刘宗周指出,佛禅以"了生死为第一义",所以"看得一身生死事极大,将天地万物都置之膜外……故其工夫专究到无生一路,只留个觉性不坏,再做后来人,依旧只是贪生怕死而已"(同上卷八《生死说》)。佛禅之所以"将天地万物都置之膜外",无非是为了专心修行成佛,以免遭生死之苦,"其意主于了生死,其要归之自私自利"(同上卷一《人谱·自序》)。

刘宗周还指出佛教生死观的认识根源,认为不求于实而求于虚,必然带来神怪迷信之说的泛滥;而佛教生死观的"三世轮回之说"之所以兴起,就是由于佛禅"以了生死为第一义",故"事事求之于虚,必悟于生前,以知于死后。故曰:生从何来、死从何去"(《刘子全书遗编》卷一《证人社语录》)。这样,必然造成在认识上,"于所不可知者而求之,则为索隐而已矣;于所不可知而求之,则为行怪而已矣"(同上),最后导致"种种索之杳渺不可知,而三世轮回之说起矣"(同上)。

第三,他驳斥"无善无恶"说之谬误,指出王守仁的心体为"无善无恶"说和佛教的"只主灵明""唯是一心"的思想是相通的。因为"佛氏之学只主灵明,而抹去善恶二义"(《刘子全书》卷十三《会录》)。他还指出佛教之所以作如是观,是由于佛教认为灵明(本心)存有善恶,就不能保持灵明(本心)的本来面目,即所谓"不思善不思恶时见本来面目,本来面目仍只是一点灵明而已"(同上)。

刘宗周还以儒学的性善论来反对佛教的"无善无恶"说,指出"无善无恶,语虽双提,而意实寄于无善"(同上)。他坚持"天地间只是个有善而无恶"的性善论。他从"言有善便是无恶,言无恶便是有善"(同上卷十九《与履思》十)的观点出发,认为王守仁所谓"无善无恶心之体"和所谓"为善去恶是格物"的观点"未必然也"(同上),指出"无善无恶心之体"与"知善知恶是良知"互相矛盾。因为"知善知恶"是针对"有善有恶"而言的。既然"无善无恶",又从何谈"知善知恶"! 他说:

> 所谓知善知恶,盖从有善有恶而言者也。因有善有恶而后知善知恶,是知为意奴也,良在何处?……本无善无恶,而又知善知恶,是知为心祟也,良在何处?(同上卷八《良知说》)

刘宗周在性善论的基础上,援引《大学》"止于至善"的观点,强调心、意、知、物均是善,认为只有坚持这一点,才能保持观点的前后一致;否则就会"堕于支离",违反《大学》本旨。他说:

> 《大学》明言止于至善矣,则恶又从何处来? 心、意、知、物总是至善。……只因阳明将意字认坏,故不得不进而求良于知,仍将知字认粗,又不得不退而求精于心。种种矛盾,固已不待龙溪而知其非《大学》之旨矣。(同上)
>
> 一心耳,以其存主而言,谓之意;以其存主之精明言,谓之知;以其精明之地有善无恶,归之至善,谓之物。识得此,方见心学一原之妙。不然,未见不堕于支离者。(同上卷十九《答史子复》)

从这里,我们可以看出刘宗周是站在修正王学的立场来否定王守仁的"无善无恶"说,目的在于分清王学和佛禅的思想界限。

总之,刘宗周是以儒家观点来批驳佛禅的,在禅学猖狂的情况下,有一定的积极意义。

第六节　提倡"慎独""敬诚"之说

万历四十二年(公元1614年),刘宗周告假归里,时年三十七。此后十年间,朝政更趋腐败,阉党专权,极尽残害正直人士之能事。天启五年(公元1625年),刘宗周四十八岁时,被革职为民。他把世道之坏归结为人心之恶,"痛言世道之祸,酿于人心"(同上卷四十《蕺山先生年谱》)。他希望学者能以"明人心本然之善"为己任,认为"吾辈惟有讲学明伦,庶几留民彝于一线","他日不至于凶于尔国,害于尔家"(同上)。因此,他于同年五月初一开始会讲于解吟轩,"令学者收敛身心",企图通过讲求内心省察,以达道德的自我完善,以解救"世道之祸"。刘宗周进一步提倡的"慎独""敬诚"之说,成为其理学思想的重要组成部分。所以,他的学生黄宗羲说"先师之学在慎独"(《黄梨洲文集·先师蕺山先生文集序》)。

"慎独"一词,原出于《中庸》,历来被儒家作为内心省察的道德修养功夫。刘宗周则把"慎独"看得很重要,认为"君子之学,慎独而已矣"(《刘子全书》卷二十一《书鲍长孺社约》),"慎独之外,别无学也"(同上卷三十八《大学古记约义》)。他还说:"学问吃紧工夫,全在慎独,人能慎独,便为天地间完人"(《刘子全书续编》卷一《证人社语录》)。在他看来,"慎独"包括了对宇宙本体的认识,以及个人的道德修养等一切重要学问和做人的道理在内。他说:

> 慎独是学问的第一义。言慎独而身、心、意、知、家、国、天下一齐俱到。故在《大学》为格物下手处,在《中庸》为上达天德统宗、彻上彻下之道也。(《刘子全书》卷十《学言》上)

《大学》之道,一言以蔽之,曰慎独而已矣。《大学》言慎独,《中庸》亦言慎独。慎独之外,别无学也。在虞廷为"允执厥中"……在文王为"小心翼翼",至孔门……其见于《论》《孟》则曰非礼勿视、听、言、动……曰"求放心",皆此意也。而伊洛渊源遂于一"敬"为入道之门。朱子则析之曰:"涵养须用敬,进学则在致知。"故于《大学》分格致、诚正为两截事,至解慎独又以为动而省察边事。先此更有一段静存工夫,则愈析而愈支矣。故阳明子反之,曰慎独即是致良知。即知即行,即动即静,庶几心学独窥一源。(同上卷三十八《大学古记约文》)

这就是说,所谓尧、舜、禹的"十六字心传",孔子"四勿"的道德准则、孟子的"求放心",以至程、朱的"涵养须用敬,进学则在致知",王守仁的"致良知"等等都可概括在"慎独"二字之内。可见,刘宗周的"慎独"说,把本体论、认识论、人性论和道德修养论都沟通了,以免重犯程、朱"支离"之弊。

首先,刘宗周明确提出"独之外,别无本体;慎独之外,别无工夫"(同上卷八《中庸首章说》)。何谓"独"?他的学生陈确解释说:"独者,本心之谓,良知是也"(《陈确集·辑祝子遗书序》)。说明"独"即人的主观意识即"心",也即王守仁的"良知"。自从刘宗周在中年转向心学之后,对于"心",对于"灵明",均做了不少论述。

> 只此一心,自然能方、能圆、能平、能直……际而为天,蟠而为地,运而不已,是为四气。处而不坏,是为四方。生而不穷,是为万类。建而有常,是为五常。革而不悖,是为三统。治而有宪,是为五礼、六乐、八征、九伐。阴阳之为《易》、政事之为《书》、性情之为《诗》、刑赏之为《春秋》、节文之为《礼》、升降之为皇帝、五伯皆是也。只此一心,散为万化,万化复归一心。(同上卷二十三《心论》)

> 问:《大学》首言明明德,何也?曰:人生通天彻地只此一点灵明。就此一点灵明,做出工夫,曰明明德;就此一点灵明,所遍合处即是亲民;就此一点灵明,所究竟处即是止至善。故下文即继之曰知止、曰止先、曰知至,皆灵明之入路也。灵明之用大矣哉!(同上卷三十八《大学杂言》)

可见，刘宗周所说的"心""灵明"，正是王守仁所谓"心之本体，无所不该"（《王文成公全书》卷三《传习录》下）的"良知"。王守仁常把"心""灵明"等同于他的"良知"，故而陈确把"独"解释为"本心之谓，良知是也"是符合刘宗周的本意的。关于"独"，刘宗周还做了如下论述：

> 独者，位天地、育万物之柂牙也。……主人翁只是一个，认识是他，下手亦是他。这一个只是在这腔子内，原无彼此。（《刘子全书续编》卷一《证人社语录》）
>
> 圣学本心，惟心本天，维玄维默，体乎太虚，因所不见，是名曰独。（《刘子全书》卷二十三《独箴》）
>
> 名曰独，其为何物乎？本无一物之中而物物具焉，此至善之所统会也。致知在格物，格此而已。独者，物之本，而慎独者，格之始事也。（同上卷十二《会录》）
>
> "独"中具有喜、怒、哀、乐。四者，即仁、义、礼、智之别名。（同上卷五《圣学宗要》）

这就进一步说明"独"和王守仁的"良知"相似，整个宇宙万物，包括人的认识对象和道德准则都在人心之中，即在"独"（"良知"）之中。然而，刘宗周谈"慎独"大多是从个人道德修养的角度而言，而很少从本体上去论证"慎独"。这里，反映出他对个人操守气节的高度重视。他又说：

> 问格物之义，诸说纷纷，当主谁说？曰：只有慎独二字足以蔽之。（同上卷十三《会录》）
>
> 千古相传只慎独二字要诀，先生（指王阳明）言致良知，正指此。但此"独"字换"良"字，觉于学者好易下手耳。（同上卷十三《阳明传信录》）

总之，刘宗周的"慎独"说，主要是道德修养论。

其次，刘宗周认为"慎独"能使人的道德修养达到"中和"的境界，是实践儒家"中庸之道"的必要途径。

"中和"这个概念，原出于《中庸》。子思把孔子的"执两用中"的方法论提到了世界观的高度，即所谓"中也者，天下之大本也；和也者，天下之达道也。致中和，天地位焉，万物育焉"。这就把"中和"看作是宇宙的根本法则，遵循这一法则，就能让事物平衡、和谐并得到发展，使天下万物各得其所，兴旺发达。子思还认为"喜怒哀乐之未发谓之中，发而皆中节谓之和"，即要求人们的思想感情，内蕴于心时中正不偏，表露于外时不偏激而有节度。总之，是要符合仁、义、礼、智、信的道德准则。这样，就合乎儒家所称道的"天命之性"和"中庸之道"。刘宗周继承了子思的"中和"思想，与他的"慎独"之说紧密联结起来，认为"慎独之学，即中和、即位育，此千圣学脉也"（同上卷十一《学言》中）。他把"慎独"看作与子思的"致中和"一样，都是实现"中庸之道"的必要途径。因为"慎独"在《中庸》中一向是要求在个人独处无人注意时，也要谨慎不苟，切实按照伦理道德而进行内心省察，以保证自己的言行合乎"中和"这个天地间的根本法则，即"中庸之道"。这样，也就尽到了"天命之性"。他说：

> 约其旨，不过曰慎独。独之外别无本体，慎独之外别无工夫，此所以为中庸之道也。（同上卷八《中庸首章说》）
> "独"即天命之性所藏精处，而慎独即尽性之学。（同上卷五《圣学宗要》）

可见，刘宗周的"慎独"说，不只是一般的道德修养方法，而且还把它引申到人性论和认识论方面。

同时，刘宗周还从子思的"中和"说出发，认为君子由"慎独"以"致中和"，不仅能使"天地位、万物育"，而且还能达到天、地、人、物"致则俱致、一体无间"的结果。他说：

　　　　君子由慎独以致吾中和，而天地万物无所不本、无所不达
　　　矣。达于天地，天地有不位乎？达于万物，万物有不育乎？天地
　　　此中和，万物此中和，吾心此中和，致则俱致，一体无间。(同上卷八
　　　《中庸首章说》)

在刘宗周看来，如人人都能做到"慎独"，走"中庸之道"，各安其位，各尽其职，彼此和谐的发展，就可国治天下太平。

第三，刘宗周还认为"慎独"是与"敬诚"相联结的，故他在提倡"慎独"的同时，也提倡"敬诚"之说。

他认为子思的主观精神——"诚"，不仅体现天道，而且是道德和认识的基础，故而他十分赞赏孟子的"思诚者，人之道也"的观点。孟子所谓"思诚"，就是要"明乎善""诚其身"(《孟子·离娄》上)，即所谓的"尽心"，要求通过内心省察去保持先天固有的仁、义、礼、智的"善端"。这自然和"慎独"的内心省察相联系。刘宗周也很推崇周惇颐所说的"诚"。他说："《通书》曰诚者，圣人之本，可谓重下注脚，则吾道之一觉也"(《明儒学案》卷六十二《蕺山学案·证学杂解》)。他还指出周惇颐的"诚"，是"言圣人分上事，句句言天之道也，却句句指圣人身上家当。'继善成性'，即是'元亨利贞'，本非天人之别。"周惇颐的"诚"，体现了道德论与宇宙论的一致，而刘宗周的"慎独"说与之有相同之处。这样，"慎独"和"敬诚"即在思想一致的基础上联结起来了。

刘宗周所说的"敬"，是采用程、朱所谓"入道莫如敬""主敬"为"圣学始终之要"(《朱文公文集》卷三十九《答胡广仲》)的观点。他在五十五岁那年(崇祯五年)重建古小学时，即"迎尹和靖先生(二程四大弟子之一)神位入祠，行释奠礼""发明伊洛主敬之旨"(《刘子全书》卷四十《子刘子年谱》)。

刘宗周提出"诚由敬入，孔门心法"(同上)的观点，把"敬"与"诚"联结起来。可见他的"慎独""敬诚"之说，是要人们保持至诚的精神状态去进行内心省察，寻求道德的自我完善，以达天人一体的神秘境界。所以，黄宗羲在评论刘宗周的理学宗旨时说：

> 先生宗旨为慎独,始从主敬入门,中年专用慎独工夫,慎则敬,敬则诚。晚年愈精微、愈平实。本体只是些子,工夫只是些子,仍不分此为本体,彼为工夫。(同上卷三十九《子刘子行状》)
>
> 朱子一生学问得力于主敬,今不从慎独二字认取,而欲缀敬于慎独之前,所谓握灯而索照也,作《诚意章章句》。(同上)

刘宗周所谓道德的自我完善,其实就是朱熹所说的:"遏人欲于将萌,而不使其潜滋暗长于隐微之中,以至离道之远也"(朱熹《四书集注·中庸章句》)。因此,刘宗周很赞赏朱熹所提倡的"无一毫人欲之私"的"第一义",而特作《第一义说》。他说:

> 朱夫子答梁文叔曰:"近看孟子道性善,言必称尧、舜,此是第一义。若以于此看得透、信得及,直下便是圣贤,便无一毫人欲之私。"……学者须占定第一义做工夫,方是有本领学问。……学者只是克去人欲之私。欲克去人欲之私,且就灵光初放处讨分晓,果认得是人欲之私,便即是克了。阳明先生"致良知"三字,正要此处用也。(同上卷八《第一义说》)

这里,刘宗周把朱熹的"无一毫人欲之私"的"第一义"与王守仁的"致良知"联系起来,其目的就是他自己所说的"克去人欲之私"。

刘宗周之所以提倡"敬诚"之说,除了由于"敬诚"与其"慎独"之说思想相通外,还因为他认为王守仁"良知"之学被后人运用不当,出现了弊端,其症结是患"不诚之病",因此他要提倡"学以诚意为极则",以补救"良知"之学。

总之,刘宗周是在"良知"之学出现弊病、趋于宗禅时,以心学的立场观点、吸取和融合了儒家思孟学派以来的传统观念,以及周惇颐、二程、朱熹的"诚""主敬"等理学观点,形成自己的"慎独""敬诚"之说的。正如后学邵廷采所说:"蕺山虽不言良知,然补偏救弊,阳明之学,实得蕺山益彰"(《思复堂文集·刘子蕺山先生传》)。

综观刘宗周的思想学说,我们可以得出如下几点认识:

一、刘宗周的思想体系比较复杂,充满矛盾。他一方面在本体论、人性论和认识论上,提出了与理学相对峙的思想倾向的新观点;另一方面,又力图维护心学的地位,其"慎独""敬诚"之说的提出,就是针对王守仁的心学危机而发的,旨在"补偏救弊"。刘宗周思想体系的矛盾现象,正是他处于明末这个新旧交替时期各种社会矛盾在思想上的反映。这时在社会经济、政治和思想等方面都发生了某些变化。明王朝已腐朽败坏,行将覆灭。作为统治思想的理学已走向它衰颓没落的阶段,一个以提倡"经世致用"为内容的早期启蒙思潮即将来临。刘宗周处于这样一个新旧交替时代之前夜,自然形成他在思想上的独创和因袭、活的和死的相交织的多重矛盾。

二、刘宗周虽然未能摆脱心学的束缚,仍因袭"心学"的思想观点,但也提出了一些与理学的传统思想相违背的观点,如"离气无理""道不离器"的本体论、以"形气为本"的人性论和"良知不离闻见"的认识论等,而这些背离理学的思想观点,后来被他的学生、蕺山学派的主要代表——黄宗羲、陈确等人所继承和发展。

三、刘宗周的"慎独""敬诚"之说,虽然是为了"心学"的"补偏救弊"而提出的,但它并没有解救"心学"趋向禅化的危机。"良知之说,鲜有不流于禅者"。这是刘宗周临终前留下的遗言,说明他对"心学"与禅学合流的趋势有所认识,也表明陆王心学发展到明代后期已日趋禅化,整个理学走向衰颓没落是势在必然。

第五十一章 黄道周的理学思想

第一节 黄道周的生平和理学倾向

黄道周(公元1585—1646年)字幼平(一作幼元),漳浦(今福建漳浦县)人。学者称石斋先生,谥忠烈。

他的一生,大致可分为三个阶段:

(一)前期(万历十三年,公元1585年—天启元年,公元1621年)

从出生到三十七岁中进士前,为黄道周的求学和开始著述时期。由于黄道周家境贫寒,无力延请名师,幼年多出于家教。"七岁读父书,过目成诵",后又随伯兄切磋,"凡数年,自经传子籍,旁及诗、赋、声律、铅汞、阴阳之学,无不耽精元览焉"(庄起俦《漳浦黄先生年谱》)。年十四,"便慨然有四方之志"(《黄漳浦集》卷首洪思撰《黄子传》),"时时挟策远游"(《明儒学案》卷五十六《诸儒学案·黄道周传》)。"闻博罗有韩大夫贤而好士,其家多异书。一日杖策行,遂造焉。大夫与之语而大悦,曰:'此儒者也,今日任斯道者,非子其谁!'因留与诸子处,遂得尽观所未见书,俱录以归"(《黄漳浦集》卷首《黄子传》),可见其好学精神。年十七八,治律吕,作畴象,对天文历象以及音律之学发生了兴趣。年十九、年二十,关心国事,"献《时事策》以干藩臬","往阙下上书不果","知王道之难行也"(《漳浦黄先生年谱》)。年二十五,著《易本象》八卷,试图"明天人之际"(同上),从此开始了对《周易》象数之学的研究和著述。年二十六,黄道周曾过郑,观察天象,有人问他:"北极有处中天否?""表影有处侧南否?"黄皆答不知。归来后,乃至于"愧恨不食"。此事对他教育极深,知道做学问不能满足于书本知识,还须注意验算观测。从此,他夜持竹几坐中庭,如此两年,"乃知南北中分、阴阳赢缩之说"(同上)。而后,他在撰著《三易洞玑》的过程中,也"昼则布算,夜测分野"(同上)。黄道周这种刻苦求学的精神,为他后来成为儒学大师奠定了坚实的基础。

(二)中期(天启二年,公元1622年——崇祯十六年,公元1643年)

这阶段,是黄道周从政和讲学、著述的时期。天启二年,黄道周三十八岁,中了进士。是时,以魏忠贤为首的阉党"虐焰方炽"。黄道周与文震孟、郑鄤相约,"尽言报国","共劾魏党"(见《漳浦先生年谱》和《黄漳浦集》卷首《黄子传》)。天启四年(公元1624年),黄道周授翰林院编修,为经筵展书官。按旧例,经筵展书官奉书必膝行前,"道周以为经筵道尊不宜有此,独以平步进。魏忠贤目摄之,不能难也"(同上《黄子传》)。越二年,东林党人周起元被阉党迫害下狱,黄道周"在家倾凑得数千金随众捐助",进行营救。同年,其母病故,在家守墓,并继续撰著《三易洞玑》。崇祯二年(公元1629年),书成,是冬"辞墓出山"。翌年,四月返都,未几,又与科臣熊德阳同赴浙江,因严正公平,"凡诸请托幸窦一时俱塞",权贵子弟多为"侧目"(同上)。是时,"小人恨钱龙锡之定逆案,借袁崇焕边事以陷之,下狱论死"(《明儒学案》卷六十二《诸儒学案·黄道周传》),"廷臣无复言者"(《漳浦黄先生年谱》)。道周刚直敢言,于崇祯四年(公元1631年)春连上三疏,"救故相钱龙锡","龙锡得减死"(《明史》本传)。翌年正月,道周"遘疾求去",又为朝政担忧,临行再次上疏。疏曰:"陛下御极之元年,正当《师》之上九,其爻云:'大君有命,开国承家,小人勿用'"(同上)。因言《易》数以刺大学士周延儒、温体仁。"帝益不怿",遂削籍为民。二月出都,秋至杭州,讲学于大涤书院。崇祯七年(公元1634年),黄道周在家乡与"诸弟子相从讲论","谈经之余,屡屡劝人读史",并著《懿畜》前后编,表彰自东汉末诸葛亮至明代杨文贞等中兴有为之臣,以表革新朝政之志。正如其弟子庄起傅所说:"是可以窥先生微意之所存也"(《漳浦黄先生年谱》)。是年五月,又讲学于紫阳书院,凡与学生之疑难答问,后来汇集为《榕坛问业》一书。崇祯八年(公元1635年),黄道周起补原官。是年,编著《博物典汇》二十卷。崇祯十年(公元1637年),升任少詹事,充经筵日讲官。次年六月,黄道周上疏弹劾宠臣杨嗣昌、陈新甲等人,崇祯帝召对时,黄道周又"犯颜谏争","不少退,观者莫不战栗,直声震天下"(《黄漳浦集》卷首《黄子传》)。旋又被贬为江西布政司都事,未任,即离都返乡。是年,撰《孝经大传》成。崇祯十三年(公元1640年),江西巡抚解学龙推荐地方人才,对道周赞扬备至,崇祯帝疑为结党,"责以党邪乱政"(《明史》本传),一并逮捕入京,廷杖八十,下刑部西库狱,将杀之。户部主事叶廷秀、太学生涂仲吉相继申救,亦被株连入狱。黄道周在狱中仍坚持《周易》象数学的研究,撰写《易象正》。时值方以智之父方孔炤(仁植)也关押在同一狱中,"自言诠《易》三世,未毕此理,见先生(指黄道周)所著片字落纸,辄观玩不已,曰:'吾虽不及次公,宁怖夕死遽坠朝闻乎'"(《漳浦黄先生年谱》)!后来,黄道周又被转押至北寺牢狱。他在西库狱中未完稿的《大象十二图》(《易象正》的一部分)即为方孔炤"掇拾收藏"。可知,黄道周的《周易》象数学,对方孔炤所著《周易时论》当有所影响。该书"讲象数,穷极幽渺,与当时黄道周、董说诸家相近"(《四库全书总目提要》卷八)。崇祯十四年(公元1641年)十二月,黄道周谪戍广西。越年秋,复原官,以病归,居家著述;《孝经集传》《坊记表记集传》成。

(三)晚期(崇祯十七年,公元1644年——南明隆武二年,公元1646年)

这阶段,是黄道周抗清而至壮烈献身时期。崇祯十七年三月,清军入京。五月,南都诸臣拥立福王之子朱由崧即位,改元弘光。由马士英把持的南明政府昏庸无能,虽表面提升黄道周为礼部尚书、协理詹事府事,但并不赋予实权。道周所进"九策",一无所用。此后朝政日非,名臣刘宗周、姜曰广、高宏图等相继离去。黄道周亦无所事事。

弘光元年(公元1644年)三月,黄道周被派去祭告禹陵,临行又陈进取策,仍不见用。五月,南京陷落,弘光政府崩溃。六月,唐王朱聿键在福州即位,改元隆武,黄道周被委以武英殿大学士之重任。是时,国势衰微,加之政权被郑芝龙把持并企图投降。黄道周不愿坐以待毙,请求自赴江西,以图恢复。他在奏疏中说:"江西多臣门生故吏,必有肯效死力者,且可连杨廷麟、何腾蛟为进取计。"这时,虽杨廷麟以大学士据守赣南,何腾蛟以湖广总督节制长江中游,然大势已去。他的恢复计划尽管用心良苦,却毫无实现的可能。七月,他率同部下和门人共一千余人,从福州北行,"所至远近响应,得义旅九千余人,由广信出衢州,十二月进至婺源……战败,被执至江宁(南京)","抗节不屈"(《明史》本传)。黄道周遂于隆武二年(公元1646年)三月就义于南京东华门外,时年六十二。随同就义的还有他的学生赖继谨、赵士超、毛至洁、蔡春溶等。

综上所述,黄道周自天启二年(公元1622年)中进士进入仕途至南明隆武二年(公元1646年)就义,前后二十余载,历经三次被革,受尽发配、囹圄之苦,以至险遭冤杀。正如他在崇祯十四年(公元1641年)于狱中上书所言:"臣通籍二十载,历俸未三年"(《漳浦黄先生年谱》)。究其原因,在于他是封建时代的正直士大夫,严操守、重气节、刚直敢言,所陈时政切中时弊,"公卿多畏而忌之"。而崇祯帝刚愎自用,更是难以任贤从谏。时代决定了黄道周的悲剧命运。

黄道周在学术方面并无直接师承。除居官外,一生精力主要从事著述、讲学,"海内从之问业者"达几千人,史称"学贯古今"。他著述宏富,约四十余种,近二百卷,至百万言。以论《易》较多,受北宋理学家邵雍的影响,注重象数。黄道周的思想体系比较复杂,在理学思想方面,基本倾向朱学,但他也调和朱、陆,如他在《朱陆刊疑》一文中说:"用子静以救晦翁,用晦翁以剂子静。使子静不失于高明,晦翁不滞于沈潜,虽思、孟复生,何间之有"(《黄漳浦集》卷三十)?在《子静直指》一文中又以为"阳明全是濂溪学问,做出事功"(同上)。他在自然观、认识论等方面对理学传统又有背离,黄道周的著作,现在通常能见到的汇编本有《石斋先生经传九种》和《黄漳浦集》。

第二节 黄道周的自然观

黄道周学问渊博,一生尤喜研讨《易》学,"上推天道,下验人事"(同上卷二十),精于天文历数。在他所著《博物典汇》一书中,他总结了以往天文、历象和历代典章制度的知识,后人评论此书为"萃三书(《通典》《通志》《文献通考》)之至精,补三书之未及,约而该、博而有要"(蔡方炳《重订博物典汇序》)。

他的自然观主要来自《周易》和《洪范》《月令》中的阴阳五行说以及东汉张衡的浑天说。黄道周以"气"为构成万物之基本要素。他说:"阴阳者,天地之气;五行者,天地之质。气质具而性命行乎其中"(《石斋先生经传·洪范明义·叙畴章》)。他把阴阳二气和金、木、水、火、土"五行"看作是构成天地万物的物质元素。但从本体论来说,他还是强调作为阴阳二气的"太极"乃是天地万物的本原。他说:

> 盖天以二气五行化生万物……性命之原,本于太极。(《石斋先生经传·洪范明义·访箕章》)
>
> 太极与阴阳,总是一个。(《榕坛问业》卷十四)

黄道周把"太极"看作是阴阳二气,是脱胎于《周易》的"易有太极,是生两仪"的观点。所谓"两仪",即是由"太极"所生成的天地,也就是黄道周所说的"阴阳者,天地之气"。他强调有了阴阳之气,才有天地的形成和人类万物的产生,也才出现了"时有寒暑""日有昼夜"等自然界的变化,以及"积成自然、序数可别"(《榕坛问业》卷六)的变化规律。这说明黄道周的本体论的基本观点是把"气"("太极")作为宇宙的本体。

黄道周正是在以"气"为宇宙本体的基础上,接受了张衡的浑天说,并运用浑天说的观点来解析地球和天上其他星球不坠的原因。他赞同后期浑天说把大地看作是个宇宙空间的圆球的理论。他说:

> 天之形状如鸡卵。地居其中，天包地外，犹卵之裹黄，圆如弹丸，刚气围合，包络凝固不散。大地孤悬虚空而无坠陷于此，天上之星辰河汉悬空不坠，亦以此。(《博物典汇》卷一)

黄道周的上述见解，已经突破了张衡关于地球"载水而浮"(《浑天仪图注》)的浑天说，继承和发展了宣夜说和后期浑天说的观点，认为地球和其他星球之所以不坠，是由于它们都悬浮于空气之中，"刚气围合，包络凝固不散。"他又进而用张载"地在气中"(《正蒙·参两篇》)而不坠的观点来说明浮悬于空中的其他星球。

此外，黄道周注意吸取自然科学的成果，对一些自然现象的变化，加以解释。如月亮盈亏的问题，是自古以来哲人们所关注的问题之一。黄道周很赞赏宋代杰出的科学家沈括，因为他运用实验方法来验证月亮盈亏的科学道理。黄道周说：

> 惟沈括之说，乃为得之。盖括之言曰：月本无光，犹一银丸，日耀之乃光耳。光之初生，日在其旁，故光侧而所见才如钩；日渐远，则斜照而光渐满。大抵如一弹丸，以粉涂其半，侧视之则粉处如钩，对视之则正圆也。(《博物典汇》卷一)

这就科学而形象地说明了月亮盈亏的自然现象，它和太阳光照耀的位相变化相关，从而驳斥了有神论的臆说。黄道周还根据沈括的科学观点，指出：把月亮盈亏归之月亮的所谓"死而复育"的"历家旧说"是不对的，并且认为"世俗桂树蛙兔之说"是不可信的。

黄道周在弄明月亮盈亏的科学道理的基础上，力求对潮汐发生的自然现象做出解释。他认为，潮汐的涨落与月亮的盈亏有直接关系。他说："江海之水，朝生为潮，夕至为汐。阴阳消息，晦朔弦望，潮汐应焉"(同上卷二)。他关于潮汐随月球运动而变化的思想，不仅唯物地解释了潮汐现象的发生,而且驳斥了有关这方面的迷信观念。如他指出:"《山海经》则失之诞","以为海鳝出入之度","浮屠书(指佛教书籍)则失之怪","以为龙神之变化"(同上)。又说,像卢肇在《海潮赋》中所说的,以为"日出于潮,冲击而成",则"失之凿"(同上)。

此外,他还用阳气的升降来说明一年四季天气寒暑和植物生长凋枯的变化。他说:

> 寒、暑、凉、热皆由日道所生。日道向北,阳气渐升;日道向南,阳气渐降。……大抵寒、暑、凉、热,犹之命运盛衰。……阳气充周,则百草滋生、万物暖燠。……阳气障谢,则百草凋枯、万物冻折。非有一阴物当头与日对抗,如黑光之于羲影也。(《榕坛问业》卷六)

> 日运南北,以为寒暑。(《黄漳浦集》卷二十九《易象正序例》)

黄道周所谓的"日道所生"或阳气的升降,近似于今天自然科学所说的太阳光照的程度,它对天气寒热和植物生长的变化确实有着直接的影响,这就排除了类似"阴物当头"的神怪臆说。

黄道周不相信鬼神,也不相信天命的存在。他认为:"日往月来,寒暑往来,明推岁成,此即是天之命"(《榕坛问业》卷八)。他把"天命"解释成是不以人们主观意志为转移的自然法则。他否认有任何能预知未来的、所谓知天命的人和事。有一次,他的学生王千里问他:邵雍"闻洛阳杜鹃便知天下将乱,岂不是知命消息"(同上卷七)?他立即回答说:"熙宁去靖康尚六七十年,岂有禽鸟得气预道六七十年的事?南北话头,徒开痴病,尧夫(即邵雍)饶舌不宜到此也"(同上)!因此,黄道周分析人之命运,也不从固有的"死生有命,富贵在天"的儒家传统观念出发,而是从人所处之地位和所讲求的利害得失的方面加以分析。他认为,"世人言命,都在得失一边",所以"有气数人事之差";"哲人言命,在清虚一边",所以"无得失当否之虑"(同上)。这种分析,固然不很科学,但却冲破了天命论的思想禁锢,而以人的地位、得失言命,这多少接触到人世间的现实。

第三节 黄道周的《易》学思想

黄道周一生对《易》学十分关注。他的《易》学思想主要是继承了自汉代京房到宋代邵雍的象数学,带有神秘主义色彩。然而,又因他"上推天道、下验人事",从积极方面吸收了《周易》中朴素的自然观点,因而颇有可贵之处。概括起来,约有如下数端:

一、强调治《易》要"推明天地、本于自然"

黄道周认为,《易》理是对日、月、天地等自然界及其变化规律的认识,因而治《易》就得如实反映日、月、天地的自然形态及其变化规律;否则就不能成为真正的《易》学。他说:

> 凡易,本于日月、与天地相似;其有不准于天地、本于日月者,非易也。天地之用,托于日、月,日运南北以为寒暑,月行迟疾以为朔望,气周象躔,或盈或虚,各以其节,积久而合,纤毫秒忽不可废也。(《黄漳浦集》卷二十九《易象正序例》)

黄道周之所以强调治《易》要"本于日月""准于天地",是因为"天地悬象莫大于日月",有了日月,才有水、火、山、泽、风、雷等自然物的产生和变化,所以他根据古训把"易"说成是"日月之谓也"。他说:

> 天地悬象莫大于日月,有日月而后有水火,有水火而后有山泽,有山泽而后有风雷。水火生于日月,风雷发于山泽。日月不明,山泽不灵。故"易"者,日月之谓也。(同上卷二十《大象十二图序》)

他认为:"易"就是日月的自然之理,是对太阳、月球的作用和其变化规律的表述;因此,治《易》者当然要以"天道为经""日月为本"(同上卷二十九《易象正序例》)。对于那些轻视自然之道的"世之谈《易》者",黄道周认为只是"略举阴阳、粗明气象而已",并批评这些人"专谈理义以为性命"(同上)的倾向。

二、强调治《易》要摆正理、象、数三者的辩证关系

关于"理""象""数"三者的关系,黄道周做了如下的论述:

> 有日、有月、有星,是三要物;理、象、数,是三要事。(同上卷二十九《三易指归》)
> 日、月、星辰之行,可皆一理,理皆一象,象皆一数。(同上)
> 凡易之必有图象数度,犹人身之必有腑脏肢体。因形测脉,因脉测理,不知形色而谈天性,犹未有人身而言至命也。(同上《易象正序例》)

这说明他所谓的"理",就是关于日月星辰运行变化的自然法则;他所谓的"象"和"数",就是构成"理"这个关于日月星辰运行变化的自然法则的具体形态和度、量。"理""象""数"三者是相互依存而不可分割的。黄道周还以人的身体结构之完整为例,形象地说明理、象、数三者之间的关系,即所谓"不知形色而谈天性,犹未有人身而言至命也"(同上)。这正是为了说明不能离开象、数而言理。故他强调"理者,象、数所为终始也"(同上),"蔽象则邪,蔽理则晦"(同上《易本象序例》)。

黄道周批驳了北宋理学家邵雍的所谓"天下之数起于理"(《邵子全书》卷六《观物外篇》下)的唯心主义观点。因为,"理"在邵雍的《易》学中,是和作为精神本体的"太极"联系在一起的,"理"即"太极"。这样,"天下之数起于理"的"数",显然就不是对客观现实的量的关系的抽象,而是作为精神本体的所谓"理"(太极)的体现。他把"数"神秘化了。而在黄道周这里,则是将"数"看作是反映自然法则"理"的依据,即所谓"理皆一象,象皆一

数"(《黄漳浦集》卷二十九《三易指归》),而不是什么神秘的东西。

三、强调治《易》要吸取其"实测"精神

黄道周把治《易》和治历法、定乐律相联系。他说：

> 《易》之与历、历之与律,三者同用也。(《榕坛问业》卷十七)
> 历有至理,皆出于《易》,历以《易》为本,以《春秋》为用。(《黄漳浦集》卷十四)
> 声音唱和本之于律,律生于《易》,《易》中象数,岂可纤忽邮移。(《榕坛问业》卷十七)

《易》、历、律的紧密相连,以至把《易》看作是历律之本,是治历法和定乐律的根据,这固然不尽正确。但是素来历法和乐律的制定,均要有天文观测和音律测定的数据。我国自古以来,就有治历必先测天的优良传统。黄道周按照治历必先测天原则,提出要注意观察天象,"昼则布算,夜测分野"(《漳浦黄先生年谱》)。黄道周之所以崇尚浑天说,就是因为浑天说基本符合对于天象的观察和实测。他说：

> 周髀(即盖天说)术数具存,考验天象,多所违失,惟浑天者,近得其情。(《博物典汇》卷一)
> 考其制度之尽善而可为万世通行者,未有如浑天者也。故历代诸历非浑天不可作;黄赤等道之所出,非浑天不可测;其星宿以及躔度,非浑天不可考。是浑天之行于世也久矣。然设之崇台以候天象者,浑仪也,转之密室以与天行相符者,浑象也。仪以验之天,象以验之仪,二者不同,而为用则一,不可不参稽而互考也。(同上)

黄道周还从"天道悠邈,运动无常"(同上)的观点出发,认为天文观测会发

现"每岁差一分五十秒",所谓"其不能不差者,亦理势之所必至"(同上),是日月星辰运行的自然法则"理"之必然。他依此说明天道运行的变动,会直接影响人世历法的制定,而历法如不经常革新,即会造成历法计算的误差。因此,他得出"由古迄今,言天者凡几,而造历者尤非一家,终不能保其历之不变者,历法之不容不变也"(同上)的结论,要求修订以元代《授时历》为基础的明代《大统历》。他还强调制订或修改历法均要贯彻"实测"精神,做到"随时窥测,以捄弊符轨"(同上),建议"择知历者,广集畴人子弟,于冬至前诣观象台,昼夜详测日影、黄道、赤道、中星等,日计月书,至来岁冬至,以验二十四气、七十二候、日月交食、日躔月离之类",以至"评定岁差,以成一代之制"(同上)。就是说,要在"实测"的基础上制定或修改历法,"以治历明时",以求大致符合日月星辰运行的变化规律,即所谓"敬天道而授人事者也"(同上)。

黄道周这种把"实测"作为治《易》、治历、定律的依据,讲求制历的准确性,这种思想是有价值的。黄道周属于《易》学中的象数派。由于他强调"实测"精神,而与汉儒京房以至宋儒邵雍等《易》学象数派不一样。他指斥汉儒"推步未通",指斥邵雍在他的《皇极经世书》中"以岁月日时起'元、会、运、世'"(同上)的历算,纯属主观臆断而"非为实测"。他说:

> 自汉以来,推步未通,皆除《坎》《离》《震》《兑》四卦,以为监司后余六十以准一期之卦。尧夫(即邵雍)不知其谬,别依岁历以十、十二相起,以岁月日时起'元、会、运、世',七、八、九、六宛转相因,推于声音,有字无字,只得影响,非为实测。一年之外,至于周甲少六十日以至三百日,可谓疏矣!三统四分,只是发丝不能尽合,遂至数年之外,交食尽差,岂可立大概之乘除,包千年之赢缩乎?(同上)

上述三点,可以说是黄道周《易》学思想的积极方面,是他朴素唯物主义自然观的反映,也正是他与汉儒京房和宋儒邵雍等象数派的不同之处。

但是,黄道周治《易》的另一目的,却与京房、邵雍等象数派一样,企图依据《周易》中的卦象和数字推导出历代的治乱和社会伦理的关系,这就使他又步邵雍的后尘,走向神秘主义的道路。黄道周在他的研究《周易》象数学的代表作——《易象正》《三易洞玑》中,就试图以汉儒分爻直日之法,按文王之卦序,以推历代之治乱。他还以《河图》《洛书》之数,自相乘除,得出《大象十二图》《历年十二图》等图像,作为推测之术。这不免牵强附会,主观臆断。

第四节　黄道周的"格物致知"论

黄道周的"格物致知"论,与朱熹的观点相比,有他自己的特点。

一、他提出:"若论格致原头,要晓得意识情欲俱是物上精魄,不是性地灵光"(《榕坛问业》卷二)。这就触及认识论的重要问题,即人的认识来源于客观物质世界还是人的主观精神?黄道周的回答是明确的:人的认识来源于客观物质世界,是"物上精魄",而不是"性地灵光"。故他把人的"忿懥恐惧,好乐忧患"等情绪看作是人感受外界事物而引起的,"不从心生"(同上)。他强调客观外界事物对人们认识所起的重要作用时说:

无物,何得有心、有意、有知;既有心、有意、有知,何得无物?
(同上卷十七)
天地间尽数是物,何独尔心无意无知?(同上)
不晓得物,何由说格?不晓得知,何由说至?(同上)

他认为外界事物是人们认识的本源,如果没有外界事物这一认识对象的存在,也就无须去"格",更谈不上由"格物"而获取认识,以至认识的深化。这个由客观世界("物")到主观世界("知")的认识过程的观点,是他的"格物致知"论的核心。

朱熹将"学"谓为"明善复初";陆九渊"将觉先于学"。黄道周认为他们都"不晓格物",其错误就在于他们颠倒了"格物"才能"致知"的认识程序,而关键在于没有搞清楚认识来源于客观世界还是来源于人的主观精神这个认识论的重要问题。这正如他自己所说的:"是知去格他(物),抑知至是物通至此耶"(同上卷一)?是把"知至"看作"格物"的结果还是认为在"格物"之前就有了认识上的"知至"?黄道周是肯定前者而否定后者,指出朱、陆"不晓格物"的错误。故他告诫学生,不要盲目信从"圣贤"先师,因为"学问犹天上日月,东西相起。决不是旧岁星辰,教今年风雨;亦不是今岁晦朔,觉去岁光明。……切勿为时师、故纸蔽此"(同上)。

二、他提出了"未能格物,知字消息如何相探得来"(同上)的观点。黄道周认为人们要取得外界事物的认识,都得首先"格物",去接触和熟悉客观事物。由于他一生对天文历学有着浓厚的兴趣,故他所谈的"格物",大多是对天文历学的认识。他认为对天象进行观测,才能获得正确的认识。他批评某些治历者,说他们既不去"星台"观测天象,测定夏、冬二至的交点,通过"圭表"测量日影的长度,也不去继承和发展元代科学家郭守敬在天文历学方面的先进成果。这样,当然无法获得新的成就。他说:

> 日之于天,犹心之于人,取道不齐,晷影自别。今劝他星台先明二至日影,以定月交浅深,无一人首肯者。又要近舍守敬、远祖冲之,如何得有端竟出来!(同上)

一次,黄道周的学生张二华提问:"伊说颛顼历七政会于营室,是真是伪?"颛顼历是我国古六历之一,用四分法,以一回归年为 $365\frac{1}{4}$ 日,以立春为一年节气的计算起点,是秦朝统一中国后颁行的第一个历法。所谓"七政",即"七曜",是指日、月与金、木、水、火、土五星。所谓"营室",即我国古代天文学中的二十八宿之一、玄武七宿的第六宿(即现代天文学中的飞马座 α、β 两星)。黄道周针对这问题回答道:"正如此事,亦须格物。"就是说要进行天象观测才能明白"七政"是否会于营室。他还告诫学生:求知要有虚心求实的态度,不明白的应"每事审问",既要事事察识,"不要为文字所诳",但也"勿以此隔断稽古之路"(同上),注意吸取前人成果。

黄道周强调他的"格物致知"论与以往"圣贤"的"躬体力行俱在伦理日用、子臣弟友"的"敬""恕"等道德践履不同,而在于讲求"格于上下,格于鬼神、鸟兽、草木、鱼鳖之理"(同上)。

由此可见,黄道周所讲的"物",是指天文历象、鸟兽、草木等自然事物,而不是朱熹所谓的"天理""人伦""圣言""世故"的道德教条。这说明他的"格物之至",是在于求索关于天文历象、鸟兽、草木等自然事物之理,而不是朱熹的所谓在于"穷天理、明人伦、讲圣言、求世故"(《朱文公文集》卷三十九《答陈齐仲》)的道德之"善"。

黄道周的"格物致知"论,还重视读书好学。他认为,求"知"并非如想像那样轻而易举,因为"知""不是识想所造耳"(同上卷七),而是要"实实用工(功)"(同上)才能得到的。因而,他把"人生学问"比作如同昼夜运行的太阳一样,"须积精而成"(同上卷二),并认为某些圣人就是因"此知未了"而"发愤终身"(同上卷一)。

在致知问题上,他还阐明了"博"和"约"的辩证关系,主张先博后约,彼此交相往复,贯通渗透。他说:

> 真读书人,目光常出纸背,往复循环,都有放光所在。若初入手,便求要约,如行道人,不睹宫墙,妄意室中,是亦穿窬之类也。(同上卷四)
> 多识多闻,仰高钻坚,待他明通,自然贯串。(同上)
> 善读书人,纵是顽钝,他亦要旁稽博览,有此一途,才见工夫。(同上卷八)

可见,他把致知看作是个先博后约,博约交进的过程,不能一步登天,好高骛远;否则就会类似"不睹宫墙,妄意室中"的越墙入室之徒。他主张读书求知都要在博览的基础上进行专深,即所谓"多识多闻,仰高钻坚"。这

样,学问自然贯通。所以他对"不学不虑"的"良知"说以及禅宗的"顿悟"说是持反对态度的。他说:

> 《易》曰:"穷理尽性,以至于命。"又曰:"乐天知命,故不忧。"乐天不从好学,此乐竟从何来?如良知不由致知,此良究竟何至?……而良不是不学不虑,才训作良也。(同上卷四)
>
> 刘器之尝说格物,反覆其手曰:"只是此处看不透,故须格物。"此是从克己处入手,于形色看到天性上,是直捷路头。……学者格物,只看《易》《诗》《书》《春秋》,此是从博文处入手,于理义看到至命上,是渐次路头。古今学者,只是此两路。……学者须兼此两路工夫,莫……误堕禅门也。(《明儒学案》卷五十六《诸儒学案·榕坛问业》)

三、他对思维的作用和认识的层次性也有一些较好的见解。黄道周认为,人对外界事物的反映和认识并非是消极的,人们可以发挥思维的积极作用,取得对外界事物的认识。他说:

> 如有思虑,便不静者,要心何用?(《榕坛问业》卷八)
>
> 凡人人自是圣贤、自有意思,只要致思。学者如凿井,美泉难遇,见人读书,长年啖土,若不致思,泉脉何来?(同上)

可见,他肯定了"心之官则思"的重要作用,并以"学者如凿井"为例,说明读书"致思",发挥人的思维能动作用,就会凿到"美泉";否则,读书就如同"啖土",枯燥无味,一无收获。他赞同"思则得之,不思则不得"(同上卷十七)的观点,做出了"只要致思","人人自是圣贤"的结论。

黄道周批驳了圣人"无思无虑"说。他说:"谁说圣人无思无虑"(同上卷四)?"周公之仰思待旦,仲尼之忘食忘寝……无此段意虑,那得许大学问出来"(同上卷十六)。认为像周公、孔子这样的"圣人"之所以能有大学问,就是因为他们能刻苦学习,善于思考。

黄道周还提出了人的认识逐步深入的问题,人可以认识天地万物的问题。他说:

> 知至至之,知终终之。扩充是知始事,虑得是知之中境,如说到头,终无休歇。(同上卷十六)
> 明是知之晶光;虑是知之照耀。(同上卷一)

他认为,认识有"始事",有"中境",且终无休止,不断深入。他说:"人与天地万物决有通透一路,只怕人心粗眼窄耳"(同上)。说明只要人们认真细致、不粗心大意,天地万物是能被人们所认识的。

黄道周认为,客观事物是主观认识的依据,主观不能任意改变客观。他专门写了一篇《声无哀乐辨》,针对嵇康的《声无哀乐论》提出了驳难。嵇康认为"心之与声,明为二物",同一音乐可以引起不同的感受:有的人听了感到快乐,有的人听了却感到悲哀。黄道周则首先肯定声有哀乐,"哀乐时寄乎声",认为"声之有哀乐","犹味之有甘苦"一样,都是客观的现象,它是不受任何"嗜听者"的主观爱好而改变。他说:

> 夫声有哀乐、色有惨舒、貌有荣瘁,此三者皆不及情而名存焉。闻声有哀乐、受色有惨舒、触貌有荣瘁,此三者皆不在形而实著焉。揆景以表形,缘名以测质,故万物之情见也。(《黄漳浦集》卷十四《声无哀乐辨》)

由于名与实相关,情与形相依,故人能认识万物,故"万物之情见也"。

第五节 "修己以敬"的道德修养论

在修养问题上,黄道周继承了程颐所谓"涵养须用敬"(《河南程氏遗书》卷

第十八)的观点,提倡"修己以敬"(《榕坛问业》卷十五)的道德修养论,但在内容上却有自己的特点:

一、黄道周所提倡的"修己以敬"的道德修养论与程颐的"涵养须用敬"的"主敬"说相比,其着眼点有所不同。程颐说:"主一之谓敬","无适之谓一"(《遗书》卷第十五),就是思想专一,以封建伦理道德为规范,而不可背离违反这一规范。黄道周所提倡的"敬",则是"本体工夫",是"中和之本、礼乐渊源"(《榕坛问业》卷十五),而不只是一种道德修养方法。他说:

> 以敬修己,才有本体工夫,是圣贤将法作身。(同上)
> 修己以敬,正是中和之本、礼乐渊源。(同上)
> 中是敬字养成得来,无敬做中和不出。(同上)

这里所谓"中和",即是《中庸》所说"喜怒哀乐之未发谓之中,发而皆中节谓之和"。这是儒家所提倡的一种伦理思想,认为人的修养能达到"中和"境界,就会产生"天地位焉,万物育焉"的效果。黄道周则把"敬"看作是"中和之本",又是"礼乐渊源"。于是,"敬"就成了他所说的"本体工夫"。

二、黄道周的"修己以敬"和程颐的"涵养须用敬"虽都共同提出关于"敬"的道德修养观点,但"敬"的目的不同。程颐言"敬",屡谓"有此涵养,久之自然天理明",目的在于"居敬穷理。"黄道周言"敬"则和"安民""安百姓"联系起来。他在同学生的问答中说:

> 戴石星(学生)问云:"君子修己以敬,只此一句,便尽却君子事功、君子学问,如何又说到安人、安百姓上去?"
> 某(黄道周)云:"俱是君子本体。"
> 戴石星云:"皋陶论治,只在知人、在安民。知人是智上事,安民是仁上事,古今舍此两事,决无太平日子。……
> 某云:"自然是修己安百姓难,所以须敬,如不为天下百姓,要此己何用?"(同上)

从师生的问答中,可以看出黄道周之所以将"安民""安百姓"与他的"修己以敬"的道德修养论联系起来,一是因为他把"君子事功""君子学问"以及"安人安百姓"都看作是"君子本体"的大事,是实现儒家"修身、齐家、治国、平天下"理想之所在;二是因为"安百姓难",故"须敬",即须专心致志地严肃对待。说明他认识到个人道德修养的好坏,会对治乱产生影响;三是因为他提出"以敬修己"或"修己以敬"的目的在于"为天下百姓","如不为天下百姓,要此己何用?"黄道周这一关于道德修养在于"为天下百姓"的观点,含有民主性的因素。这显然和程颐的"居敬穷理"的道德修养论不同。这点,在他的学生郑肇中的提问中明确指出了。郑说:"程门独举是旨,至今不绝,然竟无有人能以'敬'字安人安百姓者"(同上)。黄道周之所以将"修己以敬"的道德修养论与"为天下百姓"联系起来,不是偶然的,而是与他的"为君之道必须先存百姓"的政治观点相一致。在君和民的关系问题上,黄道周在《博物典汇·六韬》中指出:"天下非一人之天下,乃天下之天下也。同天下之利者,则得天下;擅天下之利者,则失天下。"认为,君和民的关系就如同鱼和水的关系一样。他说:

> 足先存地,鱼先存于水,君先存百姓,古今以来不可易也。
(《黄漳浦集》卷十二)
> 百姓存则与存,百姓亡则与亡。存百姓者,所以自存也。(同上)
> 为君之道,先存百姓,今古以来,未有易矣。(同上)

这里,虽然表明了黄道周的"修己以敬"的道德修养论之最终目的,仍是为了封建统治的长治久安,但他毕竟多少觉察到百姓的力量是决定封建王朝兴亡的主要因素,而且还把这个观点注入他的"修己以敬"的道德修养论中,使他的道德修养论含有民主性的因素,这是可贵的。

三、黄道周在其"修己以敬"的道德修养论中,吸取了《中庸》关于"诚者,天之道也;诚之者,人之道也"的观点,将"敬"和"诚"联结起来,提出了"诚是天道,敬是人道"(《榕坛问业》卷十五)的观点,认为人的道德修养,若要修到"诚"处,人就能达到与天地鬼神同体,实现从孟子以来一些儒者所梦寐以求的"天人合一"的境界。他说:

诚是天道,敬是人道,修己便要修到诚处,便与天地同体。(同上)

个个是诚,个个与鬼神同体。(同上)

认为人只要在"敬"字上下功夫,道德修养达到"诚"处,就能与天地、鬼神同体,人就有安然自如、通晓一切的神秘本领。他说:

诚则明矣。人心自敬恭而自然万虑不扰,处事精详。(《榕坛问业》卷十五)

不是敬了,那看得出上下、鸟兽、虫鱼、草木。(同上)

竖天立地,安世其身,只一敬字,经纶无方。(同上卷二)

黄道周吸取了《中庸》的"慎独"说,认为人的道德修养由"敬"而达到"诚",还须有"慎独"的修养功夫,即强调人在独处无人注意时,言行要谨慎不苟,只有这样,才能达到"诚"。故说:"诚意只是慎独。慎独者,自一物看到百千万物"(同上卷十五)。强调"圣门吃紧入手处,只在慎独"(同上卷二)。可见,黄道周的"修己以敬"的道德修养论仍然没有脱出理学家历来所提倡的"内心省察"的心性修养方法的窠臼。

第六节 黄道周的人性论

黄宗羲在《明儒学案》中对黄道周的人性论曾有评论,说他"深辩宋儒气质之性之非"(卷五十六《诸儒学案·黄道周传》)。黄道周的人性论,与程、朱等理学家相比,有所同,也有所异。

一、在人性的本源问题上,他同程、朱等理学家的观点一样,认为人性源于"天","性自天命"(《榕坛问业》卷十一),以至把人性和"天命"完全等同起来,谓"性是天命"(同上卷十)。这和程颐所谓"在天谓命,在义为理,在人为性"(《河南程氏遗书》卷第十八)的观点,以及朱熹《大学章句》中谓"天地之性"为作"天命之性"的说法是一致的。这完全抹煞了人性的社会性,而赋予它以神秘的性质。

黄道周吸取了《孟子》"诚者,天之道也;思诚者,人之道也"(《孟子·离娄》)以及《中庸》"诚者,天之道也;诚之者,人之道也"的观点,认为"天命之性"的道德内容,来源于"诚",并得出了"诚是性之本体,至诚是明诚之极功"(《榕坛问业》卷十一)的结论。黄道周把"诚"看作天命之性的本体,是为了突出天命之性的道德内容。这说明黄道周和其他理学家一样,企图贯通天人,想从本体论中寻求封建道德合理性的依据。这样,他就背离了自己在自然观上不信天命鬼神而重客观自然规律的观点,陷入了理学家思诚、立诚的窠臼。

二、黄道周继承了孟子的性善论,认为天命之性,从根本上讲是至善的。他根据《周易》"继之者善,成之者性"的观点,把天赋的"善性"看作是万物的根源。他说:

> 宇宙圣贤总是善念做起,这个善念在天为明命,则曰不已;在人为至诚,则曰无息。无息不已,正是恒处。故《易》曰:继善成性。(同上卷十四)

> 《易》云:"继之者善,成之者性",善继天地,性成万物。继天立极,是性根上事,范围曲成,是性量上事。善是万物所得以生,性是万物所得以成。(《明儒学案》卷五十六《诸儒学案·榕坛问业》)

他强调天命之性的"善"是绝对的、永恒的,因为"性是天命,生是物质,物质虽雕,天命不死"(《榕坛问业》卷十),反对宋代理学家把"性"分为"天命之性"（或称"天地之性"）和"气质之性"，以及他们企图从先天气禀的不同中去寻找由"善"变"恶"的根源。他坚持天性皆善，认为人之所以变"恶"或"愚"，皆是后天的习染不同所致，故说，"皆是习，岂是性"（同上卷十七）。他说：

> 气有清浊、质有敏钝，自是气质，何关性上事。如火以炎上为性，光者是气，其丽于木而有明暗、有青赤、有燥湿，是质，岂是性？水以润下为性，流者是气，其丽于土而有轻重、有品淖、有甘苦，是质，岂是性？（同上）
>
> 猿静、狙躁、猫义、鼠贪、豸直、羔驯、雁序、雉介，此皆是质上事，不关性事。（《明儒学案》卷五十六《诸儒学案·榕坛问业》）

黄道周从天性皆善的观点出发，认为即使像桀、纣这样残暴昏庸的君主，其本性"其初亦近于尧、舜，此处便是性善"（《黄漳浦集》卷三十《子静直指》）。正因为人的天性皆善，即使古代贤君如尧、舜者，也决不能说他们"无禹、皋护持，必至于桀、纣也"（同上）。这是由于"继善成性，是天命合人的道理，继志述事，是人道合天的道理"（同上）。他强调"学者一切以周、孔为师，参稽于《学》《庸》，沈浸于《语》《孟》，得其间十行、百行，自做得善人"（同上）。就是说，要贯通天人，继善成性，就不会被恶习所染而由"善"变为"恶"。

黄道周如此强调大性皆善，其目的在于"深辩宋儒气质之性之非"。因为在他看来，"宋诸儒初皆泛滥内典（佛经），于性命上事看不分明"（同上《儒脉》），故他认为"古今唯有周、孔、思、孟识性字，杨（朱）、荀（况）、周（惇颐）、程（颢、颐）只识质字"（同上）。他说：

> 自孟子后，无有知性者。董（仲舒）、贾（谊）尚不错，至周（惇颐）、程（颢、颐）便错耳。（《榕坛问业》卷十九）

于是，他批评周惇颐"错认气质以为天性"（《黄漳浦集》卷三十《儒脉》），将人性

"亦分善恶、刚柔"。他指斥"明道(程颢)亦谓气质之性"(同上)。他还指出,可能有人借用"人心惟危,道心惟微,惟精惟一,允执厥中"(《尚书·大禹谟》)的"人心""道心"之分,以说明确有"形气之私"的"气质之性"之存在。他说:

> 人心、道心,犹之天道、人道。天道极微,难得不思不勉,止要人涵养渐到从容田地,使微者自宏;人道极危,难得便精、便一,止要人择执渐到诚明去处,使危者自平。不是此一心便有理欲、善恶俱出性地也。(同上《子静直指》)

他认为,人心、道心如同人道、天道,"天道极微""人道极危",但只要涵养、择执,则微者自宏,危者自平。人性是善何疑?

黄道周之所以否定宋儒关于"气质之性"的说法,目的在于反对从先天气禀不同中去寻找善恶贤愚的根据,强调后天的变"恶"、变"愚"均是"风会不同,习染渐异"(《榕坛问业》卷十四),人性之初,"何曾有上智下愚之别"(同上卷五)?因此,他重视后天的修养和学习,认为只要后天主观努力,中品之人皆可成为上品之人。他很赞同"(做)圣人不难,只是有恒难也"(同上卷十四)的观点:

> 凡学问都是自家心细,如粗大,便自虚张不老不实。(同上)
> 经世治心都是要细,明体致用都是要实。(同上)

可见,他提倡细心、踏实地去从事学问和修养。

黄道周这种天性皆善的人性论,显然是受了孟子的影响。但他把人性的由"善"变"恶"看作是后天的习染,强调通过个人主观努力,仍能由"恶"变"善",或是由"愚"变"智"。这就肯定了人的主观能动性,而否定了把人性的善恶贤愚纯粹看作是先天气禀的命定论观点,这是有积极意义的。

作为明末儒学大师之一的黄道周,他的思想体系是复杂的。一方面,他在自然观、认识论上,均提出了与理学相背离的观点。特别是他的《易》学思想,强调治《易》要"推明天地、本于自然",要摆正理、象、数三者的关系,提出要贯彻"实测"精神的新观点。另一方面,他的《易》学却又被神秘主义色彩极为浓厚的象数学所桎梏。他的"修己以敬"的道德修养论和天性皆"善"的人性论,与许多理学家的观点基本是一致的,这一矛盾现象反映了晚明理学走向衰颓的情况。

第五十二章 方以智、"易堂九子"与理学

第一节 方以智的思想特色

方以智(公元1611—1671年)字密之,号曼公,晚年为僧时号无可,又称愚者、药地、墨历、木立等,安徽桐城人,是明末清初的卓越思想家。早年所著《通雅》《物理小识》中反映他渊博的历史文化修养与自然科学知识。晚年他的《东西均》《药地炮庄》《易余》《周易时论合编》等哲学著作,则包含着深刻丰富的辩证法思想。

方以智生于一个"四世传《易》"的家庭。曾祖方学渐(字达卿),诸生不仕,著有《易蠡》。祖父方大镇(字君静)著有《易意》。父方孔炤(字潜夫)著有《周易时论》。方以智本人则著有《易余》。

《易蠡》《易意》今均未见,但其中言论被编入《周易时论合编》中,《合编》中的"蠡曰","意曰"即是二书的引文。从内容看,二书仍不脱以义理解《易》的范围,缺少象数学的痕迹。而从方孔炤的《周易时论》开始,方氏《易》学表现出象数学的特色。

《周易时论合编·图象几表》卷八《极数概》中,潜老夫(即方孔炤)说:

> 黄石斋曰:"学者动卑象数,故天道不著……历律象数,圣人

> 所以刚柔损益之具也。"余同西库而信之,归学邵学。殚力不及,
> 以命子孙。

当时黄道周因劾杨嗣昌夺情入阁,方孔炤则因任湖广巡抚调遣失律,二人于崇祯十三年(公元1640年)同下镇抚司狱。在所谓西库中,二人同研《易经》象数学。

方以智在《时论》后跋中也说:

> 家君子(指方孔炤)……抚楚以议剿谷城忤楚相(指督师杨嗣昌),被逮。时石斋(黄道周)先生亦拜杖下理,同处白云库中,阅岁有八月,两先生脩然相得,盖无日不讲《易》朝夕也。

由于这一契机,不但方孔炤从事象数学的钻研,方以智也在此时接触到黄道周的象数学思想。《周易时论》十五卷连同《图象几表》八卷合编二十三卷,后在顺治十七年(公元1660年)刊成,便是方孔炤、方以智父子合作的成果。而方以智之所以在后来成为一位象数学家,表达出精湛深刻的辩证法思想,除了受其业师王宣(字化卿)的影响外,与黄道周的《易》学是极有关联的。《周易时论》中不但多处引用黄的理论,《图象几表》中也转引了黄道周所创制的《易》图,以《时论》与黄道周《易象正》合参,可以详悉其间的渊源。

值得注意的是,《四库全书总目·经部·易类五·易象正》提要说:

> 此书及《三易洞玑》(亦黄道周著)皆邵氏《皇极经世》之支流也。

而方以智的象数学也自称来源于"杨(雄)、京(房)、关(指关朗,北魏人,著《关氏易传》与《洞极真经》)、邵(雍)"(见方以智《时论》后跋)。这指出象数学派的学术渊源系统。

象数学中有不少迷信的糟粕,也有自然科学的萌芽。方以智在《物理小识·总论》中说:

> 智每因邵、蔡(元定)为嚆矢,徵《河》《洛》之通符,借远西为郯子,申禹、周之矩积。

这反映出他的学术中既有象数学的因素,又有当时西方传教士带来的自然科学知识。由于他"极事通变"与"善于统御",方以智对自然科学知识取得了当时历史条件所能达到的一定理解。

在哲学上,他提出了"盈天地间皆物也"(《物理小识·自序》)和"舍物则理亦无所得矣"(同上《总论》)的命题。这些应视为他的自然科学知识与哲学结合起来所取得的成就。

对于传统理学的评价,方以智早年是既有肯定,也有否定。在《通雅》中,他引证说:

> 二无公曰:今谓宋儒与晋清谈同科,过矣。伊阳守礼严闲,而文人尚洒脱,经济言权变,故龃龉耳。(《通雅》卷首之二《读书类略》)
>
> 蜀、洛则争,子瞻之服濂溪,何如耶?(同上)
>
> 胡安定教学分科,王安石选材以验古今,皆一法也。(同上)

以上说明方以智早年继承家学,对理学家有一定的肯定。上文"二无公"指明末常州人张玮,"伊阳"指程颐,"文人洒脱"指苏轼等人,"经济权变"指王安石等。诸人在方以智论述中看来并无轩轾,甚至称胡瑗与王安石有相同之处,这些反映出方以智学术中的调和色彩。

对于朱熹,方以智也有所称引,他说:

> 朱子曰:"时时穷理,之谓居敬。"终身考究事物不厌。(同上)

方以智在《浮山文集》的《相道》一文中又说:

> 朱子曰:惟公惟明,相道毕矣。

关于政治理论中的"公"和"明"本是一般原则,任何学派都会提出。对朱熹此语,方以智是肯定的。但在进一步的分析中,方以智与理学家便发生了歧异。

朱熹的"公""明",在周惇颐《易通》中也有过阐说。《易通·圣学》第二十章中说:

> 明则通,公则溥,明通公溥,庶矣乎。

《公明》第二十一章中说:

> 公于己者公于人,未有不公于己而能公于人也。明不至则疑生,明无疑也。谓能疑为明,何啻千里。

周惇颐的"谓能疑为明,何啻千里"一句反映出道学先生迂阔的学风。在对事物的接触中,必然发生矛盾。必须解决矛盾,才能进一步得到认识,而"能疑"就是能发现事物的矛盾。在这方面,方以智的方法论与周惇颐完全不同。他说:

> 博学不能观古今之通,又不能疑,焉贵书簏乎?(《通雅·自序》)

又说:

> 因前人备列以贻后人。因以起疑,因以旁徵,其功岂可没

哉！(同上)

这虽不是针对周惇颐的，但反映出方以智思想方法的独立性与创造性。

对于理学家的修养方法，方以智早年也曾加记录，如说：

> 白安石(名白瑜,方以智早年业师之一)曰：朱子教人半日静坐、半日读书，有错行之用焉。鬼神通之，精神之极也。(同上卷首之二《读书类略》)

这是程、朱的传统修养方法，方以智对此没有加以反对。对于读书的对象，方以智则能看出理学家的缺陷，而加以指出。他说：

> 宋儒惟守宰理，至于考索物理时制，不达其实，半依前人。(同上卷首之一《音义杂论》)

这个论断十分中肯。所谓"宰理"，指社会政治思想和个人修养的方法。《通雅·文章薪火》中说："专言治教，则宰理也"。又说："象数、律历、声音、医药之说，皆质之通者也，皆物理也。"又说："专言通几，则所以为物之至理也"(同上卷首之三)。这是方以智的学科分类法。所以，他在《青原志略》卷三中，又指出"宰理"为"仁义"，"物理"为"阴阳刚柔"，而"至理"为"所以为物者也"。

对于理学家来说，他们只讲修、齐、治、平，讲那些不切实际的社会政治理想以及理、气、心、性等从概念到概念的思辨哲学，对此方以智加以抉出，是有识见的。他又说：

> 历数律度是所首重，儒者多半勿问，故秩序变化之原，不能灼然。(《物理小识》卷一)

又说：

> 穷理见性之家反不能详一物者。(同上《总论》)

这既指出理学的弊病，又反映出方以智本人的学术途径。

历数、律度指天文、数学等自然科学基础知识，早在宋代，理学家便不加重视。他们说："名数之学，君子学之，而不以为本也"[①]。

理学家的"重道轻艺"传统是形成中国历史上自然科学不受重视，不能发达的主要原因，而方以智身处明清之际，接触到当时西方传来的自然科学知识，认识到它的重要意义，故能指出理学传统的症结所在，这也是很有卓见的。

对于传统的朱陆异同或朱王之辨，方以智似乎并不偏向任何一方，他说：

> 明经正业，今尚《大全》，夫曰大全者谓合诸家之异同而使参详也。执一乎，水济水耳。四明施公(似指施邦耀)曰："天下病虚，考亭(朱熹)捄之以实，天下病实，新建(王阳明)捄之以虚。"王虚舟师(指方业师王宣)曰："用实者虚，用虚者实。"虚实本一致也，当合汉、宋及今参集大成焉。(《通雅》卷首之二《读书类略》)

这里，他对明初的《性理大全》《四书大全》作了批评，认为它们"执一"，而不能综合各种学术流派，没有新的内容。所引施、王两家意见也是主张不同学派互相取长补短。对汉、宋、明的学术观点则认为应当综合起来"参集大成"。其中虚与实的具体内容，方以智没有说明。朱学、王学的区别用虚、实来形容也不尽准确、妥当。然而，这里可以看出方以智"古今以智

---

① 见晁说之《晁氏客语》《宋元学案·景迂学案》转引此条。而《河南程氏遗书》卷第二十五《伊川先生语》中也有此语，字句全同，下加"言语有序，君子知之而不以为始也"一句。究系晁说、程说，待考。

相积……我得以坐集其智,折中其间,岂不幸乎"(同上卷首之一《音义杂论·前言》)的思想,对于各家学术,不片面"执一",而主张融会贯通。这一主张与他早年接受西学,晚年作为儒者不排斥而吸收释、道思想的学术方向是一致的。

关于性善性恶与无善无恶,是当时理学争辩的主题之一。方以智著作中对这问题,不相沿传统的争论而是别具一格。在《性故》中,他说:

> 说善即对恶,说有善恶即对无善恶。惟通先后天而明其本自如是、正当如是、适可如是者,绝对待、贯对待。

这是用他象数学中的"公因反因说"来论证的。方以智以为任何事物都有对立面,称为"反因";而对立面的同一或统一,称为"公因",而"公因"即在"反因"中。上引《性故》中的理论与其《东西均》中"太无统有无,至善统善恶,无对待在对待中"(《三征篇》)的说法,又是一致的。《性故》中又说:"知止至善而揭之,深几神哉"。这里可以看出他对性的"至善"是肯定的。至于什么叫"至善统善恶",似可理解为至善的性中有善的一面,也有恶的一面。

此外,在方氏思想中,更多涉及的是生死、始终、有无等问题。这反映出时代危机更加迫切,已不同于嘉、隆时代和万历初年学者们空谈心、性,在概念上争执的情况了。同时也反映出他吸收了释、道二家的思想因素。所有这一切表明,方以智与传统理学家在内容与形式上都迥然不同。

方以智与理学家不同的另一点,是他注重自然科学的思想。以自然科学为基础,不但形成了他宇宙观上的唯物主义,而且在认识论上,他反对不可知论,强调人的主观能动性。

方以智曾引其父方孔炤的"舍心无物,舍物无心,其冒耳"(《物理小识·总论》)的话。"冒"有概括之意。这里所说的"心",是指认识能力。"舍心无物",是指人的认识能力能够认识客观事物,故又说:"唯心能通天地万物,知其原"(同上)。"舍物无心",是指不接触客观事物则无所认识,故又说:"舍物则理亦无所得矣,又何格哉"(同上)？这里所说的"心",是指接触事物后所取得的认识。

因此,这是一个具有思想深度和辩证观点的命题。这命题应与其"盈天地间皆物也","通观天地,天地一物也"(同上《自序》)等参合起来理解。这就是他说的"彼离气执理与扫物尊心,皆病也。理以心知,知与理来。因物则而后交格以显,岂能离气之质耶"(同上卷一)？这里,他从认识论的角度指出了朱学与王学的各自偏颇。

关于人的主观能动性,他说:

> 人知天地,即宰天地。(《青原志略》卷十二)
> 人知天地则节天地而用天地。知四时则先四时而补四时。(同上卷五)
> 明物之则,则能因物用物。(同上卷三)

这些都是极明显的人能认识自然、控制自然的思想。值得注意的是,他的"宰天地"的观点,是建立在"知天地"的基础之上的。

至于认识客观对象的方法则是通过事物表面现象进而掌握其规律。他说:

> 以费知隐,丝毫不爽。(《物理小识》卷一)

又说:

> 以费知隐,重玄一实。(同上《自序》)

"费"指事物表面现象,"隐"指事物的内在规律。"重玄一实",是指种种玄妙的现象都有其实际的根源,而且是丝毫不爽的。人要通过表面现象而掌握其内在规律。

在《通雅》中,他举例说:

> 古人以费知隐,以外形知脏腑,以肤之舒迫,定脉缓急,以五志约为好恶两端,以所嗜所畏所梦,与天时地气、病人声色,而脉知之。各以其类相从而审常变。(卷五十一《脉考》)

认为观察病人所处的环境,肤之舒迫,脉之缓急,而知其内脏,并加以疗治,这是符合科学原则的。这再次说明方以智的哲学概括是有科学根据而超出一般理学家的玄想的。

《通雅》是方以智早年之作(后来虽有补充,只是部分与片段),其中包括文学、声韵、音乐、事制等内容,也包括动物、植物、天文、医药等自然科学的对象。到了晚年,他的思想全部转向于哲学。

《通雅》钱澄之的序中说:

> 今道人(指方以智)既出世矣,然犹不肯废书。独其所著书,好作禅语,而会通以《庄》《易》之旨,学者骤读之,多不可解。……所谓《通雅》,已故纸视之矣。

方以智的次子方中通在《陪集》的《与西洋汤道未先生(即汤若望)论历法》一诗注中也说:

> 家君(指方以智)亦精天学,出世后,绝口不谈。

方以智晚年不能继续研究自然科学与博物学,是由于条件和环境的限制。而在其思想中,也与早年一样,包含有融会贯通各种学派的思想方法。他不讳言佛家与道家的言论,并以之与《易经》象数学会通,形成自己的哲学。这一方面反映了"三教合一"的思想,而其综合各家而提出的"一在二中""合二而一""公因在反因""中五说"等理论,则在辩证法发展史上做出了贡献。这也是与当时理学各流派不同而独树一帜的。

综上所述,方以智早年对理学的朱、王之争不偏向任何一方,而有调和各派吸其可取之处的趋向。他晚年专门治哲学,则是由于黄道周的影响,继承了邵雍与二蔡(蔡元定、蔡沈)的传统,创立自己独特的《河》《洛》"中五"之说的象数学理论;而其中包含有天文、数学等自然科学因素,其作用与意义值得进一步深入研究。

第二节 "易堂九子"及其思想

方以智四十八岁(顺治十五年,公元1658年)从桐城往江西,曾游庐山、南丰等地,最后居黎川凛山寺。年五十四(康熙三年,公元1664年)起,定居吉安青原山净居寺,度过最后的余年。其间与各方交往仍然不断,而关系最密切的是泰和萧氏与宁都"易堂九子"。

萧氏指萧士玮(字伯玉、万历进士,著《春浮园集》)之侄萧伯升(字孟昉)。《泰和县志》称其豪侠好义。方以智入青原山之前,康熙三年萧伯升曾请其暂主西昌(泰和旧名西昌)之法华庵,改名为汸林。方以智的哲学名著之一《药地炮庄》即由萧氏捐资刊刻于此时。彭士望《耻躬堂文集》的《萧氏世集序》及《萧孟昉六十序》二文中详记了萧氏一门的生平。方以智去世前一年准备移居的首山濯楼,即是萧士玮之弟萧士瑀的陶庵园林旧址,详见彭士望文集中的《首山濯楼记》。

方以智与泰和萧氏的交往密切是清初地方绅士在民族意识基础上与遗民学者互相结合的一个典型例子。

"易堂九子"是清初隐居江西宁都翠微峰的九位学人。九子指魏祥、魏禧、魏礼三兄弟及彭士望、邱维屏、林时益、李腾蛟、曾灿、彭任等九人。

李腾蛟字力负,号咸斋,宁都人,在易堂中年最长,著有《半庐文稿》,清末胡思敬辑入所编《豫章丛书》中。魏禧《李咸斋私谥议》称其"性诚厚爱人,与人煦煦然"(《魏叔子文集》外编卷四)。后私谥贞惠先生。其《介之推论》中称"帝王之兴,虽曰天命,岂非人事也哉",强调人的作用。易堂诸子所着重的是论古以证今。他也是史论派人物。

魏际瑞(公元 1620—1677 年)原名祥,字善伯,是宁都三魏之长,著有《魏伯子文集》《诗集》《诗经原本》等。陈玉璂在《魏伯子文钞序》中称其"才最大,诗赋词曲六朝骈俪之作无不臻其妙。"魏祥既对《诗经》有较深研究,同时保持了易堂的学风,是关心时务的人。康熙十六年(公元 1677 年)在宁都被地方推请往吴三桂部韩大任军中游说,后因误会被害。魏禧曾作《伯兄墓志铭》(见《魏叔子文集》外篇卷十八),详纪其兄生平、学业及去世经过。

魏禧(公元 1624—1680 年)字冰叔,著《魏叔子文集》《诗集》。此外主要著作为《左传经世》。

魏礼(公元 1628—1693 年)字和公,在三魏中年最少,著《魏季子文集》《诗集》。魏禧称其"之闽、广,渡海达琼州,北抵燕,过豫,适楚,入秦,上太华,游龙门……足迹几遍天下"(《魏叔子文集》外篇卷十一《季弟五十述》),彭士望作《魏和公南海西秦诗序》,记其在南方结交陈恭尹(字元孝)等人,在北方识李因笃(字天生)及鹿善继的后人等。这些也都是遗民学者。

彭士望(公元 1610—1683 年)字躬庵,江西南昌人。著《耻躬堂诗文钞》,并曾手评《通鉴》及《春秋传》等。关于彭士望与魏禧,下文将详述。

邱维屏(公元 1614—1679 年)字邦士,魏禧之姐婿,宁都人。魏禧在《邱维屏传》中曾记方以智初至易堂与邱讨论历法、《易数》的事说:"桐城方公以智以僧服来易堂,尝与邦士论算,退而语人曰:此神人也"(《魏叔子文集》外篇卷十七)。据魏禧文,邱著有《易剿说》《易数》《历书》等三尺许,垂成未竟。

彭任字中叔,宁都人。《四库全书总目》集部存目有《草亭文集》提要,说他"辩朱陆异同,谓学者之病不在辩之不详,而在于行之不笃"。可见其对理学的评论也认为为空言而寡行。彭又曾编《春秋左传约钞》,为儿子讲授。

曾灿原名传灿,字青藜,一字止山,宁都人。著《六松堂集》。甲申(公元 1644 年)后为僧,漫游两广时即与方以智相识。方以智的《无生梦》系在两广北归前最后一部诗集,集中最后一首《别滴投》五律,方注称滴投"即曾青藜,时言易堂诸公"。

林时益原系明代宗室,后更名,与彭士望一同来宁都,加入九子行列。其事迹下文再述。

顺治十六年(公元1659年),方以智从江西黎川廪山去宁都小住,访问"易堂九子"。方除与曾灿早即相识于岭南外,见九子后,与魏禧、彭士望最为投契。魏禧之弟魏礼曾记方对九子的评论是:"易堂真气,天下罕二"(《宁都三魏全集》本《魏季子文集》卷十五《先叔兄纪略》,《清史稿·魏禧传》即转引此语)。可见他们之间的意气相投。这期间,方以智曾用宋人笔法绘当地风景数图,并作《游梅川、赤面、易堂记》,详记其事(见方以智《浮山文集》后编卷之二)。魏禧在《桃花源图跋》中也记下方以智来访情况。方曾说"桃源本无有是处,本五柳公寓言"的话(《魏叔子文集》外篇卷十二)。其后两年,顺治十八年(公元1661年),魏禧在《与桐城三方(指方以智的三子方中德、方中通、方中履)书》中又说:"丈人(指方以智)见易堂诸子,颇以直谅相许,而教诲缱绻,则与益(指林时益)、禧尤笃,是固同堂同室人也"(同上外篇卷五)。

康熙六年(公元1667年),方以智从青原山去福建武夷访问乡试时座师余飚(字赓之),经过江西新城,再晤魏禧。魏曾作《送药地大师游武夷山序》(见《国朝三家文钞》本《魏叔子文钞》卷六,又见《魏叔子文集》外篇卷十)。与此同时,魏禧又有《与木大师书》,对方以智主持青原时"接纳不得不广,干谒不得不与,辞受不得不宽"出言进行规劝(《魏叔子文集》外篇卷五)。

直到康熙十年(公元1671年),方以智因粤案牵连,被迫赴粤对质,途中病逝于万安县西门外惶恐滩。"易堂九子"中的彭士望在《与谢约斋书》中记载:

> 木公病背发,卒于万安。嗜学爱才,之死不变。患难怡然,夫岂易及。望为之三诣吉州,三哭之恸,非偶然也。(《耻躬堂文钞》卷二)

方死后,彭士望在《与方素北(方以智第三子方中履之字)书》中犹言及对方以智去世的悲痛,书中说:

> 比年贵乡暨我江右老成接踵凋逝,兼及壮强,尊公之丧尤创巨痛深,不特为敝堂知己之感。(同上卷一)

此外,彭士望《耻躬堂文钞》卷八的《首山濯楼记》详细记载了方以智死难经过,为后人留下了翔实的史料。《耻躬堂文钞》现有道光刊本文十卷、诗十五卷。据其裔孙玉基称:原共有四十卷二千余页,其板久逸,文曰《树庐文钞》。

关于彭士望其人其文以及其对理学的评论,后人很少涉及。当时人刘继庄曾提到说:

> 近人文字目中所见者惟燕峰(指费密)暨易堂耳。燕峰孤立未见有所唱和者。易堂文雅,邱邦士集余未见,然当推躬庵(指彭士望)为第一。莽苍浩瀚有大气以举之。南宋以来,未之多见也。(《广阳杂记》清末潘刻本卷四)

这虽是论文,但可见彭士望思想为识者所重之一斑。

彭少年时,在明末多进行政治活动,是黄道周的学生。黄道周被系诏狱时,彭士望往来设法营救。南明弘光时又与其挚友欧阳斌元(字宪万,新建人),王纲(字乾维,乐平人)同在扬州参史可法幕。彭曾与欧阳共同向史可法进策,用所领高杰军会同东下的左良玉军夹攻南京,以清君侧。此计未能实现,辞史而归。不久,杨廷麟守赣州抗清,任彭为湖西道,主持战守。廷麟死后,遂归隐躬耕。彭士望与魏禧相遇也在此时,一见投契,遂全家迁往宁都翠微峰。

魏禧经常说"易堂畏友,吾以躬庵为第一"(《耻躬堂文钞》卷九《祭魏叔子文》)。又说:"知世有伟人度外事,自交躬庵与林确斋(指林时益)始"(《魏叔子文集》外篇卷八《彭躬庵文集序》）。

"易堂九子"对理学有肯定之外，而更多的是对明代后期理学空疏不切实际的批评。以彭士望、魏禧为主，对晚明理学及其代表人物大都做了分析评论。

陆麟书在《彭躬庵先生传》中说：

> 大抵以阳明、念庵（罗洪先）之说为宗，而归于有实用可试诸行事。尝谓天下学者之病在于虚，经义气节旷达文章，进而至于理学、经济，皆虚病也。（《耻躬堂文钞》卷首）

这里，彭士望认为，不但当时的理学，而且经义、文章、经济都有不切实际的虚病。

魏禧在《彭躬庵文集序》中又说：

> 徙家相就（指彭士望迁居宁都翠微峰），谈数十日夜，尝谓予数十年间天下之病，小人中于伪，君子中于虚。
> 又亟称司马德操"儒生俗吏，不识时务"四言足与虞廷十六字相配。予惊以为奇论。

司马德操即三国时向刘备推荐庞统、诸葛亮的司马徽。"儒生俗吏，不识时务"的下二句是"识时务者，是为俊杰"（见《三国志·诸葛亮传》注引《襄阳记》）。彭士望用来与理学家十六字心传比较，显有用以相代之意。

这四句的含义，彭士望曾对他的学生们说：

> 夫所谓时务，谓昨日之事不可施之今日，今日之事不可待之明日。彼人之事不可责之此人，此人之事不可责之他人。要在随宜变通，当机恰合。义精智老，乃为得之。（《耻躬堂文钞》卷十《别同学诸子》）

这里指出对问题要具体对待,批评了一部分理学家死守旧制和不切实际。

用彭士望的话来说,就是"每惜道学于义不精,滞于理。往往无识,不能通万物之情,遂以误天下,而归之于无用"(同上卷五《明臣言行录序》)

在彭的诗中则有以下的评论:

> 儒生不识时,诵读不论世,如医守成方,如匠执古制。世界一死局,岂复知活意?(同上卷十一《冬心诗》三十首之一)

这与顾炎武在《与友人论学书》中所谓"以无本之人而讲空虚之学,吾见其日从事于圣人而去之弥远也",是同样的见解。

彭士望对学术的理想是"其真欲救之者,亦惟核名实,黜浮伪,专事功,省议论,毕力于有用之实学"(同上卷二《与宋未有书》),而检验的标准则是"莅官施政,惟观其便于民,利于君国,此其行断无可疑者矣"(同上卷五《明臣言行录序》)。

以此标准论,张居正在万历初年可说是综核名实,专事功而欲有作为的,然而彭士望论张"峻狭满盈,无兼人量",理由是"江陵(指张居正)不学无术"(同上《祝工科奏议序》)。又说:

> 近百余年,士大夫秽杂虚假,不可描画。隆、万之际,张太岳力惩之以综核名实,而才高识寡,峻狭自是,怨浮于恩,功不救过,以及于败,且蒙恶声焉。(同上卷二《与陈昌允①书》)

可见,彭士望所理想的是既要通达时务,能表现事功,又要有实学和见识的人物。

在彭士望的见解中,张居正有办事能力也反对虚伪,但过于揽权,又

---

① 自注:名鼎新,泰宁人。

无学识,而学术与见识是重要的。

与此同时,彭士望着重批评了那些"秽杂虚假","有术无学"的"伪儒"。他说:

> 天下治乱系于学术,未有学术不素具而足以有为于天下者也……后世之伪儒则有术而无学。(同上卷六《读书简要说序》)

又说:

> 令天下后世,知三百年(指明代)之治乱盛衰,以学术为升降,而邪伪之心害政遂以亡人国也。(同上卷五《内省斋文集序》)

这里的"伪儒"不是指尹焞在《祭伊川文》中自述的"不背其师则有之,有益于世则未也"的不切实际的儒生,也不是《甲申传信录》中所描写的"愧无半策匡时难,惟余一死报君恩"的讲学家(均转引《存学编》卷二),而是近于李贽所指摘的"假道学"。用彭士望的话说,就是"其人比于猛兽奇鬼,而其言虽古圣贤无以过"(《耻躬堂文钞》卷五《内省斋文集序》)。

这些人在李贽眼中,举目皆是。这是易堂与李贽相同的一点。我们试为举例,其中包括嘉靖"大礼议"时的张璁、桂萼,天启时为魏忠贤建生祠立木主的人批人,崇祯时的温体仁、周延儒等东林党对立面。他们依附当权者,阿谀朋比,不惜歪曲儒家经典的原则以及传统的道德观念,以达到猎取名利地位的目的。

魏禧在《里言》中说:

> 假道学则言清行浊,窃取高名,欺天罔人,坏乱天下心术。(《魏叔子文集》卷一)

在魏此文之后,有刘宗周的学生、黄宗羲的同学恽日初评论一则如下：

> 恽逊庵曰：假道学设身名利私欲中，正道学之一蠹。（同上）

这些反映出易堂诸子反对假道学的立场。其言论反映出坚持封建社会道德观念的"真理学"与放弃原则的"假道学"之争。从历史角度和整个文化思想史来看，易堂言论是可取的。

彭士望说：

> 方成（化）、弘（治）间，士大夫之言即其行，在辇毂（指中央）以及郡邑封疆（指地方）则为真经济，在野则为真理学。（《耻躬堂文钞》卷五《内省斋文集序》）

> 隆、万以来则道学伪，启、祯以来则文章气节操守伪……其有不伪者，则虚美相高、徒慕曾参、孝己之行，而无益于天下安危之大计。（同上卷一《与方素北书》）

对于伪和虚必需纠之以实和真，方能有用。彭士望又说：

> 古人学问必求有用。有用之学非尽废读书也。须明理识时耳。明理则有益于身心，识时则有益于世务。（同上卷十《葑乌别同学诸子》）

这是封建文化，也可说是儒家传统理想中对学者最高的要求。以这标准论，易堂诸子不是一概反对理学。当时江西两大理学家南丰谢文洊（字秋水，人称程山）、星子宋之盛（字未有，人称髻山），他们都倾向于王守仁与罗洪先的学说。彭士望、魏禧也与他们往还通信。程山重躬行实践，髻山重气节，曾编《江人事》为甲申以来抗义死节者立传。这些是易堂与他们互相推许的主要原因。

彭士望、魏禧对王守仁有甚高评价,他说:

> 文成出,世之讥道学为无用者间其口而气夺。知行合一正以救知不能行之弊。(同上卷五《明臣言行录序》)

魏禧则说:

> 姚江王文成公以道学之事功,为三百年一人。洒北宋以来儒者之耻。(《魏叔子文集》外篇卷十七《蔡懋德传》)①

这又一次说明,易堂学者所反对的是学术空虚的讲学家及沽名牟利的假道学,而肯定的则是学术事功兼备的儒者。

对于整个宋明理学,他们并不全面否定,而是主要指摘其不能为有用之学。彭士望在《魏叔子五十一序》中说:

> 汉人文章心术最为近古……其身心存察之工不及宋儒远甚。宋儒理学溯孔子以达尧、舜而无少悖……南宋诸贤以正心、诚意为经术,终无救于宗社,陈同甫(指陈亮)为之叹息。(《耻躬堂文钞》卷七)

这是对于理学的总的评价,既肯定其总的理论原则,又认为理学未能达到有益于时代,有益于国家的要求。

对一些理学人物所起作用,彭士望也有所分析。他曾作一历史的概括说:

> 南宋崖门之役,张、陆(张世杰、陆秀夫)同时主臣无一人降

---

① 蔡懋德,万历进士,也是王学学者,明末在山西死节。

者……三百年理学节义之报。(同上卷六《琼岛行诗序》)

得宋儒而益彰者其明儒乎,其最烈者首见于逊国之际(指建文帝时,方孝孺等人之死)……逮后珰祸屡见,以及南巡(指正德帝)、大礼(指嘉靖帝)、权相(指张居正),矿税诸役,内外臣之无言责者犹舍生以争之,以拷询为甘饴,西市东厂及北寺为归宁之室。故明之儒不胜书,不徒在于区区诗歌揖让钟鸣击磬讲说之间。(同上卷五《明臣言行录序》)

这里说明坚持儒家传统原则,当事情发展到极端时,不惜从容以身殉义。这里有爱国主义的表现,如宋末、明末的抗敌与死难,也有在皇朝的内部坚持正统与名分之争,如永乐"靖难之役"中方孝孺与嘉靖"大礼议"中杨廷和等理学家的抗议。彭士望认为,这些都是理学家的成就而应加以肯定。

今天看来,爱国主义与民族意识是可取的,而坚持封建皇室的正统与名分已没有意义,说明历史在发展,社会道德观念也会发生变化。但是,这不能苛求于彭士望。

彭士望甚至对吸收佛教思想的儒者,在当时被正统派视为异端的,由于其不虚伪掩饰,也加以推重。在《与陈昌允书》中,他说:

宋时李伯纪(李纲)、张子韶(张九成)、赵元镇(赵鼎)猷为气节,卓荦一时,亦俱从禅入。数公胸中干净直截,不似人情欲掩饰,龌龊包裹,故其功业人品俱有可观。(同上卷二)

对于朱、陆、薛、王等学术派别,则易堂与方以智一样,不偏执于一方,而主张调和一致。彭说:

尝从阳明、念庵(罗洪先)二先生之书,以仰溯周、程、朱、陆诸先生之学,其源盖无不同者。(同上卷一《复宋未有书》)

朱、陆、薛、王，共辅车也，互药病也。其意主于车之行，病之去。（同上）

黄建在彭士望的《与谢约斋书》后，评论说：

讲学偏执宗旨，欲人尊从，盛气争辨。此为意见，非穷理也。……平心读之，考亭、象山、阳明、念庵同归一致矣。（同上）

以上可见彭士望不介入理学内部纷争的态度。他推重王守仁是因为王除学术外还有事功。与此同时，他也提出认为可以肯定的理学家。他认为：

近代集大成者，必推阳明。而念庵、荆川（唐顺之）、泾阳（顾宪成）、定兴（鹿善继）诸公咸有其意。（同上卷七《魏叔子五十一序》）

又说：

近代理学惟阳明、念庵、泾阳及冀公惟乾（冀元亨）、史公玉池（史孟麟），又近惟鹿公伯顺（鹿善继）。……阳明用大类狂，念庵体坚类狷，泾阳学最正……鹿公真闇然者，更负经济才。（同上）

其所提出人物中也非全属王学系统的。

综上所述，可见以彭士望、魏禧为代表的易堂诸子，他们不全盘反对理学，对程、朱、陆、王，认为各有可取之处。他们并肯定了宋末、明末理学所倡导具有民族意识和爱国主义的气节。他们看到理学的正心、诚意、谈心说性无补于社会国家，尤其反对明代后期百年来理学的空虚不切实际，而主张实学与事功。易堂提出的见解早于颜李学派，也是与颜元全盘反理学的不同处。这便是易堂学术在明末清初理论界所表现的一个特色。

易堂的另一特点是主张在学习中广交师友,通过交游互相规谏,增进学识。陆麟书在《彭躬庵先生传》中说彭士望"生平嗜朋友,海内宿望,结纳殆遍,其规谏过失,竦切深痛,而乐道人之善"(同上卷首)。

彭士望自称:

> 士大夫之贤不肖,视师友之多寡。其师友之贤否,天下之安危、世道之污隆,于是乎系。(同上卷七《黄维辑进士五十序》)

这说明交友对学术的重要性。他强调交友又不是结成朋党,他说:

> 靖康、崇祯之季,党人既起,奄竖乘之,其离合胜负,俱足以败人国家。(同上卷五《祝工科奏疏序》)

他认为即使顾宪成所倡起的东林也是"入附不择,借丛有徒。假经济之名,为富贵功名之实,而混然托处于道德之地"(同上)。

明末的党争是激烈的。事实上,东林中人才既多,又自命清流,当然也有一部分所谓"小人"混迹托处。东林既失败,后起的复社相沿东林的政治主张,范围更广,势力更大,不少人才皆出其中,包括最著名的黄宗羲、方以智在内。

东林、复社的相继崛起,是社会动乱时不可避免的现象,对明末的政治学术都有很大的影响,在历史上值得评论其功过。彭士望既主广交师友,又要求纯粹无瑕,实际上可能也只是一种理想。

除交友外,易堂所注重的是教育、培养人才。

魏禧的文集卷首称为《日录》。《日录》是指"平日所闻师友教诲,与古人嘉言懿行有得于心者,逐日记录,以之诏诸门人弟子。"

《日录》分《里言》《杂说》《史论》三卷。谢文洊在《日录》序中称"《日录》三篇盖坐可言,起而可行,自身家以及天下,皆有所裨益"。作为一个理学家,谢文洊序中又说:"其书于心性大本未遑及,亦不无好尽之过。"

事实上,不谈空洞的"心性大本"正是易堂的特点。至于"不无好尽之过",说明易堂对门人弟子谆谆告诫,毫无保留。

魏禧在著名的《答南丰李作谋书》中提出教育人才的要求是:"恢弘其志气,砥砺其实用……孜孜然博览古今之故,亲明师良友以讲求之。"其目的是"然后使之任一职则必称,为一事则必成"(《魏叔子文集》外篇卷六)。其后,李作谋早卒,魏禧往程山哭于其家,作《告李作谋墓文》,感到失去人才的悲痛。

关于培养人才,魏禧反对科举用八股文。他说:

> 以八股可观德则奸伪辈出,以八股可征才则迂陋已甚。(同上卷二《杂说》)

他的主张是"变八股,制论策,使人得尽其才,适于实用"(同上外篇卷三《制科策》中)。颜元在《存治篇·重征举》中说:"今之制艺,递相袭窃,通不知梅枣,便自言酸甜……岂不见考试之丧气,浮文之无用乎?……观之宋、明,深可悲夫。"其论八股文与易堂是一致的。

在彭士望的《耇刍别同学诸子》中提出教育人才要始于幼年并选择良师。他说:

> 盖人生学术邪正,系于童蒙,童蒙之养,系于师傅。君相之所以治乱天下,恃此辈童子与先生数人而已。苟泛然择师而不知尊敬,训童子惟举业与科名,天下乱实由于此。(《耻躬堂文钞》卷十)

对于人才的发现与使用,彭士望在《与顾景范(顾祖禹)书》中提出应当用人之长:

> 今日人才如龟毛兔角。遍究当世,得逾不易。吾辈见到处,切莫放过。最上表章之,次交连之,又次造就之。要当成其所长,去其所短,知其长中之短,用其短中之长,而后天下无弃才。……此古今圣哲御世之大略也。(同上卷四)

魏禧也说:

> 知人者必尽知其短然后可用人,用人者取其所长,则其短无害也。(《魏叔子文集》卷一《里言》)

这虽是一般的用人方法,但反映出易堂学者对人才的关切,也说明了易堂学者对社会国家的关切,这是他们的学术方向。

易堂诸子都是参加过实际社会活动或是远游南北,体察民物的。

彭士望与林时益初来宁都与三魏相识,时在清初顺治二年(公元1645年),魏禧年二十二岁。前一年甲申之变(公元1644年)魏禧曾与曾庭遴共谋起义兵而未果。彭士望时年三十六,正因佐杨廷麟在赣州反清失败而归南昌。林时益本是明朝宗室,时年二十八,原姓朱名议霶,字中霖。魏禧在《朱中尉传》中称其"年少特以贤名,四方豪杰士多从之游"(《魏叔子文集》外篇卷十七)。

清兵下九江,朱与彭士望走建昌,后彭士望三至宁都与魏禧定交,彭、朱两家遂迁至宁都翠微峰,而朱改名林时益,字确斋。

由上可见,他们都在从事反清失败后,始相聚一处,躬耕隐居,而不出仕。康熙十七年(公元1678年),魏禧被荐举"博学宏词科",他借口推托不应。这些都说明易堂中人对新朝廷的不合作态度。

问题在于他们有志用世,反对空谈讲学,积极关心教育培养人才,但是却与当时掌握政权的清政府抱不合作态度。一方面这可理解为易堂学者为了保持和继承传统的文化,使不失坠,也就是理学家所说的"继往开来",所以自觉地担负关心学术与培养人才的任务;另一方面这可认为他们的关心事务与广交师友活动中还潜藏着反清复明的动机。

从当时的时局来看,在顺治及康熙初年,清室政权并未稳定。顺治十一年(公元1654年),郑成功军从海上攻至镇江,遥祭明孝陵,顺治十六年(公元1659年)张煌言军深入安徽南部徽州、宁国一带。西南的农民军余部也有活动。

康熙初年,三藩与清政府貌合神离。撤藩后,吴三桂军攻入湖南、江西。康熙十五年(公元1676年),吴军占据江西吉安,这便是五年前方以智所居的青原山所在地,而此时成为清、吴两军对峙的前线。

魏禧在《丙辰九月避兵过亦庵礼药地大师爪发塔有作呈中公兼寄令子素北》①五言古诗中云:

> 仓黄过亦庵,炮声彻两耳……信步转回廊,遗塔俨然在。惊视再拜兴,泪落滴阶吒。可惜双眼睛,未及见斯事……我闻志气人,苍天莫能死。谁云松柏下,潜寐永不起……(同上卷四)

诗意含蓄。"未及见斯事"的"事",当指三藩反清。魏禧认为这正是一个时机,而方以智未及见到是可惜的。

再引一事为证。梁份字质人,南丰人,是彭士望和魏禧的门人,著《怀葛堂文集》,也是易堂一流倜傥有志的学者。梁的友人刘继庄在《广阳杂记》中称他"留心边事,遍历河西地……著《西陲今略》凡数十卷,果有用之奇书也"(《广阳杂记》卷二,清末潘刻本)。

康熙十五年,梁份时年三十八,清军与吴三桂在湘、赣作战时,《广阳杂记》记当时情况如下:

> 梁质人自江西为韩非,("韩非"二字如非刻讹,则似指说客

---

① 中公即中千贤公(名中千兴贤),见《泰和县志》卷二十八,又见《魏叔子文集》外篇卷八《童氏禹贡遗书序》。中千兴贤俗姓童,是方以智晚年最亲近的弟子。素北即方以智幼子方中履。亦庵即彭士望《首山濯楼记》所记的濯楼,是方以智康熙十年(公元1671年)粤难事发,被逮之地。

之类)有求援三桂之意。先败安王(指清军统帅和硕安亲王)而后援吉安,订于三月初一日合围。(三桂)留质人曰:汝于壁上观吾军容,归以语东方诸豪杰也。(同上)

如果刘继庄这一段记录属实,再结合上引魏禧诗惋惜方以智未能见及此事;那么,易堂诸人的心志是很明显的。

于此可见,清初遗民都抱有反清意识,即使无实际活动,而希图恢复的愿望是存在着的。这是中国历史上儒家或理学家"夷夏之防"的思想传统。恢复的志愿是方以智与"易堂九子"交往亲切、互相期许的基础,也是易堂中人关心时务,广事交游,培养人才冀能一旦用世的原因。

然而不及数年,三藩平定。林时益、魏禧先后去世,彭士望也年老隐居,凭著作以传世。时过境迁,这一段遗民的陈迹只能从留存的著作中钩索其概况。

综合上述易堂诸子对理学的评论以及他们与理学的渊源,大致如下:

一、易堂学人不属于理学家范畴,但与理学有联系。他们不反对程、朱,并认为朱、陆、薛、王可以互相补正。又指出宋、明以来理学的空虚无裨实用,不能解决实际问题,尤其是揭露了晚明一百年来理学流派中"君子"的"虚"与"小人"的"伪",以导致亡国。事实上,他们的批评说明了理学的走向没落。

二、易堂学人的思想方法不是理学家的静坐论学而是从实际出发,重申"儒生俗士,不识时务,识时务者,是为俊杰"的论点。他们评论《左传》《史》《汉》《资治通鉴》[①],认为天下之治乱系于学术,主张经世之学,广交师友,培育人才。他们与颜李学派在务实上有共同处。政治见解主要是通达时务,较颜元的恢复井田等理想又高出一等。

三、易堂学人与明末清初大部分士大夫和理学家一样,在不同程度上

---

① 魏禧著《左传经世》,自序称:"若于古人经世大用,左氏隐而未发之旨,薄有所会,随笔评注,以示门人。"彭士望手批《通鉴》二九四卷,《春秋》五传(五传指三传及《胡传》《国语》)二十一卷(见陆麟书《彭躬庵先生传》)。

抱着遗民思想。这些人或是死难殉节,或祝发为僧,或隐居教学,志节皎然。彭士望率学生躬耕种菜,种茶转运以谋生。魏禧不就博学鸿词科而鬻文自给。他们并非标榜清高,而是在清室未稳定前尚有反清复明思想。其思想根源仍是理学所倡导的民族气节,或是儒家传统的"春秋大义"。

第六编

明末清初对理学的总结及理学的衰颓

概　说

　　整个十六世纪，从嘉靖到万历，兴起了理学范围内程朱与陆王之学的论辩。不过，在统治思想中占上风的仍然是朱学。一直到十七世纪，由于某些地区商品经济的发展和资本主义萌芽的影响，由于农民革命的风暴，明、清两个朝代的更替，出现了严重的社会动荡，即所谓"天崩地解"的局面。

　　有些学者企图对理学进行总结。两朝交替之际的孙奇逢著《理学宗传》。该书编纂历时三十年，经过明朝的灭亡，至康熙五年（公元1666年）定稿。它论述了宋明时期有较大影响的理学派别，但它只是理学家传记的汇编，并未对理学的发展过程做出清晰的说明。孙奇逢一生以理学家自处，注重心性修养，其学以慎独为宗，以体认天理为要旨，以日用伦常为实际。

　　被康熙誉为"关中大儒"的李颙，固拒清政府征召，致力于学问，经传、史志、百家之书，靡不观览。其学以王守仁"致良知"为本体，以朱熹主敬穷理为功夫，在关中学者中有较大影响。他的前期思想侧重经世致用之学，后期则侧重心性义理，反身悔过之学。

　　处于明清之际的人们既要总结明朝覆亡的教训，又想了解动荡变化的现实生活。客观实际迫使一些具有探求真理精神的知识分子从哲学、经学、史学、政治、经济诸方面去进行认真的研究，由此产生了对理学的重新认识。于是兴起了以颜元为代表的事功之学；兴起了以王夫之为代表的总结诸子百家之学的哲学思想；出现了探讨理学产生和发展的专门著作，黄宗羲等的《明儒学案》《宋元学案》堪称杰作；兴起了以顾炎武所强调的"实事求是"的考据之学。所有这些，在思想内容和认识方法等方面都和理学有这样或那样的区别。它们是一种新思潮，我们认为用"早期启蒙思潮"来概括，是比较恰当的。

　　这个思潮重视对历史和现实的研究，具有创新精神。这个思潮的特征之一,是在不同程度上对理学有所批评。顾炎武的《与友人论学书》指出一部分理学家"置四海困穷弗言,而终日讲危微精一。"颜元的《四存编》不承认"天命之性"与"气质之性"的划分,并全面批评了数百年来程朱、陆王各派理学家在概念上争辩而脱离社会实际,在现实问题面前无能为力的空虚迂阔学风。黄宗羲的《明儒学案》堪称第一部内容宏富、体例严谨、观点鲜明的明代学术史专著,他反对"今之君子,必欲出之一途,使美厥灵根化为焦芽绝港"的思想僵化状态,提出兼收并蓄的学术主张。不过,《明儒学案》还不能完全摆脱王学影响和学术宗派的"习气"。王夫之以"六经责我开生面"的宏大气魄,从自然观到认识论、人性论,从历史到现实,无不有所论述,对佛、老哲学和陆王心学做了深入探讨,既有所抛弃,又有所吸收和改造。

明清之际的思想面貌是纷纭复杂,丰富多彩的。他们对传统理学都有不同程度的接触,且有精辟深入的分析和评论,又从不同角度提出了自己的见解。

清朝统治者力图用程朱理学加强思想钳制。清廷于顺治三年(公元1646年)颁《科场条例》,即沿袭明制,规定科举考试内容采用程朱理学对儒家经典的诠释作为依据。康熙更是"夙好程朱,深谈性理"(昭梿:《啸亭杂录》)。康熙时理学家陆陇其继承了朱熹的"理之流行"说,驳斥罗钦顺的理气观点。他又将"中庸"等同于所谓"义理之性",要求人们去"人欲"以存所谓"天理"。他的尊朱黜王论,反映了清初代表朱学的势力同王学争夺正宗地位的情况。

还要提到深受康熙皇帝宠信的理学家李光地,他的著作有三十余种、数百万言,着重宣传儒者之学与帝王之学的一致性,道统与治统的一致性。在理学上他主张朱、陆合流,认为两家各有长短,并非冰炭水火。从李光地的一系列理学著作,看不出理学理论本身有任何创新和发展。尽管清初康熙对理学又进行了一番钦定,也没有使它振兴起来。这说明理学已进入衰颓阶段。

第五十三章　孙奇逢的理学著作与理学思想

第一节　孙奇逢的生平及著作

孙奇逢(公元1584—1675年)字启泰,号钟元,晚年自号岁寒老人,保定容城人。享年九十二岁。

孙奇逢的祖父举嘉靖丁酉乡贡,官沭阳令,历官河东盐运司运判。父诸生。孙奇逢兄弟四人,他行第三,兄弟互相师友,砥砺名行。孙奇逢年十四,中秀才。年十七,登万历庚子京兆榜。以后屡上春官,不第。崇祯三年(公元1630年),御史黄宗昌荐孙奇逢、鹿善继"可当大任,请行征聘",奇逢力辞,"朝野重之,称曰征君。"

1644年甲申,李自成农民起义军攻占北京,崇祯帝自缢,明朝灭亡。不久,清兵入关,李自成退出北京,清朝建立。国子监祭酒薛所蕴以让贤荐,兵部左侍郎刘余佑以举知荐,顺天巡按御史柳寅东以地方人才荐,陈棐以山林隐逸荐,孙奇逢"俱以病辞不赴。"清政府在京畿圈地,孙奇逢在容城的田庐被圈占,遂移家河南辉县,隐居苏门山讲学。水部郎马光裕赠以夏峰田庐,辟兼山堂读《易》其中,率子孙躬耕自给。门人自远方来学者日众,称夏峰先生。孙奇逢平易近人,见者"服其诚信"。生平未尝以讲学自居。公卿大夫及田氓野老,有就而请教的,孙奇逢总是"披衷相告,无所吝也。"死后,葬夏峰东原。

使孙奇逢得到当时士大夫特殊尊重的,是他不避危难,竭力营救东林党人左光斗、魏大中、周顺昌的义举。天启乙丑、丙寅年间(公元1625—1626年),宦官魏忠贤弄权,虐害东林党人。乙丑,左光斗、魏大中被逮,将至京师。魏大中作二书,一寄鹿善继的儿子鹿化麟,一寄孙奇逢,要求在覆巢之下,庇护其子魏学洢。周顺昌也有书寄鹿善继,谓魏学洢随父赴京,"而道孤援绝,欲仗公覆庇,更厚望于孝廉孙公。"其寄孙奇逢的书中附诗云:"一身作客同张俭,四海何人是孔融,"深望孙救援。次年丙寅,周顺昌也被逮至京。左、魏、周先后被拷掠,又勒逼交"赃",左二万两,魏五千两,周五千两。孙奇逢建旗击鼓,联络亲友,各尽分出金营救,两次都只有数百两。及送至京师,而左、魏均先毙杖下。周顺昌次年亦毙杖下。周之死,"齿牙尽落,身无完肤","诸君子亦不免于死,虐焰方张,凡素往来者,皆键户遁迹,无复过而问之。"而孙奇逢"急难拯溺,置身家性命于度外,""海内高其义,有范阳三烈士之称。"三烈士谓孙奇逢与鹿太公、张果中三人。鹿太公是鹿善继的父亲,张果中是白沟一带的剧孟一流侠义之士,在营救左、魏、周三君子的过程中皆尽心竭力,不避危难。在魏忠贤肆虐于正士的政治毒焰下,他们都以铮铮铁骨,犯危赴难,无所反顾,诚然无愧于烈士的称号。当营救最紧张的时候,孙奇逢写信给驻兵山海关的阁部大臣孙承宗,请求援助。鹿善继在孙幕下,与承宗商议,谋脱诸君子之难。孙承宗乃自山海关提兵巡视京东蓟门一带,具疏,"以关门事,请入觐,面奏机宜。"阉党恐惧,乃谓阁部提关门兵数万来清君侧。魏忠贤绕御榻而泣,言:"奴辈必无噍类。"帝乃夜半差官,赍严旨止之。孙承宗不得已,兵至通州而返。孙承宗清君侧的军事行动,未能成功,但震动了朝野,激化了东林与阉党的矛盾。形势急转直下,左、魏、周先后毙杖下。以上事迹,见孙奇逢所作《乙丙记事》(《夏峰先生集》卷三)。

孙奇逢的另一重要事迹,是率领容城人民,抗御清兵的围攻,保全了家乡人民的生命财产,保全了明朝的几百里江山。岁丙子(公元1636年),清兵"薄畿辅,逼容城"。孙奇逢与兄弟,率宗族乡党入城。邻邑亲友奔集,依孙奇逢者数十百家。当时秋雨多日,容城土堞倾圮,城西北隅尤甚。孙奇逢独当西北一面。城未补筑而清兵突至,窥伺倾圮之处。孙奇逢一面率兵抵御,一面抢筑城堞,终于把城墙修好。在围城中,孙奇逢协和官绅,同舟共济,劝人捐输,以保身家。清兵几次进攻,不能得逞,容城竟得保全。当时邻近府县俱陷落,独容城屹然固若金汤。

时天下多事,锋镝时传,人无安枕。戊寅冬(公元1638年),又有兵革之事。孙奇逢率领子弟门人,入保易州的五公山。族党亲友,依之者愈众。孙奇逢整饬武备,安定人心,为守御之计。暇则讲礼兴学,诵诗读书,于干戈抢攘之际,隐然一方乐土。远近服其教化。自壬午至甲申(公元1642至1644年),又三次避地,引三国时田子春避地徐无山扫地而盟之义,著《埽盟余话》。

孙奇逢避地自保的时候,与群众立了戒约,有《山居约》,列戒约五条:一曰"严同心",要求忠孝,"以报国家";一曰"戒胜气",要求集思广益,和好相处;一曰"备器具",要求备齐武器,弓矢枪炮,火药铅子,万不可缺;一曰"肃行止",要求或行或止,次序不乱。作战则同向敌人,弓矢相环,枪炮递进,便可以少胜多;一曰"储米豆",要求入山者携带粮食,做好准备。这五条戒约,注意到思想一致、团结纪律、武器装备、粮饷储存各个方面,是避地自保的经验总结。在强敌压境,人民分散自保的战争中有一定作用。此外,孙奇逢还写了《严樵牧约》,不许"戕伐人树木,践踏人种蓄",令当地人饮恨,而在我辈就成为"不德"了。这讲的是群众纪律。又写了《六器约》,规定亲友相会,六人一席,荤素六器,面不足则佐以脱粟。明亡以后,隐居苏门山,又写了《苏门会约》,是讲学结社的戒约,定"每月两会","大家均有主道","亭午即集,烛不及跋"。会约四条,约定交,约崇俭,约受善,约忘己,重在讲学与道德修养。入社的人,或素嗜烟霞,而鸿冥不下;或身经仕路,而鹤性难驯;或冷署优游,而默探乎禅理;或灯窗攻苦,而久澹乎名心。他们"均抱用世之才,俱有脱尘之想,"既欲用世,又想脱尘,确是易代之际逸民的思想,其中具有平等、互助的精神,是可贵的(以上所引戒约,均见《夏峰先生集》卷十一)。

孙奇逢对清兵在关内的攻掠,深抱敌忾情绪,观下面一段文字可知。

> 戊寅之夏，止生（茅止生）谓敌当复来，州邑城非所恃也。因商所以出门，且欲携鹿氏一二孤寡为避地计。……夫畿南为敌兵出没之地。伯顺既已惨死，而师相一门之惨，更令人不忍见闻。边患日甚一日，边备日弛一日，人心日溃一日，此后情事，尚忍言耶！（《夏峰先生集》卷六《复范质公》）

文中所云戊寅，为崇祯十一年（公元1638年），敌指清兵。时清兵多次寇掠畿南城邑，明崇祯帝虽"果于杀戮，一日刑溃逃将吏三十余人"，但未能挽回溃败的局势。《夏峰先生集》卷六《与杨允谐》书云："弟入山六月有奇，幸不死于兵"，"衣物牛畜，俱被卤掠。"可见军事形势之危急，战火下生活之痛苦。崇祯十一年那次清兵入寇，畿南城邑都不守。孙奇逢的好友鹿善继（伯顺），督师山海关的阁臣孙承宗（稚绳），俱因城陷殉国。孙承宗时退居林下，乃与家族二十余人争先就义。《夏峰先生集》卷九《督师阁部太傅孙文正公墓志铭》记其事云："戊寅，敌复南下。公部署子姓，分雉堞拒守。"城破，"公乃自理绳，命两兵加勒而死。……子孙暨妇女童稚争先就义者二十余人。"《夏峰先生集》卷六《复王天锡》书云："恺阳、伯顺两先生殉城之惨，人莫不见苦。"恺阳是孙承宗的别号。清兵在畿南攻城略地、杀人抢劫的时候，孙奇逢避地山中历时六个月，他写的多篇山居戒约，当即成于此时。

明亡以后，他的朋友学生，有的移居福建海滨。孙奇逢同他们还有书信往还。《夏峰先生集》卷十四《得王生洲延平书》诗云：

> 故人书至七千里，言别于今二十年。
> 极目云天何处是，开函未读已潸然。
> 闽海浮家天际头，沧桑变后一身留。
> 故园回首孤臣泪，浪静风恬肯系舟？

细详诗意,王生洲于明亡后南去福建延平。二十年后,写信给孙奇逢。亡国孤臣,浮家闽海,民族气节,激励了孙奇逢。诗中对王生洲寄予了深刻的怀念。延平为郑成功的根据地,王生洲可能参加了郑成功的反清复明军事斗争。这两首诗十分珍贵。此时,当已是康熙初年,孙奇逢八十多岁了。

《夏峰先生集》卷十三又有《茅止生自闽中寄诗》七古一首,也是怀念远去闽海的朋友的。诗云:

> 连朝飞雪大如手,洌洌朔风蛟龙吼。
> 泥深骨冷卧袁安,负橐葛生踏冻走。
> 惊喜相看鬓欲残,七千里外行路难。
> 开函宛对故人面,长短挥毫兴未阑。
> 忽及赔累事最急,我心不平坐复立。
> 彼其之子毒何深,坐客闻之皆于邑。
> 毋嗟男儿生不辰,从来豪杰多遭屯。
> 羡尔履险能如夷,怀中有剑何忧贫?

茅止生曾在畿南抗击清兵,崇祯十一年戊寅,准备避地远行。后来,果然远去闽海。怀中有剑,履险如夷,是颇有英雄气概的。《夏峰先生集》卷十二有《闻卢九台战没因忆茅止生》诗,云:"茅子予旧交,仗剑素有志。"表达了对茅止生的钦敬。

孙奇逢的这种民族气节是中华民族的精神财富。

明朝覆亡的时候,孙奇逢六十一岁。尔后,他在清朝统治下,又活了三十一年。孙奇逢自然不无故国之思。他为元朝刘因所作的《渡江赋》辩白。刘因的《渡江赋》,明儒邱濬疑为幸元兵之渡江灭宋。孙奇逢以为不然,说《渡江赋》是刘因哀宋室的灭亡,是爱国思想的表露。《渡江赋》到底是幸宋室的灭亡,还是哀宋室的灭亡,可以不论。而孙奇逢借此以哀念明朝的覆亡则是可以断定的。为刘因洗刷,正所以明自己眷恋故国的心迹。

孙奇逢对清朝的征辟,力辞不赴。他隐居讲学著书,写了大量著作。尤其是所作的《日谱》,据说卷帙浩繁,可惜已经遗佚。今录其著述目录如下:

理学宗传、四书近指、读易大旨、书经近指、圣学录、两大案录、甲申大难录、岁寒居文集、答问、日谱、畿辅人物考、中州人物考、孝友堂家乘、四礼酌、孙文正公年谱、取节录、苏门纪事。以上共一百六十五卷。大部分有刊本,也有未刊而散佚的。《理学宗传》最为有名,《岁寒居文集》即《夏峰先生集》,《四书近指》《读易大旨》《书经近指》等,均有刊本传世。

孙奇逢的著作分两类:一类是理学方面的,如《语录》《理学宗传》;一类是史学方面的,如《畿辅人物考》《中州人物考》《甲申大难录》等。其中有些是有价值的。

孙奇逢一生以理学家自处,注重心性修养。其学以慎独为宗,以体认天理为要,以日用伦常为实际。尝言:我七十岁工夫较六十而密,八十工夫较七十而密,九十工夫较八十而密。学无止境,此念无时敢懈,此心庶几少明。足见其对自己的要求,十分严格。理学家对自己的要求无非是封建道德的践履,不一定有可贵的意义,但其老而弥笃的进取精神应该肯定。八九十岁的老人了,还认真地做功夫,在学无止境的道路上迈进,不能不令人钦敬。

第二节　孙奇逢的《理学宗传》

孙奇逢的《理学宗传》二十六卷,自叙撰于清"康熙五年清明前三日"。自云:"此编已三易,坐卧其中,出入与偕者逾三十年矣。""初订于渥城(今河北徐水),自董江都而后五十余人,以世次为叙。后至苏门,益廿余人。后高子携之会稽,倪、余二君复增所未备者,今亦十五年矣。"可知所谓"此编已三易",就是指:一、初订于渥城,共列五十余人;二、后至苏门,益二十余人,则为七八十人;三、后高子携之会稽,倪、余二君复增所未备者。今本《理学宗传》共列一百六十三人。则第三次增入者亦有七八十人。从康熙五年，上推十五年，当为顺治九年（公元1652年）。这是在会稽由倪、余二君增补的时间。此时，《理学宗传》已大体编订就绪。但是最后定稿，则在康熙五年。自叙云："赖天之灵，幸不填沟壑。策灯烛之光，复为是编，管窥蠡测之见，随所录而笺识之。宛对诸儒于一堂，左右提命，罔敢屑越。愿与同志者共之，并以俟后之学者。"这说的是定稿的情况及心情、愿望。孙奇逢编著这部《理学宗传》，历时超过三十年，其间经过明朝的灭亡，干戈扰攘，田庐被圈占，流离失所，生活极不安定。但是始终把这部书的稿子带在身边，"坐卧其中，出入与偕"。可见他对这部书的重视。康熙五年（公元1666年），《理学宗传》定稿，时孙奇逢已是八十三岁的老人了。

按周汝登编成的《圣学宗传》，在明万历乙巳（公元1605年），见陶望龄所作《圣学宗传序》。则孙奇逢的《理学宗传》成书，后于《圣学宗传》六十年。应该说，孙奇逢是有可能看到《圣学宗传》的，书名同为《宗传》，当非偶合。只是把《圣学》易为《理学》而已。但是查《理学宗传》全书，未提及《圣学宗传》其书，仅在第二十六卷之末，殿以周汝登，曰："周汝登，字海门，浙江人"。注云"传缺"。然后撮其语录二十条，亦未及其《圣学宗传》。《理学宗传》卷二十六，为《补遗》，列张九成、杨简、王畿、罗汝芳、杨起元、周汝登等六人，"谓其超异，与圣人端绪微有不同，不得不严毫厘千里之辨。"是明白地摒斥在正宗之外了。

《理学宗传》所要传的是怎么样的宗呢？孙奇逢在自叙里首先做了说明。他说："学以圣人为归。无论在上在下，一衷于理而已矣。理者，乾之元也，天之命也，人之性也。得志，则放之家、国、天下者，而理未尝有所增。不得志，则敛诸身、心、意、知者，而理未尝有所损。故见之行事与寄之空言，原不作歧视之。舍是，天莫属其心，人莫必其命，而王路、道术遂为天下裂矣。"可见《理学宗传》所要传的宗，指的是圣人提出的"理"。孙奇逢说："周子曰圣本天，程子曰圣学本天，又曰余学虽有所受，'天理'二字，却是自己体贴出来。"则他所说的"理"，也就是周惇颐的"天"，程颢的

"天"或"天理"。《宗传》所传的就是这"天理"之学。"天理"是理学家的最高哲学范畴,十分古老,本没有什么新奇之处。而孙奇逢的著作,则要给这个"天理"找出一个自周惇颐起直至明朝末年东林党人顾宪成为止的大宗传统。这就是他三十年辛勤著作的用意所在。这个传统找到了,则王路(圣王的统治)、道术(圣人的学术)都得到了维系与巩固。在孙奇逢看来,天下第一等重要的莫过于此了。饥可以为食,寒可以为衣,这是次要的,而这个"天理"则使"跛者能履","眇者能视",那就是最了不起的了。

孙奇逢选了十一个理学家,作为《理学宗传》的大宗。这十一个人是周惇颐、程颢、程颐、张载、邵雍、朱熹、陆九渊、薛瑄、王守仁、罗洪先、顾宪成。计宋朝七人,明朝四人。为什么要选这十一个理学家为大宗,而不选别的理学家为大宗,孙奇逢对此没有说明。但是,确实这十一个理学家中,除罗洪先、顾宪成比较不称外,其余九个都是最重要的理学家。而以东林党魁顾宪成为理学大宗之殿,孙奇逢自有深意。

除了大宗十一人以外,从汉朝起又列了"诸儒"一百四十六人。计汉朝为董仲舒等五人,隋朝为王通等五人,唐朝为韩愈等三人,宋朝为杨时、胡瑗、张栻、吕祖谦、蔡元定、袁燮、真德秀等五十四人,元朝为刘因、许谦、许衡等十八人,明朝为曹端、陈宪章、湛若水、王艮、何塘、罗钦顺、吕坤、鹿善继、刘宗周等六十一人。在这一百四十六个"诸儒"中,特别标出了"程门弟子"若干人、"朱门弟子"若干人、"王门弟子"若干人,表明了理学家中的重要学派都有许多弟子,有所区别于其他理学家。

《理学宗传》以周惇颐等十一位理学家为大宗,称之为主。历朝诸儒为辅。主与辅是他的一条标准。以十一子与诸儒为内,补遗所录张九成等六人为外。内与外是他的又一条标准。内是自家人,而外则是杂于禅了。他在《理学宗传》的《义例》里说:"是编有主有辅,有内有外。十一子其主也;儒之考其辅也。十一子与诸子,其内也;补遗诸子,其外也。"孙奇逢给理学家排名次,定地位,列出两条标准,是煞费苦心的。在十一子之中,程、朱与陆、王都属于大宗。在诸儒之中,程子门人、朱子门人、王子门人,都以各自的师门学统,并峙于理学发展的历史上,并无轩轾。既标明了学统,又避免了朱、陆异同,互相水火的无谓纷争。这就使这部《理学宗传》能够得到理学家们的广泛赞同。

《理学宗传》的大宗从宋朝开端,到明末结束,这是符合理学史发展实际的。周汝登的《圣学宗传》实际也是理学史,却远从伏羲、神农开始,包括周、孔、孟、荀,未免追溯得太远了。反观孙奇逢的《理学宗传》就见得比较平实。作为一部学术史应该有谨严的断制,孙奇逢掌握了这个原则。

孙奇逢在《理学宗传》每家传记、语录的眉端,写了批注。这些批注,每条都很短,三言两语,十来个字,二三十字,提挈纲领,点明脉络,标举宗旨,指示精神、肯綮。每人篇末,又有总评。例如,对朱熹与陆九渊,在总注中扬朱抑陆。这是孙奇逢个人的裁断,足以见其本人的理学观点。这颇似李贽《藏书》对每个历史人物传记所做的书眉批注及传后总评。大抵明末学术界是流行这种风气的吧。

孙奇逢对学术思想的历史发展线索,做了论述。他在《理学宗传》的自叙里说:"先正曰,道之大原出于天,神圣继之。尧、舜而上,乾之元也;尧、舜而下,其亨也;洙泗、邹鲁,其利也;濂、洛、关、闽,其贞也。"这是整个发展的线索,元、亨、利、贞,贯通今古,是一个大圆圈。至于从历史的分期说,则上古、中古、近古,每段又各有其元、亨、利、贞的圆圈。自叙说:"分而言之,上古则羲皇其元,尧、舜其亨,禹、汤其利,文、武、周公其贞乎。中古之统,元其仲尼,亨其颜、曾,利其子思,贞其孟子乎。近古之统,元其周子,亨其程、张,利其朱子,孰为今日之贞乎?……盖仲尼殁至是且二千年,由濂、洛而来且五百有余岁矣,则姚江岂非紫阳之贞乎?"上古一个圆圈,中古一个圆圈,近古一个圆圈。三个圆圈,各有自己的元、亨、利、贞,一圈扣住一圈,构成整个学术思想从古至今发展的大圆圈,这大圆圈有其总的元、亨、利、贞四大段。从濂、洛、关、闽以来,就处在这大圆圈元、亨、利、贞的贞的阶段,就是说,宋明理学是中国学术思想发展史整个大圆圈的贞的阶段。孙奇逢对中国学术思想史发展线索的论述具有一定的辩证观点,这是值得肯定的。他认为学术思想是发展的、变化的,不是僵死的。

这种认识是正确的。但孙奇逢的发展变化是在一个固定框子里的发展变化,未能越出儒家思想雷池一步。他画的圆圈是封闭的。中国历史上许多优秀的思想家、学问家都被排除在外,例如两汉的桓谭、王充、张衡,魏晋南北朝的刘徽、嵇康、阮籍、范缜、祖冲之,唐朝的柳宗元、刘禹锡、僧一行,宋朝的王安石、沈括,明朝的宋应星、徐光启等都没有论及。由于《理学宗传》这部书先天的规定性,使他的这些缺点无法克服。

在《理学宗传》里,孙奇逢标举了"本诸天"的学统。自叙说:"儒者之学,乃所以本诸天也。"又说:"论学之宗传而不本诸天者,其非善学者也。"在理学发展史上,本诸天与本诸心是两个不同的学派。程、朱本天,陆、王本心。孙奇逢似乎是赞同本诸天的程、朱。在《理学宗传》的《义例》里,孙奇逢又说:"《宗传》成,或疑予叙内本天、本心之说。问曰:虞廷之人心、道心,非心乎?孔子之从心所欲,非心乎?何独禅学本心也?曰:正谓心有人心、道心,人心危而道心微,必精以一之,乃能执中。中,即所谓天也。人心有欲,必不逾矩。矩,即所谓天也。释氏宗旨,于中与矩,相去正是千里。"这里,孙奇逢强调宗传必须本天,不能本心。本心乃是禅学。这就意味着把本心的陆、王贬为禅学了。

但是,孙奇逢是不是真的尊程、朱而退陆、王呢?也不尽然。孙奇逢门人赵御众所作《夏峰集·旧叙》说:

> 先师之学,以天为归,以孔为的,以至诚为全量,以慎独为工夫,以知明处当为力行之实地。其所以信独见而化异同者,总之以孔子印诸儒也。自考亭、象山之辨,聚讼未息,而姚江之义相继而起。或者以先师为非考亭之学者,先师不辨也。盖自志学以至属纩,无一日非穷理之事也。或者以先师为遵姚江之学者,先师亦不辨也。盖自与鹿忠节定交,讲明良知,无一日非格致之事也。或者又以先师为考亭、姚江调停两可之说者,先师亦不辨也。盖穷理为孔子之穷理,致知为孔子之致知,苟不同脉,何以调停?若果异端,谁为两可?但当看其是孔非孔,不当问其谁朱

谁王。则考亭、姚江之辨,后人正亦未易以左袒虚见争也。

赵御众把孙奇逢的思想摆在程朱理学与陆王心学的争论中考察,看其到底归属哪个学派,这个见解很有道理。但是他的结论是既非程、朱,亦非陆、王,既是程、朱,又是陆、王,模棱两可。在最后,赵御众则说:"无处非天之道,无处非孔之教,即无处非先师之学也。"还是把孙奇逢归入程、朱的天理一派。这大概可以代表当时学者的共同论断,也符合孙奇逢在《理学宗传》自叙及《义例》中的宗旨。

《理学宗传》出版以后,得到人们重视。但也并未完全令人满意。黄宗羲在《明儒学案·凡例》中兼论周汝登《圣学宗传》与孙奇逢《理学宗传》云:"从来理学之书,前有周海门《圣学宗传》,近有孙钟元《理学宗传》,诸儒之说颇备。然陶石篑与焦弱侯书云,海门意谓身居山泽,见闻狭陋,尝愿博求文献,广所未备,非敢便称定本也。……钟元杂收,不复甄别,其批注所及,未必得其要领。而其闻见亦犹之海门也。学者观羲是书(指《明儒学案》),而后知两家之疏略。"可见黄宗羲对两部《宗传》都有批评。平心而论,言其繁富与裁断,《理学宗传》较《圣学宗传》自是为优。《明儒学案》卷五十七有孙奇逢学案,称其《理学宗传》为"别出手眼",固表示倾倒。黄宗羲谓"岁癸丑(康熙十二年,公元1673年),作书寄羲,勉以蕺山薪传,读而愧之。时年九十矣。"南北两位学术史大师的相互关心,感情笃挚,令后人钦仰。

《四库全书总目提要》卷九十七《子部七·儒家类存目三》,评《理学传心纂要八卷》云:

> 国朝孙奇逢撰,漆士昌补。奇逢有《读易大旨》,已著录。士昌,江陵人,奇逢之门人也。奇逢原书,录周子、二程子、张子、邵子、朱子、陆九渊、薛瑄、王守仁、罗洪先、顾宪成十一人,以为直接道统之传。人为一篇,皆前叙其行事,而后节录其遗文,凡三卷。又取汉董仲舒以下,至明末周汝登,各略载其言行以为羽翼

理学之派,凡四卷。奇逢殁后,士昌复删削其语录一卷,挽列于顾宪成后,共为八卷。奇逢行谊不愧古人。其讲学参酌朱、陆之间,有体有用,亦有异于迂儒。故汤斌慕其为人,至解官以从之游。奇逢以顾宪成当古今第十一人,士昌又以奇逢当古今第十二人。醇儒若董仲舒等,犹不得肩随于后,其犹东林标榜之余风乎。

《四库全书总目提要》未收孙奇逢的《理学宗传》,存目所列《理学传心纂要》实即《理学宗传》。在《夏峰集》中,孙奇逢曾提到所作《理学传心》一书,盖即《理学宗传》较早的名称。唯今流传之《理学宗传》有二十六卷,而漆士昌所补之《纂要》则仅七卷,卷帙相去甚远,或者尚为未定稿之书,犹在周子去会稽,倪、余二君未增补前之书乎。

《四库全书总目提要》肯定孙奇逢的为人,且对其讲学亦评价较高。但对其《宗传》对前人的位置,则有微言,诮其犹有"东林标榜之余风"。这种讥嘲,未免刻薄,盖对《理学宗传》其书的性质,未能细心体会所致。

我们今天评论《理学宗传》,可以得出如下认识:首先,《理学宗传》全面论述了宋明理学发展的历史,起自十一世纪,止于十七世纪,凡六百年。论述了这一时期重要理学家的生平、思想,及其在理学史上的地位。虽不是很科学,却有开创意义。其次,《理学宗传》在分别论述理学家的时候,又特别标举了有较大影响的理学派别,如程门、朱门、王门,即其门人以溯其师承,使理学派系的传衍得到说明,符合学术史要求。第三,其书以《理学宗传》命名,表明孙奇逢认识到理学是中国传统学术思想发展的一个特殊阶段,应作专门史予以论述。这种学术史的眼光应该肯定。如仅用"史识"二字概括似还觉不够贴切。

《理学宗传》也有不足之处。作为一部学术史,《理学宗传》只是理学家传记的汇编,而对历史发展的线索勾勒得不够清晰。对理学何以产生、发展于此时,理学的基本特征等问题,未做说明。《理学宗传》反映的思想观点是封建的,孙奇逢以理学家论述理学的历史,自不免囿于理学固有的眼界,未能以整个学术史的广阔识见来科学地衡量理学的得失及其历史意义。此外,既是以宋明十一子为大宗,时代断限自当局于宋明时期,则诸儒考之上及董仲舒、王通、韩愈等,未免义例有欠。

第三节　孙奇逢的《四书近指》《书经近指》和《读易大旨》

孙奇逢的经学著作,传世的有《四书近指》二十卷,《书经近指》六卷,《读易大旨》五卷。这些著作,都撰著于清朝初年。《四书近指》自序题顺治己亥于兼山草堂,时年七十六岁。顺治己亥为顺治十六年(公元1659年)。魏裔介序作于康熙元年壬寅(公元1662年),当为刊刻的年份。《书经近指》自序题顺治辛丑,七十八岁老人。顺治辛丑为顺治十八年(公元1661年),后于《四书近指》二年。赵缵序作于康熙十五年丙辰(公元1676年)。门人赵御众序,谓"岁丙辰,御众持征君先生《尚书近指》稿过滏阳",其伯兄赵缵谋付梓。"既竣,命御众叙之。"则刊刻于康熙十五年,正是孙奇逢逝世的次年。《读易大旨》无自序,三无道人李尉跋,题"辛丑阳月三无道人古雄州姻弟李尉拜识"。辛丑当为顺治十八年辛丑(公元1661年)。门人耿极序,题"康熙戊辰夏至后三日百楼门人耿极谨识"。戊辰为康熙二十七年(公元1688年),时孙奇逢已逝世十四年。则《读易大旨》的刊刻已很晚了,在成书李尉写跋文时的二十八年之后了。

孙奇逢的这三部经学著作,成书于顺治十六年至十八年,而属稿当较早。《四书近指》二十卷,篇幅不小,属稿应最早。《书经近旨》六卷,属稿应比《四书近指》为晚。孙奇逢在自序中说:"予以《尚书》世其家,习闻父师之训。"说明《书经》之学是其家学,应有比较成熟的见解。《读易大旨》则居夏峰时所作,出于三无道人李尉的传授。孙奇逢居夏峰,辟兼山堂读《易》其中,当即为著《读易大旨》之时。书名题"读易",是自谦之辞,言只是"学习"而已,不敢自云有何发明。书无自序及凡例,盖成书之后,付门人耿极订正,未及写出自序。耿卒后,稿归孙奇逢的曾孙用正。用正在书前冠以"义例"五条,谓"述曩时所闻,及散见各集中者,汇冠卷首,以备发凡起例之义。"当仍为孙奇逢的见解。孙奇逢的这三部经学著作,都比《理学宗传》定稿为早。

孙奇逢的这三部经学著作,发表了他的理学观点。有些观点,比较好,并不迂腐,还有一点民主思想。孙奇逢对人往往自称"腐儒"。腐,确实有一点,但还不完全腐。这是应该认识到的。

孙奇逢的思想在于他肯定了汤、武放伐的正义性。这虽然是继承了孟子,但在明清之际封建社会季世的历史条件下考察,仍有其进步的意义。

《四书近指》卷十四《孟子汤放武伐章》云:"残贼之人,谓之一夫。一章之案,在此二字。以诛字易弑字,是《春秋》之笔。汤、武此举犯古今大难,亏孟子看得真,判得定。"

又云:"宋高宗问尹焞曰:纣,一君也,孟子何以谓之一夫?焞对曰:此非孟子之言,武王誓师之辞也。独夫受,洪惟作威。高宗又问曰:君视臣如土芥,臣便视君若寇仇?焞对曰:此亦非孟子之言。《书》云:抚我则后,虐我则仇。高宗大喜。由此观之,孟子皆本《尚书》,非自为一家之说。明太祖不喜孟子视君寇仇之言,惜当日诸臣不能以焞语入告耳。倘以焞语入告,则引经断义,岂非格心之正哉!"

《四书近指》汤、武放伐章的这个思想,在《书经近指》卷三《商书·汤誓》里有类似表述。孙奇逢说:"此千古君臣变局之始。其言曰:非台小子,敢行称乱。又曰:予畏上帝,不敢不正。非见得己与天命毫无暌违,何敢明目张胆言之而毫无回护?……《易》曰,汤、武革命,顺乎天而应乎人。非孔子定此案,后世鲜不聚讼矣。夫汤既顺天应人,而毫之人何以言不恤我众也?自毫众而观,如在春风,如在慈母,不知有天下之暴乱。自夏众而言,则水火也,倒悬也,徯我后久矣。救民,即所以畏天。通章以天命为主。"

孙奇逢的汤、武革命思想,诛一夫纣的思想,臣视君若寇仇的思想,是封建社会季世反君主残暴,重视民众思潮的反映。这种思想在同时期黄宗羲的《明夷待访录》、唐甄的《潜书》里也有所反映。孙奇逢虽然援引古义，以孔、孟之言定案，但其时代精神则在反对封建季世的君主残暴。如果联系明末农民战争的时代特征来看，可知这种思潮的产生不是偶然的。

《书经近指》在《西伯戡黎》章提出"天亡""民亡""天弃""民丧"的思想。"书以《戡黎》名篇，而祖伊但言天亡殷、民亡殷。…天弃我，民欲丧我。……天弃，自弃民上看出。"这就是说，国家的灭亡，是天意，也是民意，是天意要丢弃旧的统治者，也是民意要灭亡旧的统治者。这种带一点民主色彩的思想，自然是与"天视，自我民视，天听，自我民听"的古老思想密切相连的。

但是，孙奇逢的汤、武放伐思想，是不彻底的。他抱怨《泰誓》《牧誓》暴扬君恶有些过头了。《书经近指》卷五《牧誓》章云："按汤之放桀，犹未忍胪列桀罪，口实之惭，亦出本心。《泰誓》《牧誓》四篇，暴扬纣恶，唯恐不尽。世道降而文愈繁，君子不能无疑。然帝之不能不王，犹春之不能不夏，时至事起，景色自别。"他认为暴扬君恶要适可而止，周武过头了，不如商汤之未忍，而商汤尚有惭德。可见在这个问题上仍然有个君臣之分在，不能破弃。帝之不能不降而为王，犹春之不能不转而为夏，历史的规律犹之自然的规律，是"倒退"的。这种论调是古老货色，并不新鲜。孙奇逢又说："桀、纣之后，更胜于桀、纣。汤、武之后，谁追踪于汤、武？"致慨于后世君主更残暴于桀、纣，而后世臣子则更无汤、武其人，感慨甚深。然而这种感慨只是君主虐政下的呻吟而已。

第二，孙奇逢似乎赞成王守仁的"知行合一"说。《四书近指》卷二《中庸·道其不行》章云："由不明故不行，既不行则思其所以明之者。此正知行合一之旨。"《中庸·皆曰予知》章云："天下事，虽曰能知才能行，尤须能行才算知。知行合一，是圣人最唤醒人处。阳明每发此甚透。"这两段话，前者强调知，后者强调行，虽都标曰"知行合一"，却微有不同。这种思想倾向，使当时的人感到孙奇逢似王而非王。

在"道问学"与"尊德性"问题上，孙奇逢似乎也持两可之说。《四书近指》卷三《中庸·大哉圣人》章云："圣人未生，道在天地；圣人既生，道在圣人。……圣人不常有,所望君子以道问学成尊德性之功。"这似乎赞成"道问学"的功夫。但是又云:"王阳明曰,道问学,即所以尊德性也。晦翁言,子静以尊德性诲人,某教人,岂不是道问学处多了些事。是分尊德性、道问学作两件。且如今讲习讨论,下许多工夫,无非只是存此心不失其德性而已。岂有尊德性只空空去尊,更不去问学?问学只是空空去问学,更与德性无关涉?"似乎赞成"尊德性"的功夫更多些。孙奇逢在朱、陆之间,在朱熹与王守仁之间,到底是倾向"尊德性"还是倾向"道问学",模棱两可。

孙奇逢对"知行合一"说,似王而非王。对"尊德性"与"道问学"的不同,又持模棱两可之说。这表明孙奇逢的理学观点反映明末清初朱、王学派分歧的混沌。明代中期,王学崛起,风靡天下,朱学遂不能与之抗衡。但是嘉、隆而后,王学末流,鼓倡狂禅,为学者所不满。朱、王分歧,陷于混沌。孙奇逢处身明末清初学术混沌之会,其思想没有启蒙思想的明朗,而乃以理学大师总结理学,缺乏新的思想和新的工具,本身也就呈现陷于混沌而不能自拔的状态。

第三,孙奇逢身处易代之际,清朝刚建立不久。他虽然不敢明目张胆指斥清朝,但是毕竟遭际了百卉俱菲的岁寒。明亡以后自署岁寒老人,可以窥见其励松柏之操的心情。《四书近指》卷八《论语·松柏后凋》章云:"励松柏之操者,固不待岁寒后知。然阅岁寒而亭亭独立,凡卉敢与之竞秀?即有岁寒,自不能不借松柏耳。"其意乃谓,自己励松柏之操,阅岁寒而亭亭独立,非凡卉所能比。这是一。进一步指出,只有像松柏那样坚贞,才显岁寒的严凛,则清朝的政治酷虐,自在不言之中。

在清朝的统治下,孙奇逢屡蒙荐举。为了励松柏之操,守身不仕。《四书近指》卷六《论语·使闵子骞》章云:"夫子堕三都,费其一也,闵子肯为之宰乎?意甚决而辞则婉,既不取祸,又不招辱,冥鸿高蹈,人中之龙。此是圣门应聘之学。"《夏峰先生集》就载有这种冥鸿高蹈的辞聘书。不敢取祸,不愿招辱,就这样在清朝统治下又经历了三十一个春秋讲学著书的隐居生活。论人品,在旧时代也还是值得嘉许的。

不应聘,孙奇逢对此特别关心,这是名节问题。但是似乎另有一番讲究。《四书近指》卷十二《论语·逸民伯夷》章云:"夷齐不降不辱,天下仰之,后世仰之。至惠连似和而纵,虞仲夷逸似隐而僻,夫子谓其中伦、中虑、中清、中权,真所谓发潜德之光矣。列己于逸民之后,虽云异于是,而终未得行,亦犹之乎逸民耳。但众人有心于避,而夫子无意于藏,无可无不可五字,是一幅时中图。"孙奇逢以孔子自况,和而纵,不愿;隐而僻,不居。异于逸民而又犹之乎逸民。不必有心于避世,更是无意于藏身,来一个无可无不可。这种易代之际的处世哲学,虽见于《论语》,出于孔子之口,严格地说,是沾染了老、庄思想灰尘的。

第四,孙奇逢的《易》学思想,集中为否泰、剥复、革鼎,相环无穷的变化循环论。《读易大旨》卷首《总论》云:"自乾坤之后,始涉人道。经历六坎,险阻备尝,内有所畜,外有所履,然后致泰。而泰之后,否即继之。剥复、革鼎,相环无穷。以此知斯人之生,立之难而丧之易;国家之兴,成之难而败之易;天下之治,致之难而乱之易。此又序《易》者之深意,而亦天地自然之理也。"经过明朝覆亡的巨大变故,孙奇逢深有感于变化循环的自然之理,是普遍的规律,不仅自然界如此,社会人道亦复如此。明朝末年,清兵多次入关。孙奇逢避兵渥城,衣物牛马尽失。明朝覆亡以后,清政府圈占畿南州县大片土地,分给旗人耕种。孙奇逢被赶出家园,流离道路,住到苏门山,住到夏峰,可以说"经历六坎,险阻备尝"了。明朝的得天下与丧天下,东林党人的议论朝政与惨遭虐杀,个人生活的安定与颠沛,在使孙奇逢得出否泰、剥复、革鼎相环无穷的结论。在夏峰兼山堂读《易》的时候,乃找到了《易》理的说明。这应该说是孙奇逢思想上较大的自觉。

身处循环变化之中,君子应该如何"持守"呢?《总论》说:"平陂往复者,天运之不能无。艰贞勿恤者,人事之所当尽。天人有交胜之理,处其交、履其会者,必尽变化持守之道。"在艰困的交会,仍然要"变化持守",尽其人事,不能听其摆布。即使"天田两失,飞跃不乘,而水火不灾,蛊革不蚀。若一诿之天运,以为无预于人事,则圣人之《易》,可无作矣。"就是说,即使到了既不能"飞龙在天",又不能"见龙在田"、"或跃于渊",天田两失,飞跃不乘,山穷水尽了,还应该尽其人事,做到"水火不灾,蛊革不蚀"。这种不屈从天运而努力奋斗的思想是可贵的。南明王朝的许多志士仁人是这样做的,孙奇逢的朋友王生洲远行七千里到福建海边,甚至想"浮海"而去,就是践履了这种精神。另一朋友茅止生也是远行到福建海边的。这些不是徒然的远行,在鼎革之际,南明的势力最初退到闽海,王、茅两君就是到了这个地方的。

《读易大旨》义例:"问《大旨》命名之义。曰,余至苏门,始学《易》,时年已逾花甲。年老才尽,偶据见之所及,撮其体要,以示门人子弟,原非逐字逐句作解。故脱略者甚多。"又曰:"读书之道,但细玩白文,不执意见,不泥成说,平心静气读去,其意自见。凡书皆然,况《易》不可为典要者乎?编中先已说,而后以诸家之说印之。就中偶有与己说小异者,正欲借异印同,非终分道,亦非敢骑墙也。"可见《读易大旨》意在讲明大意,不在逐字逐句解释。书中对六十四卦,每卦都是如此,只讲大意。此外,对《系辞》等十翼,又逐篇作了发挥,表达了孙奇逢自己的自然哲学和社会哲学。

孙奇逢认为,《易》道具于圣人之一心。《读易大旨》卷三《系辞上传》云:"《易》道虽本之天地,而实具于圣人之一心。以圣人之心具有天地之全体也。刘念台曰:夫子首赞《易》道,而推本于画卦之原,如此。分明是一座伏羲道像。"孙奇逢把《易》理具于圣人之心作为《易经》义理的源泉,这分明是主观唯心主义心学观点。"圣人之心具有天地之全体",与孟子"万物皆备于我"的说法没有差别,而这正是陆、王心学的根本义旨。

《读易大旨》卷三《系辞上传》云:

> 天尊地卑一节,言天地对待之体。刚柔相摩一节,言天地流行之用。乾以易知一节,言人成位乎天地之中,则天地之体用皆存乎人矣。此三节,孔子原《易》之所由作,通未说到《易》上去。
>
> 何以言天地对待之体?盖未画易之前,一部《易经》已列于两间。故天尊地卑,未有《易》卦之乾坤,而乾坤已定矣。卑高以陈,未有《易》卦之贵贱,而贵贱已位矣。动静有常,未有《易》卦

之刚柔,而刚柔已断矣。方以类聚,物以群分,未有《易》卦之吉
凶,而吉凶已生矣。在天成象,在地成形,未有《易》卦之变化,而
变化已见矣。圣人之《易》,不过模写其象数而已,非有心安
排也。

孙奇逢掌握了天地、卑高、刚柔、吉凶、变化等自然象数,认为这些非由圣人之所安排,而是本来如此的。因此社会上的贵贱、人事的凶吉,亦是《易》理如此,非是人为的定位。《易经》是对自然象数的模写,不存在圣人的安排。这些观点,是明显的客观唯心主义。但是,这些客观唯心主义的论点,是从属于《易》理具于圣人之心的主观唯心主义体系的。

孙奇逢认为,天地万物是从无而有的。他说:"上天之载,无声无臭,而万物生,此《易》之源也。"又说:"无极者,言乎其本无声无臭,上天之载也"(《读易大旨》卷五《与三无道人论易》)。这种从无而有的观点,来源甚为古老。孙奇逢认为,天地是变化的,这种变化,表现为阴阳的消长。他说,"阴阳消长,天地之变化也"(同上)。

《易》言太极生两仪。两仪指阴阳。《易》又言,两在故不测。有了阴阳,就产生无穷的变化。无穷的变化是不可知的,所以说是不测。不测就是神。孙奇逢说:"若其两在不测,在阴非阴,在阳非阳,不二为常。非阴能阴,非阳能阳,不一其行。方阳倏阴,方阴倏阳,不主故常。此岂有方哉?无方岂可测哉?故不测曰神也。嗟夫,此《易》之理也"(同上卷三《系辞上传》)。这一段文字是解释"两在故不测"的。这里有三层意思,用韵文表达。第一层,"在阴非阴,在阳非阳,不二为常。"阴,又是非阴;阳,又是非阳,所以二(阴阳)又是不二(非阴非阳),而不二是经常的。这是指阴阳本体是不固定的。第二层,"非阴能阴,非阳能阳,不一其行。"阴所以能成为阴,由于非阴。阳所以能成为阳,由于非阳。其流变(行)没有一定的规律。这是指阴阳的运动变化。第三层,"方阳倏阴,方阴倏阳,不主故常。"正当阳的时候忽然又阴起来了,正当阴的时候忽然又阳起来了,没有固定

的存在形态。这是指阴阳的存在形态。不二为常,不一其行,不主故常,都指的不测。不测就叫作神。这个神,不是鬼神的神,没有神秘的意思,无非是说无可把握,无法测度。这几句韵文,疑非孙奇逢所创作,而是有所本的,其本或即出于三无道人李崶。这一点待考。孙奇逢对阴阳消长所形成的天地变化,认为不可测度,说这是《易》理。既是不可测度,则这个《易》理也就成为无理之理了。凭借中国十七世纪自然科学发展的水平,无法解决这样的哲学问题,孙奇逢只能一诿之为"易理"。

孙奇逢论述了"贵阳贱阴""抑阴扶阳"的问题。他说:"天道贵阳而贱阴,圣人抑阴而扶阳。故一阳之生,保护惟恐不严;一阴之生,遏绝惟恐不力。凡《易》之所谓吉、亨、利,必多阳也。非然者,必阴之比阳、应阳、从阳而得正者也。其所谓凶、悔、吝,必多阴也。非然者,必阳之比阴、从阴、应阴而失正者也。圣帝明王宰世,阳刚盛而阴不能挠,非无阴也,比之、应之、从之而得其正,则阴亦阳。而暴君污吏当权,阴邪盛而阳不能主,非无阳也,比之、应之、从之而失其正,则阳亦阴耳"(同上卷五《与三无道人论易》)。阴阳问题,牵涉到历法、医学等许多学科,都与《易》理有关。孙奇逢在这里论《易》理的阴阳:阳,象征善良、光明、正直的力量;阴,象征凶暴、黑暗、邪恶的力量。自然之道,贵阳贱阴,圣人之治,抑阴扶阳。要保护阳的力量,遏绝阴的力量。《易》的卦爻,凡是吉的、亨的、利的,多是阳的;凡是凶的、吝的、悔的,多是阴的。要不然,必是阳比阴、应阴、从阴而失正,或是阴比阳、应阳、从阳而得正。《易》理如此,推之人事,则治世阳盛,君子在位而小人幽伏;衰乱之世阴盛,小人弄权而君子被祸。孙奇逢的这段议论,显然与明末东林党与阉党的矛盾斗争有联系。明末的衰乱以至覆亡,是阴盛阳不盛的体现。可惜的是,当时没有能够做到抑阴扶阳,扭转局势。

孙奇逢的这三部经学著作,表达了他的理学观点,实质都是理学著作。

第四节 孙奇逢在理学史上的地位

孙奇逢是明末清初的著名理学家,对总结理学发展的历史做了工作。他自己的理学思想也有特点。他的学术成就使他赢得了门人的尊敬。

孙奇逢处于改朝换代之际,身世有难言之隐。封建社会有两种易代:一种是华夏族内部的易代,如汉、魏、晋、隋、唐、后周、宋之间的易代,朝代虽改易了,但新朝的统治者仍然是华夏族;另一种是所谓"华夷之间"的易代,如宋、元之间,明、清之间,朝代改易了。这后一种所谓"华夷之间"的易代,对深明《春秋》夷夏之防的读书人来说,认为这是新朝的"夷狄"统治,不能接受。孙奇逢所遭际的,正是后一种华夷之间的易代。他的身世的难言之隐,根子在此。

他的好友鹿善继,当清兵袭扰畿南的时候,壮烈殉国。他所尊敬的退居林下的阁部大臣孙承宗,当清兵攻占其家乡的时候,他令人用绳子勒死自己,家中男女老幼二十余口同时殉国。孙奇逢当时亲知这些惨烈的事实,表示感激愤发,但是他没有走他们的道路。

当清朝在北京定鼎之后,他的好友和门人王生洲、茅止生远走闽海,追随南明政权的播迁。孙奇逢则因家园被圈占,避地辉县,先后在苏门山及夏峰讲学著书,隐居不仕。他对王生洲、茅止生,十分怀念,但并未随南明政权而远去。

明朝覆亡之际,刘宗周绝食而死,效法夷齐饿死首阳山。黄道周愤而抗清,被俘兵解。他们都是慷慨殉国,无愧忠烈。

当时的另一些人如钱谦益、龚鼎孳等,以明朝的显宦而在清朝仍居高位。在新的主子脚下俯首称臣,有亏名节,为人不齿。处理这个大问题费尽周章。并时的诗人吴伟业(梅村),遗命以方外之服殓,其诗句云:"我本淮王旧鸡犬,不随仙去落人间",内心的疚痛可以想见。

另有一批人物,在易代之际,曾从事抗清的军事斗争,失败后,隐居著书,或周流四方,考察关河厄塞,结交四方贤俊,如黄宗羲、顾炎武、王夫之,还有傅山,均峻拒新命,以气节著称。孙奇逢走的是与他们相似的道路。他没有像鹿善继、孙承宗那样的壮烈殉国,也不如王生洲、茅止生那样的慷慨远行,崎岖闽峤。于此,孙奇逢的身世确有难言之隐。他不仕清朝,屡征不起,不失为明王朝的遗黎,遁世无闷的逸民。观《夏峰先生集》以大量篇幅传述隐逸事迹,足以表见其襟怀。在《渡江赋辩》文中有一段夷夏之防的话,说得极其明白,引之如下:

夷夏君臣,千古为防。不能用夏变夷,岂遂以夷而灭夏耶?
（卷三）

为刘因洗刷《渡江赋》为幸宋之亡的诬枉,实亦表明自己始终为大明遗黎的心迹。这是很清楚的。在他看来,清朝正如元朝那样,是"以夷灭夏",他是不忍这种政治局势的到来,然而事实已经如此,孙奇逢只有"逸民"的道路可走了。

孙奇逢在《理学宗传》里立了两条大经大法,一条是主辅,一条是内外。主辅是理学内部的关系,如支之与干,都是同一棵树上长出来的,只是有根干与枝叶的区别。内外是儒与杂于禅的不同,几乎同于正宗与旁门的有异。这两条大经大法,是《理学宗传》的杠杆,是理学天平上的准星,统绪由是而明,是非由是而判,是十分重要而不可或缺的。清初理学大臣汤斌谢官后从学孙奇逢之门。他在所作的《理学宗传序》里说:"容城孙先生集《理学宗传》一书,自濂溪以下十一子为正宗,后列汉、隋、唐儒考,宋、元儒考,明儒考。端绪稍异者为补遗。其大意在明天人之归,严儒释之辨。"汤斌认为,不论为主为辅,都是以"明天人之归"。而别内别外则在乎"严儒释之辨",因为补遗诸子"端绪稍异",不得不列于外了。汤斌的这几句话,很扼要,说明了《理学宗传》里这两条大经大法的精神所在。

理学发端于十一世纪北宋中期,到十七世纪晚期明末清初,已经传衍了六七百年。学派攸分,大师辈出。传播所及的地域,始而黄河流域,继而长江以南,以后又北及幽、并。东而青、徐,西而巴、蜀,几乎靡远弗届。

例如，浙江衢州江山是山僻小县，而宋明时期出了三个理学家。据江山县志载，徐存字逸平，受业于杨时，得程氏理学正传。归而讲学于家，弟子千余人，著作均佚，唯《潜心室铭》一篇流传至今。朱熹少时尝见先生于清湖，先生告以知言养气之说。明朝周质字二峰，初师事章枫山，受《易》于蔡虚斋，后又师事王守仁。主濂溪书院，王畿称其"信道有闻"。徐霈字孔霖，受业于周二峰，后又师事王守仁，深契良知之旨。讲学于三益书院，阐述王守仁之学。

宋明理学家讨论的问题，则天人心性，人伦物理，无不究明。阴阳之奥，鬼神之幽，宇宙之始终，人生之究竟，均所涉及。学派间的辨析，自本体之无极太极，至功夫之"道问学""尊德性"，自明诚自诚明，茧丝牛毛，细入毫芒。语其大者，则程、朱、陆、王，泾渭有别。象数之学，远绍西京。儒与释道，水乳交融。语其归趋，无非为纲常名教，找寻天理的根据，人心的源泉，维护封建制度使勿坠毁。在理学这样一个庞大纷繁的意识形态面前，孙奇逢以三十年的辛勤，写成这部《理学宗传》给它整理出端绪，树立了正宗，其苦心孤诣，确是非比寻常。

孙奇逢仿佛建造了一座理学殿堂，把理学家请进去，给他们排定座次。正殿是正宗十一子，从周惇颐到顾宪成，程、朱、陆、王都在其中。这是主。两庑是汉儒、隋儒、唐儒、宋儒、元儒、明儒。这是辅。不论主与辅，都属于内。又有别殿，安排张九成、杨简、王畿、罗汝芳、杨起元、周汝登等六人，这是外。孙奇逢《理学宗传》里的主辅、内外两条大经大法就是这座理学殿堂排座次用的。排座次毫不含糊，张九成虽是程门大弟子杨时的学生，杨简虽是陆九渊的高弟，王畿虽是王守仁的大弟子，但由于"端绪稍异"，都只能入别殿，列补遗。

总起来说，孙奇逢的思想是旧的，封建的，但是其勤奋著作，到八九十岁而犹不愿暇逸，这种好学精神值得钦佩。他的结社讲学活动，他的民主思想因素，值得称道。孙奇逢身居北国，没有机缘接触启蒙思想。虽曾与顾炎武相识，与黄宗羲通过信，对东林党人表示钦敬，但仍然以传统的理学家终其身。新的曙光已经朦胧出现，而他还在残夜的酣梦中沉睡，这是很可惜的。

十七世纪，理学逐渐衰微。程、朱理学至此已经历了六七百年发展的历史。陆九渊心学则已有五百年的历史。王守仁的"致良知"说也已流行了一百多年。明朝覆亡了。人们总结经验，或不免归咎于理学的空谈心性，无裨实用，以致强敌压境之际，万事隳颓。人们容易联想到西晋覆亡之由于清谈，而责备当前诸公之侈谈理学，导致亡国。这种清明的历史觉醒，推动人们思考理学的得失，于是到来了对理学批判、总结的阶段。

抨击理学最激烈的是顾炎武。《日知录》卷七《夫子之言性与天道》："刘石乱华，本于清谈之流祸，人人知之。孰知今日之清谈，有甚于前代者。昔之清谈谈老、庄，今之清谈谈孔、孟。"清谈孔、孟就是指讲理学。顾炎武认为明朝的覆亡由于讲理学，比之于西晋覆亡由于王衍清谈。刘元海、石季龙的乱华，盖犹满洲贵族的入主中土。顾炎武于此是非常忿激了。《日知录》卷十八《朱子晚年定论》："今之君子，聚宾客门人数十百人，与之言心性。舍多学而识，以求一贯之方，置四海困穷不言，而讲危微精一，我弗敢知也！"这里，顾炎武特别指斥王守仁。他说："以一人而易天下，其流风至于百年之久，古有之矣，王夷甫之清谈，王介甫之新说；其在于今，则王伯安之良知是也。"以王衍、王安石、王守仁并论，意在指斥王守仁。至于王安石之新学，则原为理学家所反对，顾炎武沿袭传统之见，未免比拟欠妥。

再看王夫之。《张子正蒙注·序论》："姚江王氏阳儒阴释诬圣之邪说，其究也，刑戮之民，阉贼之党，皆争附焉，而以充其'无善无恶，圆融事理'之狂妄。"对王学及其末流的疲阘无耻，深恶痛疾。

再看颜元。他对程、朱、陆、王，都有批评。他指出，理学家无补于国，其中有节操者，不过是"无事袖手谈心性，临危一死报君王"，于"经邦定国，毫无助益"。

还有费密。他抨击了理学家的"清谈害实"，认为"致良知"的功夫，"与达摩面壁、天台止观同一门户"，"何补于国，何益于家，何关于政事，何救于民生。"其流行的结果是"学术蛊坏，世道偏颇，而夷狄寇盗之祸亦相挺而起"。他认为满洲贵族的入主与李自成的起义以致明朝覆亡,是讲理学的结果。

以上这些批评,虽不完全切当,但其指斥理学的祸害,则很中肯,表明十七世纪有识之士的历史觉醒。顾炎武更慨乎言之,他说,"古今安得别有所谓理学者?经学即理学也。自有舍经学以言理学者,而邪说以起。不知舍经学,则其所谓理学者禅学也。"顾炎武"经学即理学"的命题,固然在乎崇尚经学,而尤在摒弃理学。这代表了十七世纪思想潮流的一个倾向。

十七世纪对理学的总结,绵历的时间很长,写成了几部有影响的著作。

首先是周汝登的《圣学宗传》。陶望龄作《圣学宗传序》,云:"是编成于万历乙巳冬十月"。万历乙巳为万历三十三年,公元1605年,正是十七世纪的初年。周汝登成此书,下距明朝覆亡尚有四十年。万历有四十八年,其后光宗泰昌一年,熹宗天启七年,毅宗崇祯十七年。在周汝登当时,徐阶、张居正先后当国,泰州学派十分活跃,王学已露出危机端倪。泰州学派的大师罗汝芳死于万历十六年戊子(公元1588年),再过十七年,即是《圣学宗传》成书的万历乙巳(公元1605年)。《圣学宗传》第十八卷,是全书的最末一卷,就是以罗汝芳为殿的。这表明开始总结理学的时候,理学已走向式微。《圣学宗传》对王学有偏爱,是泰州学派的本色,黄宗羲在《明儒学案》中,把周汝登、陶望龄列入泰州学派,殊有见地。十七世纪开端,最先起来总结理学的,乃是王学的变种泰州学派里的人物。

第二部就是孙奇逢的《理学宗传》。孙奇逢自序其书,题"康熙五年清明前三日"。汤斌序,题"康熙丙午孟冬"。张沐序,题"康熙五年岁次丙午,仲夏廿一日辛丑。"张沐是孙奇逢的门人,当时为内黄令,迎孙奇逢于署中,负责刊印此书。清康熙五年丙午为公元1666年,上距明万历三十三年乙巳,即公元1605年,为六十一年。是《理学宗传》成书后于《圣学宗传》六十一年。

在康熙五年之前,孙奇逢已在河南辉县苏门山讲学,汤斌受业其门下。康熙三年甲辰（公元1664年），顾炎武访孙奇逢于河南。康熙二年癸卯（公元1663年），清政府兴文字狱"庄廷鑨明史案"，诛杀流放百余人，顾炎武的朋友亦受牵连，顾的明史资料一千余卷被抄没。此案震动很大，孙奇逢当亦受到影响。康熙元年壬寅（公元1662年），黄宗羲重开证人学会于绍兴，著成《明夷待访录》。顾炎武旅行山、陕间，著成《天下郡国利病书》。在顺治的最后一、两年（公元1660、1661年），清军入缅甸，俘桂王，南明灭亡。郑成功离福建，入台湾。清政府禁结社聚盟。方以智著成《药地炮庄》。黄宗羲著成《易学象数论》。这些情况表明，《理学宗传》成书前的七八年内，发生了重大的政治事件，也有了文化学术上的重要成就。南明的覆灭，清政府文化统治的加强，经世致用学说的传播，民族民主思想的潜滋暗长。这些，对孙奇逢的思想当产生影响，也会影响《理学宗传》的撰著。

第三部就是黄宗羲的《明儒学案》。黄宗羲自序："书成于丙辰之后。"康熙十五年丙辰。自序题"康熙三十二年癸酉，黄宗羲序"。康熙十五年丙辰为公元1676年，康熙三十二年癸酉为公元1693年，这已到了十七世纪的后期以至末年了。可见三部总结理学的著作，著成时间先后共经一个世纪（公元1605至1693年）。

《明儒学案》后于《理学宗传》十年以至十七年。黄宗羲见到前于此的《圣学宗传》及《理学宗传》，对这两部书有所批评，表示不甚满意。以后，黄宗羲又著《宋元学案》，经儿子百家及私淑全祖望补订完成。这样，整个宋明理学全程都得到了总结。

第五十四章 《宋元学案》及其对宋元时期理学的总结

理学发展至清初已经处于颓势,然而纂修学术史之风却相当盛行。清初纂修的学术史著作多侧重于考证理学源流,辨析理学家的学统师承,具有理学史的性质特点。纂修者往往借修史以阐明自己的理学观点,试图重振理学。这是清初理学研究的一个特点。有关这方面的学术史著作,仅康熙朝就多达十几部,其中以孙奇逢的《理学宗传》、黄宗羲的《明儒学案》、万斯同的《儒林宗派》等最显于世。《宋元学案》也属于这一时期编纂的学术史著作。由于它是依据理学发展的线索并严格按照一定的体例编纂的,因此,本章拟从理学史的角度对这部著作的下述问题——《宋元学案》的编纂成书,《宋元学案》的学术倾向与黄宗羲、全祖望的治学路径,《宋元学案》对于理学源流和学统师承的辨析,《宋元学案》关于理学史上诸论争的观点,《宋元学案》的体例特点以及它在学术史上的地位等逐一进行探讨,而重点则在阐明《宋元学案》是如何对宋元时期的理学进行总结的。

第一节 《宋元学案》的编纂成书

《宋元学案》系黄宗羲继《明儒学案》之后于康熙十五至三十四年间(公元1676—1695年)编纂的又一部学术史著作。其初无定名,称法不一:或称《宋儒学案》,或称《宋元儒学案》,或以《宋儒学案》《元儒学案》分称。直至道光年间,王梓材、冯云濠校定此书时,鉴于全祖望"所定《序录》,自宋及元,合为百卷",才合称《宋元学案》。

众所周知,《宋元学案》非出自宗羲一人之手,也非成于一时,而是历经其子百家、私淑全祖望续修,又经同郡王梓材、冯云濠校定,才最后整理成为百卷定本的。从宗羲草创此书至最后编定刊刻出版,历时将近两个世纪①。

尽管如此,黄宗羲草创《宋元学案》之功,是不可抹煞的。他为该书发凡起例,奠定规模,使后继者的续编工作有章可循,其贡献更非他人所能比拟。

从案卷的设立情况来看,全书一百卷,立案九十一个,而为宗羲所立者凡六十七卷,五十九个学案,占全书所立案卷三分之二左右。《宋元学案·刊例》谓"梨洲原本无多,其经谢山续补者,十居六七",这显然与该书案卷设立的情况不符。恰恰相反,宗羲原本已立者十居六七。从案卷的内容来看,大凡在宋元理学史上有过重大影响的理学家和学术流派,宗羲均一一加以论列。如:理学先驱的"宋初三先生"——胡瑗、孙复、石介,宗羲分别立为安定、泰山两学案;理学中的濂、洛、关、闽四大家——周惇颐、程颢、程颐、张载、朱熹,宗羲分别立为濂溪、明道、伊川、横渠、紫阳(今本作晦翁)诸学案;程门高弟谢良佐、杨时、游酢、尹焞,朱门高弟黄榦等,在弘扬师说,发展理学思想方面,都有其独特的贡献,宗羲均为之分别立案②;陆学开山陆九渊,宗羲列入《金溪学案》之三(今本作《象山学案》);世称"甬上四先生"的陆门高弟杨简、袁燮、舒璘、沈焕等,在发展心学思想,别立陆学门户方面,各有所建树,宗羲分别为之立传,附于《金溪学案》③;南宋私淑洛学之大成者胡安国,宗羲立为《武夷学案》;湖湘学派的奠基者张栻,宗羲立为《南轩学案》;以传中原文献之学统著称的吕祖谦,宗羲立为

---

① 现在通行的百卷本系光绪五年(公元1879年)的翻刻本,距宗羲始纂此书时近二百年。若据王梓材道光二十四年(公元1844年)的最后校定本,上距宗羲始纂此书,也有一百数十年。
② 这方面的学案如:《上蔡学案》《龟山学案》《廌山学案》《和靖学案》和《勉斋学案》等。
③ 今本分别作《慈湖学案》《絜斋学案》《广平定川学案》。

《东莱学案》;叶适、陈亮的事功之学,宗羲分别列入《永嘉学案》(今本作《水心学案》)、《永康学案》(今本作《龙川学案》);"北山四先生"何基、王柏、金履祥、许谦为南宋末年金华朱学的主要传人,宗羲立为《金华学案》(今本作《北山四先生学案》);宋元之际,北方朱学传人许衡、刘因、吴澄等,宗羲列入《北方学案》①。又如:以象数学显名而为理学别派的邵雍,宗羲立为《康节学案》(今本作《百源学案》);浙东四明之学,由祖陆而宗朱者,始自史蒙卿、黄震,宗羲列入《四明朱门学案》(今本分别作《静清学案》《东发学案》)。此外,宗羲还为二程、张载、朱熹、吕祖谦、陆九渊诸理学大师的及门和再传弟子分别立案,如:属二程的有《刘李诸儒学案》,属张载的有《蓝田学案》(今本作《吕范诸儒学案》),属朱熹的有《潜庵学案》《潜室学案》(今本作《木钟学案》)、《南湖学案》《北溪学案》《沧洲诸儒学案》,属陆九渊的有《槐堂诸儒学案》,属吕祖谦的有《丽泽诸儒学案》等等。上述学案,仅举其要,尚不包括宗羲所立学案的全部,但也足以窥见《宋元学案》一书的概貌。

宗羲卒时,其子百家已年逾半百②。宗羲生前纂修《宋元学案》,百家自当与闻其事,他对宗羲的学术史观点及其编纂《宋元学案》的体例,也自当有所了解。所以,在宗羲死后,他得以承父志续辑该书。《清史稿·儒林一》称其"传宗羲学",绝非虚语。他在该书案语中往往称引宗羲之语,标以"先遗献曰",作为立论的依据,说明他确是恪守家学,然而又有所补充和发挥。王梓材、冯云濠校定《宋元学案》所依据的余姚黄氏校补本,就是经百家编辑和加工的。

全祖望继百家之后,于乾隆十一年(公元1746年)开始续修《宋元学案》,直至卒前一年(公元1754年),历时九载。祖望《蕺山相韩旧塾记》说:"予续南雷《宋儒学案》,旁搜不遗余力。盖有六百年来儒林所不及知而予表而出之者"(《鲒埼亭集》卷三十),足见其续修《宋元学案》用力之勤,而他对于自己的续修工作也是颇为自负的。祖望的续修工作,主要有以下

---

① 今本分别作《鲁斋学案》《静修学案》《草庐学案》。
② 黄百家,字主一,号耒史,生于明崇祯十六年(公元1643年),卒年不详。

几个方面:

(一)增补宗羲原本所无的学案

据统计,为祖望所特立的学案有三十二个,凡三十三卷,约占全书所立案卷的三分之一。祖望所增补的案卷大致可分为四类:

(1)增补理学先驱学案。宗羲原本以安定、泰山两学案开卷,紧接着是康节(百源)、濂溪、明道、伊川、横渠诸学案;祖望则依据学术统绪的先后,从中补立了高平、庐陵、古灵四先生、士刘诸儒和涑水等五个学案,作为"北宋五子"周、邵、张、二程的前驱先路。

(2)增补学派传衍学案。宗羲原本的《涑水学案》已佚,祖望不仅补立该案,而且还补立涑水学统传衍的案卷《元城学案》《华阳学案》和《景迂学案》。理学别派邵雍,宗羲原本仅有其本案而无专门的传衍学案;祖望从宗羲原本的《康节学案》中,分出《王张诸儒学案》,并补立了《张祝诸儒学案》,以续邵雍《周易》象数之学。世谓象山学无师承,祖望则认为兼出于王苹,故特补立《震泽学案》。

(3)增补于学术有功者的学案。如范仲淹和范镇、吕公著、韩维诸人,均为宋室宰辅,于提倡学术有功,祖望特为之分别补立《高平学案》和《范吕诸儒学案》,加以表彰。又如:唐仲友于乾、淳之际倡经制之学,祖望为之补立《说斋学案》,以记其事迹和学说。

(4)增补理学以外的学案。如:王安石之新学、苏氏父子(苏洵、苏轼、苏辙)之蜀学、李纯甫近禅的"异端"之学,世谓为"杂学"或"邪门左道",不列入理学之流;祖望则分别为之补立《荆公新学略》《苏氏蜀学略》和《屏山〈鸣道集说〉略》,指明其学术思想上的特色和"弊端"。

此外,祖望还增补了程朱理学入元后的学案,如《肖同诸儒学案》等。

通过祖望的增补工作,填补了宗羲原本的一些空白,从而使《宋元学案》作为这一时期的学术史著作更臻于完备。

(二)修定、次定、补定宗羲原本

据《宋元学案·刊例》:凡宗羲原本所有而经祖望增损者,谓之修定;凡宗羲原本所有而祖望唯分其卷次者,谓之次定;凡宗羲原本所有,祖望

分其卷次而特为立案者,谓之补定。其情况分述如下:

宗羲原本中经祖望修定者凡三十一卷,计:安定、泰山、百源、濂溪、明道、伊川、横渠、上蔡、龟山、廌山、和靖、武夷、豫章、横浦、艾轩、晦翁、南轩、东莱、梭山复斋、象山、勉斋、潜庵、木钟、北溪、鹤山、西山真氏、北山四先生、双峰、介轩、鲁斋、草庐等学案。修定范围包括案主及其学侣、讲友、门人、私淑的本传、著述和附录等方面,其中尤以晦翁、南轩、东莱、象山诸学案的修定更为详尽。如:《晦翁学案》,祖望补附录二十八条,举凡与朱熹同时或稍后的知名学者有关朱子本人的思想、学行和论著的述评,均一一补入;《南轩学案》,祖望补南轩家学、私淑和续传中若干人物的本传,以及《南轩文集》和附录若干条;《东莱学案》,祖望修东莱家学中的吕祖俭传,又补《丽泽讲义》《东莱遗集》和附录若干条;《象山学案》,祖望补象山私淑赵彦肃传,以及《白鹿洞讲义》和附录若干条,等等。宗羲原本中的其他案卷,祖望也详略不等地做了若干补充,而以补案主的论著及其门人、私淑的本传居多。全祖望对宗羲原本所做的修定,不但充实了原本的内容,而且更加全面地反映了这些理学家的思想风貌。

宗羲原本中,百源、濂溪、明道、伊川、横渠、晦翁等六个学案,原各立为一卷,经祖望次定,各分为上下两卷:上卷包括案主本传及其主要著作,下卷包括案主的其他著作、附录及其讲友、门人、私淑的行状等;上卷唯分其卷次,下卷多有修补,故为祖望所次定者凡六卷。

宗羲原本中,经祖望补定者凡三十卷,计:荥阳、刘李诸儒、吕范诸儒、周许诸儒、王张诸儒、紫微、衡麓、五峰、刘胡诸儒、艮斋、止斋、水心(上下卷)、龙川、西山蔡氏、南湖、九峰、沧洲诸儒(上下卷)、岳麓诸儒、丽泽诸儒、慈湖、絜斋、广平定川、槐堂诸儒、深宁、东发、静清、静修、静明宝峰等学案,上述学案,均从宗羲原本分出而别立为案卷的。如:从《安定学案》分出《荥阳学案》,从《和靖学案》分出《紫微学案》,从《晦翁学案》分出《西山蔡氏学案》,从《武夷学案》分出《五峰学案》《衡麓学案》,从《永嘉学案》分出《周许诸儒学案》《艮斋学案》《止斋学案》和《水心学案》等等。这样,不但突出了这些别立为学案的理学家的学术地位,而且还使宗羲原本中有关学派统绪的脉络更加缜密和清晰。

(三)增定序目,补撰百卷学案《序录》,补编各学案的师承传授表

宗羲原本经祖望的修补,大大增加了《宋元学案》的案卷,因此必须对该书序目重新加以增定。全祖望的高足子弟董秉纯在为其师所编的《年谱》中曾言及此事:乾隆十一年(公元1746年)春末,至吴门,"取南雷黄氏《宋儒学案》未成之本,编次序目,重为增定"(《鲒埼亭集》卷首)。而最具有编纂特色和学术价值的,是他为百卷学案补撰《序录》和补编学术师承传授表。《序录》以精炼的文字,提纲挈领地对每个学案的内容、特点进行概括,而尤其注重于学术源流、师承关系和立案宗旨的说明。因此,祖望补撰的百卷学案《序录》,实际上可以看成是宋元时期的学术史大纲,它为我们研究补撰者的学术观点,提供了重要的依据。

学术师承传授表是根据《序录》的观点编制的,置于每个学案之首。它采用"以表为文"的形式,将每案中学者间的相互关系和渊源所自,加以分支别派,标示出来,使读者明白易解,一目了然。这是祖望对宗羲原本的一大创造。

(四)考订史实以补宗羲原本之不足

祖望所考证的史实多偏重于学统师承方面。例如,艾轩(林光朝)之学传自和靖(尹焞),祖望考其学术宗旨,认为"本于和靖者反少,本于信伯(王苹)者反多,实先槐堂之三陆(九韶、九龄、九渊)而起",故说:"艾轩之学,别为源流"(《宋元学案》卷十七《艾轩学案·序录》)。"甬上四先生"杨简、袁燮、舒璘、沈焕之传陆学,"《宋史》混而列之";祖望细考其学统,指出"杨、袁、舒自文安(九韶),而沈自文达(九龄)"(同上卷七十六《广平定川学案》案语)。他进而指出九韶、九龄两人学术旨趣的差异:九韶之言"皆切近有补于日用",九龄却"喜为讨论之学"(同上卷五十七《梭山复斋学案·序录》)。祖望还订正宗羲原本某些论断的失实。例如,关于唐仲友与永嘉诸子的关系,宗羲认为有过学术上的交往。祖望遍考永嘉诸子文集,"皆无往复文字",吕祖谦虽与之同里,"然绝口不及之",说明唐仲友是"孤行其教",不与永嘉诸子往来,故说:"梨洲先生谓永嘉诸子实与先生(唐仲友)和齐斟酌,其说似

第五十四章 《宋元学案》及其对宋元时期理学的总结

未然也"(同上卷六十《说斋学案》案语)。朱熹的《资治通鉴纲目》,其后学力言为朱子所手著。祖望考之朱子与赵师渊书,证明"《纲目》原未成之书",而是出于其门人赵师渊之手,"本之朱子者,不过凡例一通"(同上卷四十九《晦翁学案下》案语)。类似对史书记载失实的考证,在祖望续修《宋元学案》时均一一加以厘正,从而大大提高了该书作为学术史资料的价值。

全祖望续修《宋元学案》未及最后编定成书就去世了。其书稿存于他的学生卢月船(字配京,今鄞州区人)处达八十年。这期间,月船及其后人虽曾"谋完是书",而均因故未果。道光年间,朴学士王梓材(字朦轩,今鄞州区人)受当时浙江学政何凌汉(湖南道州人)的委托,搜访该书书稿①,与同郡冯云濠"合而定之,整比讹舛,修辑缺遗",历经七年,于道光十八年(公元1838年)完成该书的校定,遂使"谢山序录百卷,顿还旧观"(何凌汉《宋元学案·原叙》),并由云濠出资刊刻。此为《宋元学案》百卷本的初刊本。不久,书版毁于兵火。凌汉子绍基"思有以卒成先志",拟重刊。王梓材重又对初刊本"精心勘阅","补脱正误"(何绍基《宋元学案·原叙》),历三年(公元1842—1844年)而成。道光二十六年(公元1846年),《宋元学案》重刊本问世。

王梓材的校定工作,包括:根据全祖望的百卷《序录》重新厘定《宋元学案》的案卷,使与之相符;参阅史传资料,修补原稿本中所缺的人物传记;依照原稿本的观点,补编其中所缺的学术师承传授表,又根据祖望《序录》,补辑该书最后五个案卷②,撰写有关人物及其著述的案语;考订原稿本中失实的记载,等等。此外,他还在每个学案案首标明其立案者,指出系宗羲原本所有,还是祖望所特立或经其修改的,并与冯云濠、何绍基一起,就《宋元学案》的成书、刊刻经过,写成《宋元学案考略》,使后人得以了解该书各种稿本、刊本的原貌,为研究学术史保存了十分宝贵的资料。

可见,《宋元学案》所以能够成为现今这样完善的本子,是与王、冯等

---

① 计有:月船卢氏所藏底稿本、余姚黄氏校补本和檞庵蒋氏所藏底稿残本等三种。
② 即:《元祐党案》《庆元党案》《荆公新学略》《苏氏蜀学略》和《屏山〈鸣道集说〉略》。

人(尤其是王梓材)的校定工作分不开的。这也是我们在论及编纂《宋元学案》时所以特别提到他们的校定工作的缘故。

第二节 《宋元学案》的学术倾向与黄宗羲、全祖望的治学路径

《宋元学案》的学术倾向属于王学的思想体系,但又不完全囿于王学思想体系。从上述关于该书的编纂情况来看,其学术倾向具有兼取百家、综罗文献、和会学术异同、注重经史之学、集一代学术史之大成等特点,这些特点是与其编纂者黄宗羲、全祖望的学术倾向,尤其是与他们的治学路径相一致的。

黄宗羲(公元1610—1695年)字太冲,号南雷,学者称梨洲先生,浙江余姚人。他生于明末清初之际,这是一个被称为"天崩地解"①的时代。明末社会的黑暗,吏治的腐败,宦官的专权,进一步加剧了社会矛盾,使农民起义连年不断,市民反抗运动日益高涨。与此同时,思想界也掀起了一股批判现实、抨击当道、提倡经世之学、反对理学禁锢因而具有早期启蒙性质的新思潮。黄宗羲既接受这一新思潮的洗礼,又是推进这一新思潮的倡导者。他的一生大致可以分为前后两个时期,而以康熙六年(公元1667年)复兴甬上证人书院为其界标。在前期,宗羲主要从事政治活动。他步武东林,进行反阉宦的斗争,其矛头直指封建专制统治;继而"身遭国变",于是投入抗清斗争;丙申(顺治十三年,公元1656年)以后,他深感光复无望,乃奉母归里,从此毕力于著述。这一时期,他的重要代表作是写成于康熙二年(公元1663年)的《明夷待访录》一书。此书系统地总结了宗羲前期的社会政治思想。他猛烈地抨击封建君主专制,谓君主为"天下之大害"(《原君》),主张把君民的从属关系颠倒过来,变"君"主"民"客为"民"主"君"客(同上);他揭露封建专制无"公法",其所谓法者,"一家之法,而

---

① 黄宗羲语,见于《南雷文案》卷二《留别海昌同学序》。

非天下之法"(《原法》),主张以"天下之法"取代"一家之法";他更主张把学校变成"公其是非"的清议机关,反对以天子的意见定是非的思想专制(《学校》),等等。这些思想观点,是宗羲前期思想中最富有民主性精华的内容,它闪烁着批判封建主义的光芒。

在后期,宗羲专门从事学术研究,于理学、经学、史学、天文、历算等方面均有高深的造诣,而尤其注重经史之学的研究。这方面的重要著作有:《易学象数论》(六卷)、《授书随笔》(一卷)、《明儒学案》(六十二卷)、《宋元学案》(未成书)等。

黄宗羲的学术观点虽未能尽脱"求理于心"的王学藩篱,故难免为"道德心术"所累。但是晚明王学末流之"空疏",又使他痛感纯主观的道德追求(即所谓"尊德性")无补于救世,因而又折入对于"实学"的追求(即所谓"道问学"),试图通过"道问学"以成就"尊德性"。这一学风的转向,是宗羲学术倾向的一大特点。具体地说:

首先,它表现为提倡读书。这是宗羲有感于晚明学风的流弊而发的。他说:

> 今之言心学者,则无事乎读书穷理;言理学者,其所读之书,不过经生之章句,其所穷之理,不过字义之从违……封己守残,摘索不出一卷之内……。(《南雷文案》卷二《留别海昌同学序》)

他一方面批评"言心学者"之不事读书,另一方面又批评"言理学者"之抱残守阙,见识不广。他提倡学者不但要读书,而且要多读书。宗羲的上述观点,在全祖望的《梨洲先生神道碑文》(以下简称《神道碑文》)中也有明白的记载:

> 公(指宗羲)谓:"明人讲学,袭《语录》之糟粕,不以六经为根柢,束书而从事于游谈",故受业者必先穷经。经术所以经世,方不为迂儒之学,故兼令读史。又谓:"读书不多,无以证斯理之

变化;多而不求于心,则为俗学",故凡受公之教者,不堕讲学之流弊。(《鲒埼亭集》卷十一)

这里,宗羲指出了读书与明理的关系:只有多读书,才能明白事理,才能把握住事理的变化。他这种认识事理的方法,包含着用知识来论证事理的积极内容,较之王学末流之空谈性命,显然是前进了一步。实际上,这是由"道问学"进于"尊德性"的认识方法。

其次,它表现为注重经史之学的研究。宗羲提倡读书,主要是指读经书和史书。这在上引全祖望所撰的《神道碑文》中已讲得十分清楚。宗羲所以注重经史之学,不是为古而古,为学术而学术,而是为了经世。他认为,"六经皆载道之书"(《南雷文案》卷二《学礼质疑序》),"穷经"是为了明治世之道。因此,他反对墨守经书的成训,泥古不化,而提倡"经术所以经世"。同样,他所以提倡读史书,注重史学,也是旨在经世,故说:学"必证明于史籍而后足以应务"(《鲒埼亭集》外编卷十六《甬上证人书院记》)。

据全祖望《神道碑文》,宗羲早年即遵父命,发愤读史,"自明十三朝实录,上溯二十一史,靡不究心"(《鲒埼亭集》卷十一)。章学诚谓:"浙东之学言性命者必究于史,此其所以卓也";而开此风气之先者,实始于宗羲(《文史通义·浙东学术》)。梁启超认为,宗羲是"清代史学开山之祖",其"学问影响后来最大者,在他的史学"(《中国近三百年学术史》)。康熙十八年(公元1679年)开明史馆,其馆员多为宗羲的后学。而传其学成绩卓著者,要首推万斯同。现行的《明史》,大半是出自万斯同的《明史稿》(五百卷),其史学实传自宗羲。宗羲关于史学的著述,有重修《宋史》(未成书)、《明史案》(二百四十卷,已佚)、《行朝录》八种,而在学术史上有"不磨功绩"的,是《明儒学案》和《宋元学案》。

第三,它表现为勤于文献资料的搜集和编纂。从事学术研究,离不开文献资料;从事经史之学的研究,更是如此。宗羲所以勤于文献资料的搜集和编纂,是与他提倡多读书、注重经史之学的研究这一治学路径合辙的。全祖望在《神道碑文》中曾具体谈到这方面的情况,说宗羲"既治经,则旁求之九流百家,于书无所不窥者。……既尽发家藏书读之,不足则抄之同里世学楼钮氏,澹生堂祁氏,南中则千顷斋黄氏,吴中则绛云楼钱氏。穷年搜讨,游屐所至,遍历通衢委巷,搜鬻故书,薄暮一童肩负而返,乘夜丹铅,次日复出,率以为常"(《鲒埼亭集》卷十一)。为了搜集和编纂文献资料,宗羲还建立"续钞堂"于南雷,以"承东发之绪"①(同上)。从黄百家《续钞堂藏书目序》一文中,可以看到宗羲搜集文献资料范围之广泛,它包括:经、史、子、集、选文、选诗、志考类、经济类、性理、语录、天文、地理、兵刑、礼乐、农圃、医卜、律吕、数算、小说、杂技、野史、释道、俳优等方面,凡若干万卷。"其中目所未见,世所绝传之书,累累而是"(《南雷文案》附《学箕初稿》卷一之一)。百家还特别提到壬寅(公元1662年)以来宗羲搜集文献资料的情况,说"余家所得野史、遗集、绝学、奇经,殆不胜纪……而家大人方将旁搜遍采,不尽得不止",使数百年来沉没而将绝传之书,"于今悉得集于'续钞',使之复得见于世"(同上)。宗羲在《天一阁藏书记》一文中,尤其详细地记述他本人自明末崇祯三年(公元1630年)以来的半个世纪里,历年搜访各地藏书的情况,其足迹所至,几遍于大江以南(《南雷文案》卷二)。足见其对文献资料的搜访之勤,它构成宗羲生平活动不可分割的部分。

宗羲不仅勤于文献资料的搜访,而且精于文献资料的编纂。除上述他曾重修《宋史》,辑《明史案》《行朝录》等外,还编纂《续宋文鉴》《元文抄》(均未成书)和《明文海》(四百八十二卷)等资料。这无疑是为他晚年编纂《明儒学案》和《宋元学案》积累资料的。

黄宗羲学术倾向的上述特点,得到了他的私淑弟子全祖望的继承和发扬。

全祖望(公元1705—1755年)字绍衣,号谢山,浙江鄞县(今鄞州区)人。乾隆元年(公元1736年)成进士,授职翰林院庶吉士。他因违忤时相,而又无意耽于仕途,遂辞官归里,从此不再出仕,潜心于学术,以至终

---

① 东发,南宋理学家、文献学家黄震之字,著有《黄氏日钞》(亦称《东发日钞》)九十七卷;宗羲建"续钞堂",寓有接续《黄氏日钞》余绪之意。

老。其间,他曾于乾隆十三年和十七年,先后应聘主讲本郡蕺山书院和出任广东端溪书院山长,但均为时甚短。其为人耿介,清贫自守。晚年,他虽贫病交加,仍孜孜不倦于著述。其遗稿由门人合编成《鲒埼亭集》,分内外编,凡八十八卷。此外,尚有《经史问答》十卷、《困学纪闻三笺》若干卷、校《水经注》三十卷、续修《宋元学案》一百卷等。

全祖望的学术倾向,大体与宗羲相同,均本之王学。然而,他较之宗羲却更少王学的"枝叶"和学派的门户之见。他学识渊博,于"经学、史才、词科"三者,兼而得之,而尤"精通经史"(《鲒埼亭集·阮元序》)。其治学路径,大致循着宗羲的轨迹,重视经史、文献之学的研究。

据祖望的门生董秉纯记载,他"少年刻志经史之学"(同上外编《题词》),十四岁即与其师"争论经史",被誉为"吾门俊人"(同上卷首《年谱》)。青年时期,他经常与同郡厉鹗(樊榭)、王豫(立甫)、杭世骏(堇浦)、姚世钰(薏田)等"讨论经史,证明掌故"(同上)。他关于经史、文献的学识,曾深得阁学李绂的赏识,称之为"深宁、东发以后一人也"(同上)。

在经学与理学的关系问题上,全祖望十分称赞顾炎武的"经学即理学""舍经学无所谓理学"的观点,视为至理名言(同上卷十二《亭林先生神道表》)。这与宗羲谓"学必源本于经术,而后不为蹈虚"(同上外编卷十六《甬上证人书院记》)的学术旨趣是一致的。他高度评价顾炎武的《日知录》,认为是"先生终身精诣之书,凡经史之粹言具在焉"(同上卷十二《亭林先生神道表》),而他对于经史之学的研究,正是持极其严谨的态度。后世学者称其《经史问答》一书,可以与《日知录》"相埒"(《鲒埼亭集·阮元序》),绝非溢美之词。

祖望的经史著作,有三个显著的特点:

一是注重考证。祖望的经史著作,其中有不少内容涉及史实的考证,其范围相当广泛,包括:历史事件、人物传记、职官世系、学术师承、地理沿革、郡县设置、律历演变,以至字义疏证等。他的考证文字,简而不繁,立意清新,重在分析,没有"专门汉学"的烦琐之弊,有不少考证,其结论非常新颖。例如,关于春秋五霸:有指齐桓、晋文、秦穆、宋襄、楚庄者,有指齐桓、晋文、秦穆、吴王(阖庐)、楚庄者,也有指齐桓、晋文、越王(勾践)、宋襄、楚庄者,说法不一。祖望一反历来旧说,指出:"所谓霸者,必能使天下望国皆来听命,定其朝聘之节,张其征讨之威,号令分明……而后不愧于礼乐征伐之自出"(同上外编卷三十六《春秋五霸失实论》)。他认为,楚、吴、越、秦、宋均不符合上述条件:楚、吴、越,"草窃苟简",非为霸之正统,秦原属西戎,宋曾受困于楚,均非霸者之流。那么,五霸之目,谁能当之? 他说:"齐一而晋四也。"齐一,即齐桓公。晋四,即指由晋文至晋顷,凡十君,能称霸者:晋文、晋襄、晋景、晋悼,上接齐桓而为五霸。类似立论新颖的考证,远非仅此。然而,由此也足以领略其考证的特色。

二是注重学术文化源流的辨析。这不但见之于祖望有关的专著,而且还散见于其论学的书、帖、题、记、序、跋,以及表、志、碑铭等,其所辨析,脉络分明,条理清晰。例如,明、清以来,以藏书宏富著称的"天一阁",祖望在《天一阁藏书记》一文中,对其源流作了极其详尽的考证,指出:是阁虽肇始于明嘉靖间,而阁中之书则非自嘉靖始,实为固城丰氏"万卷楼"之旧物。丰氏是北宋丰稷(字相之,谥清敏)后裔。该楼藏书,还可以追溯到北宋哲宗元祐年间,尔后几经变迁,由甬上迁至绍兴,由绍兴六迁至奉化,由奉化四迁至定海,明建中年间,丰庆获知甬上紫清观为该楼旧址,乃置园宅。"于是元祐以来图书,由甬上而绍兴而奉化而定海者,复归甬上"(同上外编卷十七)。经祖望这一番考证辨析,天一阁藏书楼的历史和变迁,厘然可知。又如,理学史上的格物说,凡数十家,众说纷纭,后学者实难尽举其异同。祖望善于辨析各家学说的源流,使之一目了然。他对"物有本末","先其本","后其末"的格物说,考证其源流,指出:此说早出自元儒黎立武,立武之学,私淑于谢艮斋(谔),谢与朱子同时,而其学出于郭兼山(忠孝),兼山又是程颐门人(见《经史问答》卷七)。类似这种考证学术源流、辨析师承关系的文字,在祖望的著作中,随处可见,构成其经史之学研究的重要内容。

三是强调文献资料的翔实。祖望认为,经史研究,必须完整、系统地占有资料,力求材料翔实。他根据这一观点,比较了唐代孔颖达和陆德明两经师的优劣,指出:孔颖达的《五经正义》"依违旧注,不能有所发明,汉、晋经师异同之说,芟弃十九,令后世无所参考。予尝谓:"《正义》出而经学之隘自此始";陆德明的《经典释文》,"力存古儒笺,故未可忽也",认为孔书不能与陆书相比(同上外编卷三十八《唐孔陆两经师优劣论》)。正是基于这种认识,祖望一生十分注重文献资料的搜访和编纂。他尝抄南宋杨万里的《诚斋易传》于天赐园谢氏,宋元之际吴澄的《草庐春秋纂言》于云在楼陈氏,多次登天一阁抄录历代图书。《鲒埼亭集》内外编中的不少题、记,如《二老阁藏书记》《天一阁藏书记》《天一阁碑目记》《蘩书楼记》《小山堂藏书记》《双韭山房藏书记》等等,就是祖望勤于搜访、抄录文献资料的见证,其中详细地记载了他搜访图书资料的情况。他搜访、抄录的文献资料,范围很广,甚至为一般学者所不注意的碑帖拓本的残编断简,也不放过。他还曾与李绂一起,抄录明《永乐大典》中世所罕见的资料,并按经、史、志乘、氏族、艺文五项,分类编纂。他认为,编纂文献资料,"必综汇历代所有,不以重复繁冗为嫌者"(同上外编卷四十二《移明史馆帖子》一),而艺文一门,"不当专收本代之书","即以本代之书言之","必略及其大意","凡撰述、复审、删正之人",均应"详载"(同上《移明史馆帖子》二)。这说明全祖望对于文献资料的搜访和编纂,是十分注意其完整性的,其治学态度之严谨,由此可见一斑。阮元曾将祖望与前代学者做了比较,他说:"吾观象山、慈湖诸说,如海上神山,虽极高妙而顷刻可成。万、全之学,则如百尺楼台,实从地起,其功非积年工力不可"(《鲒埼亭集·序》)!足见祖望的学术功力之深。

总之,通过对黄宗羲、全祖望的学术倾向的分析,我们可以清楚地看到,他们已经表现出不同于传统王学的新特点,其中尤以治学路径的转向最为显著。他们着重于"道问学",而"道问学"的重点在治经史、文献之学,而治经史、文献之学的重点在综罗文献、辨章学术、考镜源流。《宋元学案》的编纂,具体体现了黄宗羲、全祖望的治学特点。

第三节 《宋元学案》对于理学源流和学统师承的辨析

辨章学术、考镜源流，是学术史著作的任务之一，也是它的一个重要特点。《宋元学案》作为宋元时期的学术史著作，正是具体而又鲜明地体现了这一特点。如果说它和其他学术史著作有所不同，那么，就在于它是以理学为主线而展开对其源流和学统师承的考证和辨析的；而它对于理学源流和学统师承的考证和辨析，实际上也就是对这一时期理学的发展进行了总结。

根据《宋元学案》的观点，宋元时期的理学大体经历了发端、确立、传衍、集成、分派、合流等阶段，其源流演变的情况，可以概述如下：

宋代理学推原于北宋真、仁二宗之际，由胡瑗、孙复发其端，而以胡瑗"倡明正学"、以经术教授苏（州）、湖（州）诸生为其标志，时在仁宗明道、景祐年间（公元1032—1038年）。庆历之际（公元1042—1048年），"学统四起"，或夹辅泰山孙复之学而起，或与安定湖学相应，或开关学之先，或启蜀学之绪，均为濂、洛、关学之前茅。

仁宗皇祐、嘉祐之际（公元1049—1063年），周（惇颐）、张（载）、二程（颢、颐）诸子辈出，濂、洛、关学相继奠定了宋代理学的基础，标志着理学的确立。

仁宗以后至南宋高、孝二宗之际的百余年间，为理学的传衍和分派时期，而以传洛学最盛。其主要传人：谢良佐传于楚（今湖北）、杨时传于闽（今福建）、三吕（大忠、大钧、大临）传于秦（今陕西）、谯定传于蜀（今四川）、永嘉诸子（周行己、刘景范、鲍若雨等）传于浙（今浙江）、王苹传于吴（今江苏）、李先之传于江右（今江西）。传关学者，除上述三吕和永嘉诸子外，尚有范育、潘拯、游师雄、种师道、李复、田腴、苏昞、张舜民、薛昌朝等，然其再传中绝。濂学自周惇颐以后，世无传人。虽朱熹、张栻"始确然以为二程子所自出"，然"二程子未尝传其学"（同上卷十一《濂溪学案·序录》）。

南宋初,传洛学之大宗者,应首推杨时和胡安国,胡寅、胡宪、胡宏、胡宁"四先生"出而广其学。高宗以后,郑氏兄弟(伯熊、伯英)继起,于孝宗乾、淳间(公元1165—1189年)重振洛学于永嘉。

乾、淳以后,学派分而为三:朱熹的朱学、吕祖谦的吕学(又称婺学)、陆九渊的陆学。朱学集洛学之大成;陆学以"发明本心"之说别树心学一派,而与朱学相径庭;吕学则兼取两家之长,以性命之学起,而又以"中原文献之统"加以润色。三家"门庭径路虽别,要其归宿于圣人则一也"(同上卷五十一《东莱学案》引祖望《同谷三先生书院记》)。在此前后,有出自胡宏、张栻的湖湘学统,有出自薛季宣的永嘉学统,也有出自陈亮的永康学派,相继而起。湖湘学统"自南轩出而与考亭相讲究,去短集长",其言论"归于平正"(同上卷五十《南轩学案》宗羲案语),然其弟子,"多留心经济之学"(同上卷七十一《岳麓诸儒学案》祖望案语);永嘉学统"以经制言事功,皆推原以为得统于程氏"(同上卷五十六《龙川学案·序录》);永康学派则"专言事功而无所承"(同上)。

乾、淳诸老朱、陆、吕、张、薛、陈等既殁,"学术之会,总为朱陆二派"(同上卷五十四《水心学案上·序录》)。

传朱学者,以蔡氏父子(元定、沈)、黄榦、辅广、陈埴、杜煜、陈淳诸儒最为显要。蔡氏父子被称为闽中"朱学干城"(同上卷六十七《九峰学案·序录》),而蔡元定居于"领袖朱门"的地位(同上卷六十二《西山蔡氏学案·序录》)。宁宗嘉定(公元1208—1224年)以后,足以光大其师说者,则应首推黄榦。而传朱学于永嘉者,则始于叶文修和陈埴。陈淳虽于沧洲诸子为晚出,然其"卫师门甚力",且"多所发明"(同上卷六十八《北溪学案·序录》)。此外,传朱学于南方者,尚有沧洲其他诸子李燔、张洽、廖德明、李方子等,皆有"宿老"之称。与此同时,庆元学禁解除,真德秀直继朱学,以昌明正学自任,而有功于后世(同上卷八十一《西山真氏学案》本传)。魏了翁则私淑朱熹、张栻之学于蜀中,"由是蜀人尽知义理之学"(同上卷八十《鹤山学案》百家案语)。理宗端平(公元1234—1236年)以后,闽中、江右传朱学者,"支离、舛戾、固陋",至陈淳、饶鲁诸子而"流入训诂派"(同上卷八十六《东发学案》引祖望《泽山书院记》)。度宗咸淳(公元1265—1274年)以后,何基、王柏、金履祥师弟为一支,起于婺(州);黄震、史蒙卿、王应麟为一支,起于明(州),重振朱学于浙东;前者为金华朱学的主要传人,后者为四明传宗朱学者,而黄震为之冠。然何基师弟这一支,至许谦而渐流于章句训诂,至柳贯、黄溍、吴莱诸子而成"文章之士",至元末明初的宋濂则渐流于"佞佛者流"(同上卷八十二《北山四先生学案》引祖望《宋文宪公画像记》)。四明传宗朱学者,至王应麟而兼综朱、陆、吕和永嘉之传,出现了和会诸家、综罗文献的趋向。入元,朱学北传,其主要传人有:赵复、姚枢、窦默、郝经、许衡、刘因等,而许衡为其大宗(同上卷九十《鲁斋学案·序录》)。及至刘因的门人和后学,则又流于经训章句。

传陆学者,自乾、淳以后至南宋末年,大体有如下四支:一是浙东的"甬上四先生"杨简、袁燮、舒璘、沈焕,为陆门之首,而"杨、袁尤多昌明之功"(同上卷七十四《慈湖学案》引祖望《同谷三先生书院记》);二是江西"槐堂诸儒"傅梦泉、傅子云、邓约礼、黄叔丰等,而以傅梦泉为槐堂诸儒之冠,槐堂诸儒虽大致与甬上诸子同时,然其学之盛反而不及甬上陆学;三是甬上之西的严陵一支,杨简高弟钱时为其首,主讲象山书院,陆学遂兴;四是咸淳之际,汤巾、汤汉传陆学于鄱阳,此为杨简、袁燮之后,江右"陆学之一盛"(同上卷八十四《存斋晦静息庵学案·序录》)。入元,中振陆学者,浙东有赵偕,江右有陈苑。陈苑弟子祝蕃、李存、舒衍、吴谦,号称"江东四先生",阐扬师说,使陆学"为之一光"(同上卷九十三《静明宝峰学案》宗羲案语)。

朱、陆的后学,虽分支别派,自立门墙,然而到了宋、元之际,两派都出现了和合、融会的情况。最早和会朱、陆之说要推鄱阳的汤巾和汤汉,时在理宗淳祐间(公元1241—1252年)。他们虽重振陆学于江右,然而又开宋、元之际和会朱、陆两家学术之先河。汤汉且"兼治朱、吕、陆之学","和齐斟酌,不名一师"(同上卷八十五《深宁学案·序录》)。王应麟曾与之游,也兼综朱、陆之学和永嘉之传。随后,程绍开筑道一书院,"以合朱陆两家之说"(同上卷八十四《存斋晦静息庵学案·程绍开传》),而为吴澄所师承。所不同者,程绍开是"本为陆学而和合朱学者"(同上梓材案语),吴澄则本为朱学而"兼主陆学"(同上卷九十二《草庐学案·序录》)。继吴澄而和会朱、陆之学者是郑玉:前者多右陆,后者则右朱,此又其所以不同者。宋元时期理学的源流演变,至和会朱、陆之说而接近于尾声。

从《宋元学案》关于宋元理学的源流演变的论述中,我们可以得到这样的基本认识:

宋元理学,盖源于濂、洛、关学,而以洛学为大宗。濂学无传人,关学再传中绝,唯洛学的传人,枝繁叶茂,传衍不衰,自北宋中期至南宋初,为洛学的发展时期。随后,朱、陆之学崛起,分支别派,各有传人,然以朱学为大宗。自南宋中叶至后期,是理学分立和朱陆两派发展的时期,也是理学集大成的时期。宋、元之际,朱、陆合流,宋元理学的源流演变,至此走完了自己的历程。以上是从纵向的角度对宋元理学作宏观的考察。然而,这不足以概括《宋元学案》关于宋元理学源流的全部观点,因此需要从以下几个重要的问题做进一步的探讨。

一、关于宋元理学的发端

《宋元学案》认为,宋代理学一般皆推原于安定(胡瑗)、泰山(孙复):"宋世学术之盛,安定、泰山为之先河。程朱二先生皆以为然"(同上卷一《安定学案·序录》)。然而,细按其实,也不尽然。例如,朱熹的《伊洛渊源录》就是首推周惇颐而次及二程的。这显然是以周惇颐为理学的发端人物。黄震认为,宋代理学,"实自胡安定、孙泰山、石徂徕三先生始"(引自同上卷二《泰山学案》百家案语),将石介归入理学发端的行列。宗羲于理学发端虽无明文言及,但观其《宋元学案》原本,濂、洛诸子之前,无《高平学案》,只立安定、泰山两学案,而将石介作为孙复的门人附在《泰山学案》,说明他仅以胡瑗、孙复为宋代理学的发端人物,而不包括范仲淹和石介。这就打破了历来论纂宋代理学史的格局。黄百家和全祖望续修《宋元学案》时,继承了宗羲的上述观点。百家在《安定学案》案语中说:"先生之学,实与孙明复开伊洛之先"(同上卷一)。认为胡瑗、孙复才是二程理学之先导。此说显然是本之家学。全祖望在《古灵四先生学案》案语中说:

> 宋仁之世,安定先生起于南,泰山先生起于北,天下之士,从

者如云,而正学自此造端矣。(同上卷五)

这说明他也是以胡瑗、孙复为理学的发端人物。不仅如此,他在推原宋代理学时,对于濂、洛之学兴起前学统纷立的情况和周、张、二程之前驱,做了更为详细的考察。他说:

> 有宋真、仁二宗之际,儒林之草昧也。当时,濂、洛之徒,方萌芽而未出,而睢阳戚氏在宋、泰山孙氏在齐、安定胡氏在吴,相与讲明正学,自拔于尘俗之中;亦会值贤者在朝:安阳韩忠献公、高平范文正公、乐安欧阳文忠公,皆卓然有见于道之大概,左提右挈。于是学校遍于四方,师儒之道以立,而李挺之、邵天叟辈共以经术和之,说者以为濂、洛之前茅也。(同上卷三《高平学案》引《庆历五先生书院记》)

这里,祖望指明了宋代理学发端于何时以及濂、洛之学的前驱。他认为宋代理学发端于北宋真、仁二宗之际,即公元十一世纪二三十年代。若以胡瑗"倡明正学"、以经术教授苏(州)、湖(州)诸生为标志,则当在宋仁宗明道、景祐年间,这与上述安定、泰山"造端""正学"于"宋仁之世"的说法是一致的。至于濂、洛之学的前驱,除胡瑗、孙复外,他还列举了戚同文、范仲淹、欧阳修、韩琦和李之才、邵古等。与此相应,他在《宋元学案》中增补了《高平学案》《庐陵学案》,而将戚同文作为"高平所出"、韩琦作为"高平同调",列入《高平学案》,将李之才(邵雍师)、邵古(邵雍父)附在《百源学案》邵雍本传中,却把石介摈于理学前驱之外,为因"其析理有未精者"(同上卷二《泰山学案》引《读徂徕集》)。同时,他又特立《古灵四先生学案》,将福建侯官的陈襄列为二程、张载的前驱,以补"宋人溯导源之功"的疏漏(同上卷五《古灵四先生学案·序录》)。他认为,"古灵(陈襄)所得虽逊之,然其倡道之功,则固安定、泰山之亚,较之程、张为前茅焉"(同上案语)。

考祖望所列举的濂、洛诸子前驱,唯胡瑗、孙复于"倡明正学"、以经术教授当世,有开启宋代理学先河之功。因为他们是宋代学风转向的肇始者。例如,他们首倡以义理说经之风,胡瑗的《周易口义》《洪范口义》《中庸议》,孙复的《春秋尊王发微》《易说》等,就是这方面的代表作,从而一改东汉以来对于经书只注重文字训诂的治学风气。又如,他们用以教授诸生的"明体达用之学",也是一反隋、唐以来取士只注重词赋而不注重经世的用人之道,而为尔后理学家讲求"修、齐、治、平"学问之张本。正是从学风转向这个意义上,我们认为胡瑗、孙复有开启宋代理学先河之功。

至于全祖望所列举的其他学者,则要做具体分析。

范仲淹虽曾指点过张载治学,但还看不出他们之间有何思想上的继承关系,且范仲淹所以显名于世,并非以其理学思想,而是以其政论和政绩。陈襄于"学者皆以词华相高,而指知天尽性之说为迂阔"(同上本传)之时,独于闽海之一隅,复振安定湖学,于理学虽有辅翼之劳,但非开启之功。戚同文虽曾聚徒讲学,且为范仲淹之所从出,然其经术史载不详,难于遽做定论。欧阳修之学其要在崇仁义之本而辟释氏之虚无,然其疑经非圣思想绝非濂、洛之学的渊源所自,且其负有盛名,并非以其经术,而是以其文章。韩琦则于政事、武功著称,于学术虽有赞助之功,但无所发明,也难于视为濂、洛之前驱。李之才倡先天象数之学,历来学者以为传自陈抟,而邵古传李之才之学,故均属老氏者流,非濂、洛诸子之前驱。

尽管祖望对于濂、洛诸子的前驱人物似有别择未精之虞,但是他在这方面所做的探索则是超越前人的。尤其是他对于濂、洛之学兴起以前学统纷立的考察,更是难能可贵。他说:

> 庆历之际,学统四起:齐鲁则有士建中、刘颜夹辅泰山而兴,浙东则有明州杨(适)、杜(醇)五子,永嘉之儒志(王开祖)、经行(丁昌期)二子,浙西则有杭之吴师仁(原作存仁,据梓材案语改),皆与安定湖学相应;闽中又有章望之、黄晞,亦古灵一辈人也;关中之申(颜)、侯(可)二子,实开横渠之先;蜀有宇文止止,实开范正献公(祖禹)之先。筚路蓝缕,用启山林,皆《序录》者

所不当遗。(同上卷六《士刘诸儒学案·序录》)

从祖望关于学统的论述中,我们可以得到两点基本的认识:第一,从理学的发端到濂、洛之学的兴起,中间经过一个"学统四起"的过渡阶段。从时间上说,如果宋代理学发端于宋仁宗明道、景祐年间,即公元十一世纪三十年代;那么,濂、洛之学兴起前的过渡阶段则在宋仁宗庆历年间(公元1042—1048年),即公元十一世纪四十年代。认清了这一点,对于我们弄清宋代理学的确立始于何时,很有意义。第二,庆历间并起的学统,属于泰山之学的有:齐鲁的士建中、刘颜,永嘉的王开祖、丁昌期,浙东的杨适、杜醇,浙西的吴师仁;属于古灵之学的有:闽中的章望之、黄晞;属于关学之先的有:关中的侯可、申颜;属于蜀学之先的有:宇文之邵。它们之间,虽无师承统属关系,然而都承接十一世纪三十年代理学发端的余绪,授徒讲学,倡明经术,从而为我们展示了濂、洛之学所以兴起的思想背景,揭示了宋代理学确立前夕的学术发展趋向。所以说,祖望对于这一时期"学统四起"的探讨,是难能可贵的,他为我们提供了重要的学术史资料。

二、关于宋代理学的确立

如果说,理学的发端是以学风的转向为其标志,那么,理学的确立则应以理学的重要范畴和论题的提出为其主要依据。《宋元学案》实际上已经涉及这个问题。黄百家说:

> 孔、孟而后,汉儒止有传经之学。性道微言之绝久矣。元公(周惇颐)崛起,二程嗣之,又复横渠诸大儒辈出,圣学大昌。故安定、徂徕卓乎有儒者矩范,然仅可谓有开之必先。若论阐发心性义理之精微,端数元公之破暗也。(同上卷十一《濂溪学案上》案语)

百家这段话概括地阐明了《宋元学案》编纂者关于宋代理学的基本观点,其要点有二:第一,他指出汉、宋学术之辨在于:汉儒之学"止有传经之学",宋儒之学则讲"性道微言"之"绝学":前者又称之为经学,后者又称之为理学。可见,宋代理学区别于汉代经学的最根本一点,是宋代理学把孔、孟的"性道微言"作为自己的研究对象。就是说,"性与天道"既是宋代理学的重要范畴,也是宋代理学的中心论题。第二,他指出孔、孟的"性道微言"是经过周惇颐、二程、张载"诸大儒"的一番阐幽发微功夫才得到发扬光大的,故说遂使"圣学大昌"。可见,他们才是宋代理学的奠基者。因此,宋代理学的确立,显然应以他们创立濂、洛、关学为界标。其时间,据《宋元学案》所提供的史实:程颢自十五六岁时即与其弟程颐受学于周惇颐,则濂溪之学约兴于仁宗庆历、皇祐之际,即十一世纪四十与五十年代之交。至于洛学、关学之兴,据《横渠学案上》本传,张载于仁宗嘉祐(公元1057—1063年)初至开封,与二程"语道学之要"和讲论《易》学,称赞二程"深明《易》道",并撤去讲席让听者往师二程,则关、洛之学约兴于此时。由此可以判定,宋代理学的确立,约在仁宗后期的皇祐、嘉祐年间,即公元十一世纪五六十年代。

《宋元学案》以阐发"性道微言"作为宋代理学区别于汉代经学的本质特征,可谓是一语破的,它道出了汉、宋学术异同的真谛。众所周知,汉代经学,尤其是东汉以来的古文经学,只注重于经书字义的训诂而不深究经书所蕴含的义理。宋代理学虽没有摆脱注经、解经这一传统的经学形式,但是并不拘泥于经书字义的从违,而是借这种传统的经学形式来阐发自己对于宇宙、人生真义的观点。于是,"性与天道"就成为构造理学体系的重要范畴,而阐发"性道微言"就成为理学体系的中心论题。不仅如此,宋代理学更从本体论的高度探索孔、孟的"性道微言"的新义,从而建立起以天理为核心的宇宙本体学说和以伦理为本位的人生哲学。周惇颐的《太极图·易说》《易通》,张载的《西铭》,程颢的《识仁篇》《定性书》,程颐的《伊川易传》等等,都是属于这方面的奠基之作。从这个意义上说,周、张、二程诸子辈出,濂、洛、关学相继崛起,奠定了宋代理学的基础,它标志着理学的正式确立。这也是我们所以充分肯定《宋元学案》上述观点的原因所在。

三、关于宋代理学家的学统师承

在概述宋元理学的源流时已经初步接触到这个问题。这里需要着重说明的,是与宋元理学的发展关系较为密切或有争论的几个问题。

(1)关于周、程学统。这个问题,自北宋以来,一直就有争议。根据《宋元学案》提供的情况,大体有两派意见:一派是吕希哲、吕本中、汪应辰,他们认为,二程虽少尝游于"濂溪之门",然"其后伊洛所得,实不由于濂溪",否认周、程之间有师承传授的关系;一派是朱熹、张栻,他们认为,濂溪"为二程子所自出"(同上卷十一《濂溪学案上·序录》),肯定周、程之间存在着师承传授的关系。《宋元学案》的编纂者对此问题的看法也不尽相同。《宋元学案》的黄宗羲原本,列二程为濂溪门人,说明周、程之间有师承关系。黄百家则持否定态度,说程颐十分礼敬胡瑗,"非安定先生不称",而"于濂溪虽尝从学,往往字之曰茂叔"(同上卷一《安定学案》案语),以此说明程颐师承胡瑗而不师承周惇颐。全祖望则持两可态度:在《濂溪学案上·序录》中,他倾向于吕、汪之说,谓"濂溪诚入圣之室,而二程子未尝传其学,则必欲沟而合之,良无庸矣"。但是在《周程学统论》一文中,他却说:

> 然则谓二程子虽少师周子,而长而能得不传之秘者,不尽由于周子可也,谓周子竟非其师则过也。若《遗书》中直称周子之字,则吾疑以为门人之词。……周子所得,其在圣门,几几颜子之风。二程之所以未尽其蕴者,盖其问学在庆历六年,周子即以是岁迁秩而去,追随不甚久也。(同上卷十二《濂溪学案下》引)

这里,他一方面肯定了周、程之间的师承关系,认为二程直称周惇颐之字,可能是二程"门人之词",而非出自二程之口;另一方面,他又指出二程之学"不尽由于周子",而二程所以未能尽周子学说之精微,原因在于二程"追随"周子时间甚短。祖望的上述看法,显然较《序录》的观点更为允当。因为不承认周、程之间的师承关系,势必否认周、程之间在理学方面的学统联系,因而也就势必否认周惇颐在理学中的开山地位,而百家所谓"二程嗣之……圣学大昌"云云,也就难于自圆其说。事实上,二程理学体系中的不少思想观点,就是得自周子之学。例如,二程的"主敬"说,就是对周子"主静"说的继承和发挥。又如,二程论学,谓"中正而诚则圣",就是本之周子《易通》"圣,诚而已"之说。然而,二程之学又"不尽由于周子"。程颢曾说:"吾学虽有所授受,'天理'二字,却是自家体贴出来"(《河南程氏外书》卷第十二)。这表明二程理学既有其渊源所自,又有其独自的创获。故祖望谓二程之学"不尽由于周子",自是确论。因此,尽管祖望于周、程学统问题持两可之说,但是如果不囿于一隅之见,那么,《周程学统论》才是全面地反映了他的观点。

(2)关于理学别派邵雍。在《宋元学案》中,邵雍与周、张、二程并称为"五子",同列于圣学之门,但是不以其为宋代理学的正宗,而视为理学别派。祖望说:"康节之学,别为一家。或谓《皇极经世》只是京、焦末流"(同上卷九《百源学案上·序录》)。百家进而考其学术渊源,谓"康节独以图书象数之学显。考其初,《先天卦图》传自陈抟。抟以授种放,放授穆修,修授李之才,之才以授先生。顾先生之教,虽受于之才,其学实本于自得"(同上案语)。他们还征引材料,以说明二程与邵雍之学不甚相得:

> 晁以道(说之)问先生之数于伊川,答曰:"某与尧夫同里巷三十余年,世间事无所不问,惟未尝一字及数。"(同上卷十《百源学案下·附录》)
>
> 明道云:尧夫欲传数学于某兄弟,某兄弟那得工夫。要学须是二十年工夫。(同上)
>
> (朱子)又曰:程、邵之学固不同,然二程所以推尊康节者至矣。盖以其信道不惑,不杂异端。(同上)

他们认为,二程虽与邵雍的图书象数之学不合,"然康节之可以列圣门者,正不在此"(同上《序录》),而在于"其心地虚明,所以能推见得天地万物之理",深明"内圣外王之道"(同上卷九《百源学案上》百家案语)。可见,邵雍之学与二程的正宗理学是殊途同归,故可以称之为理学别派。至其后学,如张行成、祝泌以及廖应淮之徒,"疏通其纰缪",陷于老氏者流,则又当别论。

(3)关于朱、陆的学统。朱熹学统远绍于程门高弟杨时,是继罗从彦、李侗之后的杨时三传弟子。李侗是其所直接师承。这是学术史的传统看法。《宋元学案》对此提供了更进一步的情况,指出:

> 始先生少时,慨然有求道之志。年十四,韦斋公病亟,尝属先生曰:"籍溪胡原仲、白水刘致中、屏山刘彦冲三人,学有渊源,……汝往事。"……延平李愿中先生老矣,尝从学于罗仲素先生。先生归自同安,不远数百里,徒步往从之。(同上卷四十八《晦翁学案上·朱熹传》)

原来,朱熹师事李侗之前,曾遵父命先师事福建崇安"三先生"胡宪、刘勉之、刘子翚,其中以师事胡宪为时最长,而"得道"则始自刘勉之(同上卷四十三《刘胡诸儒学案》胡宪、刘勉之本传)。考朱熹于高宗绍兴十八年(公元1148年)授泉州同安主簿,五年后罢归。朱熹本传谓"先生归自同安",当指此事。那么,朱熹师事李侗应在绍兴二十三年(公元1153年)以后,其时李侗已年过六旬,故说"延平李愿中先生老矣"。又"三先生"中,"白水师元城(刘安世)兼龟山,籍溪师武夷(胡安国),又与白水同师谯天授(谯定),独屏山不知所师"(同上《序录》)。按杨时、胡安国为南宋昌明洛学之大宗,谯定为洛学在蜀中的主要传人,刘安世虽为司马光门人,然其学以"诚"为宗,则又上接周、程学统。由此可见,朱熹之学虽不名一师,但其学统则可溯源于洛学。

陆九渊学无师承,《宋元学案》谓其"兄弟自为师友,和而不同"(同上卷五十七《梭山复斋学案·陆九龄传》)。其学统,历来学者大多以为源于程门高弟谢良佐。祖望进而指出:"程门自谢上蔡以后,王信伯(苹)、林竹轩(季仲)、张无垢(九成)至于林艾轩(光朝),皆其前茅……"(同上卷五十八《象山学案·序录》)。按王苹为洛学在吴中的传人,其学为林光朝所师承。林季仲为永嘉洛学的再传。张九成为杨时门人。可见,上述诸子均属于杨时的传人,说明杨时也是陆九渊学术统绪的渊源所自,因而与朱熹的学统出现交错的情况。究其原因,在于杨、谢均为程门高弟,本于洛学。尽管他们在学术风格和气质等方面各有特色,然其学术宗旨大体相同。正因为如此,杨、谢互为朱、陆学统之渊源是不难理解的。无怪乎宗羲在论述朱熹的学统时,谓"上蔡固朱子之先河也"(同上卷二十四《上蔡学案》案语),认为朱熹的学统可溯源于谢良佐。这种学统师承互相交错、杂陈并存的情况,在宋元理学史上是屡见不鲜的。应该说,这也是宋元理学史的特点之一。

(4)关于永嘉学统。据《宋元学案》考证,永嘉学统始于北宋神宗元丰间(公元1078—1085年)的"太学九先生"周行己、许景衡、沈躬行、刘安节、刘安上、戴述、赵霄、张辉和蒋元中。前六人为程颐门人,后三人为其私淑,均传洛学于永嘉。而周、沈二子又尝师事陕西蓝田的吕大临,故又系张载之再传弟子。可见,永嘉诸子既传洛学,又兼传关学,而后一学统关系,却罕为世人所知。因此,祖望说:"世知永嘉诸子之传洛学,不知其兼传关学"(同上卷三十二《周许诸儒学案·序录》)。

永嘉洛学的统绪,许景衡以后不振,至南宋高宗绍兴(公元1131—1162年)末几乎衰歇,后因得郑氏兄弟而复振。郑氏兄弟讲友薛季宣,师事程门袁溉,其学,"主礼乐制度,以求见之事功"(同上卷五十二《艮斋学案·序录》),为永嘉洛学之别派,门人陈傅良继之,其学益盛。朱熹后学"目之为功利之学"(同上)。然而,永嘉功利之学至叶适才最终确立。

由此可见,所谓"永嘉学统"不能与永嘉学派的功利之学等同,它源于关、洛之学,中经薛、陈二子,学风才为之一变,崇尚经制事功,至叶适遂成为与朱陆二派鼎足的永嘉功利之学,即近人所说的"永嘉学派"。

从《宋元学案》对于宋元时期理学的源流和学统师承的考证和辨析中,我们可以看到,它是围绕着理学发展的线索而展开的。尽管学的传衍、分派纷繁复杂,然而其学统均可溯源于濂、洛、关学,说明濂、洛、关学确是奠定了宋元以来理学的基础,其中尤以洛学为大宗。这就是我们从

《宋元学案》的考证和辨析中所得出的结论。

第四节 《宋元学案》关于理学史上诸论争的观点

《宋元学案》不但对宋元时期的理学源流和学统师承进行考证和辨析,而且就这一时期理学史上的若干重大争论问题进行综述和评论。实际上,这是《宋元学案》对这一时期的理学进行总结的又一个重要的方面,它具体地反映了该书编纂者的理学观点。概要地说,它包括以下主要内容:

一、朱、陆关于《太极图说》的论辩

周惇颐的《太极图说》(即《太极图·易说》),自南宋以来,学者就有争论。争论是由怎样解释该文首句"无极而太极"引起的。随后又衍生出该文的来历、真伪等问题。最早对该文提出质疑的是陆九韶。他认为,《太极图说》与《通书》(即《易通》)"不类",怀疑不是周惇颐所为;否则,是"其学未成时所作",或是"传他人之文,后人不辨"而错以为是周惇颐所作。其主要论据是:《通书》言五行、阴阳、太极,却"无'无极'之文"(同上卷十二《濂溪学案下·附朱陆太极图说辩》),以此证明"无极"之说不符合周惇颐学说的宗旨。陆九渊赞同其兄的观点,谓其言"殆未可忽也"(同上)。朱熹则不以为然,认为"无极"二字,"乃是周子灼见道体","说出人不敢说底道理"(同上)。因而,遂有朱、陆关于《太极图说》的论辩,而论辩的焦点,集中在对"无极""太极"的解释上。

朱熹认为,"无极"即是"无形","太极"即是"有理",周子恐学者错认"太极"别为一物,故著"无极"以明之。就是说,周惇颐所以言"无极",意在说明"太极"是"无方所、无形状,以为在无物之前,而未尝不立于有物之后;以为在阴阳之外,而未尝不行乎阴阳之中;以为通贯全体无乎不在,则又初无声臭影响之可言也"(同上)。因此,"无极而太极",犹之曰:"无为之为","皆语势之当然,非谓别有一物也"(同上)。

陆九渊则据《易传》"易有太极"予以反驳说《易传》"不言无极,太极何尝同于一物而不足为万化根本邪?"他认为,"夫太极者,实有是理","其为万化根本,固自素定",不因"人言不言"而改变其性质。如要说明"太极"之"无方所、无形状",则宜如《诗》言"上天之载",而于下赞之曰:"无声无臭",而不能以"无极"冠于"太极"之上,否则就是"老氏之学"。"无极而太极"正是置"无极"于"太极"之上,与"有生于无"的"老氏宗旨"相一致。他并援引朱震之语,谓"濂溪得《太极图》于穆伯长(修),伯长之传,出于陈希夷(抟)。…希夷之学,老氏之学也"(同上)为证。

对于朱、陆的论辩,《宋元学案》于《濂溪学案下》附有《梨洲太极图讲义》和《朱陆太极图说辩》两篇材料,于《象山学案》附有《辩太极图说书》,汇集了朱、陆之间讨论这一问题的七篇书信,它们比较集中地反映其编纂者对于这一问题的观点。《太极图说辩》不但收集了朱、陆之间有关这一问题的论辩文字,而且还比较系统地收集了朱、陆以后历代学者关于这一问题的有代表性的论述。归纳起来,大体可分为三类:一类是持朱熹之说,以许谦、吴澄为代表。他们认为"无极即所以赞太极之语",所谓"无极而太极"者,"无此形而有此理也"。一类是申论陆九渊之说,以黄宗炎为代表。他认为周子的《太极图》本于老、庄,其"无极而太极,则空中之造化,而欲合老、庄于儒也"。一类是试图折中朱、陆之说,以王柏为代表。他认为"无极而太极"一句,朱子谓"无形而有理,非不明白",而陆九渊于朱说"未能释然"也无可非议。因为此句是"就图上说"的,而朱熹未能道破这一点。他提出一种新的解释,谓"无极而太极",意即"太极无形无象,本不可以成图","故于图首发此一语,不过先释太极之本无此图象也"。

虽然《朱陆太极图说辩》是有关这一问题的综合性资料,然而,从资料编纂者所加的案语中,我们不难看到他们对这一问题的观点。总的来说,《宋元学案》的编纂者是力图调和朱、陆之间的这一场论辩的。宗羲在案语中说,朱、陆这场论辩,"往复几近万言","然所争只在字义先后之间,究竟无以大相异也"。百家在案语中也说:"周子之作《太极图说》,朱子特为之注解,极其推崇","二陆不以为然,遂起朱、陆之同异";"宗朱者诋陆以及慈湖(杨简)、白沙(陈献章)、阳明(王守仁),宗陆者诋朱及周,近且有诋及二程者"。他认为,周、程、朱、陆诸君子"即或有大纯小疵处,亦只合平心参酌,必无可死守门户,先存心于悖躁而有诋毁之理"。对于"周子之学",他主张应居中持平,反对后世学者或"尊之未免太高",或"抑之未免过甚"的偏向(同上《附录》案语)。顾諟于《辩太极图说书》案语中也认为,朱、陆初"虽有异,而晚则何尝不相合与"(卷五十八《象山学案》)!即使如此,在他们的具体论述中,仍然表露出一定的倾向性。例如,宗羲在《朱陆太极图说辩》的案语中,对朱熹的"无极即是无形,太极即是有理"的解释,就提出异议,指出这是"朱子自以理先气后之说解周子,亦未得周子之意也",而"其原盖出于""朱子终身认理气为二物"。针对朱熹离气言理的观点,他在《太极图讲义》中,系统地提出了自己对这一问题的见解:

> 通天地、亘古今,无非一气而已。气本一也,而有往来阖辟升降之殊,则分之为动静,有动静则不得不分之为阴阳。然此阴阳之动静也,千条万绪,纷纭缪轕……莫知其所以然而然,是即所谓理也,所谓太极也。以其不紊而言,则谓之理;以其极至而言,则谓之太极。……其曰无极者,初非别有一物,依于气而立,附于气而行。……而二氏又以无能生有,于是误认无极在太极之前,视太极为一物,形上形下,判为两截。蕺山先师曰:千古大道陆沉,总缘误解太极。

宗羲认为,宇宙万物皆本于一气,理或太极皆一气之流行,其流行不乱者就是理,其流行之极至就是太极,而非别为一物。无极也应作如是观,依于气而立,附于气而行,也非别为一物。以为无极在太极之前,将二者判为两截,是释、老"无能生有"的观点。这是宗羲根据理气一元的观点对"无极""太极"所做的新解释,它较之前人,确实有所创发,而与朱说显然有别。其一,宗羲依气言理,认为理、太极、无极皆一气之流行,而不存在"有无"之别;朱熹则离气言理,认为无极即无形,太极即有理,非一气之流行。其二,宗羲认为太极之前加无极,是"无能生有"的释、老观点;朱熹则认为"不言无极,则太极同于一物而不足为万化根本",不同意太极之前加"无极"二字为释、老之言。但是,在涉及《太极图》和"周子之学"的渊源所自时,宗羲不同意"后世之异论者谓《太极图》传自陈抟。……是周学出于老氏"的说法,认为这是"不食其蔌而说味也"(同上《附录》案语)。就此而论,他与朱说又有相同的一面。而他所不同意的"后世之异论者",当然包括陆九渊在内。就此而论,他与陆说也有相异的一面。

由此可见,在宗羲力图调和朱、陆关于《太极图说》的论辩中,他与朱、陆的观点,既有同也有异。只是他对朱说之异的批评是直接的,而对陆说之异则回避作直接的批评。这说明他在朱、陆的这场论辩中,虽力主调和,但仍有右陆的色彩。

与宗羲一样,百家在朱、陆的这场论辩中也力主调和,但其右陆的色彩却要鲜明得多。首先,它表现在《濂溪学案》内容的编排上,一反明人《性理大全》列《太极图说》于《通书》之前的做法,而"止附于《通书》之后"(同上《朱陆太极图说辩》),从而表明编纂者对此二书的褒贬态度。其次,它表现在对《朱陆太极图说辩》内容的选编上,增选了宗羲原本所无的黄宗炎论《太极图说》的材料,而宗炎的观点是申论陆说的。宗炎认为"周子《太极图》创自河上公,乃方士修炼之术",周子得之而"穷其本","反于老庄"。由此可见,百家增选宗炎的论述材料是有其倾向性的,这就是肯定"二陆所疑"。他在案语中指出,"此无极之太极,绝无与夫子所云之'《易》有太极',宜乎为二陆所疑,谓非周子所作。"他的论据是:"盖周子之《通书》,固粹白无瑕,不若《图说》之儒非儒,老非老,释非释也。况《通书》与二程俱未尝言及无极,此实足征矣"(同上案语)。百家的这些观点与上述陆氏之说如出一辙,其右陆的倾向甚明。

全祖望对此问题的评论甚少,大体是持模棱两可的态度。他对宗炎《图学辩惑》的评论是:"自先天太极之图出,儒林疑之者亦多,然终以其出于大贤,不敢立异,即言之嗛嗛,莫能也。至先生而悉排之,世虽未能深信,而亦莫能夺也"(同上案语)。至于他本人的看法,并未明说。如果一定要说出他本人的看法,那就是:他对宗炎之说既不深信,也不否定。显然,这仍属于调和论的观点。

顾諟虽认为朱、陆之说始异而终同,然他所说的同,是朱同于陆,可见也是右陆的。

事实表明,《太极图说》作自周惇颐,是周子用儒家的《易》说对道教的《太极图》所做的解释。这是以儒术缘饰道教的产物。黄宗炎谓《太极图说》是周子"欲合老、庄于儒",不无道理。因此,朱熹之说固然与史实不符,且有周文纳义之弊,而陆氏兄弟之说也有为贤者讳之嫌。无论是右陆非朱,还是右朱非陆,抑或是调和朱陆,其说都是难以成立的。

二、性论之辩

性论问题是宋元时期理学的一大论题,也是《宋元学案》的编纂者论辩的又一重点。

在中国思想史上,孔子最早提出"性相近、习相远"的性论命题,但未涉及性的善恶问题。首先提出性善论的是孟子,他以心之有"四端"论证人性皆善,遂启性善性恶的论争。然而,无论是主张性善还是性恶,或性三品说,他们都是性一论者,认为性不可分。

至宋,性论问题具有新的特点。二程提出"性即理"的命题,以"理"论性,使古老的论题具有新的内容。他们认为,人性之所以善,皆由于此心具此埋。所谓理,即仁、义、礼、智。这样,他们就把孟子以来性善论的内容提到"理"的高度,因而使他们的性论具有鲜明的理学特色。

张载则一反历来的性一论,提出性二论的命题,认为性有天命之性与气质之性之分,天命之性亦即义理之性皆善,气质之性亦即气禀之性有善有不善。其意在纠正历来各种性论的偏颇。此论亦为程子所赞同。特别是气质之性的提出,朱熹对之评价甚高,谓"极有功于圣门,有补于后学"。此论出,则诸子之说可以泯灭(《朱子语类》卷四)。

《宋元学案》的编纂者对于张、程上述的性论提出了辩难。

首先,关于"性即理"。百家在《伊川学案上》引了宗羲的话:

> 程子"性即理"之言,截得清楚,然极须理会。单为人性言之则可,欲以该万物之性则不可。……谓人、物皆禀天地之理以为性,人得其全,物得其偏,便不是。夫所谓理者,仁、义、礼、智是也。禽兽何尝如是?……晦翁言人、物气犹相近,而理绝不同。不知物之知觉,绝非人之知觉,其不同先在乎气也。理者,纯粹至善者也,安得有偏全?(《孟子师说》)

从宗羲的辩难来看,他显然认为程颐"性即理"的提法不够严密、周全,容易引起误解,造成思想混乱。他认为,所谓理,即仁、义、礼、智,它是纯粹至善、无偏全之分的。因此,以之论人之性则可,以之论万物之性则不可,实际上是否认了"性即理"命题的普遍适用性。他对朱熹的"人、物之气"相近而"理绝不同"之说也提出异议,认为人与物之不同"先在乎气",因为气有精粗之分,其"精者生人,粗者生物",实非"相近"而是相异。

根据上述观点,宗羲对张载的"气质之性"提出辩难,指出"气质之性,但可言物,不可言人"。他认为,气之在人,"虽有昏明厚薄之异,总之是有理之气,禽兽之所禀者,是无理之气"(同上)。就是说,人、物之性的根本区别,在于人性中有"理"而物性中无"理"。这与他所说的"性即理"但可言人性不可言物性的观点是一致的。可见,尽管宗羲承认有气质之性,但他认为只可言物而不可言人,因而与张载的观点是形同而实不尽同。

必须指出,程、朱理学家均以人所禀受之气的清浊、昏明、厚薄说明人性之善恶、邪正:禀其清者、明者、厚者为善、为正,否则就是为恶、为邪,并以此区分义理之性与气质之性。宗羲则与此相反,指出:凡人之气,尽管有昏明、厚薄之不同,但是均为"有理之气",实际上是承认人只有义理之性,而反对把气质之性混入义理之中。虽然宗羲的性论尚未能尽脱理学的"习气",但是却表露出与正宗理学相违异的倾向。

百家的性论对宗羲的观点又有所发挥。与宗羲一样,他反对言性者"分天命气质为性",认为人只有天命之性而无气质之性,气质不可言性。

他说:"夫所谓气质即性者,谓因气质而有天命之性,离气质无所谓性也。性既在此气质,性无二性,又安所分为义理之性、气质之性乎"(同上卷十七《横渠学案上》案语)!不难看出,百家性论的重要之点,是在于他把"气质之性"与"气质即性"的含义作了严格的区分:"气质之性"是以气质为性,"气质即性"则反对以气质为性;"气质之性"是与天命之性相对待而存在的人之性,"气质即性"则"谓因气质而有天命之性",它本身不能成其为性,而仅是天命之性之所依托罢了。换言之,所谓"气质即性",是说离开气质则无所谓天命之性,天命之性即在气质之中。显然,百家对"气质即性"所做的解释,是对宗羲"气质之性但可言物不可言人"观点的进一步发挥。

值得指出的是,《宋元学案》的编纂者在对张、程和朱熹的性论进行论辩时,曾反复称引刘宗周的观点以为立论的根据。如《伊川学案上》援引了宗周《论语学案》中的观点:"只为气质之性、义理之性,分析后,便令性学不明……愚谓气质还他是气质,如何扯着性?……气质就习上看,不就性上看。以气质言性,是以习言性也。"《横渠学案上》又援引宗周的话:"性是气质中指点义理者,非气质即为性也,清浊厚薄不同,是气质一定之分,为习所从出者。"从他们所援引的宗周的观点看,有两点十分明确:一是反对性有气质、义理之分,二是反对以气质言性。而这两点正是他们关于性论之辩所着重阐发的观点,说明他们与刘宗周有着思想上的渊源关系。

三、"理一分殊"辩

"理一分殊"是程颐在评论张载的《西铭》一文时首先提出的。他认为《西铭》阐明了"理一而分殊"的道理。此后,"理一分殊"遂成为宋代程、朱理学家的重要观点,以之作为区别儒学与"异端"的依据。他们认为,天地间只有一理,它至高无上,主宰一切,派生一切,因而才有如此众多的万物之理,而如此众多的万物之理则又汇归于至高无上之一理。这个一理与众理的关系,说明"理一分殊"的观点具有本体论的意义,因为它旨在表明：理是世界的本原和万物得以产生和存在的根据，而世界万物则只不过是理的变现或具体的体现罢了。

对于"理一分殊"的本体论意义，程朱理学家的看法是一致的。但是，当把"理一分殊"作为认识论的问题，以探讨二者孰难孰易或孰先孰后时，他们的看法就不一致了。例如，李侗认为，"理不患其不一，所难者分殊耳"（同上卷三十九《豫章学案》宗羲案语）。朱熹在师事李侗前后的一段时间里，自称曾对其师说"心疑而不服，以为天下之理一而已，何为多事若是"（同上）？而从他"始学亦务为佹侗宏阔之言，好同而恶异，喜大而耻于小"来看，他原是重"理一"而轻"分殊"的，只是在经过其师指点以后，才领悟到其师说之"不我欺"（同上）。至南宋末，金华朱学的主要传人金履祥又以李侗之说教授其门人许谦。许谦"由是致其辨于分之殊而要其归于理之一"（同上卷八十二《北山四先生学案·许谦传》）。

黄宗羲对于"理一分殊"在认识论方面的争论，在《宋元学案》中曾进行了一番辨析：

> "理一分殊，理不患其不一，所难者分殊耳。"此李延平之谓朱子也。是时朱子好为佹侗之言，故延平因病发药耳。当仁山、白云之时，浙河皆慈湖一派，求为本体，便为究竟，更不理会事物，不知本体未尝离物以为本体也。故仁山重举所言，以救时弊……后之学者，昧却本体而求之一事一物间，零星补凑，是谓无本之学，因药生病，又未尝不在斯言也。（同上《白云文集》案语）

从宗羲的上述辨析中，可以清楚地看到，他反对简单地搬用李侗之说，而是主张对它作具体的分析。他认为，李侗之说是有针对性的，意在"因病发药"以纠正朱熹学风方面重"理一"、轻"分殊"的偏颇。而金履祥所以重申李说，许谦所以致力于"分殊"，也同样是有针对性的，其意仍在"因病发药"以挽救其时浙东学术崇尚慈湖之学、以"求本体便为究竟更不理会事物"的流弊。后人不明前人倡导李说之真谛，遂"因药生病"，求为"无本之学"。

宗羲对于李侗之说所做的辨析,是以"本体未尝离物以为本体"作为立论之根据的。因此,他既反对"不理会事物"但求"本体"的慈湖之学,也反对"昧却本体"但求一事一物的"无本之学"。从"理一分殊"的观点来看,就是:他既反对不理会"分殊"但求"理一",也反对不明"理一"但求"分殊";而是主张从相互联系中对二者进行考察。然而,从认识论的意义上说,这并非意味着"理一"与"分殊"二者无先后、主次之分。宗羲说:

> 穷理者,穷此一也。所谓万殊者,直达之而已。若不见理一,则茫然不知何者为殊,殊亦殊个甚么。为学次第,鲜有不紊乱,切莫将朱子之言错会。(同上卷三十九《豫章学案》案语)

他认为,识得"理一"是识得"分殊"的关键,而识得"分殊"仍是为了直达"理一",说明"理一"与"分殊"是有主次之分的。从为学的次序看,也应先从"理一"入手,而后进于"分殊"。他说,李侗主张"默坐澄心",就是从"理一"入手的(同上)。他指出,后世学者因误解了朱熹之言,以为"理一分殊"难在"分殊",于是多向"分殊"上理会,遂生"支离"之患(同上)。这是宗羲沿用陆学的观点对朱子后学所做的批评。虽然他没有直接批评朱子本人,但是与当年陆子在鹅湖之会对朱子的指责,其内容的实质是一样的,因而仍带有以陆学批评朱学的色彩。这也是宗羲的"理一分殊"辩的一个特点。

四、朱熹、陈亮关于"义利王霸"之辩

"义利王霸"之辩是宋代理学史的重要问题之一。这场论辩主要发生在朱熹与陈亮之间,它是由于朱熹反对陈亮的"义利双行,王霸并用"之说而引起的。他在《与陈同甫》书中,劝陈亮"绌去"此说,"而从事于惩忿窒欲,迁善改过之事"(《朱文公文集》卷三十六)。陈亮修书与之论辩,而论辩的焦点集中在如何评价三代与汉、唐之世的问题上。陈亮不同意理学家所谓

"三代专以天理行,汉、唐专以人欲行"的说法,认为功成便是有德,事济便是有理,汉、唐之君能治国安民,使其国与天地并立而人物赖以生息,便是有德、有理。所以汉、唐之世并非"专以人欲行"。朱熹讥其说为"事功",目为"异端",然也不为陈亮所心服。这就是理学史上有名的"义利王霸"之辩。

那么,《宋元学案》的编纂者对于朱、陈的这场论辩究竟持什么态度呢?总的来说,他们是力图调和朱、陈二说的对立,而又偏于右陈的。

宗羲在《宋元学案》中对陈亮与朱熹论辩"义利王霸"的书信所加的案语是:

> 止斋谓:"功到成处便是有德,事到济处便是有理。此同甫之说也。如此则三代圣贤枉作工夫。功有适成,何必有德?事有偶济,何必有理?此晦庵之说也。如此则汉祖、唐宗贤于仆区不远。"盖谓二家之说,皆未得当。然止斋之意毕竟主张龙川一边过多。
>
> 夫朱子以事功卑龙川,龙川正不讳言事功,所以终不能服龙川之心。不知三代以上之事功与汉、唐之事功,迥乎不同。当汉、唐极盛之时,海内兵刑之气,必不能免。即免兵刑,而礼乐之风不能浑同。胜残去杀,三代之事功也,汉、唐而有此乎?其所谓功有适成,事有偶济者,亦只汉祖、唐宗一身一家之事功耳!统天下而言之,固未见其成且济也。以是而论,则言汉祖、唐宗不远于仆区亦未始不可!(卷五十六《龙川学案》)

这里,宗羲提出了一个重要的观点,认为时代不同,其事功也不同:三代的事功是"胜残去杀",汉、唐的事功是用"兵刑",因此,评判事功之是非、优劣,其标准应因时代而异。用今天的话说,就是不能离开具体的历史条件去论事功的是非、优劣。而朱熹则与此相反,他坚持以三代的是非为是非去评判汉、唐,因而得出汉、唐不如三代的结论。显然,宗羲的上述观点是以陈说为是，而以朱说为非的。然而，他又认为，由朱说而引出"汉祖、唐宗不远于仆区"的结论"亦未始不可"，对朱说也有所肯定，说明他是试图调和朱、陈二说的对立的。这就是宗羲对于朱、陈之争所持的态度：既和会朱、陈而又偏于右陈。必须指出的是，在清初，当朱学被钦定为官学，而朱熹被赐配享孔庙的情况下，调和朱、陈本身，实际上就具有贬朱右陈的意义。

百家虽对朱、陈之争未做评论，但他对陈亮之学为世人所非议的遭遇深表同情，指出这是由于他"以读书经济为事"，"嗤黜"空谈性命者为"灰埃"，得罪了当时的理学家，"遂为世所忌"，被斥之为"功利"，"目之为浙学"（同上案语）。全祖望对于陈亮的"义利双行，王霸杂用"之论所遭到的贬斥，不以为然，认为这种贬斥"尚未足以贬同甫"，试图为陈说辩护。虽然他对陈亮的晚节有所指摘，也嫌"其学有未醇"，但是仍然认为陈亮"尚不失为汉以后人物"（同上《陈同甫论》），对陈亮及其学说做了肯定性的评价。

《宋元学案》的编纂者在"义利王霸"之辩中的右陈倾向，是与他们对于南宋的功利之学持肯定的态度分不开的。宗羲在《宋元学案》的案语中指出：

> 永嘉之学，教人就事上理会，步步著实，言之必使可行，足以开物成务。盖亦鉴一种闭眉合眼、矇瞳精神、自附道学者，于古今事物之变不知为何等也。（卷五十二《艮斋学案》）

宗羲所说的"永嘉之学"，是指自薛季宣以来至叶适的一派为学主经制、讲事功的功利之学。从他对于这一学派所做的评论中，可以看出他对功利之学是持肯定态度的。这与他对不知"古今事物之变"的"自附道学者"的讥评，适成鲜明的对照。必须指出，南宋的功利学派无论其学术宗旨或治学路径与《宋元学案》的编纂者有相类似之处。例如，前者为学主经制，后者为学重经史；前者讲事功，后者讲经世致用。又如，他们都反对空谈性命，等等。正是这种学术思想上的共同点和相似点，决定了《宋元学案》

的编纂者对于功利之学持肯定的态度,而这也是他们在"义利王霸"之辩中偏于右陈的重要原因。

五、"朱陆异同"辩

"朱陆异同"之辩始于南宋孝宗淳熙二年(公元 1175 年)的朱陆鹅湖之会。与会者朱熹和陆九龄、陆九渊兄弟是应吕祖谦之请而来的。祖谦的本意是想调解朱、陆学术上的争论,而结果适得其反。据陆象山《年谱》载:"鹅湖之会,论及教人。元晦之意,欲人泛观博览而后归之约;二陆之意,欲先发明人之本心而后使之博览。朱以陆之教人为太简,陆以朱之教人为支离"(《象山先生全集》卷三十六)。由是"两家门人遂以成隙,至造作言语,以相訾毁"(《宋元学案》卷五十七《梭山复斋学案》百家案语)。此为"朱陆异同"之辩的由来("朱陆异同"之辩还有一个重要内容,即无极、太极之辩,已见上述,在此从略)。

这场"朱陆异同"之辩,自宋至清,未尝止息,或强调二家学说之异,或突出二家学说之同。其间也有欲调和二家学说者,而最早应推吕祖谦、陈傅良、叶适诸子。陆九渊的门人章节夫更为此而编纂《修和管见》一书,"取朱、陆辞异旨同之处,集而疏之"(同上卷七十七《槐堂诸儒学案·章节夫传》),然终莫能平息这场争论。《宋元学案》的编纂者对于这场争论大体承继前人的这一余绪,试图调和朱、陆两家学术。宗羲在《宋元学案》的象山本传后面有一段案语,对朱、陆学术的异同做了比较和分析,集中地反映了他对这一问题所持的调和态度:

> 先生之学,以尊德性为宗,谓先立乎其大,而后天之所以与我者,不为小者所夺。夫苟本体不明而徒致功于外索,是无源之水也。同时,紫阳之学则以道问学为主,谓格物穷理,乃吾人入圣之阶梯。夫苟信心自足而惟从事于覃思,是师心之用也。……于是,宗朱者诋陆为狂禅,宗陆者以朱为俗学。两家之学各成门户,几如冰炭矣。嗟呼!圣道之难明,濂、洛之后,正赖两先

生继起,共扶其废堕,胡乃自相龃龉以致蔓延今日,犹然借此辨同辨异,以为口实,宁非吾道之不幸哉!虽然二先生之不苟同,正将以求夫至当之归,以明其道于天下后世,非有嫌隙于其间也。……况考二先生之生平自治,先生之尊德性,何尝不加功于学古笃行?紫阳之道问学,何尝不致力于反身修德?特以示学者之入门,各有先后,曰:此其所以异耳!然至晚年,二先生亦俱自悔其偏重。……观此二先生之虚怀从善,始虽有意见之参差,终归于一致而无间,更何烦有余论之纷纷乎!……二先生同植纲常,同扶名教,同宗孔孟,即使意见终于不合,亦不过仁者见仁,智者见智。所谓学焉而得其性之所近,原无有背于圣人。矧夫晚年又志同道合乎!奈何不睹二先生之全书,从未究二先生之本末,糠秕眯目,强附高门,浅不自量,妄相诋毁!(卷五十八《象山学案》)

上引宗羲的话有如下几个要点:

首先,他认为,朱、陆学术虽有所异,但又各有其是:朱子的"道问学"无"师心自用"之弊,而陆子的"尊德性"则有"明本体"之功,两家学术可以取长补短。

其次,他认为,朱、陆学术虽异,但并不互相排斥,而是互相包涵:朱子的"道问学"中,就有主张"致力于反身修德"的"尊德性"的观点;陆子的"尊德性"中,就有主张"于学古笃行"方面下功夫的"道问学"的观点,说明两家学术都各自包含着对方的观点。

第三,他认为,朱、陆学术虽异,但只是其始异,而终则同。理由是:朱、陆学术之异发生在他们的早年,至其晚年,则"俱自悔其偏重",而各自纠其所偏。如:陆九渊追悔昔年之"粗心浮气,徒致参辰,岂足酬义!"朱熹则自觉"向来支离之痛",而"欠却涵养本原工夫"(同上),故说二先生"晚年又志同道合"。

第四,他认为,朱、陆学术只是为学的次序先后不同,或治学的路径出发点不同,至于两家的学术宗旨,本质上是一致的,即"同植纲常,同扶名教,同宗孔孟",均"无有背于圣人"。就是说,两家学术都符合圣学宗旨。

百家和祖望对于朱、陆学术的异同,也有与宗羲相似的观点。例如,他们都肯定两家学术各有所长:朱子之学,"主敬以立其本,穷理以致其知,反躬以践其实,而博极群书",堪称"世之巨儒"(同上卷四十八《晦翁学案上》百家案语);陆子之学,"先立乎其大者","足以砭末俗口耳支离之学"(同上卷五十八《象山学案·序录》)。又如,他们认为朱、陆两家学术可以互相沟通:朱子之学中,"其所闻所知,必能见诸施行,乃不为玩物丧志,是即陆子践履之说也";陆子之学中,"其戒束书不观,游谈无根,是即朱子讲明之说也。"并且也认为两家学术没有本质之不同,只是其为学"从入之途,各有所重"而已。因此,他们认为,诋朱子"穷理为支离之末学者,陋矣";诋陆子"发明本心为顿悟之禅宗者,过矣"(同上引祖望《淳熙四先生祠堂碑文》)。再如,他们认为朱、陆二子,至晚年都各自追悔其早年学术的偏颇,反对朱、陆学术"终身不能相一"的观点,指出这"岂惟不知象山有克己之勇,亦不知紫阳有服善之诚"(同上卷五十七《梭山复斋学案》百家案语)。这些都足以说明《宋元学案》的编纂者在调和朱、陆学术的异同方面,其基本观点是一致的。

他们的调和论有两个显著的特点:一是他们对于朱、陆学术异同的分析,较之前人要深刻得多。他们认为,朱、陆学术不仅"辞异",而且其"立教""为学"也多有相异。他们指出朱、陆学术之异,但是并没有加以夸大,而只限于治学路径和教人之方上。至于两家的学术宗旨,他们认为是相同的,即"同植纲常,同扶名教,同宗孔孟"。这可谓抓住了两家学术的本质。所以说,他们较之前人在此问题上的辨同辨异,认识上要深刻得多。二是他们调和朱、陆学术异同,并非居中持平,而是有所偏重,表现出右陆的倾向。例如,祖望在论及"读书穷理"与"发明本心"的关系时说:"夫读书穷理,必其中有主宰,而后不惑,固非可徒以泛滥为事,故陆子教人以明其本心,在经则本于孟子扩充四端之教………心明则本立,而涵养省察之功于是有施行之地"(同上卷五十八《象山学案》引《淳熙四先生祠堂碑文》)。认为陆子的"发明本心"不但本之于经,而且是"读书穷理""涵养省察"的根本所在;不"发明本心","读书穷理"难免不受惑,而"涵养省察之功"也难以奏效。又如,他们对于朱、陆二子晚年追悔其学术的偏颇,在材料的取舍和编排上,详朱而略陆,也表现出右陆的倾向。而他们对于朱子晚年的看法,大体本于王守仁的"朱子晚年定论"之说,认为朱子之悟,"毕竟在晚年。阳明子为《朱子晚年定论》,虽或有出于早年者,其大意则灼然不失也"(同上卷四十八《晦翁学案上》宗羲案语)。其实,王守仁的《朱子晚年定论》意在援朱入王,具有明显的学派性偏见。《宋元学案》的编纂者不辨是非,一概予以肯定,这本身就反映出他们抑朱扬王而实则右陆的倾向。陈淳《竹林精舍录·序》说,朱子"平日教人尊德性、道问学,固不偏废,而著力处,却多在道问学上。江西一派,偏于尊德性上去,先生力为之挽,乃确然自立一家门户而不肯回"(同上《附录》)。又说朱子临终前,仍谆谆教诲他"惟当专致其下学之功而已。致知必一一平实,循序而进,而无一物之不格;力行必一一平实,循序而进,而无一事之不周"(同上)。说明直至晚年,朱子仍坚持其说而无改弦更张之意。从《宋元学案》编纂者一依阳明《朱子晚年定论》以证成朱子晚年学术观点的改变来看,也反映出他们仍然没有超出陆王派的思想影响。

综上所述,《宋元学案》的编纂者对于宋元时期理学史上诸重大论争基本上持折中诸说,和会学术异同而又表现出偏重于陆、陈的态度,其理学观点同正宗理学有别。这是在清代的具体历史条件下,以陆、陈之学来对抗为官方所钦定的朱学的一种特殊的表现形式,它对于打破封建正统思想的禁锢,无疑是起了积极的作用。而这正是《宋元学案》的理学观点所蕴含的时代意义。

第五节 《宋元学案》的体例特点和它在学术史上的地位

在本章开头,我们曾经指出:《宋元学案》是依据理学发展的线索并严格按照一定的体例编纂的。关于它是如何依据理学发展的线索进行编纂的,上面已经做了分析。本节将进一步探讨它的体例特点及其在学术史上的地位。

《宋元学案》的体例属于学案体。这是以学术流派及其代表人物为案主分别标题立案的史书新体裁。其特点是:按学统师承关系分支别派,以案主的纪传为主,辅之以门人、后学的事迹;其内容包括人物生平、学行、著述和师承关系。它兼有纪传体和编年体两种史书体裁的特点,是我国古代学术史编纂体例的主要形式。

从学术史编纂学的角度来看,《宋元学案》是学案体更为完备的形态,它较之以前的学术史有着更为严密的体例结构。

《宋元学案》的编纂体例,有如下几个主要的特点:

第一,案卷的设立以理学家为主干,但也不排除理学以外的重要学派和学者。前一种情况,我们在探讨它对于理学源流的辨析时,已经论述。这里想着重指出的,是后一种情况。属于后一种情况的案卷,可以《水心学案》《龙川学案》《荆公新学略》《苏氏蜀学略》《屏山〈鸣道集说〉略》等为代表。这些案卷的案主向来为正宗学者所非议,目为"异端"。《宋元学案》居然为之立案纪传,说明它更少学派性的偏见。从学术史的编纂体例来看,这是具有创新意义的。前人曾讥评《宋元学案》这种编纂体例为驳杂。其实这正是《宋元学案》的特色。但是,能否就此得出结论说:《宋元学案》"不定一尊,各派各家乃至理学以外之学者,平等看待"呢(梁启超《中国近三百年学术史》)? 不能。因为就《宋元学案》的整个学术体系而言,它仍然是以理学家为主干,以理学发展为主线的。它之所以设立上述案卷,一方面是由于这些案卷的案主在学术史上的影响大,如叶适的功利之学曾一度与朱、陆之学鼎足而三,形成永嘉学派;陈亮的功利之学在永康也形成了自己的学派。叶、陈的功利之学不但影响于当时,而且还影响到后代。又如,王安石的荆公新学曾一度被钦定为官学,他的《三经义》曾被列于学官,影响了一代的科举士子。苏洵、苏轼、苏辙父子的苏氏蜀学,其学术文章也曾显名于世,为海内学者所歆羡向往。《宋元学案》不以理学家为限,而将在学术史上有影响的学派和学者兼收于其中,这正是它的学术价值所在,应予以肯定。另一方面,它所以设立上述案卷,还有一个用意,就是为了严儒、释之辨。祖望认为,王安石的新学和苏氏父子的蜀学均"杂于禅",而李纯甫是王、苏余派,"援儒入释,推释附儒"(《宋元学案》卷一百《屏山〈鸣道集说〉略》引《跋雪庭西舍记》),则李氏之学不仅是"杂于禅",而且是在为释氏大张其军了。祖望所以为之设立案卷,正如王梓材所说:王、苏、李三氏的案卷,"皆谢山所特立,以辟禅学者。不曰案而曰略,盖亦外之之意云"(同上卷首案语)。就是说,是为了辟禅学的异端以维护儒家的正学。这可谓是《宋元学案》编纂体例方面的《春秋》笔法。

总之,《宋元学案》为理学以外的学派和学者设立案卷时,采用不同的编纂体例:对于儒家内部,不论其学派性,均以"案"命名立卷;对于杂禅的学派和学者,不论其学术源自儒家,均以"略"命名立卷,以示内外有别。足见《宋元学案》的体例,章法极严。

第二,案卷的资料编选重在体现各家派的学术特色,而不以其是非定取舍。例如,欧阳修的学术,其要在崇仁义之本而辟释氏之虚无,但他的《易童子问》一书公然疑《易传》非圣人之作,谓圣人皆有过。对于欧阳修的疑经非圣的思想,《宋元学案》照录不删。又如司马光为学强调孝友忠信,提倡恪守禹、汤、文、武之法,但他的《疑孟》一书,公开反对孟子的性善论,谓孟子所说的"人无有不善"为"失言",且怀疑《孟子》一书为伪书。此也属于疑经非圣的思想,《宋元学案》同样照录不删。尽管其编纂者对司马光不无微词,然而这并不影响他们将温公的具有学术特色的著述编进学案。类似情况尚不止于此,上述只是其中典型的例子,但也足以表明,《宋元学案》的这一体例,不仅能够突出其所立案卷的学术特色,而且有助于更完整地展现这些学案中人物的学术思想的全貌。

第三,凡属重大的学术争论问题,注意综罗各家文献,兼取各派之说,而不专主一家一派之言。其中最典型的是关于《太极图说》的论辩。《宋元学案》的编纂者不但系统地搜集了朱、陆关于这一问题的论辩文字,而且还搜集了历代学者对这一问题的观点材料。尽管其编纂者倾向于陆学,但是这并不妨碍他们对各家各派之说兼收并蓄。就是说,它并没有以自己的学术观点任意剪裁和编排材料,而是注意到材料的完整性。

第四,体例结构的安排,着力于体现学统师承关系。《宋元学案》于每一案卷中,除案主的本传、著述、附录外,还附有:讲友、学侣、同调、家学、门人、私淑、续传、别传等目,用以表明这些附目中人与案主的学统师承关系。

讲友与学侣:指曾与案主共同讲论学术者;其社会地位或学术地位高者,多称讲友;反之,多称学侣。此外,曾与案主同事一师者,也以学侣相称。

同调:指与案主学术观点相同或相近而其学非同出于一源者。

家学:指案主的亲属或后代继承其学术统绪者。

门人与私淑:案主的及门弟子而传其学者,称门人;非案主的及门而又自称为其弟子并传其学者,称私淑。

续传与别传:非案主的及门但又绍继其学而不自称私淑者,谓之续传;虽学出于案主,然后来别树一帜者,谓之别传。

这样的体例结构,的确能够更好地揭示出每一案卷中各家各派之间的学统师承关系以及他们各自所处的地位。《宋元学案》的编纂者还根据这种体例结构编制成表,置于每一案卷之前,使每一案卷的学统师承关系一目了然。像这样有着不同层次而又分门别类的体例结构和由此而编制的学统师承传授表,是《宋元学案》的独创,也是对学术史编纂学的一大贡献。

与以前的学术史著作相比,《宋元学案》的编纂体例更为完备和谨严。

我国有重视编纂学术史的优良传统。先秦诸子著作中的《荀子·非十二子》《韩非子·显学》《庄子·天下》,西汉司马谈的《论六家要旨》,西汉刘歆《七略》中的《诸子略》等等,都属于学术史著作的名篇,正史中的《艺文志》《经籍志》《道学传》《儒林传》等,也都保存了许多学术史方面的宝贵资料。但是,上述这些学术史的名篇,尚无一定的体例,它们只是对各家各派作断语式的评论,虽其中不无精当之言,但嫌过于疏略,无从了解各家各派的学术全貌和历史演变的过程,更确切地说,它们还称不上是学术史,而仅仅是学术史的雏形。

严格地说,具有一定的体例而称得上学术史著作的,应首推南宋朱熹的《伊洛渊源录》。此书依学统师承关系分别按人物立卷,始于"濂溪先生",终于"尚书邢恕",凡十四卷。其中备载各师友、门人的传授、言行政事。每卷的例目,多寡不一,如卷一《濂溪先生》设事状、遗事两个例目,而卷四《伊川先生》设年谱、祭文、奏状、遗事四个例目。这些例目均以资料的名称分类,因而从中看不出学统师承关系。但是从全书卷次的先后编排看,其道学源流仍厘然有序,故不失为我国学案体学术史的开创之作。

明代周汝登的《圣学宗传》,是继朱熹之后又一部学案体的学术史著作。它上自伏羲、神农、黄帝、尧、舜、禹、汤、文、武、周、孔、孟、荀,中经董(仲舒)、扬(雄)、王(通)、韩(愈)、穆(修)、胡(瑗)、周、程、张、邵、朱、陆,终至王学诸子,凡十八卷。虽人物加详,且按学统师承关系分别立卷,但卷内不分例目,于人物生平、学行、著述,综为一篇,颇为庞杂。其内容不仅过于简略,而且时有错讹,如朱、陆《太极图说》之辩,应在宋孝宗淳熙十五年(公元1188年),而《圣学宗传》则误为孝宗乾道九年(公元1173年)。可见,《圣学宗传》有叙述欠精之弊,且体例也不如《伊洛渊源录》严密。

入清以来,学案体学术史著作相继问世。在《宋元学案》之前,最重要的有孙奇逢的《理学宗传》和黄宗羲的《明儒学案》。

《理学宗传》写成于康熙五年(公元1666年),凡二十六卷。其卷次编排,有主有辅,有内有外,界限分明。从体例结构看,可分为正传、备考、补遗三个层次:以宋明理学诸大师,即《宗传》称为"十一子"的周、二程、张、邵、朱、陆、薛(瑄)、王、罗(洪先)、顾(宪成)等为正传,其余诸子分别列入汉儒考、隋儒考、唐儒考、宋儒考、元儒考和明儒考,谓备考。又有附录一卷,为之补遗。这样的体例较之《伊洛渊源录》有所创新。其意在于突出各家各派学统的正辅、主次。但是因其中的传承关系被分割在三个体例结构层次之中而又显得紊乱。宗羲谓此书"杂收,不复甄别"(《明儒学案·凡例》),就是认为其体例不纯。

《明儒学案》是宗羲的得意之作,自称"学者观羲是书",而后知周汝登和孙奇逢两家学术史著作之"疏略"(同上)。近人徐世昌对《明儒学案》的体例力加称赞,谓较之《宋元学案》为优(《清儒学案·凡例》)。

就学案体的学术史著作而言,《明儒学案》不失为一代的佳作,其体例十分严密,如该书中之各家各派,凡有所授受者,分别单独立案,而"特起者,后之学者不甚著名,总列诸儒之案"(《明儒学案·凡例》)。又如,除少数案卷外,大部分案卷均以地域命名。然而,具有体例特点的,是《明儒学案》十分强调按各家各派的学术宗旨编选材料;而材料的来源又一律取之各家之全集,从中"纂要钩元"而"未尝袭前人之旧本"(同上),说明著者非常注重第一手材料。《明儒学案》的这些体例特点,均为《宋元学案》所继承和发展。

但是,《明儒学案》案卷的设立,只限于理学各派别,对于理学以外的有影响的学者,如李贽,则不予列入。这与《宋元学案》适成对比。其案卷内的例目比较简略,一般只有人物传记和著述节录。这说明《明儒学案》的体例不如《宋元学案》完备。

总之,从我国现存的古代学术史著作来看,《宋元学案》可以说是集这些史著之大成,它的问世,标志着我国学术史体裁的主要形式——学案体的最终确立。尽管它也有自己时代的局限,仍然不能完全摆脱理学的思想束缚,对于某些学派和学者的论断,也难免存在着学派性的偏颇,体例上也有繁简失当之处,但是,像它这样一部包括近两千个人物、长达二百万字、内容宏富的学术史著作,在我国学术史上是罕见的。《宋元学案》无疑是代表了我国学案体学术史著作的最高成就。这就是它在我国学术史上应有的地位。

第五十五章 《明儒学案》及其对明代理学的总结

《明儒学案》是黄宗羲的一部独具匠心的学术史著作,成书于康熙十五年(公元1676年),凡六十二卷,内立崇仁、白沙、河东、三原、姚江、浙中王门、江右王门、南中王门、楚中王门、北方王门、粤闽王门、止修、泰州、甘泉、诸儒、东林、蕺山等十七个学案,详细记载了明代儒学各家的行状和思想学说,论述了明代理学各派的源流演变和特点,充分反映了作者的理学观点,迄今仍然是研究明代理学史具有重要学术价值的著作,必须加以悉心研讨。

第一节 《明儒学案》的学术渊源与学术倾向

按传统的看法,黄宗羲的理学观点源于王守仁心学,而特别是本于其师刘宗周。这是无可非议的。至于他的《明儒学案》是否也应作如是观,则需要做具体的分析,尤其是需要将它与其中的《师说》进行一番比较研究,才能探明其学术渊源之所自。

《明儒学案》卷首有《师说》一篇,是黄宗羲根据其师刘宗周评论明代学术的言论辑录而成的;而刘宗周评论明代学术的言论则出自其所编的

《皇明道统录》一书①。命名"师说",意即业师之言。宗羲所以将其冠于各案卷之前,是为了说明他著《明儒学案》是有所师承的。因此,探讨《明儒学案》的学术渊源,不能不首先辨明其与《师说》的相互关系。

在《明儒学案》所论述的二百〇二位明代学者中,包括了刘宗周《师说》所评论的二十五位学者在内。如果以《明儒学案》的案卷定其归属,那么,属于《崇仁学案》的有吴与弼;属于《河东学案》的有薛瑄及其传人周蕙、吕柟;属于《白沙学案》的有陈献章;属于《姚江学案》的有王守仁;属于《浙中王门学案》的有王畿、张元忭;属于《江右王门学案》的有邹守益、罗洪先、王时槐、邓以赞;属于《北方王门学案》的有孟秋、孟化鲤;属于《止修学案》的有李材;属于《甘泉学案》的有许孚远;属于《诸儒学案》的有方孝孺、曹端、罗伦、陈选、陈真晟、蔡清和罗钦顺等。总之,凡是《师说》已论及的学者,《明儒学案》也无不在相应的案卷里一一加以论列。至于其中的思想观点,则大体多本自《师说》。例如,对于明初朱学学者,《师说》推崇崇仁的吴与弼,谓其"独得圣人之心精者",故谓明初理学诸子,"惟先生醇乎醇云"(《吴康斋与弼》);而于河东的薛瑄,则有委婉的批评,谓其"多困于流俗"(同上),"于道于古人全体大用,尽多缺陷"(《薛敬轩瑄》)。《明儒学案》对于吴、薛二先生的评论,虽没有像《师说》那样将二者对立起来,但是在编排二先生的案卷时,则明显地体现了《师说》尊吴贬薛的思想。

据黄宗羲所撰的吴、薛二先生本传,吴与弼和薛瑄分别为明初崇仁、河东朱学的开派人物,且薛瑄年居长。按理《明儒学案》的案卷编排应首《河东学案》,而次以《崇仁学案》,事实却与此相反,首《崇仁》而次以《河东》。窥其本意,在于标榜崇仁,以吴与弼为明代理学的发端人物。显然,这与《师说》的尊吴贬薛的思想,是一脉相承的。

---

① 据刘宗周之子刘汋所编《年谱》载:宗周于明熹宗天启七年(公元1627年)辑成《皇明道统录》一书,凡七卷,"仿朱子《名臣言行录》,首纪平生行履,次语录,末附断论。"(董玚编《刘子全书》卷四十《年谱》上)现此书已佚。但从《年谱》所摘录的部分内容来看,与宗羲所编的《师说》相符。尤其是《师说》中的《王阳明守仁》条的行文,更是一字不差。这说明《明儒学案》卷首《师说》一篇是取材于刘宗周的《皇明道统录》一书的。

又如,对于王守仁学说,《明儒学案》着重表彰其"致良知"说,奉为千古学脉(卷十《姚江学案·序》);力辨王畿所传"四句教法"非王守仁之本旨,而是王畿本人之言(卷十二《浙中王门学案·王畿传》);认为宋明学术各有流弊,力图调和朱学与王学的对立(卷十五《浙中王门学案·胡瀚传》);等等。《明儒学案》的上述思想观点,在刘宗周的《师说》中已见其端绪。举要地说:关于"致良知"说,他认为是旨在"示人以求端用力之要",谓"自孔、孟以来,未有若此之深切著明者也"(《王阳明守仁》),实则以其为孔孟学脉之正传;关于"四句教法",他认为"其说乃出于龙溪(王畿)",而于"阳明集中并不经见",不能视为王守仁之定论(《王龙溪畿》);关于王学与朱学之异同,他着重强调其同,谓二先生皆以"慎独一关"为"最吃紧处",其"因明至诚以进于圣人之道一也"(《王阳明守仁》),力图和会朱、王学术之异同。凡此种种,均足以说明《明儒学案》与《师说》之间存在着学术观点的继承关系。

再如,对于王门诸子的评价,《明儒学案》的不少观点也是本自《师说》的。像江右的邹守益、罗洪先在王学中的地位,《师说》认为前者恪守师训,"有功师门"(《邹东廓守益》);后者则功在救王学末流之弊(《罗念庵洪先》)。《明儒学案》秉承其说,以邹守益为王学之"宗子",认为王守仁死后,使其学不失传者,应首推邹守益(卷十六《江右王门学案·邹守益传》);又以罗洪先为得王学之真传,故说:"天下学者亦遂因先生之言而后得阳明之真"(卷十八《江右王门学案·罗洪先传》)。显然,这包含有救王学末流之弊的意思。

对于其他诸儒的评价,同样可以看到《明儒学案》与《师说》之间的某种思想联系。例如,对于明初朱学学者方孝孺,《师说》谓"考先生在当时,已称程、朱复出"(《方正学孝孺》);《明儒学案》谓其"持守之严,刚大之气,与紫阳真相伯仲"(卷四十三《诸儒学案上·方孝孺传》),将方孝孺与朱熹相提并论。又如,对于明中叶的朱学学者罗钦顺,《明儒学案》与《师说》一样,高度评价其儒、释之辨和理、气之辨的功绩;同时又都非难其析心、性为二物之误。

总而言之,《明儒学案》对于明代不少重要理学家的论述,其思想观点确实导源于刘宗周的《师说》。因此,《师说》称得上是《明儒学案》学术渊源之所自。

然而,必须指出,承认《明儒学案》与《师说》之间有学术渊源关系,并不意味着前者没有独立的学术见解。事实上,《明儒学案》对于《师说》所评价的理学家,是有自己的看法的。例如,对于曹端、陈献章和王畿等人的学术,它与《师说》的评价就不一致。《师说》推崇曹端,尊之为"今之濂溪"(《曹月川端》),而力贬陈、王,谓前者涉于玄虚,难免有"欲速见小之病"(《陈白沙献章》),谓后者沉溺于禅,以致一生"无处根基"(《王龙溪畿》)。《明儒学案》则不然,它认为曹端、王畿的学术,各有得失,故其持论,有褒有贬,而不像《师说》那样,执一面之词;对于陈献章,则一反《师说》,评价甚高,认为他对明代学术有开创之功。

由此可见,《明儒学案》的学术观点,既有所师承,又有所独创。尤其是对于《师说》以外的大批理学家的论述,更体现出其学术观点的独创性。这种学术观点的独创性,又是与其学术倾向的新特点分不开的。

《明儒学案》的学术倾向,历来论者多注意其王学性质,而很少注意其中所具有的新特点,以致曾有学者指责其"袒护师说,主张姚江门户"(沈维鐈《国朝学案小识·序》)。显然,这种指责是欠公允的。

诚然,《明儒学案》的学术倾向具有王学的性质。例如,他论述明代学术,特别突出了心学的地位,尝谓"有明学术,白沙开其端,至姚江而始大明"(《明儒学案》卷十《姚江学案·序》)。又如,他论述王守仁学说,十分推崇其"致良知"说,谓"自姚江指点出良知","便人人有个作圣之路。故无姚江,则古来之学脉绝矣"(同上)。但是,我们不能因此而将其学术倾向简单地归结为王学,更不能因此而指责其"袒护师说,主张姚江门户"。因为这不完全符合黄宗羲著《明儒学案》的实际情况。黄宗羲著《明儒学案》始终贯串着兼综百家、网罗文献、和会学术异同的编纂原则,而这正反映其学术倾向的新特点。

所谓兼综百家,是指其编纂《明儒学案》,凡属儒家内部各派,不论其学术倾向,均兼容并包,分别立案,力求反映明代理学史的全貌,故被誉为"此明室数百年学脉也"(《明儒学案·自序》引贾若水语)。例如,该书除为姚江、王学门人立案外,凡在明代理学史上有过影响的学派和学者,宗羲也一一立案,详加论列。其中包括:明初的崇仁、河东朱学和三原的关学,白沙、止修、甘泉的心学别派,泰州的王门别派,以及晚明的东林学派和蕺山学派等。此外,宗羲还特立《诸儒学案》,以兼赅尚未归入上述学案的其他学者。他们当中,论学统,或无所师承而得之于遗经者,或学有所成而后无传人者,或借朋友之力使其学得以传而又不能系于朋友之名下者;论学旨,既有宗朱、宗王或非朱、非王者,也有近禅或非禅者,还有以忠义、气节而扬名者,等等,充分体现了宗羲编纂《明儒学案》确实本着兼综百家的精神。

所谓网罗文献,是指其辑录明代理学家的思想资料,谨防其偏,务求其全,旨在反映其人一生之精神。这一点,宗羲在该书的《凡例》中言之甚明:

> 每见钞先儒语录者,荟撮数条,不知去取之意谓何?其人一生之精神未尝透露,如何见其学术!是编皆从全集纂要钩元,未尝袭前人之旧本也。

可见,在辑录文献资料方面,他既反对随意断取"先儒语录"的轻率做法,也不以抄录"先儒语录"为限,而是主张从"全集"中去"纂要钩元",重视对第一手材料做过细的搜讨和别择工作。

对于理学各派的思想资料,宗羲也主张兼收并蓄,认为"学者于其不同处,正宜着眼理会"(同上)。所以,即使"有一偏之见,有相反之论",他均尽收于《明儒学案》之中。例如,"朱、陆门人,各持师说,入主出奴,明儒沿袭","异同错出",《明儒学案》概以并录(同上郑性《序》)。又如,"凡宗姚江辟姚江者",《明儒学案》也使其"是非互见,得失两存"(同上莫晋《序》),而不以学术见解之短长定取舍。

上述表明,宗羲编纂的《明儒学案》,在整理文献资料方面,态度十分严谨,充分体现其防偏求全的精神。

所谓和会学术异同,是指其对于理学内部不同学派采取居中持平的态度,力戒门户之见。宗羲对于理学内部"朱陆异同"的论辩,就是持这种态度的。这在上一章论述《宋元学案》时,已经言及。这里要着重指出的,是他对于宋明学术的态度。他说:

> 宋儒学尚分别,故勤注疏;明儒学尚浑成,故立宗旨。然明儒厌训诂支离而必标宗旨以为的,其弊不减于训诂。道也者,天下之公道;学也者,天下之公学也。何必别标宗旨哉!(《明儒学案》卷十五《浙中王门学案·胡瀚传》)

他认为,宋明学术各有流弊。而从其论述的具体内容看,所谓"宋儒学尚分别,故勤注疏",显然指的是程朱派理学,尤其是朱学,所谓"明儒学尚浑成,故立宗旨",显然指的是以心学为宗的一派,尤其是王学。因此,他认为宋明学术各有流弊,实际上带有调和朱学与王学的思想特色。这与他在《宋元学案》中主张和会"朱陆异同"的态度,是一致的。值得指出的是,他认为明儒学"必别标宗旨","其弊不减于"宋儒的"训诂",是否与他和会宋明学术异同的态度相左呢?这需要做具体分析。

首先,宗羲对明儒学术的流弊所做的批评,表明他并非偏袒王学,更非专立王学门户,而是试图确立一个评论学术是非的客观标准,他称之为"公道""公学"。虽然他所谓的"公道""公学"仍然是抽象的,并且在学术实践中仍免不了有这样或那样的偏颇,但是,他这种追求学术上之"公道""公学",反对借学术以营私的治学精神,则是值得称许的。这也是他著《明儒学案》主张和会学术异同的思想理论根据。

其次,宗羲所以特别指出王学的流弊,也并非表明他偏袒朱学,而是有感于"时风愈下"而发的。其时王学末流,不事"下学",只求"上达";不务"工夫",而奢谈"本体"。宗羲所谓"别标宗旨",指的正是这种"时风"。为了挽救王学末流崇尚空谈而不务实学的时弊,他自然倾向于宋儒的"道问学"功夫。可见,宗羲在评论宋明学术时,于明代学术重在力矫其弊,而于宋代学术则在矫弊的同时,又默认其学有明儒之所不及者,因而寓有褒扬之意。这在当时王学盛行的情况下,实际上起到平衡朱学与王学的作用,故与其和会学术异同的精神仍然是一致的。

总之,我们既承认《明儒学案》学术倾向的王学性质,也肯定它所表现出来的新特点。这些新特点已经开始打破学派的门户之见,体现出作者具有更为宽广的学术胸襟。这是《明儒学案》的可贵处,也是它迄今仍然对研究明代理学史具有重要学术价值的缘由所在。

第二节 《明儒学案》论明初理学

自北宋以来,程朱理学一直居于主导地位。南宋陆学虽曾与朱学分庭抗礼,互相辩论,然其流传不远,影响不大。至宋元之际朱陆合流之后,陆学传人几乎消声敛迹。朱学则因统治者的提倡而成为理学正宗,朱学传人也从未间断。明初纂修三部《大全》,朱学统治地位得以确立。及至明中叶王守仁心学的崛起,理学的发展才为之一变,由宗朱转向崇王,从而打破了程朱理学长期以来在思想界的一统局面。《明儒学案》对于这一时期理学发展的论述,基本上是符合当时的历史实际的。

根据《明儒学案》的观点,明代理学的发展是随着朱学与王学的兴替及其影响力的消长而显示出过程的阶段性的,它大体上可分为明初理学和明中后期理学。

明初理学以朱学占主导,江西崇仁的吴与弼和山西河东的薛瑄为其代表。他们分别为崇仁朱学和河东朱学的开派人物。论学统,两人均无直接师承,而"一禀宋人成说"(同上卷一《崇仁学案·序》),"大抵恪守紫阳家法","专尚修不尚悟,专谈下学不及上达"(同上葉晋《序》)。然而,两家学术风貌又各有特点:吴与弼治学重"涵养",认为"学之之道,大要在涵养性情"(《师说·吴康斋与弼》),故以"持敬穷理"为达道之方(《明儒学案》卷一《崇仁学案·吴康斋先生语》);薛瑄治学则重"践履",认为"为学之要,莫切于动静,动静合宜者便是天理,不合宜者便是人欲"(同上卷七《河东学案·读书录》),故"多兢兢检点言行间"(《师说·薛敬轩瑄》)。两家学术旨趣的异同,直接影响各自的门人和后学。

吴与弼的门人陈献章,发挥其师"涵养性情"的观点,认为学问的"吃紧工夫,全在涵养",故提出"为学须从静坐中养出个端倪来"(《明儒学案》卷五《白沙学案·论学书》),从而开启了明代心学之先河,为这一时期理学的发展另辟蹊径。吴与弼的另一门人娄谅则以读书穷理为职志,以著书造就后学为实事,故遍考经书,勤于著述,试图通过考订经书求其达道。这是朱熹"道问学"的治学路径。其学风与陈献章迥异。娄谅有两个弟子:一是潘润,宗羲谓其秉承师教,以礼乐为"身心之学","终日终身,出入准绳规矩"(同上卷四《崇仁学案·潘润传》);一是夏尚朴,主张"尊德性又要道问学",认为"象山之学,虽主于尊德性,然亦未尝不道问学"(同上《夏东岩文集》),力图调和朱陆异同。

吴与弼还有一门人胡居仁,其学术倾向介于陈献章与娄谅之间:一方面,他主张"静中之涵养尤为学者津梁",宗羲认为此"即白沙所谓静中养出端倪"(同上卷二《崇仁学案·胡居仁传》);另一方面,他又强调"学者须从万殊上一一穷究,然后会于一本",反对超越"万殊",而"直探一本"的"穷理"方法(同上《居业录》)。不过,就其基本学术倾向而言,仍属于程、朱"道问学"的路径。虽然他主张"静中涵养",但"只是以思虑未萌、事物未至而言"(同上),与陈献章的"捐耳目、去心智",完全"屏息思虑"的"静中工夫"不同(同上卷五《白沙学案·陈献章传》);他认为前者是"主敬"之方,而后者则"流于老、佛"(同上卷二《崇仁学案·居业录》)。说明他的学术倾向虽表现出某种心学的特色,但最后仍以程、朱的"道问学"为依归。

薛瑄的门人阎禹锡、张鼎,均恪守师说,使河东之学不失其传,但理论上无多大建树。至其后学李锦、吕柟、杨应诏等则不然,他们均表现出鲜明的反王学思想倾向。宗羲指出,李锦"以主敬穷理为学"(同上卷七《河东学案·李锦传》);吕柟"以格物为穷理"(同上卷八《河东学案·吕柟传》),主张"先知而后行",认为"圣贤亦未尝即以知为行也"(同上《吕泾野先生语录》),"所谓知者,即从闻见之知以通德性之知"(同上《吕柟传》),反对"即知即行"的"知行合一"说。吕柟弟子杨应诏发挥师说,对王学"工夫即本体"之说表示异议,认为"工夫有积累之渐,本体无积累之渐;工夫有纯驳偏全不同,本体无偏全无纯驳也"(同上《杨天游集》)。这一切表明,河东学派较之崇仁学派更具有正宗理学的思想性格。

明初朱学学者,除吴与弼、薛瑄外,较有名的尚有:方孝孺、赵谦、曹端、黄润玉、罗伦、章懋等人。与吴、薛二子一样,他们均一禀宋儒成说,墨守程、朱观点。例如,方孝孺提出"入道之路,莫切于公私义利之辨"(同上卷四十三《诸儒学案·方孝孺传》);赵谦一生勤于著述,重音韵之学,以为"从来圣学之的,以主敬为第一义",故"力学主敬"(同上《赵谦传》);曹端"以力行为主","立基于敬"(同上卷四十四《诸儒学案·曹端传》),谓"为学须是务实,乃能有进"(同上《语录》);黄润玉谓"明理务在读书"(同上卷四十五《诸儒学案·黄润玉传》);罗伦注重经学,宗羲说他的《周易》"多修传注",其学"守宋人之途辙"(同上《罗伦传》);章懋承接南宋金华朱学之风,确守程、朱经注,谓"经自程、朱后,不必再注,只遵闻行知"(同上《语要》),等等。显然,他们所遵循的仍然是"道问学"的路径。因他们或上无师承,或下无传人,故宗羲将他们编入《诸儒学案》。

关于明初理学,除朱学外,还有王恕的关学和陈献章的"自然"之学。王恕是陕西三原人,宗羲谓其学"志在经济",又"重礼风义士"(同上卷九《三原学案·王恕传》),故"其门下多以气节著"(同上卷九《三原学案·序》)。其学统源于薛瑄,宗羲谓其"墨守主敬穷理之传"(同上《王恕传》),实为明初理学之别派。

陈献章是广东新会人。宗羲谓其学"以虚为本,以静为门户,以日用常行分殊为功用"(同上卷五《白沙学案·陈献章传》),与王守仁的心学"最为相近"(同上),可称为明代心学的发端人物。论其学统,上承陆学,下接崇仁。其门人张诩、贺钦、陈茂烈、林光等,宗羲认为他们均反对经注,不事著述,专以阐发师说为务。贺钦曾提出"吾人之学","循其所谓本然者而已"(同上卷六《白沙学案·贺钦传》),其要"在乎主静"(同上《言行录》)。逮及门人谢祐、李孔修,其思想情趣则流于释、老。谢祐尝有诗云:"生从何处来,化从何处去;化化与生生,便是真元处"。宗羲谓其"未免竟是禅学"(同上《谢祐传》)。李孔修自号"抱真子",性爱山水,长期隐遁山林,也有释、老之风,故后人有白沙之学"近禅"之讥。宗羲为之辩诬,谓"先生之学,自博而约,由粗入细,其于禅学不同如此"(同上卷五《白沙学案·陈献章传》)。其实,这种辩难是十分勉强的,因为陈献章本人曾说:"学劳攘则无由见道,故观书博识,不如静坐"(同上《论学书》)。应该说,至少在"悟道"的方法上,陈献章主"从静坐中养出个端倪来"是极似佛教的"禅定"的。所以,后世讥其学"近禅"是完全可以理解的。

以上是就《明儒学案》关于明初理学的论述所做的分析。它表明,明初理学确以朱学为大宗。然而,在其传衍过程中,内部又起了分化:薛瑄及其后学仍然恪守程、朱"道问学"的"家法",而与陆学"尊德性"的路径相对立;《诸儒学案》中的明初诸子,大体上也是属于河东朱学的学术路径的。吴与弼及其后学则更倾向于心学的思想路径;吴门陈献章以"自然"之学倡道东南,则是对崇仁学派心学倾向的进一步发展,他开启了明代心学之端绪,而为后来的王学所发扬光大。宗羲说:"有明之学,至白沙始入精微……至阳明而后大"(同上卷五《白沙学案·序》)。这是不无道理的。因此,如果说,明初理学在宋明理学史上占有重要的地位,那么,这种重要地位首先不在于它确立了朱学的统治,而在于它出现了学风转向的新势头,这就是:明代心学由此发端,明代学风由崇尚程、朱折入崇尚陆、王也以此为转捩点;而这一切的变化又都是发生在朱学内部,它滥觞于崇仁朱学,至陈献章而始明。可见,明代中期王守仁心学的崛起,绝非偶然,而是时风转向的产物。

第三节 《明儒学案》论明代中后期理学(上)

明中期以后,理学的发展出现了新的情况,这就是王学的兴起。虽然这一时期的理学仍以朱学为正宗,但是就传人之众、传播之广、影响之大而言,则应首推王学。宗羲编纂的《明儒学案》用了很大的篇幅来论述这一时期理学的发展,归纳起来,包括:王学的兴起及其发展和演变,王门别派对王学的修正,王学与湛学的对立,以及程朱学者对陆王心学的批评等方面。它们构成了明代中后期理学发展的基本内容,而王学的兴起及其发展和演变,则成为这一时期理学发展的基本线索。现根据以上几个方面,分上、下两节加以论述。本节先探讨王学的兴起及其发展和演变。

所谓王学,是指由王守仁所创立的心学体系。因此,王学的兴起,历来认为应以王守仁"龙场悟道"转向心学为其开端。在宗羲之前,此说已分别见于王守仁弟子薛侃等人所编的《阳明年谱》及其再传弟子胡直《与唐仁卿书》。据《阳明年谱》载,王守仁为宦官刘瑾所忤,于武宗正德元年"诏狱谪龙场驿驿丞";三年(公元1508年)春至贵州龙场,"忽中夜大悟格物致知之旨……始知圣人之道,吾性自足,向之求理于事物者,误也"(《王文成公全书》卷三十二)。胡直《与唐仁卿书》说:"及至龙场处困,动忍刮磨,已乃豁然悟道,原本不在外物,而在吾心,始与紫阳传注稍异"(《明儒学案》卷二十二《江右王门学案》)。这就是后世学者所说的"龙场悟道"。宗羲编纂《明儒学案》时,大体本于此说,而于王守仁从此转向心学,言之尤明:

> 及至居夷困处,动心忍性,因念圣人处此,更有何道?忽悟格物致知之旨,圣人之道,吾性自足,不假外求。其学凡三变而始得其门。自此之后,尽去枝叶,一意本源,以默坐澄心为学的。
>
> (卷十《姚江学案·王守仁传》)

可见,王守仁"龙场悟道"包含着两层意思:一是指他已觉"悟"到"向之求理于事物者,误也",表明自己从此与程、朱"格物穷理"之学决裂;二是指他已体"悟"到"圣人之道""原本不在外物,而在吾心",表明自己从此皈依陆九渊"心即理"的心学。宗羲所谓"圣人之道,吾性自足,不假外求",实际上已包含了上述两层意思;而他所谓"其学凡三变而始得其门",是指王守仁始泛滥于词章,继而服膺于朱熹的"格物致知"说,后又出入于佛、老,终于通过"龙场悟道"转向心学而言。这说明"龙场悟道"是王守仁理学思想的一大转折,即由朱学转向心学的开端,而王学的兴起也应以此为其界标。

王守仁自"龙场悟道"转向心学后,其学又历经变化。胡直《与唐仁卿书》有"其学三变而教亦三变"之说。"其学三变",是指王守仁"龙场悟道"以前治学的经过;"教亦三变",是指他"龙场悟道"以后在不同时期对弟子的不同教法。然而,按其具体所指,实则只有两变:"及居滁阳,多教学者静坐,要在存天理去人欲;至虔台,始提致良知一体为训"(同上卷二十二《江右王门学案》)。他所谓"教亦三变",是包括王守仁"龙场悟道"在内的。

关于这个问题,宗羲的《明儒学案》持论不一:在《姚江学案》本传中,他认为王守仁"学成之后",又有"三变":江右以前,"大率以收敛为主";江右以后,"专提'致良知'三字";居越以后,"开口即得本心,更无假借凑泊"(同上卷十)。而在《浙中王门学案·徐爱传》中,他只提王守仁"其教再变":

> 阳明自居夷以后,其教再变:南中之时,大率以收敛为主,发散是不得已,故以默坐澄心为学的;江右以后,则专提"致良知"三字。(同上卷十一)

这里,宗羲没有将王守仁"居越以后"作为其教之一变。看来,宗羲后一说法更为准确。因为就学术宗旨而言,江右以后和居越时期并无不同,都是提倡"致良知"说。所谓"开口即得本心,更无假借凑泊",只是表明此时王守仁的"致良知"说更臻于完备。

必须指出,宗羲在论述王守仁创立心学体系时,没有将"知行合一"说作为其思想发展的一个阶段单独提出来,而只是在论及江右以后专提"致良知"说时提了一笔:"知之真切笃实处即是行,行之明觉精察处即是知,无有二也"(同上卷十《姚江学案·王守仁传》)。这样的叙述和材料编排,不但反映了宗羲对王守仁的"知行合一"说没有给予足够的重视,而且在时间上也是错误的。据《阳明年谱》载:王守仁"始论'知行合一'"是武宗正德四年(公元1509年),时在贵阳;而"始揭'致良知'之教"是正德十六年(公元1521年),时在江西。就是说,王守仁始论"知行合一"说要早于他首揭"致良知"之教。我们认为,《阳明年谱》所载是可信的。因为据徐爱所记《传习录》,其中有王守仁与徐爱讨论"知行合一"的内容。按徐爱卒于正德十二年(公元1517年)。徐爱所记的《传习录》当在此之前;而王守仁始揭"致良知"之教则在徐爱卒后四年。如果王守仁的"知行合一"说和"致良知"说是同时提出来的,那么,徐爱绝不可能与闻"知行合一"说,他所记的《传习录》也不可能有这方面的内容。故可以断定:阳明倡"知行合一"说应在江右以前。可见,《阳明年谱》所载是对的,而宗羲的《明儒学案》的说法则是错误的。

如果说,王学的兴起以王守仁"龙场悟道"转向心学为其标帜,那么,王学的发展不但表现在王守仁心学体系的日臻完备方面,而且还表现在王门学派对王学的传播方面。

王学在王守仁生前已广为传播。其传人遍及大江南北。宗羲根据王学传人所在地区不同而将其分成浙中、江右、南中、楚中、北方、粤闽等六个王门学派。我们姑且称之为"王门六派"。为了全面了解王学发展的情况,有必要根据《明儒学案》所论,就"王门六派"的形成、师承传授和学术特点分别加以考察:

(一)浙中王门

浙中王门是指浙江地区的王学传人。宗羲认为,浙中王门是随着王守仁思想的转变而发展起来的。他说:

> 姚江之教,自近而远。其最初学者,不过郡邑之士耳。龙场而后,四方弟子始益进焉。郡邑之以学鸣者,亦仅仅绪山、龙溪。此外则椎轮积水耳。(同上卷十一《浙中王门学案·序》)

就是说,浙中王门的形成和发展有个过程:王守仁"龙场悟道"以前,其门人仅限于"郡邑之士";"龙场悟道"以后,"四方弟子始益进",浙中王门才兴盛起来。其主要代表人物是钱德洪和王畿,而"及门"最早者,则应首推徐爱。他于正德二年(公元1507年)即从学于王守仁。然而,多数浙中王门学者受业于王守仁则很晚。例如,钱德洪是在王守仁平定朱宸濠之反后(正德十四年,公元1519年),始禀学业师;王畿迟至嘉靖二年(公元1523年),始受业于王守仁;董沄年六十八(嘉靖三年)始称弟子,等等。可见,他们从学于王守仁,都是在其专倡"致良知"说的"江右以后"。由于这些王门弟子受业的时间有先后,因此传播师说的侧重点也各有不同。徐爱受业于王守仁早,故其所传,"皆是南中所闻。其于'致良知'之说,固未之知也"(同上卷十一《浙中王门学案·徐爱传》)。钱德洪、王畿、董沄等人受业晚,故所传多在"致良知"说。董沄谓"知过即是良知,改过即是致知"(同上卷十四《浙中王门学案·求心录》)。德洪谓"戒惧即是良知","良知即至善也"(同上卷十一《浙中王门学案·会语》)。王畿谓"良知即是独知,独知即是天理"(同上卷十二《浙中王门学案·论学书》)。宗羲比较钱、王二子的学术异同时,指出:

> 是两先生之良知,俱以见在知觉而言。……龙溪从见在悟其变动不居之体,先生(指德洪)只于事物上实心磨炼。故先生之彻悟不如龙溪,龙溪之修持不如先生。(同上卷十一《浙中王门学案·钱德洪传》)

因此,二子的学术倾向不同:"龙溪竟入于禅",而德洪则"不失儒者之矩矱"(同上)。然而他俩传播师说之功,均不可没。宗羲指出,德洪"在野三十年,无日不讲学"。其讲舍遍布于江、浙、宣、歙、楚、广等"名区奥地",与王畿"迭奉珠盘"(同上)。至于王畿,宗羲将其与陆学高弟杨简并提:"象山之后,不能无慈湖;文成之后,不能无龙溪,以学术之盛衰因之。慈湖决象山之澜,而先生(指王畿)疏河导源,于文成之学,固多所发明也"(同上卷十二《浙中王门学案·王畿传》)。

在传播王学有功者中,还要提到陆澄。宗羲说:"《传习录》自曰仁(按徐爱字)发端,其次即为先生(指陆澄)所记。朋友见之,因此多有省悟。盖数条皆切问,非先生莫肯如此吐露。"王守仁谓:"曰仁没,吾道益孤,致望原静(按陆澄字)者不浅"(同上卷十四《浙中王门学案·陆澄传》)。对陆澄在传播师说方面的贡献,给予了很高的评价。

特别要提到的是,在传播师说方面别树一帜、独具特色的浙中王门学者季本、顾应祥、胡瀚和张元忭等。

季本字明德,号彭山,会稽人。宗羲谓其"学贵主宰而恶自然",与王畿"学当以自然为宗"相对立,因"悯学者之空疏,祇以讲说为事,故苦力穷经"(同上卷十三《浙中王门学案·季本传》),著述多达一百二十卷,均为解经、注经之作;又注重经世,于黄河故道、海运旧迹,考索尤勤。其学术路径倾向于"道问学"。

顾应祥字惟贤,号箬溪,长兴人。宗羲谓其学"以阳明知善知恶是良知,为善去恶为格物为准的"。然于"九流百家"之书,"皆识其首尾,而尤精于算学"(同上卷十四《浙中王门学案·顾应祥传》)。其学术路径与季本相近,也倾向于"道问学"。

张元忭字子荩,别号阳和,山阴人,王守仁再传弟子。宗羲谓其师王畿又辟王畿,且疑王守仁"识得本体便是工夫"之说,谓"本体本无可说,凡可说者,皆工夫也"(同上卷十五《浙中王门学案·张元忭传》),认为他虽"谈文成之学,而究竟不出于朱子矣"(同上)。这是浙中王门诸子之近朱学者。

胡瀚字川甫,号今山,余姚人。其学旨在和会王门诸子的学术异同,谓"吾党慧者论证悟,深者研归寂,达者乐高旷,精者穷主宰流行,"认为他们俱得王守仁"致良知"说之一偏(同上卷十五《浙中王门学案·胡瀚传》),试图调和浙中、江右两个王门学派的对立。

(二)江右王门

江右王门是指江西地区的王学传人。其主要代表人物均在王守仁历官江右以后始受业于师门。如:邹守益、欧阳德均在王守仁巡抚南赣以后始受业。罗洪先自称王门后学,宗羲谓其"幼闻阳明讲学虔台,心即慕之"(同上卷十八《江右王门学案·罗洪先传》),说明他心向王学,也是在王守仁历官江右以后。刘文敏和刘邦采同师王守仁,则是在他居越以后(嘉靖元年,公元1522年)。而聂豹直至王守仁卒后,"始称门生"(同上卷十七《江右王门学案·聂豹传》)。因此,他们所受王守仁之教,都是其晚年的思想学说。宗羲对江右王门弟子在传播王学、阐扬师说方面的地位和作用,评价甚高:

> 姚江之学惟江右为得其传,东廓、念庵、两峰、双江其选也;再传而为塘南、思默,皆能推原阳明未尽之意。是时越中流弊错出,挟师说以杜学者之口,而江右独能破之。阳明之道,赖以不坠。盖阳明一生精神,俱在江右,亦其感应之理宜也。(同上卷十六《江右王门学案·序》)

宗羲这段评论包含下述几层意思:

第一,他认为"阳明一生精神,俱在江右",其学"惟江右为得其传"。就是说,在王门六派中,只有江右王门诸子得王守仁之正传,因为江右王门诸子所传正是"阳明一生精神"之所在。这就肯定了江右王门诸子在王学中的正传地位。

第二,他认为"阳明一生精神",即是其"致良知"宗旨。后来,他的门人"渐失其传"。所谓"是时越中流弊错出",即指此而言。宗羲在《江右王门学案·陈九川传》中对此言之尤详:

> 按阳明以"致良知"为宗旨,门人渐失其传,总以未发之中认作已发之和,故工夫只在致知上,甚之而轻浮浅露……故双江,念庵以归寂救之,自是延平一路上人。(同上卷十九)

这就肯定了江右王门诸子在维系王守仁学脉使之不失其传方面所起的补偏救弊的作用,故说"阳明之道,赖以不坠"。

第三,他认为,江右王门诸子不但得王守仁之正传,而且能推原其"未尽之意",邹守益、罗洪先、刘文敏、聂豹和再传王时槐、万廷言等人是其代表。这就肯定了江右王门诸子在弘扬师说、发展王守仁思想学说方面的突出贡献。所谓"皆能推原阳明未尽之意",是指"致良知"宗旨而言。因为"致良知"宗旨,阳明发于晚年,"未及与学者深究"(同上卷十七《江右王门学案·欧阳德传》),这就为其门人留下进一步阐发师说的余地。宗羲指出,王守仁谓"良知是未发之中","谨独即是致良知","则未尝不以收敛为主也"(同上),故邹守益之"戒惧"、罗洪先之"主静"、聂豹之"归寂"、刘文敏之"兢业存存"、王时槐之"惟寂而常照"、万廷言之"学以收放心为主"等等,都是对"致良知"说的具体发挥。显然,他们弘扬师说的重点,是放在"致良知"的"工夫"上面。这是江右王门诸子弘扬师说的一个显著特点。

然而,必须指出,在江右王门诸子中已出现一种新的学术倾向,这就是:以宋儒周、程诸子之义理来解释王学,试图和会宋明学术之异同。其最显者,有刘阳、黄宏纲、宋仪望和章潢等。

刘阳认为,宋儒关于"中""敬""诚""静""寂""仁"之义,皆指夫知之良也"(同上卷十九《江右王门学案·刘阳传》),故宗羲说:"由先生言之,则阳明之学仍是不异于宋儒也"(同上)。黄宏纲认为"阳明之良知,原即周子'诚一无伪'之本体"(同上《黄宏纲传》)。宋仪望认为,"阳明之学,从仁体处开发生机……其学问脉络,盖直接濂溪、明道也"(同上卷二十四《江右王门学案·阳明先生从祀或问》)。章潢则认为"主敬穷理""致良知","言各不同,皆求明性善之功,岂必专执一说,然后为所宗耶"(同上《章潢传》)?

此外,刘邦采之"性命兼修"、陈嘉谟之"悟修并举",也都具有调和程、朱与陆、王关于"道问学"与"尊德性"之争的性质。

最后,还要提到江右王门后学邹元标,宗羲认为他于禅学"亦所不讳,求见本体即是佛氏之本来面目也","其所谓恕……乃佛氏之事事无碍也"(同上卷二十三《江右王门学案·邹元标传》)。至于他的宇宙观,则近于老氏,认为"天地万物皆生于无而归于无"(同上《会语》)。这说明王学在其发展、演变过程中,存在着流于释、老的倾向。

(三)南中王门

南中王门是指江苏、安徽地区的王学传人。其主要代表人物均为王守仁之及门,但受业很晚。如黄省曾于王守仁居越时始受业,周冲于王守仁居官江右时始受业,而朱得之则于江西新城(今高碑店市)县丞任上才从学于王守仁。至于其他南中王门诸子则多为王守仁之再传:薛应旂师事江右王门的欧阳德,徐阶师事江右王门的聂豹,查铎、唐顺之则师事浙中王门的王畿,等等。南中王门,在王守仁卒后,因有钱德洪、王畿所在讲学,又有邹守益、欧阳德、何廷仁等先后居官南都,故"兴起者甚众",王学风靡一时。宗羲为之立案者,只限于有语录可考者,其余则皆附于《南中王门学案·序》中。

南中王门所传王学,其重点在"致良知"说。黄省曾谓"良知为未发之中,本体澄然而无人伪之杂"(同上卷二十五《南中王门学案·黄省曾传》),周冲强调"存心"之要"只在慎独"(同上《周静庵论学语》),查铎则谓"知慎即是良知",而"时时不忘有事、不为气习所蔽即是致良知"(同上《周冲传》)。然而,值得指出的是,南中王门的学术特点:

第一,试图和会朱、陆和王、湛的学术异同。薛甲认为,"陆子之学在先立其大,朱子之学在居敬穷理。学者若能存先立其大之心而务朱子之功,则所谓居敬者,居心也;所谓穷理者,穷之心也,则朱陆合一矣"(同上《薛畏斋文集》)。但是,薛甲所主张的"朱陆合一",并非居中持平之论,而是站在陆学的立场上,以朱合陆,或援朱入陆,故仍然是陆王心学的思想路径。

周冲始师王守仁,后从学于湛若水。其于王、湛两家之学术异同,则力主"疏通其旨",谓"湛师之体认天理即王师之良知也"(同上《周冲传》),旨在消除王、湛两家弟子的门户之见。

第二,论"知行合一"则反对"离行言知","外事言学"。薛应旂说:"古之学者,知即为行,事即为学;今之学者,离行言知,外事言学"(同上《薛应旂传》)。显然,在"知"与"行","学"与"事"之间,他是强调后者,因而与王守仁以"知"为"行"或以"知"消"行"的观点是对立的。这种非王学的倾向,为当时王门所不容。宗羲谓"东林之学,顾导源于此"(同上),说明其学颇近于朱学。杨豫孙则一反王学将知识排除在良知之外的传统观点,指出"知识即性。习为善者固此知识,习为不善者亦此知识"(同上卷二十六《南中王门学案·杨豫孙传》)。其非王学的倾向也十分明显。

第三,援儒入道(教)。其代表人物是朱得之,著有《参玄三语》,认为"人之养生,只是降意火","《参同契》真人潜深渊,浮游守规中,此其指也"(同上《语录》);又以道教的炼丹术比附理学家的修身养性,谓"丹者赤也,吾赤子之心也;炼者喜怒哀乐发动处是火也"。炼丹即锻炼"吾赤子之心"使之不失,"久久纯熟,此便是丹成也"(同上)。故宗羲称其学"颇近于老氏",认为"盖学而得其性之所近者也"(同上《朱得之传》)。

(四)楚中王门

楚中王门是指湖南、湖北地区的王学传人。宗羲在论及"楚学之盛"时指出,楚学有两个流派:一是以耿定向为代表,一是以蒋信为代表。耿定向字在伦,号天台,湖北黄安人。其学主中行,虽非泰州学派之正传,但也主张"凡道之不可与愚夫愚妇知能,不可以对造化通民物者,皆邪说乱道也"(同上卷三十五《泰州学案·天台论学语》),与王艮倡言"百姓日用即道"同调,故宗羲说:"惟耿天台一派自泰州流入"(同上卷二十八《楚中王门学案·序》),并将他列入《泰州学案》。蒋信、冀元亨是湖南武陵人,早在王守仁谪龙场驿驿丞时即师事王守仁,笃信王学。比较两派学术,宗羲认为,"天台之派虽盛,反多破坏良知学脉",而蒋信"实得阳明之传","故武陵之及门,独冠全楚"(同上)。就是说,只有蒋信一派才是王学在楚中的真正代表。所以,宗羲只将蒋信、冀元亨列入《楚中王门学案》。然而,细考蒋信论理气心性,其主旨在于证明北宋周、张、二程关于"万物一体"之说,尤其是张载以"气"为万物本原的观点。他认为,"宇宙只是一气","心亦是气。虚灵知觉乃气之至精者耳";"凡言命、言道、言诚、言太极、言仁,皆是指气而言"(同上《桃冈日录》)。可见,与其说他"得阳明之传",毋宁说他更倾向于张载的气本论。冀元亨虽于湖广乡试时,"不从朱注,以所闻于阳明者为对",但是他对王守仁提倡静坐,不以为然,认为"苟无见于仁体,槁坐何益"(同上《冀元亨传》)?说明其学术观点更倾向于程颢的仁说。

(五)北方王门

北方王门是指河南、山东地区的王学传人。他们当中,大多非王守仁之及门。宗羲认为,"北方之为王氏学者独少"(同上卷二十九《北方王门学案·

序》)。而在北方王门诸子中,笃信王学者也不多。穆孔晖虽为王守仁及门,但宗羲谓其"学阳明而流于禅"(同上《穆孔晖传》)。张后觉、尤时熙已表现出非王学的倾向。张后觉提出:"良即是知,知即是良;良外无知,知外无良"(同上《张后觉传》)。实际上是混同了"良知"与知识的区别,因而与王学将知识排除在"良知"之外的传统观点相左,却与南中王门杨豫孙的"知识即性"的非王学倾向相一致。尤时熙则"以白沙静中端倪为异学",故"不得不就察识端倪一路"(同上《尤时熙传》)。宗羲认为这是朱学的路径。

特别要提到的,是孟秋和杨东明。宗羲虽然将他们列入《北方王门学案》,但是,孟秋的理欲观和杨东明的性论则是具有非理学的倾向。宋明理学家认为,只有"革尽人欲",才能"复尽天理",只有通过"克己"工夫,才能达到恢复"天理"的目的。孟秋则指出,"克去人欲,复还天理"之说是错误的(同上《我疆论学语》),因为"心体本自澄彻,有意克己,便生翳障"(同上《孟秋传》)。在性论问题上,杨东明一反宋明理学家分性为"义理之性"和"气质之性"的传统观点,认为"盈天地间皆气质也","义理之性出于气质"(同上《晋庵论性臆言》)。宗羲谓"其学之要领,在论气质之外无性"(同上《杨东明传》)。这一看法是中肯的。

根据《明儒学案》所提供的情况来看,北方王门诸子中,只有孟化鲤保持着鲜明的王学观点。他提出:"人者天地之心,而人之心即浩然之气。……吾之心正,则天地之心正;吾之气顺,则天地之气顺"(同上《论学书》)。显然,这与陆、王的心本论观点是一致的。

(六)粤闽王门

粤闽王门是指广东、福建地区的王学传人。然而,宗羲为之修传立案者,只有广东的王守仁及门薛侃和再传周坦。福建的王学传人只提到马明衡,附于该学案《序》末。宗羲认为,粤闽王门中,以粤中王门为盛,而最早师事王守仁者,是南海的方献夫。他于王守仁起自贵州谪所时,即"拜称弟子"(同上卷三十《粤闽王门学案·序》)。然而,粤中王门之盛应在王守仁开府赣州之后。粤中王门诸子以薛侃声名最著。

粤中王门之功,首在为王学"近禅"辩诬。薛侃认为,释、老二氏之蔽

"在遗伦不在虚无","不离人伦日用而虚无者,吾儒之学也"(同上《语录》)。这种辨儒释、儒老之别,与世儒以"释空老无为异"的观点是对立的。然而,他又不崇尚虚无,而是主张务学须博求。其弟子周坦更反对主静、瞑坐、局守空寂,认为此"非圣人之心学也"(同上《周坦传》)。

综观王门六派的学术及其演变,有两个基本特点:

第一,就学术宗旨而言,他们以阐发王守仁的"致良知"说为其重点,特别是着重探讨"良知"本体的性质特点以及到达"良知"本体的途径,即"致良知"的"工夫"。其中,尤以江右王门诸子为得王守仁学说之正传。因为他们在弘扬师说,探求"良知"本体方面,其功居诸派之上。

第二,就学派演变的趋势而言,大体有三种倾向:

一是由超越"工夫"直探"本体"而流于释、老,如浙中王门的王畿、江右王门的邹元标、北方王门的穆孔晖等人之流于禅,南中王门朱得之之流于老。

二是以知识为"良知","故工夫只在致知上",因而走上程、朱"道问学"的轨辙,如浙中王门的杨豫孙,北方王门的张后觉、尤时熙,粤闽王门的薛侃、周坦等。他们反对默坐澄心,主张务学博求,力图挽救王学门人之空疏,故有程、朱"道问学"之学术倾向。

三是和会各派学术异同,如浙中王门的胡瀚主张和会浙中与江右两个王门学派的学术异同,南中王门的周冲主张和会王守仁与湛若水两家学术之异同,江右王门的刘阳、黄宏纲、章懋等人主张和会宋明学术之异同,南中王门的薛甲主张和会朱陆学术异同,等等。此外,江右王门的刘邦采主张"性命兼修"、陈嘉谟主张"悟修并举",也是属于和会学术异同的倾向。

由此可见,在王门六派传播师说的过程中,其内部已发生了分化,出现了偏离王学的倾向。即使是得王学之正传的江右王门,其传人也有流于禅者。这说明王学在传播过程中已显异趋。及至晚明,王学更走向末路。宗羲说:"明末士大夫之学道者,类入宗门,如黄端伯、蔡懋德、马世奇、金声、钱启忠,皆是也"(同上卷五十七《诸儒学案下·朱天麟传》)。有的则"出入儒、释之间"。刘宗周奋起挽救此王学之沦丧。宗羲称其学"醇乎其醇"（同上卷六十二《蕺山学案·序》），正是指他的"辟佛"态度而言。黄宗羲所以将《蕺山学案》置于《明儒学案》的卷终，显然是以刘宗周为明代王学的殿军，而将其理学思想看作是对明代王学的总结和发展。从《蕺山学案》所提供的材料来看，这也是刘宗周理学思想的主要特点，具体地说：

第一，对王学以至朱、陆之学进行批判性的总结。这种批判性的总结，并非简单的肯定或否定，而是采取分析的态度，既有肯定，又有否定。例如，对朱学，他认为"宋儒自程门而后，游、杨之徒浸深禅趣，朱子岂能不惑其说"，故"将吾道中静定虚无之说，一并归之禅辟"（同上《来学问答》）。但是，朱子又"因读《大学》而有得"，主张由"格物穷理"以"求之诚正"。所以，他认为朱学"一面有存心之说，一面有致知之说"，"两事递相君臣，迄无一手握定把柄之势"（同上）。又如，他认为陆学"直信本心"，"不本于穷理"，故只"知有本心，不知有习心"；于朱学，虽尝议其"支离"，"而亦不非朱子之格致"（同上）。最后，他说："合而观之，朱子惑于禅而辟禅，故其失也支；陆子出入于禅而避禅，故其失也粗；文成似禅而非禅，故不妨用禅，其失也玄"（同上）。又说："阳明之学，谓其失之粗浅不见道则有之，未可病其为禅也"（同上）。这说明刘宗周的理学思想尽管仍属于陆王派的心学体系，但并不因此就菲薄朱学而偏袒陆、王，而是力戒学派性的偏颇，以探求朱、陆、王三家学术的异同、得失。这是刘宗周对宋明理学进行批判性总结的一大特点。

第二，纠正王守仁"致良知"说的失误。他认为，王守仁的"致良知"说在"传孟子教法"方面，虽"最有功于后学"（同上《良知说》），然而却与《大学》"知止"的本旨不合。因为"知止"即"知先、知本"，亦即"止于至善"，因而"知在止中，良因止见"，"故言知止则不必更言良知"（同上）。王守仁所以"更言良知"，他认为是"将意字认坏，故不得不进而求良于知"，同时又"将知字认粗"，故"不得不退而求精于心"。由这"种种矛盾""而知其非《大学》之本旨矣"（同上）。因此，他主张不必于《大学》"致知"之外，另立所谓"致良知"之说，以纠正王守仁"致良知"说在"知""意"方面的失误。

第三，"以慎独为宗"，进一步发挥陆、王的"本心之学"。按"慎独"一词，见于《礼记·中庸》："莫见乎隐，莫显乎微，故君子慎其独也。"原意是：人在独居闲处而不受人注意之时，仍要谨慎其所作所为。"独"字之义，是指独居而不为人所知之意。刘宗周则从"本心之学"的角度对它重新加以解释："至善归宿之地，其为物不贰，故曰独"（同上《大学杂辨·诚意》）。又说："圣学本心，维心本天，维元维嘿，体乎太虚，因所不见，是名曰独"（同上《独箴》）。"独者物之本"（同上《慎独》）。概言之，所谓"独"，就是人的"至善"之"本心"，它是万物之根本。因此，所谓"慎独"，就是时时保持这人的"至善"之"本心"，维系着万物之根本。显然，这是刘宗周用"本心之学"的观点对儒家传统的"慎独"说所做的新解。宗羲说："儒者人人言慎独，唯先生始得其真"（同上《刘宗周传》），指的正是这个意思。因此，刘宗周的"以慎独为宗"的理学思想，可以看作是对陆、王"本心之学"的具体发挥。

刘宗周理学思想的上述特点表明：宗周之学，既有对陆王心学的继承，更有对陆王心学的批评和发展。因此，宗羲将刘宗周视为明代王学的总结者，是不无道理的。

第四节 《明儒学案》论明代中后期理学（下）

王门别派对王学的修正，是明代中后期理学发展的新情况，也是王学发展、演变过程中所出现的新趋向。

所谓王门别派，是指师承王门而又别立宗旨的学者和学派，类似于《宋元学案》中的"别传"。王门别派的主要代表是：李材和王艮。李材创立止修之学，王艮则是泰州学派的开创者。

李材字孟诚，别号见罗，江西丰城人，从学于江右王门的邹守益。宗羲因其别立"止修"宗旨而为之别立一案；又因其学旨在"救良知之弊"，故称之为"王门之孝子"（同上卷三十一《止修学案·序》）。"止修"之学有两个显著的特点：一是不以"良知"为本体，而以"良知"为功用，从而修正王守仁

"良知即本体"之说;二是主张"知止"与"修身"并重,以救王门"单以'知止'为宗"而"邻于禅寂"(同上《李材传》)之弊,这也是其学旨所以用"止修"命名之故。可见,李材所以别立"止修"宗旨,并非背叛王学,而是以"止修"之学修正王学之偏颇,补救王学之流弊,故仍属王门别派。

王艮是王守仁的弟子。他在王门中的地位,宗羲比之于王畿:"阳明先生之学有泰州、龙溪而风行天下,亦因泰州、龙溪渐失其传"(同上卷三十二《泰州学案·序》)。认为王艮于王学的流传,功过参半:既有功于王学,使其"风行天下",广为传播,又使王学"渐失其传",趋向"异端"。王艮所以能使王学"风行天下",是因为他开创了泰州学派,使王学深入到民间。宗羲谓王艮在"阳明卒后,开门授徒,远近皆至,省觉人最多"(同上《王艮传》),"泰州之后,其人多能赤手以搏龙蛇"(同上《序》),即指此而言。但是,正因为王艮所开创的泰州学派的民间性质,又使他们在传播王学过程中不能不赋予某种民间的色彩。宗羲谓"传至颜山农(钧)、何心隐(原名梁汝元)一派,遂复非名教之所能羁络矣"(同上),说明泰州学派因其民间色彩而使其思想具有"非名教之所能羁络"的"异端"性格。就思想渊源而言,这是王艮的"百姓日用即道"这一观点合乎逻辑发展的结果。王艮所说的"道",即是"圣人之道"。既然"百姓日用"即是"圣人之道",那么,也就是承认人人可以得"道"而成为"圣人"。显然,这是对王守仁"人人可以为尧舜"这一思想的进一步发挥。王艮这一观点在客观上具有否认圣凡、贤愚、贵贱的封建等级差别的理论意义。其后学正是从这一意义上发挥此说。例如,罗汝芳由此引申出"圣人即是常人","人无贵贱贤愚"(同上卷三十四《泰州学案·近溪语录》)的结论;杨起元由此引申出"与愚夫愚妇同其知能便是圣人之道"(同上《杨起元传》)的结论。应该说,这是他们非难"名教"、步入"异端"的理论依据,也是他们对王学进行修正的具体表现。宗羲所谓"阳明先生之学"因泰州"而渐失其传",即指此而言。

泰州后学援儒入佛,是"阳明先生之学""渐失其传"的另一个原因。例如,王艮之学四传至焦竑,出现了援儒入佛的情况。他说:"佛氏所言'本来无物者',即《中庸》'未发之中'之意也"(同上卷三十五《泰州学案·焦澹园论学语》）；"明道言'尽其心者知其性也'，佛所谓'识心见性'是也"（同上《焦竑传》）。故宗羲指出，焦竑之学，"以佛学即为圣学"（同上）。与焦竑同师事于罗汝芳的周汝登，也援儒入佛，宗羲指出："先生之无善无恶，即释氏之所谓空也"（同上卷三十六《泰州学案·周汝登传》）。及至周汝登的弟子陶望龄，则"泛滥于方外"，"遂使宗风盛于东浙"（同上《陶望龄传》）。宗羲谓"其为学始基，原从儒术，后来谈玄说妙"，流入"禅学"（同上）。

然而，就思想体系而言，王艮的泰州之学并未尽脱王守仁心学之规范。他所标举的"淮南格物"说，虽以"安身立本"解释《大学》"格物"之旨，似与王守仁以"良知"为"本体"之说有别，但是，正如宗羲所指出的："然所以安身者，亦是安其心耳，非区区保此形骸之为安也"（同上卷三十二《泰州学案·王艮传》）。其弟子王栋直以"安身"为"良知"（同上《王栋传》），更足以说明王艮的"淮南格物"说与王守仁的"致良知"说有着内在的思想联系。

就本体论而言，王艮及其后学也未能超出王守仁心本论的范围，如王艮以"安身"为"天地万物之本"（同上《心斋语录》），徐樾谓"古往来今，唯有此心"（同上《徐樾传》），颜钧谓"人心妙万物而不测者也"（同上《序》），方学渐谓"心外无理"（同上卷三十五《泰州学案·心学宗》）等等，都以"人心""本心"为宇宙的本原。显然，这是对王守仁心学思想的具体贯彻。

由此可见，王艮所开创的泰州学派，既有对王学的继承和发扬，又有对王学的修正和离异。正是泰州学派对于王学的这种两重性格，所以宗羲在《明儒学案》中为之别立一案，以标明其属于王门别派。

明代中期，与王学并兴而又互相对峙、互为影响的，是湛若水之学。宗羲指出，"王、湛两家，各立宗旨"，然而两家弟子"递相出入"于对方之门下，其情况类似于南宋的朱、陆门人（同上卷三十七《甘泉学案·序》）。

宗羲所谓"王、湛两家，各立宗旨"，是指"阳明宗旨'致良知'"、湛若水"宗旨'随处体认天理'"而言（同上《湛若水传》）。两家宗旨虽异，实则异中有同，都是主张"心学"。王守仁自不待言，湛若水也不例外。他说："圣人之学，皆是心学。"又说："吾所谓天理者，体认于心，即心学也"（同上《语录》)。自称其"随处体认天理"的宗旨是"心学"。他与王守仁一样,都是主张心本论,认为"心无所不贯、无所不包",它"包乎天地万物之外,而贯夫天地万物之中"(同上《湛甘泉心性图说》)。其与王学不同者:一是疑孟子之"求放心",认为是"以心求心","只益乱耳"(同上《求放心篇》);二是非难"静坐"这一程门传授,认为"此不是常理"(同上《语录》);三是批评王守仁的"知行合一"说,"主知行并进"(同上《甘泉论学书》);四是以"格物"即"造道",而"所以造道者","知行并进、学问思辨行"(同上),深以王守仁训"格物"为"正念头"为非(同上《答阳明王都宪论格物》)。

必须指出,湛学在传衍过程中,其传人渐起分化:

一是倾向江右王门。如:湛若水之及门何迁,谓"定静安虑而后能得"(同上《吉阳论学语》)。宗羲认为其学"与江右主静、归寂之旨大略相同"(同上卷三十八《甘泉学案·何迁传》)。

二是倾向朱学。如湛若水之再传许孚远谓"学然后可以尽性",故"贵躬行""务实修"(同上卷四十一《甘泉学案·原学》);许孚远的弟子冯从吾,宗羲谓其"重工夫,提倡讲学"(同上《冯从吾传》),而反对"异端悬空顿悟之学"(同上《论学书》);至唐伯元则一反湛若水之说,谓"六经无心学之说,孔门无心学之教。凡言心学者,皆后儒之误",主张"性恶"(同上卷四十二《甘泉学案·唐伯元传》),提倡"解经";杨时乔论心性,宗羲谓其与朱学学者罗钦顺"无以异"(同上《杨时乔传》)。

三是主张调和王、湛学术异同。如湛若水及门吕怀"以为天理、良知,本同宗旨",反对学者说同道异(同上卷三十八《甘泉学案·吕怀传》)。湛若水的另一门人唐枢,认为王、湛两家各有利弊:"随处体认天理,其旨该矣,而学者或昧于反身寻讨;致良知,其几约矣,而学者或失于直任灵明",因此主张"两存而精究之"(同上《唐枢传》),并以"讨真心"为立言宗旨,以调和王、湛两家之对立。

必须指出,王、湛两家虽学术上互有异同,但这是属于同一理学派别即心学内部不同流派之间的异同,因此可以说是大同小异。如果说,陆、王是心学正宗;那么,湛学则属于心学别派。

这一时期的理学,除了王门别派对王学的修正和湛学对王学的辩难以外,还有程、朱学者对陆王心学的批判,它几乎贯串于这一时期理学发展的全过程。罗钦顺、崔铣、何塘、黄佐、张岳为其代表,而以东林朱学为其殿军。他们的批判,可以概括为以下几点:

一是谓陆九渊的"心即理"纯属"师心自用",于"经书"无从"取证",故不合"圣人"之意(同上卷四十七《诸儒学案》引罗钦顺《困知记》);二是谓王守仁的"致良知"说,"遗了格物工夫",故"流于佛、老之空寂"(同上卷五十二《诸儒学案》引徐问《答人书》);三是谓王守仁"无善无恶"之说,"坏天下之法"(同上卷五十八《东林学案·顾宪成传》),求其所本,实源于佛藏(同上引顾宪成《小心斋札记》);四是谓"姚江之弊""任心而废学""任空而废行"(同上引高攀龙《杂著》),指斥其反对"实悟""实修"而溺于禅宗"顿悟"的流弊。总之,他们在批评陆王心学时,着重于指出其学说缺乏"经典"的依据,揭露其思想的佛、老渊源。应该说,这是明代中后期程、朱学者批评陆王心学的显著特点。

最后,还要提到王廷相、吕坤等人的非理学倾向。从宗羲所编选的材料来看,他们对理学的批评各有所侧重。例如,王廷相侧重于从本体论和性论方面批评程、朱的"理能生气"和"离气而论性"的观点,指出前者是老、庄"道生天地"之旨,后者是"强成孟子性善之说",坚持了万物皆本于"气"和"性生于气"的观点(同上卷五十《诸儒学案·雅述》)。吕坤则侧重于批评理学家之空谈,指出所谓"无极太极""理气同异""性命精粗""性善是否"等之论辩,均非"今日急务",于"国家之存亡、万姓之生死、身心之邪正"毫无裨益(同上卷五十四《诸儒学案·呻吟语》)。

必须指出,宗羲虽然注意到王、吕的非理学倾向,但只强调他们批评程、朱之学的一面,至于他们对陆王心学的评论,则无所涉及,说明他还未能完全摆脱陆王心学的羁绊,克服学派性的偏颇。

综观以上两节所述,宗羲关于明代理学发展的观点,可以概括如下:

一、明代理学以明初朱学为其开端,而以崇仁、河东学派为明初朱学之大宗。两家学术各有特色:崇仁治学主"涵养",河东治学重"践履",因而两家传人或恪守程、朱"道问学"轨范,或倾向陆学"尊德性"途辙。崇仁门人陈白沙,发挥师说,倡"静中养出端倪"之学,为明代心学之发端。

二、明代中期,王守仁继陈献章而起,王学大昌,成为尔后明代理学之大宗。王学传人,按其所在地区分成六派,而以江右王门为王学之正传,其传人之众,影响之大,持续时间之长,均居于其他诸派之上。王门六派在传播师说过程中,渐起分化:或倾向于程、朱的"道问学",或出入于佛、老之间,或主张和会程、朱与陆、王的学术异同。及至明末,刘宗周奋起救王门溺禅之弊,以"慎独"之学继承、发扬陆、王"本心之学",因而成为明代王学之殿军、陆王心学之总结者。

三、在王学的兴起及其发展和演变过程中,有止修、泰州等王门别派对王学的修正,有湛学与王学的辩难,有程、朱学者对陆王心学的批评。还出现了王廷相、吕坤等人的非理学倾向。这些非王学派别对陆王心学的修正、辩难和批评,是明代中后期理学发展的重要内容。如果说,蕺山之学是明代王学之殿军和总结者;那么,东林之学则是明代朱学的殿军。

以上是我们根据宗羲编纂的《明儒学案》而整理出来的明代理学发展的历史线索。实际上,这是宗羲对这一时期理学发展历史所做的总结,它充分反映了编纂者关于这一时期理学发展的基本观点。

第五节 《明儒学案》的理学观点及其在学术史上的地位

一、《明儒学案》的理学观点

宗羲在论述明代理学发展历史的同时,还针对这一时期理学家的若干理学观点进行评论,比较系统地阐明了自己对于宋、明以来几个重大理学问题的看法:

(一)理气观

理气观是宋明理学的一大论题,它包括两方面的问题:一是就理气相互关系而言,何者在先;二是就本体论而言,何者为万物之本原。凡是认为理在气先、理为万物之本者,属于理本论的理气观;凡是认为气在理先,气为万物之本者,属于气本论的理气观。宋代的二程和朱熹持前一种观点,张载则持后一种观点;而陆九渊只谈"心即理",不谈理气关系。明代的罗钦顺、王廷相的理气观本于张载;王守仁虽谈理气关系,但只强调二者的相互依存,而回避就二者谁更为根本的问题做出回答;刘宗周虽属王门学派,但在理气关系问题上,较之王守仁的观点要明确得多,他主张"理在气中"、"不在气外",否认"理在气先"的程、朱观点。然而,在本体论问题上,他一方面认为"盈天地间一气而已矣"(同上卷六十二《蕺山学案·语录》)、"盈天地间皆物也"(同上《大学杂辨》);另一方面又认为天地万物本"无物","无物"者,"统于吾心者也"(同上)。可见,归根到底,他仍以"吾心"为宇宙本原。

宗羲的理气观,大体继承了张载、罗钦顺、王廷相和刘宗周的观点。他尤其推崇罗钦顺,谓其"论理气最为精确"(同上卷四十七《诸儒学案·罗钦顺传》)。罗钦顺认为,气是变化不已的,动静、往来、阖辟、升降、幽显、温凉寒暑、生长收藏、彝伦日用、成败得失……无不是气之变化。尽管气之变化,"千条万绪,纷纭缪轕",然而"卒不克乱"。他认为,理就是气之所以变而不乱,但又"莫知其所以然而然"者(同上)。宗羲对理气的解释即本于此说,但表述得更加明确:

> 盖大化流行,不舍昼夜,无有止息,此自其变而观之,气也。消息盈虚,春之后必夏,秋之后必冬,人不转而为物,物不转而为人,草不移而为木,木不移而为草,万古如斯,此自其不变者而观之,理也。(同上卷二《崇仁学案·胡居仁传》)

与罗钦顺的观点一样,他认为气是变化不已的,而理则是这变中之"不变者",所谓"春之后必夏,秋之后必冬",所谓"人不转而为物,物不转而为人"等等,就是罗钦顺所说的变而"卒不克乱"者。所不同者,罗钦顺认为理是"莫知其所以然而然"者,亦即是不可知的。这就给自己的理说蒙上了一层神秘的色彩;宗羲则认为理是气之"本然"(同上卷二十九《北方王门学案·杨东明传》),是"气之流行而不失其则者"(同上卷二十二《江右王门学案·胡直传》),或气之"自有条理"者(同上卷五十《诸儒学案·王廷相传》),它不是神秘莫测和不可知的,而是有一定的规则、条理可寻,亦即是可知的。显然,宗羲对于理的解释较之罗钦顺是前进了一步,他克服了罗钦顺理说的神秘色彩,而赋予理以事物规律的含义。

然而,必须指出,宗羲的理气观有着明显的二重性:一方面,就理气关系而言,他主张气在理之先为理之本,认为"理为气之理,无气则无理"(同上卷七《河东学案·薛瑄传》)。就是说,气是理赖以存在的根据,有气才有理,无气则无理,说明气较之理更为根本。另一方面,就本体论而言,他既主张"天地之间只有气,更无理"(同上卷五十《诸儒学案·王廷相传》),似乎承认气为天地万物唯一的本原,但又主张"盈天地皆心也"(同上《自序》),似乎又肯定"心"为天地万物的本原。那么,能否由此断言:宗羲的本体论是心、气二元论呢?不能。因为他所说的气,只是沟通物、我和心、理的中介:

> 太虚中无处非气,则亦无处非理。孟子言万物皆备于我,言我与天地万物,一气流通,无有碍隔。故人心之理,即天地万物之理,非二也。……故曰:理在心,不在天地万物,非谓天地万物竟无理也。(同上卷二十二《江右王门学案·胡直传》)

按孟子所谓"万物皆备于我",即"万物皆在我一心"之意,因此"人心之理,即天地万物之理","心"成为天地万物的本原。而在宗羲看来,孟子的"万物皆备于我",是借"一气流通"而实现的。可见,在宗羲那里,气不是作为天地万物的本原,而是实现"物我一体"或"心物合一"的不可缺少的中间环节。总而言之,宗羲的理气观并非彻底的气本论;在本体论方面,他并不以气为万物之本原,而是用气来论证万物本于一心。因此,他的本体论,归根到底,仍属于王学的心本论。

(二)性情之辨

性情之辨,是宋明理学的又一大论题。它是围绕着《礼记·中庸》关于"未发""已发"的问题而展开的。《中庸》所说的"未发""已发",是指人的喜怒哀乐而言:其未发谓之"中",其已发而中节谓之"和";合此二者谓之"致中和"。理学家十分注重"未发之中"。南宋理学家罗从彦曾有"令于静中体认未发时气象"之教。宗羲指出,"此是明道以来下及延平,一条血路也"(《宋元学案》卷三十九《豫章学案·附录》),认为此教并非出自一人之口,而是自北宋程颢至南宋李侗一脉相承的理学传统。这些理学大师的传人,发挥师说,以"未发""已发"辨性情。

宗羲的性情之辨,一反理学家的上述思想传统,指出:

> 自来儒者以未发为性,已发为情。其实性情二字,无处可容分析。性之于情,犹理之于气,非情亦何从见性?(《明儒学案》卷十九《江右王门学案·黄宏纲传》)

他认为,"以未发为性,已发为情",就是将性情离而为二;实则二者是不可分离的,故说二者"无处可容分析"。但是,性与情之不可分离,并非表明二者的关系是互相依存的对等关系;相反地,二者是主从关系,犹如理之依存于气一样,性是依存于情的,故说"非情亦何从见性"。就是说,性因情而见,没有情也就无所谓性了,说明性不离情,性在情中,二者是不可分割地联结在一起的。这是宗羲所以反对以"未发""已发"辨性情的理由之一。

宗羲所以反对理学家以"未发""已发"辨性情,还有一个理由,这就是:在他看来,"未发""已发"是情而不是性;"中和"才是性。他说:

> 情贯于动静,性亦贯于动静,故喜怒哀乐,不论已发、未发,皆情也,其中和则性也。(同上卷四十七《诸儒学案·罗钦顺传》)

宗羲对性、情所做的解释，有两点值得注意：第一，他不以"未发"为性，而以之为情，不但是针对着理学家的传统观点而发，而且是直接针对着江右王门中以"归寂"为宗的聂豹一派而发的。他指出，"于未发言喜怒哀乐，是明明言未发有情矣。奈何分析性、情，则求性者必求之未发？此归寂之宗所由立也"（同上卷十九《江右王门学案·黄宏纲传》）。按聂豹一派以"未发"为静，"已发"为动。那么，以"未发"为性，就是以静为性，故他们以"归寂"为宗，实则是主张以默坐澄心去体认作为良知本体的性。因此，宗羲不以"未发"为性，是对理学家中的主静派的批评。第二，他以"中和"为性，实际上是承认性不离情，性中有情，因为"中和"包含着"未发之中"与"发而皆中节之和"二者，因而是与上述他关于性不离情、性在情中的观点相吻合的。必须指出，宗羲曾部分地肯定了程颐的"性即理"的观点，认为它"单为人性言之则可，欲以该万物之性则不可"（详见上一章第四节）。那么，由他的性不离情、性在情中的观点，可以推衍出理不离情、理在情中的结论来。指出这一点尤其重要，因为根据理学家"性即理"的观点，他们主张将性情离而为二，其实质就是鼓吹情理分离、理中无情。清代反理学思想家戴震曾以理不离情的观点批判了宋明理学家的上述论调，指出："未有情不得而理得者也"（《孟子字义疏证》卷上《理》），认为"无过情无不及情之谓理"（同上）。这和宗羲以"中和"为性的观点是一致的。从这个意义上说，宗羲的性情之辨具有批判理学的思想性格。

(三) 儒释之辨

儒释之辨，一般可以作广义和狭义的理解：从广义来说，是指儒家内部对佛教所持的不同态度以及由此而产生的争论；从狭义来说，是指站在儒家的立场上对儒、佛两家学说的短长、得失所做的评价和辨析。宗羲的儒释之辨属于后者。

长期以来，儒家之所以反佛，大多以"夷夏之防"立论，指斥其蔑弃人伦，亵渎封建纲常名教，因而视之为"异端邪说"。宗羲的儒释之辨，突破了儒家传统思想的局限，而直接从学理的角度对儒、佛两家学说的异同进行剖析。

宗羲关于儒释之辨的一个显著特点,是善于揭示两家学说"形同"中之"实异"。他说:

> 盖儒、释同此不息之体,释氏但见其流行,儒者独见其真常尔。(同上卷十五《浙中王门学案·张元忭传》)

就是说,儒、释两家,都认为宇宙本体是流行不息的。这是两家学说之"形同"。但是,释氏只见其流行不息,而儒家则于流行不息中"独见其真常"。这是两家学说之"实异"。在《姚江学案·王守仁传》中,他将儒、释两家学说之"实异"概括为一个"理"字,指出:

> 有人"以释氏本心之说颇近于心学",而"不知儒、释界限只一理字。释氏于天地万物之理,一切置之度外,更不复讲,而止守此明觉。世儒则不恃此明觉而求理于天地万物之间,所谓绝异。"(同上卷十)

宗羲关于儒释之辨的另一个显著特点,是善于从两家学说之"实异"中,揭示其发展的不同趋向。他说:

> 儒者之道,从至变之中以得其不变者,而后心与理一。释氏但见流行之体变化不测,故以知觉运动为性,作用见性,其所得不生不灭者,即其至变者也。……释氏既以至变为体,自不得不随流鼓荡,其猖狂妄行,亦自然之理也。(同上卷二《崇仁学案·胡居仁传》)

他认为,儒家学说是"从至变中以得其不变者",释氏则以"至变为体",因此两家学说的发展趋向不同:儒家走向"心与理一",释氏则流于"猖狂妄行"。显然,这是宗羲试图为世儒所指斥的"狂禅"提供学理上的解释,说明宗羲关于儒释之辨，较之世儒要深刻得多。他曾经说过："夫儒释之辨，真在毫厘"(同上卷三十四《泰州学案·罗汝芳传》)。就是提醒人们对这个问题不能掉以轻心，而应该进行深入细致的比较、分析，才能看清释氏"弥近理而大乱真"的实质(同上)。而这正是宗羲的儒释之辨所以较世儒更为深刻的一个重要原因。

(四)关于王门"四句教法"

王门"四句教法"分别见于《传习录》《阳明年谱》和《天泉证道记》。三者关于"四句教法"的文字表述虽稍有差异，但内容大体相同。宗羲撰写《浙中王门学案·王畿传》时，采用了《天泉证道记》中的四句："无善无恶心之体，有善有恶意之动，知善知恶是良知，为善去恶是格物。"相传这是王守仁教授门人的口诀。后人对此说颇有争议。刘宗周怀疑此说的可靠性，指出"四句教法""乃出于龙溪"，于"阳明集中并不经见"(《明儒学案·师说·王龙溪畿》)；顾宪成则确认这是王守仁之言，指出"坏天下之法"自王守仁"斯言始"(同上卷五十八《东林学案·顾宪成传》)。宗羲也怀疑王门"四句教法"的可靠性，其观点大体本于刘宗周。他说：

> 斯言也，于阳明平日之言，无所考见，独先生(指王畿)言之耳！(同上卷十二《浙中王门学案·王畿传》)

又说：

> 《天泉证道》，龙溪之累阳明多矣！(同上卷五十八《东林学案·顾宪成传》)

他认为"四句教法"并非王守仁之言，而是出自王畿之口，从而否认其为"师门教法"的可靠性。

历来对于"四句教法"的争论，集中在首句"无善无恶心之体"的解释上。宗羲也从解释首句入手来论证自己的上述观点。他认为，王守仁只言"至善是心之本体","有时说'无善无恶者理之静',亦未尝径说'无善无恶是心体'。若心体果是无善无恶,则有善有恶之意又从何处来?知善知恶之知又从何处来?为善去恶之功又从何处起?无乃语语断流绝港乎"(同上卷十《姚江学案·传习录》案语)!他根据王守仁"心、意、知、物,只是一事"的观点,指出"既是一事,决不是一事皆无"(同上),足见"无善无恶心之体"与王守仁学说的宗旨不合。

为了论证"四句教法"非王守仁"师门教法",宗羲还驳斥了前人对"无善无恶心之体"句的几种解释:

一是将"无善无恶"解释为"至善"。他指出,这不但是"多费分疏"(同上卷三十六《泰州学案·周汝登传》),而且是"断灭性种"(同上卷十《姚江学案·序》)。他说:

> 善,一也;而有有善之善、有无善之善,无乃断灭性种乎!(同上)

他认为,善就是善,故说"善,一也";而将"无善无恶"解释为"至善",就是将一善分而为二:"有有善之善"和"有无善之善"。这不但在道理上说不通,而且将性善给肢解了,故说"断灭性种"。必须指出,宗羲对于"至善"说的驳斥,与其说是诉诸理论,不如说是诉诸形式逻辑。就是说,他的理论批判是缺乏深度的,因为他还没有能够摆脱抽象人性论的局限。但是他在运用形式逻辑方法去击破论敌的论点方面则表现得相当机智。

二是将"无善无恶心之体"解释为是指性而言。宗羲指出,这不符合王守仁学说的本旨。他说:

> 性以理言,理无不善,安得云无善?心以气言,气之动,有善有不善,而当其藏体于寂之时,独知湛然而已,亦安得谓之有善有恶乎!(同上卷三十六《泰州学案·周汝登传》)

因此他认为,"以性为无善无恶,失却阳明之意"(同上)。在他看来,只有将"无善无恶"解释为"无善念无恶念",才符合王守仁的原意。故说:"其所谓无善无恶者,无善念恶念耳,非谓性无善无恶也。有善有恶之意,以念为意也"(同上卷五十八《东林学案·顾宪成传》);如其不然,则"不能自别于告子"的性论,也难于与王守仁以"良知"即"性善"之说相一致(同上)。

总之,宗羲对于王门"四句教法"所做的论辩,是旨在论证"四句教法"并非王守仁之真传,从而为王守仁溺于佛、老之说辩诬。因为释氏讲性无善无恶,而老氏讲"有生于无"。虽然谓王门"四句教法"近于佛、老未免失之于浅,即只从形式上做简单的类比,但是,宗羲的论证也缺乏充分的论据。例如,他认为"四句教法""于阳明平日之言无所考见",却回避了《传习录》《阳明年谱》中的有关记载。《传习录》和《阳明年谱》都是王守仁门人根据其师平日言行而作的记录。如果因为它们系出于王守仁门人之手就认为不可信;那么,王守仁关于"默坐澄心"之教、"知行合一"之论、"致良知"之说,也均见之于其门人所编的《传习录》和《阳明年谱》是否也应该怀疑其可靠性呢?显然不能!

我们认为,王门"四句教法"是王守仁的思想,并非其门人的编造。《天泉证道记》虽属王畿的弟子根据其师所述辑录的,然而其中王守仁对于"四句教法"所做的解答,是可信的,符合他本人的学术宗旨。王守仁指出,他的"四句教法"可以做"四有"与"四无"两种解释:"四无之说为上根人立教,四有之说为中根以下人立教。上根者,即本体便是工夫,顿悟之学也;中根以下者,须用为善去恶工夫,以渐复其本体也"(同上卷十二《浙中王门学案·王畿传》)。从王守仁思想的发展过程来看,初主"默坐澄心"之教,中倡"知行合一"之论,后以"致良知"为立言宗旨,其思想发展经历了由顿悟到修悟以至顿修合一的过程。王守仁对"四句教法"所做的解释,正是体现了他的上述思想发展倾向,故说是可信的。

二、《明儒学案》在理学史上的地位

《明儒学案》是一部比较全面地综合了明代理学各派的思想资料,并以学案体的形式加以编纂、论述的学术史专著。在它之前，虽有周汝登的《圣学宗传》、孙奇逢的《理学宗传》问世，但从体例看，《圣学宗传》属于学术史的通史体；《理学宗传》虽以宋、明诸理学大师为正传，但又旁及汉、唐、宋、元、明其他诸儒学大师的思想，故并非严格意义的断代史体，更非明代学术史。从资料收集的完备、编纂体例的严谨和论述的精当等方面来看，《明儒学案》均超过前此的学术史著作。从这个意义上说，《明儒学案》堪称我国第一部内容宏富、体例严谨、观点鲜明的明代学术史专著。由于它是以理学的发展、演变为主线来编纂的，因此，实际上是一部明代理学史专著。与后来他编纂的《宋元学案》相比，《明儒学案》具有自己的特色。如果说，《宋元学案》的编纂和论述，侧重于理学源流和学统师承的辨析，那么《明儒学案》的编纂和论述，则侧重于对理学不同流派的学术宗旨和学术思想的概括。

《明儒学案》对于明代理学各派学术宗旨和学术思想的概括，是以史实材料为依据的，并经过缜密的辨析和综合，因此其论断往往十分精当。例如，关于明初朱学，它指出崇仁之学"大要在涵养性情"，河东之学重在"践履"，而陈献章学贵"自然"。又如，关于王门学派，它用六个字概括了江右王门代表人物的学术特点：邹守益之"戒惧"、聂豹之"归寂"、罗洪先之"主静"等等。又如，关于明末王学大师刘宗周的学术本旨，它概括为"以慎独为宗"。再如，关于明末东林学派的代表人物，它指出顾宪成之学"与世为体"、高攀龙之学"以格物为要"、钱一本之学则"以工夫为主"等等，不一而足。这些论断，对于揭示学派和人物的思想风貌和性格，实有画龙点睛之妙，它能使人一目了然。这是《明儒学案》在论述方面的一个显著特点。

《明儒学案》关于人物本传的编撰也有其独到之处。它不像其他一些学术史著作那样，人物传记只不过是史传原文的抄录。相反地，它是在掌握了大量的史实材料基础上，加以融会贯通，然后下笔的。因此，它所编的人物传记，浑然一体，立论新颖，不落俗套，文字精练，充分体现了编撰者的思想观点。这是对司马迁《史记·列传》中的优良传统的继承和发扬。应该说,这也是《明儒学案》的又一个显著特点。

当然,《明儒学案》也有自身的弱点,这就是:它还留有王学的"枝叶"和学术宗派的"习气"。因此,它在材料的取舍和编排以及对于理学论争的辩难和对于学派与人物的评价等方面,还有袒护陆、王的偏见。这在前面论述宗羲对理学各派的观点时,已有涉及,故在此从略。

但是,瑕不掩瑜。上面提到的《明儒学案》的几个显著特点,是此书的主导方面。正因为如此,我们才说它是黄宗羲的一部独具匠心的学术思想史著作。

第五十六章 李颙的反身悔过之学

第一节 李颙的生平及著作

李颙(公元1627—1705年)字中孚,陕西盩厔(今周至)人。山曲曰盩,水曲曰厔,学者因称二曲先生。生平提倡讲学,与孙奇逢、黄宗羲并称为清初三大儒。康熙四十二年癸未(公元1703年),帝西巡至关中,询问李颙动定,要地方官征诣行在,有所咨询。李颙固辞。地方官以其著作进呈。康熙亲自书"关中大儒"四字以赐。可见清朝的统治者对他的重视。

李颙幼时,其父李可从于崇祯十四年(公元1641年)随明军征剿李自成农民起义军。次年在河南襄城被围,城破,为起义军所杀。李颙随母在家乡过着极为贫苦的生活,常常一日不再食,数日不举火。自言家无一椽寸土,无以为生。母殁,李颙乃于康熙九年(公元1670年)赴襄城寻觅其父骸骨。时距李可从被杀已三十年,无从寻觅,只得掘取义冢的一块泥土归葬。李颙认为这是他的终天之恨,"无所解于其心"。他认为其父被农民起义军所杀,是"殒命王事",是忠于明朝,他千里寻父骸骨,负土归葬,是孝于其亲。从伦理道德出发,这是天经地义。他与农民起义军的对立,是他的理学思想的必然。

当李颙在襄城寻觅父骸时,襄城守令谋造茔冢祠堂,纪念这些死事者,而这需要一段时间。李颙乃应常州守骆钟麟的邀请,去江南讲学。他到了常州、无锡、江阴、靖江等地。所至在明伦堂讲学,听众不少,都是地方的上层人物。李颙此行,结交了一批绅衿,从而扩大了他讲理学的思想影响。

李颙多次固辞清政府的征召,不论是以"隐逸"荐,以"海内真儒"荐,以"博学宏词"荐,他都不赴。这就使他的名望日高。顾炎武赠诗谓"从容怀白刃,决绝却华辀",就是颂扬他的以死拒征,固守素操。李颙认为,清政府征召他,是对他的"缯弋"。这反映了他对清政府的不合作态度。鸿飞冥冥,弋人何慕,他不愿为清政府所弋获。

李颙拒征召,在家里筑一个垩室,又名土室,日处其中,"荆扉反锁",不再与外界交接。只有顾炎武远道来访问他的时候,好友惠含真来看望他的时候,才启关相见。李颙隐身垩室,写了一篇《谢世文》表明自己谢绝世事的态度。文中说:

> 尝闻古人有预作圹穴以为他日藏骨之所者。仆窃有志而未逮。又岂能靦颜人世,晤对宾客,絜长论短,上下千载也耶?但使病废之躯,获免酬应之劳,宴息一室,孤寂待尽,则仆也受赐多矣。(《关中李二曲先生全集》卷十九,以下简称《全集》)

可见这个垩室,等于他的生圹。处身其中,荆扉反锁,断绝酬应,未死待尽。他又在一篇《自矢》文中说:

> (仆)宴息土室,坐以待尽。……誓于此生,断不操笔。(同上)

表示从此不再从事撰写"序、记、志、铭一切酬应之作"。这也是"谢世"的一个方面。

李颙处身"垩室",撰著了《垩室录感》一书。他在戊午年(康熙十七年,公元1678年)所做的《寄子》书云:"我日抱隐痛,详具《垩室录感》一书。只缘身本奇穷,不能事吾母于生前,满期永栖垩室,晨夕瞻礼供奉,聊事母像于没后。不意为虚名所累,缯弋屡及。倘见逼不已,唯有一死。死后宜怀藏《录感》,敛以粗衣白棺,权厝像侧。三年后方可附葬吾母墓旁"(同上卷十八)。这部《垩室录感》,收在《关中李二曲先生全集》中,为一卷,卷次为卷二十七。可见这部书是在垩室中供奉他母亲,在母亲像旁写成的。

李颙固拒清政府征召,不愿为清政府"缯弋"所及,甚至以生命相拒,这表现了他的民族气节。明末清初,顾炎武、黄宗羲、王夫之、孙奇逢,都是如此的。在这个问题上,应该给李颙以崇高的评价。"死生怀白刃,决绝却华辀",顾炎武赠诗中的赞扬不是浮泛之辞,而是实录。

李颙严格对待"辞受取与"。他一芥不以取诸人。在《答张澹庵》又书中说:

> 辞受取与,全要分明。及其老也,戒之在得。若犯"在得"之戒,冒昧屡受,则廉耻扫地,所失多矣。所得不补所失,其为心病,何可胜言。往年糯稻之惠,原因弟病,谓糯米可以养病。病愈常受,殊觉无谓。去秋之受,常如顽冰在心。此番若违心复受,愈增心病。……今后千万惠勿再贻,全弟晚节。(同上卷十八)

张澹庵是他的知好。李颙却其第三次糯稻之赠,至以全晚节为言,态度十分坚决。而糯稻并不是难得的珍品。此外,李颙却人银两的馈赠,更是毫不含糊。李颙这种操守,虽属细行,但正可以小中见大,觇其品德。

李颙肆力于学问,经传、史志、百家之书,靡不观览。以反之躬行,见之日用者为贵。以王守仁"致良知"为本体,以朱熹"主敬穷理"为功夫。关中士子,翕然宗之。清朝建立,他奉母以居,教授自给。四方从学不远千里而来者日众。他认为,关学自张载以后,至明朝后期,则有吕柟、冯从吾。对冯从吾尤致推崇,认为其著作纯粹无疵。自己则隐然以关学的继承者自居。他曾主讲关中书院,宣传其理学思想,得到门人的尊敬。

李颙与当时学者的往还,最重要的要算他与顾炎武的交谊。顾炎武游关中,往访李颙。他时居垩室,破例开关一见。以后又与顾炎武书信往复,讨论学术问题。今《二曲先生全集》中,收有往复书信三通,反映了他们对学术问题各自认真的态度。李颙后来又以理学家的立场、观点,批评了顾炎武的名著《日知录》,表达了不满之意。

其次,李颙与山西学者范鄗鼎有往还。范鄗鼎字彪西,著有《理学备考》及《广理学备考》,卷帙很多。这是两部有关理学传衍的资料性的书。范鄗鼎把这两部书派人专程送给李颙。李颙很直率,对这两部书提出了批评意见,认为《备考》一书,去取布置,及中间书法,多有可商。又批评《备考》对王守仁论述不公允,把王守仁贬低了,有同"彼哉"之例,又谓"学脉至姚江而一变",范氏此语,亦含贬义。其实这一变是变得好的,良知之说,"令人当下识心悟性,犹拨云雾而睹天日。"又说,《备考》有孙奇逢所作序,明目张胆,宗主姚江,"卓哉钟元,可谓独具只眼。"又批评《备考》体例庞杂,徒然以多为贵。"多固可喜,庞亦可虑。宜严其至正,尊其至真,阐扬其至纯,观者斯无间然矣。"以上这些批评,并见于李颙写给范鄗鼎的三通书信中(载《全集》卷十八《答范彪西征君》)。

李颙与其他关中学者、山西学者、江南学者也有交往,以关系不大,就不一一叙述了。

李颙主张学问要能明体适用。在《全集》中收有他与关中大吏论述救灾的书信。康熙三十年(公元1691年),三十一年(公元1692年),关中大旱,连年不雨,饥荒严重,人民流亡,卖儿女,饥死,十存二三。他写了《与董郡伯》《与布抚台》等书信,条陈救灾办法,洋洋数千言,具见他对人民生活的关心(见《全集》卷十八)。而他自己则说:"吾以奇穷,遭奇荒,保生实难,"拟"适汉南"度荒,然"家累二十余口,留半难割,通移维艰",没有善策(同上《答惠少灵》又)。

李颙的学术思想,大体分前后两个阶段。前期侧重经世致用,经济之学;后期则侧重心性义理,反身悔过之学。他的著作也就显出前后两段不同的特色。

前期的著作有《帝学宏纲》《经筵僭拟》《经世蠡测》《时务急著》等书,都偏于致用。帝学、经筵云者,似乎有明夷待访的意味,以箕子自居。这些著作,后来他亲自焚弃,没有留存。

后期的著作有《十三经注疏纠谬》《二十一史纠谬》《易说象数蠡测》等。但是他又认为这些书无当于身心,不以示人,也未传下来。

现在我们看到的李颙著作,有《关中李二曲先生全集》四十六卷,收有他的讲学记录、性理论说、书信、杂著等,也有他的家乘及本人的传记。还有一部《四书反身录》八卷,李颙口述,门人王心敬笔录。这些,都是他的理学著作。

此外,李颙还写过一部《儒鉴》,是理学史一类的著作。他说:

> 士既业儒,则儒不可以无鉴。镜以照面,则面之净垢见。鉴以观儒,则儒之得失见。见净垢,斯知去垢以求净。见得失,斯知舍失以求得。古今著述虽多,却少一儒鉴。儒惟无鉴,以故业儒者无所惩劝,学术不明,人才不兴,所从来矣。区区蠡岁谬不自量,上自孔、曾、思、孟,下至汉、隋、唐、宋、元、明诸儒,以及事功、节义、经术、文艺,分门别类,淑慝并揭,勒为《儒鉴》一书,而细评之。俾儒冠儒服者,因观兴感,决所抉择。草创尚未就绪,中遭乱离,原稿尽成乌有。二十年来,贫病相仍,精力弗逮,斯念遂灰,不复拈举。(同上《答范彪西征君》又)

这部《儒鉴》原稿,毁于离乱,没有留传。从书信所云,大抵有似于孙奇逢的《理学宗传》。

第二节 李颙的理学思想

李颙的理学思想,明末清初的学者赅括为"躬行实践""改过自新"二语。这基本上指出了李颙理学思想的特点。康熙三十三年甲戌(公元1694年),闽中郑重为《二曲集》作序,说道:"盩厔李先生以理学倡关中,以躬行实践为先务,自人伦日用,语默动静,无一不轨于圣贤中正之说,而尤以悔过自新一语为学者入德之门。建瓴挈纲,发矇起瞆。学者或亲受业于先生,或闻先生之绪余而私淑向往者几遍天下也。"郑重作序的时候,是在李颙死前的十年,则序文是李颙亲自看过的。郑重对李颙理学思想的评述,李颙是首肯的。我们应该理解这一点。

下面,具体论述李颙的理学思想。

一、所谓"学髓"

李颙提出所谓"学髓"。学髓就是学术的真髓,就是学术最切要的宗旨。张珥在《学髓序》里说:

> 戊申夏,先生至同。不肖珥追随于广成观,复追随于含章子之书室。首请"朝闻夕死"之义。先生开示大指,鞭策笃挚,且曰:年逾半百,不急了当心性,终日沈酣糟粕中,究于自心何得!尔时茫然自失,恨见先生之晚,而先生亦不以不肖为弗可语,遂以《学髓》见示。《学髓》者,先生口授含章子以切要之旨,而含章子手录者也。读之戚戚于心,亦手录而归。(同上卷二《学髓》)

按戊申为清康熙七年(公元1668年)。同是陕西同州(今陕西大荔县)。广成观是李颙在同初寓的道观。含章是白焕彩,李颙门人。这段文字说明,康熙七年李颙至同州,寓其门人白焕彩家。张珥向他请教,李颙乃示以《学髓》的手录本。手录本系李颙口授,白焕彩笔录,实则不尽手录,书中的图当为李颙所自绘,这在下文当作论证。

再看白焕彩所作《学髓序》。序文谓:

> 余自幼年,即闻有所谓"正学"者。……顾汩于俗学,苦无从入。……兹幸天假良缘,得拜见二曲李先生,乃始抉秘密藏而剖示之,有图有言,揭出本来面目,直捷简易,尽撤支离之障,恍若迷津得渡,梦境乍觉者。……时六月六日也。越翼日,叩以下手

工夫。先生又为之图,列其程序,次其说,反复辨论,极其详明,惟恐惑于他歧。……此千圣绝响之传,余何敢私,故梓之以公同志。(同上)

按六月六日指上文"戊申夏"的六月六日。《学髓》有图有言。其论下手功夫,也是有图有说。而图是李颙自作。这部《学髓》有图有说,体例有似周惇颐的《太极图易说》。其书分两部分,一为"揭出本来面目"的本体论,一为揭示"下手工夫"的功夫论。白焕彩认为这个学髓是"正学",传了"千圣绝响",推崇到极点。他就把它刊印出来。

再看王四服所做的《学髓序》。此序谓:

丁未春,先生东游太华,余……偕二三同志拜见。……今夏,(友人省庵王君)偕含章白君,肃车奉迎。比至,多士拥侍,请益踵接。志淹博者则以淹博质,志经济者则以经济质。先生为之衷经史之谬,酌事机之宜。聆者震悚踊跃,自谓有得。然急末缓本,是谓学之肤,非学之骨也。既而志道德者以进德质。先生迪以惩忿窒欲,穷理集义,昼有存,宵有养,瞬息有考程。聆者咸戚戚然动于中,自谓得所从入。然治病于标,可谓得学之骨,非学之髓也。最后,白君以向上一机请。先生欣然告以安身立命之旨,脱去支离,直探原本。言约而道大,词显而理精。白君题曰《学髓》。诚哉其为学髓也!……学者诚敛华就实,惟髓是急,得其髓则骨自健,肤自丰,无所往而不可。否则肤骨虽或无恙,而无髓不充,卢扁将望而却矣,恐未见其能济也。(同上)

按丁未是上文戊申的前一年康熙六年(公元1667年)。今夏则指戊申夏。可知李颙于康熙六年东游华山,次年夏应白焕彩之请至同州。多士请益,即在次年夏。王四服的这篇序,把学问分为三等,淹博(博通经史)与经济(有关国计民生的实学)是学术的末而不是本,是肤而不是骨,是最浅近的。进德(道德修养)是本,是骨,是进了一层,但还不是髓。只有安身立命之旨才是骨中之髓,是原本,是"学髓"。学者只有求得学髓,才算求得了根本。"学髓"之名是白焕彩所题,王四服的解说,当与李颙之意相符。此外,王化泰(省庵)有一篇《学髓跋》,谓《学髓》一篇,"启人心之固有,阐昔儒所未发,洵正学之奥枢,群经之血髓也。"说的也是指《学髓》为学术的根本。

以上三篇序,一篇跋,说明了《学髓》一书的命名意旨,内容概要,成书经过,及传授刊刻的情况,对了解这部书有参考之用。《全集》卷九为《东行述》,由门人赵之俊笔录,述李颙此两次东行所历及友朋酬酢、讲论,可以参阅。

下文分论《学髓》的本体之学与功夫之学。

《学髓》的本体之学,即李颙理学思想的本体论。李颙画了图,做了解释,以明其本体之学。《学髓》卷端,首载此图。

此图自右而左,自上而下,照李颙原图绘制。

李颙此图的最上一大圈,表示"人生本原"。"人生本原"又称"灵原",是人的根本,也是天地万物的根本,实质指的是"心"。

李颙认为:"形骸有少、有壮、有老、有死,而此一点'灵原'无少、无壮、无老、无死,塞天地,贯古今,无须臾之或息。会得此,天地我立,万化我出,千圣皆比肩,古今一旦暮。"这段话的意思是:形体要消灭,而"灵原"(精神、心)不会消灭,是永存的。理解"灵原"永存的道理,则天地由我"灵原"而成立,万物化生由我"灵原"而呈露。我就能与历代所有的圣人同样伟大,古往今来无非在我的瞬息之间显现。

李颙自己设问:"此不过一己之灵原,何以塞天地,贯古今?"又自己回答曰:"通天地万物,上下古今,皆此灵原之实际也。非此灵原,无以见天地万物,上下古今。非天地万物,上下古今,亦无以见此灵原。是以语大语小,莫载莫破。"这就是说,天地万物,上下古今,是"灵原"(精神、心)之所产生的实际。而天地万物,上下古今,正是体现了"灵原"。这就是精神产生万物,万物体现精神,与陆九渊的主观唯心主义,杨简的唯我论,王守仁的良知说,完全一致。

李颙认为,灵原"无声无臭,不睹不闻,虚而灵,寂而神,量无不包,明无不烛,顺应无不咸宜。"这就是说,"灵原"无形象、声音、气味;空虚寂定而又神灵;言其量,则无所不包,言其明,则无所不烛。这是说,心体是超形象的,心量是最广大的,心的思维能力是无所不明的,心虽然虚寂,但其作用则神灵莫测。李颙这些对心的描述,显然承袭了朱熹的心性学说,含有一定的神秘性。

李颙认为,心体虽然虚寂,而念虑则不断的起灭。念虑之起,要分别有意与无意。有意的念虑,即使"所起皆善,发而为言,见而为行,可则可法,事业烜卓"。但毕竟不是"行所无事",而是"有为之为",是君子所不赞同的。这就是他在图注中说的"有意为善,虽善亦私",不值得称道。只有"无念之念,乃为正念"。所谓"无念之念",指不带有物欲的念虑,完全符合天理,它"至一无二,不与物对"。纯然是天理(至一),没有理与欲的二者对立(无二)。可见所谓"有意""无意",乃是指念虑的是否与物欲相纠缠。这里反映了明显的"存天理,灭人欲"思想。

李颙的"存天理,灭人欲"思想十分彻底。他认定人欲是恶的、非的、邪的,而天理是善的、是的、正的。故人欲必须克治,一直到"无欲之可克"。天理必须存养,一直到"无理之可存"。无理之可存不是说没有天理了,而是说此心全然是天理,无可再存养了。这时候,"欲理两忘,纤念不起",回复到人生本原。李颙说,这样才是"绝学",才是学问的顶点。他说:念起而后有理欲之分,善与恶对,是与非对,正与邪对,人禽之关,于是乎判。所贵学者,在慎几微之发,严理欲之辨,存理克欲。克而又克,以至于无欲之可克。存而又存,以至于无理之可存。欲理两忘,纤念不起,犹镜之照,不迎不随。夫是谓"绝学",夫是之谓"大德敦化"。他的"欲理两忘,纤念不起",与道家的"心斋""坐忘",佛家的"涅槃""禅定",是有思想联系的。

李颙要求学者固守本真,不要"随境迁转"。他认为,声色货利是境,人情逆顺,世路夷险,也是境,穷通得丧,毁誉寿夭,也都是境。处身所有这些境之中,要不为所动。一有所动,就是人欲,就自歧自离,愈趋愈远。既已离远了,则要能复其本真,做到"不远而复",才可以称为"大勇"。

以上所论的是《学髓》的本体之学。现在再论《学髓》的功夫之学。

李颙对功夫之学也画了一个图,如下:

定	寂	明	虚
	斋		
	戒		
	要其此		
	务德神		
	也之明		
	静		
	坐		
戌		中	昧
亥		午	爽
香		香	香
外乘日		急　自	以应鸡
莹须间		坐　朝	凝事鸣
彻坐语		一　至	之易平
脱一默		烛　午	于　旦
洒烛动		以　未	散　与
不以静		续　免	乱　此
扰验或		夜　纷	先　相
否之清		气　于	坐　近
果浊		应	一　起
内相		感	烛　而

此图从上而下,从右而左,照李颙所作原图绘制。

李颙认为,心体即灵原是虚明寂定的,故功夫首列心体之本然。什么才是虚明寂定?他说:"虚若太空,明若秋月。寂若夜半,定若山岳。"做到这地步就差不多了。图首列心体之本然,标出功夫所至就是要恢复心体本然的虚明寂定。

功夫之起点是斋戒,这是"神明其德"的要务。斋者齐也,所以齐其不齐,使念虑齐一。戒者,防非止恶,肃然警惕,保持精神状态的严正。

功夫之基本是静坐。李颙说:"水澄则珠自现,心澄则性自朗。故必以静坐为基。"又说,进步之要,"其静乎!""学固该动静,而动必本于静。动之无妄,由于静之能纯。"他的这种主静学说,本于周惇颐的"主静"。

一日三度静坐,昧爽、中午、戌亥。每次都坐一炷香。昧爽天将明未明,先坐一炷香,使心体预为凝定,然后应事不致散乱。中午再坐一炷香,使上半天应事纷杂,至此得到接续清明的夜气。戌亥是将近午夜,又坐一炷香,以检验一天来的动静语默,是否有清有浊,清浊相乘。倘若内外莹彻,洒脱不扰,那就是一天的虚明寂定。静而虚明寂定,就是未发之中,动而虚明寂定,就是中节之和。而"致中和"是《中庸》的道德要求。《中庸》说:"致中和,天地位焉,万物育焉。"天地万物的位育,系于"致中和"。理学家以此为道德修养的极致,十分重视这个未发之中与已发而中节之和。李颙把"静而虚明寂定"与"动而虚明寂定"同《中庸》的未发之中与已发之和联系起来,表明他的功夫之学的理学传统特色。

为什么静坐要焚香,而且要以一炷香为限呢?李颙说,"鄙怀俗度,对香便别。限之一炷,以维坐性。"就是说,对着一炷清香,能使鄙俗的胸怀得到澄明。限以一炷,是为了维持坐性。这一炷香犹如拴住狂牛的栓子,使它不至乱闯乱跑,趋于安定。

静坐功夫到家了,则呈现"湛湛澄澄,内外无物"的虚明寂定境界。他对此做了着力的描述。他说:

> 屏缘涤虑,独觑本真。毋出入,毋动摇,毋昏昧,毋倚落。湛湛澄澄,内外无物。往复无际,动静一原。含众妙而有余,超言

思而迥出——此一念万年之真面目也！至此,无圣凡可言,无生死可了。先觉之觉后觉,觉此也;六经之经后世,经此也。《大学》之致知,致此也;《中庸》之慎独,慎此也;《论语》之时学习,学习乎此也;《孟子》之必有事,有事乎此也。以至濂溪之立极,程门之识仁,朱之主敬穷理,陆之先立乎其大,阳明良知,甘泉体认,无非恢复乎此也。外此而言学,即博尽羲皇以来所有之籍,是名"玩物",著述积案充栋,是名"丧志",总之为天刑之民。噫,弊也久矣!

李颙在这段文字里描述了功夫到家的境界,这就是:第一,本体澄明清湛,无有任何翳障,即"内外无物"。含蕴一切真理,非言语思虑所能论说。在有限之中显示无限。这就是所谓"一念万年"的真面目,具有"一粒尘沙是一个世界"的意义。第二,达到这个境界,就出离生死,超脱圣凡,非一般标准所能衡量,而是永恒、绝对的。第三,六经、四书,讲的是这个境界,周惇颐、二程、朱熹、陆九渊、王守仁、湛若水,讲的也是这个境界。这就是学,就是学髓。第四,除此之外,即使博尽古今典籍,著作积案充栋,都不能算是学,只可说是"玩物丧志"。

《学髓》的本体之学与功夫之学,源于陆王心学。"灵原"即是陆九渊的本心,即是王守仁的良知。而功夫之学的"屏缘涤虑,独觑本真",即是陆九渊的"求大本",王守仁的"致良知"。这里可以注意的是,本体之学与功夫之学都源于心学,不是像当时学者所说,本体之学是心学,而功夫则是朱学。

二、以"悔过自新"标宗的心性修养论

李颙亲自写作了《悔过自新说》,标出了他的心性修养论的宗旨。他说:"古今名儒,倡道救世者非一。或以主敬穷理标宗(按指朱熹),或以先立乎大标宗(按指陆九渊),或以心之精神为圣标宗(按指杨简),或以自然标宗(按指陈献章),或以复性标宗(按指李翱),或以致良知标宗(按指

王守仁），或以随处体认标宗（按指湛若水）……虽各家宗旨不同，要之总不出悔过自新四字，总是开人以悔过自新的门路。但不曾揭出此四字，所以当时讲学，费许多辞说。愚谓不若直提悔过自新四字为说，庶当下便有依据，所谓心不妄用，功不杂施，丹府一粒，点铁成金也"（《全集》卷一《悔过自新说》）。

李颙认为，人性来源于"天地之理"，"至善无恶，至粹无瑕"。但是，为"气质所蔽，情欲所牵，习俗所囿，时势所移，"逐渐受到剥蚀、迁流，以至成为"卑鄙乖谬"的小人。但是即使成为小人，而其本性仍然廓然朗然，始终存在。譬如明镜，蔽于尘垢，而光体永在。宝珠坠于粪坑，而宝气长存。只要刮磨洗剔，垢尽秽去，依然光明莹润，没有些微损失（同上）。他的这种性善理论，以及明镜宝珠的譬喻，来源于佛说。华严宗就有这种理论和譬喻，为朱熹所袭取。这在本书的朱熹章做过论述。

李颙自设疑问道，六经、四书，卷帙浩繁，其中精深的道理，说也说不尽。这"悔过自新"四字，哪能赅括书中的微词奥旨呢？于是自作回答道：《易经》著风雷之象，《书经》传下了不吝改过的文字，《诗经》歌咏了天命维新的篇章，《春秋》显微阐幽，《礼经》陶苑规矩，《乐经》变化性情，《论语》讲"过则勿惮改"，《大学》寄寓着严格的要求，《中庸》讲寡过的道理，《孟子》讲集义的教训，这六经、四书，无非希求人们"复其无过之体而归于日新之路"，讲的都是悔过自新的道理。接着他又设问道，六经、四书垂训，讲修身、齐家、治国、平天下的大道理，难道"专为一身一心悔过自新而已"吗？于是他又回答道：如果天子能悔过自新，则君极建而天下以之平（按君极建指《洪范》皇建其有极）。诸侯能悔过自新，则侯度贞而国以之治（按侯度贞指公侯之度得以端正）。大夫能悔过自新，则臣道立而家以之齐。士庶人能悔过自新，则德业日隆而身以之修。所以，各级各类人都做到悔过自新，就能达到修身、齐家、治国、平天下的目的。所以悔过自新就包括了修身、齐家、治国、平天下的大道理。这，有什么可以怀疑的呢（同上）？李颙的这段议论，阐述了"悔过自新"说的经义根据，阐述了"悔过自新"的重大政治道德意义，其用意是要在读书人中宣扬"悔过自新"在心性修养上的必要性，以取信于人。

怎样悔过自新呢？李颙认为，在读书人"同志者"之中，讲究悔过自新之学，要求在"起心动念处潜体密验，苟有一念未纯于理，即是过，即当悔而去之。苟有一息稍涉于懈，即非新，即当振而起之。"就是说，在念虑上体察，如果有一念不合于天理，就是一种过，就要悔改，使念虑端正。如果有片刻放松心性修养，就不算是自新，就要振作起来，求得自新。这样的悔过自新，完全是内心的省察和修养，脱离行为践履，是难于从客观上检验的。而所谓"一念未纯于理"的"理"，实质是指道德原则和要求，不是客观真理。这就表明悔过自新是唯心主义的心性修养，没有实际的践履意义。李颙又认为，在"未尝学问之人"也要悔过自新，其要求是"先检身过，次检心过，悔其前非，断其后续，亦期至于无一念之不纯，无一息之稍懈而后已。"这个要求谈到了要先检查身过，然后再检查心过。那就是对道德的践履放在检查的第一步，比对读书人中的"同志者"要求更多一些。而到最后，也还希望做到"无一念之不纯，无一息之稍懈"。李颙希望把道德的枷锁同样也套在"未尝学问之人"的心灵上。

李颙认为，古代的圣帝明王，如尧、舜、禹、汤、周文、周武，以至圣人如周公、孔子，都自承为有过，"未尝自以为无过"。即使如天地，亦有旱干水溢，"不见以为无过也"。他说："昔人云，尧、舜而知其圣，非圣也，是则尧、舜未尝自以为无过也。禹见囚下车而泣，是则禹未尝自以为无过也。汤改过不吝，以放桀为惭德，是则汤未尝自以为无过也。文王望道未见，武王儆几铭牖，周公破斧缺斨，孔子五十学《易》，是则文、武、周、孔并未尝自以为无过也。等而上之，阳愆阴伏，旱干水溢，即天地亦必且不见以为无过也。……两仪无心，即置勿论。至于诸圣，固各有其悔过自新之旨焉"；"夫卑之虽愚夫愚妇有可循，深之至于神圣不能外。此悔过自新之学，所为括精粗，兼大小，该本末，彻终始，而一以贯之者欤！"千古圣人，各有悔过自新之旨，只是他们要求高于凡人。但是无论如何，悔过自新之学，卑如愚夫愚妇也都可以遵循，深如神圣也都不能自外。它精粗、大小、本末、终始，一以贯之，谁也得讲究。

心性修养到了极处,则"悔而又悔,以至于无过之可悔;新而又新,以极于日新之不已。庶几仰不愧天,俯不怍人,昼不愧影,夜不愧衾。在乾坤为肖子,在宇宙为完人。今日在名教为贤圣,将来在冥漠为神明。岂不快哉!"心灵的枷锁本来是限制自由的,而李颙认为到了极处,方寸之间不留"纤微之过",反而成为快乐。这种快乐,是理学家的精神满足,不是普通人的真实快乐。

李颙认为,悔过自新之学,功夫在于静坐。"静坐一著,乃古人下工之始基","过与善,界在几微,非至精不能剖析。"只有静坐,屏除"旁骛纷营",才能"超悟"(同上)。可见,这就是《学髓》的功夫之学。每日三次静坐,对着燃烧的一炷清香,悔过自新,心不旁骛。以心灵的枷锁作为心灵的解脱,理学家的心性修养,不是普通人所能做到的,也不是普通人所需要做到的。

《悔过自新说》的最后部分,举了古今许多人的悔过自新事例以作劝勉,其中有张载、谢良佐、朱熹、吴澄、薛瑄、王守仁、罗汝芳、南大吉、董澐等理学家,以至仇览、徐庶、周处等有名人物,颜浊邹、索卢参等"刑戮死辱"之人,只要悔过自新,就都有成就。所以人不能"以一眚自弃"。

三、表章出身卑贱的学者的《观感录》

李颙编次了《观感录》一卷,专门表章出身于社会下层的学者。用他的话来说,这些学者"迹本凡鄙卑贱",由于他们"能自奋自立,超然于高明广大之域,上之为圣为贤,次亦获称善士。"对他们寄予了深厚的同情,表达了衷心的景仰。

这一卷《观感录》,收辑了十位出身凡鄙卑贱的学者,次其履历,写了赞语。其中没有一位是达官显宦。张珥在《观感录叙》里说,这些都是"至卑贱之人",而均为"大豪杰、大贤人"。可见《观感录》是一部具有特色的书。书中收录的学者计有:

盐丁王艮、樵夫朱恕、吏胥李珠、窑匠韩贞、商贾兼陶匠林讷、农夫夏廷美、卖油佣陈真晟、戍卒周蕙、网巾匠朱蕴奇、钉戥秤匠张本德(附见于朱蕴奇传赞)、布衣颜山农(附见于王艮传)、牧羊痴子王元章(附见于陈真晟传赞)等。十二人中,张本德、颜钧、王元章附见于其他人的传赞。十二人中,属于泰州学派者七人,占强半以上。

李颙在《观感录》自序中指出,人不论圣凡贵贱,精神品质的基础都是同样的。他说,先儒谓"个个人心有仲尼",盖以个个人心有良知也。每人心中有一个孔子,因为每人都有良知。人们精神品质的基础,彼此相同。知是知非,知好知恶,这种良知,圣人与凡人同,高贵者与卑贱者同。因为这个缘故,所以人们可以超凡入圣,由贱而贵。但是人们终于有圣凡贵贱之分,关键在是否立志。李颙在《观感录》的传赞中反复强调立志的重要。立志则不昧本良,顺而发展,凡即为圣。志不立,则一点良知,情移境夺,反复牿亡,圣即为凡。实质上的真贵真贱,乃在于精神上的为圣为凡。至于社会地位的所谓贵贱,只是区区不足道的"迹"而已,不值得计较。

辑集在《观感录》里的,是田夫、樵子、陶匠、牧人、织工、戍卒、卖油佣、鬻帽商、灶场盐丁、衙门皂快,执业低下,为社会所轻贱。李颙把他们收辑在一编之内,俨然奉为圣贤。他在《观感录》里对人物的品评标准,显然与缙绅先生不同。历来有各种传记,传将相,传名宦,传循吏,传儒林,传文苑,传游侠,传滑稽,传龟策,传艺术,传刺客,传列女,却没有专传"卑贱之人"的。就这一点来说,李颙的思想为同时代人所不能及。

李颙告诫人们,不要"以类自拘"。"类",指社会阶级阶层。居于社会底层的"卑贱之人",不要被自己的社会地位束缚住。要自立自奋,卓然不拔。

《观感录》的张珥序,作于康熙八年(公元1669年)。则《观感录》的写成当不晚于此时。这时候,李颙四十多岁,正在壮年。他为理学倡道的思想已很坚定。他希望通过《观感录》,有更多的人观而感,感而奋起。他在《观感录》的自序里说:

> 心斋先生(王艮)本一盐丁也,贩盐山东,登孔庙而毅然思齐,绍前启后,师范百世。小泉先生(周蕙)本一戍卒也,守墩兰

州,闻论学而慷慨笃信,任道担当,风韵四讫。他若朱光信(朱恕)以樵竖而证性命,韩乐吾(韩贞)以陶工而觉斯人,农夫夏云峰(夏廷美)之表正乡间,网匠朱子节(朱蕴奇)之介洁不苟,之数子者,初曷尝以类自拘哉?……谨次其履历之概,为以类自拘者镜。窃意观则必感,感则必奋,奋则又何前修之不可企及?有志者亦若是,特在乎勉之而已矣。

这篇序文,召号下层社会的"卑贱之人"奋起向王艮、周蕙等学习,"上之为圣为贤,次亦获称善士"。虽然还是以封建道德的要求来期望他们,但是在把卑贱者提高起来,使他们也有接受教育机会这一点上,是有进步意义的。

四、《四书反身录》论学术

李颙的《四书反身录》很有名,从康熙至道光,四次刊行。一刻于陕西学政许孙荃,再刻于肇庆知府李彦瑁,三刻于江苏学使汤金钊,四刻于广信知府铭德。自康熙二十五年丙寅(公元1686年)初刻至道光十一年辛卯(公元1831年),一百四十多年间四次刊行,可见其书的受重视(见《四书反身录》卷首《铭德序》)。

《四书反身录》八卷,由李颙口授,门人王心敬札记。全书计《大学》一卷,《中庸》一卷,《论语》四卷,《孟子》二卷。王心敬原序谓:"《四书反身录》者,录二曲先生教人读《四书》,反身实践之语也。先生尝谓孔、曾、思、孟,立言垂训,以成《四书》。程、朱相继发明,表章《四书》,非徒令人口耳也。盖欲读者体诸身,见之行,充之为天德,达之为王道,有体有用,有补于世也";"小子恭侍函文,特蒙提诲尤谆,日获闻所未闻,退即随手札记。自夏至冬,不觉成帙。然遗忘不及记者甚多,特存什一于千百。"这篇原序说明了《四书反身录》的性质、内容、成书经过,对理解《四书反身录》这部书,有重要参考价值。

《四书反身录》是以孔(《论语》)、曾(《大学》)、思(《中庸》)、孟(《孟子》)的立言垂训为道德准绳,来求得反身践履的理学著作。书中涉及的问题,方面不少,最突出的是关于学术问题的讨论,这方面有若干见解值得重视。

《四书反身录》卷端,载李颙的《读四书说》。这篇说,共四条,说明《四书》是传心之书。人人有是心,心心具是理。这是陆九渊心即理学说的发挥。李颙强调反身的重要,他说:"吾人于《四书》,童而习之,白首不废。读则读矣,只是上口不上身。诚反而上身,使身为道德仁义之身,圣贤君子之身,何快如之。"读《四书》只是上口不上身,那就像吕坤所说,如僧道替人念消灾禳祸的经忏,绝不与我相干,只是赚些经钱食米来养活此身,把圣贤垂世立教之意辜负尽了。如何反身实践呢?他说,《大学》之要,在格、致、诚、正、修。《中庸》之要,在戒慎恐惧,涵养于未发之前,子臣弟友,尽道于日用之际。《论语》之要,在于时学习。《孟子》之要,在知言、养气、求放心。要把《四书》的教训,"反己自勘",是不是真的践履了。否则日读《四书》,而不能践履其言,那就成为孔、曾、思、孟的"罪人"。这就是说,《四书》的道德教训是行为的准绳,要回转头来,以此衡量自己是否践履了,做到了。这样,才可谓"善读",可谓"实践"。李颙说:"一人肯反身实践,则人欲化为天理,身心平康。人人肯反身实践,则人人皆为君子,世可虞唐。"认为"此致治之本也。"把四书反身,从道德意义提高到政治意义,说成是"致治之本",那是有些夸张了。然而,宋代就已有人说,"半部《论语》治天下",则李颙之见也算是有来由。李颙的这些言论,充满了理学意味。

《四书反身录》的真正价值,不在理学方面,而在于它具有启蒙思想的性格,在于它讨论了学术问题。

首先,何谓学术?李颙认为,学术应该有体有用。求学,应该求明体适用之学。他就《大学》一书,对这个问题加以阐释说:

> 《大学》,孔门授受之教典,全体大用之成规也。……苟志于学,则当依其次第,循序而进,亦犹农服其先畴,匠遵其规矩,自

然德成材达,有体有用,顶天立地,为世完人。(《四书反身录》卷一)

《大学》一书,为明体适用之书。《大学》之学,乃明体适用之学。(同上)

"全体大用","有体有用","明体适用",都讲到体用。学术就是要讲体用。"明体适用,乃吾人性分之所不容已。学而不如此,则失其所以为学,便失其所以为人矣"(同上)。

求学,就是要求得体用之学。李颙说:"今须勇猛振奋,自拔习俗,务为体用之学。澄心返观,深造默成,以立体。通达治理,酌古准今,以致用。体用兼该,斯不愧须眉"(同上)。可见体用之学,体与用不是分立的,要"体用兼该",有体有用。

那么,什么是体用?《四书反身录》载:"问体用。曰,明德是体,明明德是明体。亲民是用,明明德于天下,作新民,是适用。格、致、诚、正、修,乃明之之实。齐、治、均平,乃新之之实。纯乎天理而弗杂,方是止于至善"(同上)。这段话是阐释《大学》开首三句话的,就是"大学之道,在明明德,在新民,在止于至善。"新民又作亲民,是异文,李颙两用之。李颙的这段话,解释明德就是学术的体。明明德就是宣传明德,宣传体。亲民是用,宣传明德于天下,教育新民,就是适用。而格物、致知、诚意、正心、修身,就是"明明德"的具体内容。齐家、治国、平天下,乃是教育新民的具体内容。人们做到全是天理,没有私欲夹杂,就是"止于至善"。这里,对体用的义蕴,对明明德与作新民的具体要求,即"明体适用"的具体要求与内容,对止于至善的标准都做了明确的解释,那么什么是学术就说清楚了。

陆王之学重视立大本,致良知,也就是重视明明德,重视尊德性。李颙解释"尊德性"说:

> 尊,对卑而言。天之所以与我,而我得之以为一身之主者,惟是此性。耳目口鼻,四肢百骸,皆其所属,以供役使者也。本是尊的。本广大精微,高明中庸,而有德,故谓之德性。只因主

> 不做主,不能钤束所属,以致随其所好,反以役主。灵台侥扰,天君弗泰,尊遂失其为尊。不容不问学以尊此尊。问,是问此德性;学,是学此德性。若问学而不以德性为事,纵向博雅人问尽古今疑义,学尽古今典籍,制作可侔姬公,删述不让孔子,总是为耳目所役,不惟于德性毫无干涉,适以累其德性。须是一扫支离锢蔽之习,逐日、逐时、逐念、逐事,在德性参究体验。……德性本吾故物,一意涵养德性而濬其灵源。悟门既辟,见地自新。谨节文,矜细行,不耽空守寂,斯造诣平实。夫如是,德岂有不至,道岂有不凝乎!(《四书反身录》卷二)

李颙学宗陆、王,以上这段话阐述了陆、王立大本、致良知的学说,与《大学》明德之教,义蕴相同。这就是所谓"明体"。

李颙的适用之学,指齐家、治国、平天下等切实有用的学问。例如,孔门诸贤,兵农礼乐,各有自信。而今日学者,"自信者何在?兵耶?农耶?礼乐耶?"没有什么是所自信的。"凡生民之休戚,兵赋之机宜,礼乐之脩废,风化之淳漓,漠不关心。"这是很不对的。"空疏之习,无当于实用。"应该"将经世事宜,实实体究,务求有用"(同上卷五)。

在"适用"之学中,李颙重视农学。他说:"种植之道,虽各有所宜,大约不出'粪多苗稀,熟耕勤耨,壅本有法,去冗无差'四语。此人所尽知。若夫因时制宜,曲尽其法,则未必人人尽知也。其详莫备于《农政全书》。撮其简易易行,同《水利书》及《泰西水法》,酌取刊布,乡社揭之通衢,令人人共见共闻,庶知所从事,地无遗利。"这里提到《农政全书》《水利书》及《泰西水法》,表明李颙对实际学问确实关心,在应用科学方面向泰西学习,一点也不保守。像《农政全书》这样的科技书,成于明末,在李颙当时是新书,而他已经阅读了,并且主张应用了。这不能不说,他的"适用"之学是随时代而前进的。

李颙应门人张珥之请,开列了一份"明体适用"之学的书单。据张珥"识言",时在康熙八年己酉(公元1669年)。书单如下:

体用全学

　　明体类：

　　象山集　阳明集　龙溪集　近溪集　慈湖集　白沙集

　　　　右数书,明体中之明体也。

　　二程全书　朱子语类大全　朱子文集大全　吴康斋集　薛敬轩读书录　胡敬斋集　罗整庵困知记　吕泾野语录　冯少墟集

　　　　右明体中之工夫也。

　　适用类：

　　大学衍义　衍义补　文献通考　吕氏实政录衡门芹　经世石画　经世挈要　武备志　经世八编　资治通鉴纲目大全　大明会典　历代名臣奏议　律令　农政全书　水利全书　泰西水法（同上卷七《体用全学》）

从这份书单,可以看出,李颙的"明体适用"之学,所谓"体"指道德心性的修养,所谓"用"指治国平天下及其有关的政治、律令、农田、水利的应用。他在每部书之后,写了按语,指出这部书的性质和意义,在"明体"或"适用"方面占有怎样的地位。这份书单反映李颙心目中的学术是怎样的学术。最清楚的是他把陆九渊、杨简、陈献章、王守仁的著作看成是"明体中之明体",而二程、朱熹、吴与弼、薛瑄等的著作,则只能算是"明体中之工夫",反映了他倾心于"心学"的理学思想本质。

李颙又在与顾炎武的往复书信中谈了体用问题。他说:"明道存心以为体,经世宰物以为用,则体为真体,用为实用。……苟内不足以明道存心,外不足以经世宰物,则体为虚体,用为无用"（同上卷十六《答顾宁人先生》）。可见李颙的"体"指明道存心,即道德心性的修养,"用"指经世宰物,即治国平天下及其有关的实用之学。他又指出,"辩尽古今疑误字句,究与自己身心有何干涉。程子有言,学也者,使人求于本也。不求于本而求于末,非圣人之学也。何谓求于末?考详略、采异同是也。"他批评了顾炎武的考据之学,认为辩古今疑误字句,考详略、采异同,是求于末,而非求于本的圣人之学。李颙的求于本的圣人之学,指其以陆王唯心主义标宗的理学。

李颙的理学思想,对"格物"有自己的解释。《四书反身录》卷一,谓"格物乃圣学入门第一义。……'物'即身、心、意、知、家、国、天下之物,'格'者格其诚、正、修、齐、治、平之则";"若舍却至善之善不格,身、心、意、知、家、国、天下之理不穷,而冒昧从事,欲物物而究之,入门之初,纷纭缪辕,堕于支离。此是博物,非是格物";"误以博物为格物,纵博尽羲皇以来所有之书,格尽宇宙以内所有之物,总之是骛外逐末。昔人谓'自笑从前颠倒见,枝枝叶叶外头寻',此类是也。"李颙以《大学》八条目的身、心、意、知、家、国、天下为物,以诚、正、修、齐、治、平为格,诚然是不同于一般的解释。他把格物与博物作了区别,这是理学与科学的区别。他反对博观典籍,反对研究客观事物。主观唯心主义心学色彩异常鲜明,渊源于陆、王而不同于程、朱。他认为,著书也是多余的,只要身体力践,无烦著述。他引陈献章的诗句,"千圣遗编皆剩语,小生何敢复云云"说:"其言深可味也"(《四书反身录》卷四)。这也是陆九渊学说的绪余。

李颙的"慎独"学说也有特异的见解,与传统的朱注不同。《四书反身录》卷二:"问《中庸》以何为要?曰慎独为要。因请示慎之之功。曰,子且勿求知'慎',先要知'独'。'独'明,而后'慎'可得而言矣。曰,注言,'独'者,人所不知而己所独知之地也。曰,不要引训诂,须反己实实体认。凡有对,便非独,独则无对,即各人一念之灵明是也。……此为仁义之根,万善之源,彻始彻终,彻内彻外。更无他作主,唯此作主。慎之云者,朝乾夕惕,时时畏敬,不使一毫牵于感情,滞于名义,以至人事之得失,境遇之顺逆。造次颠沛,生死患难,咸湛湛澄澄,内外罔间,而不为所转。夫是之谓'慎'。"可见,李颙所谓"慎独",就是时时保持"一念之灵明"的湛湛澄澄,不要为感情和外物所转移。这与朱注的传统说法不同。朱注是训诂,而李颙则重在理学家的反己"实实体认",是一种功夫。李颙举例说明这种功夫。他说:"昔倪润从薛中离讲学。夜深,中离令润去睡,五更试静坐后再讲。次日,中离问,坐时何如?曰,初坐颇觉清明。既而舟子来报,风顺,请登舟。遂移向听话上去。从此便乱。"倪润的五更静坐,是体认大本的功夫。一为舟子"风顺请登舟"的报告所乱,就不能保持此心的安静。这表明这种体认功夫,必须"屏缘息虑,一意静养。静而能纯,方保动而不失,方得动静如一"(《四书反身录》卷二)。

李颙把儒分成"真儒"与"应付儒"两类。所谓"应付儒"指应付门面的读书人,名为儒,实则不能算儒。他说:"僧有禅宗,有应付。道有全真,有应付。儒有理学,有应付";"读儒书,冠儒冠,置身于儒林,既以儒自命,乃甘以应付儒结局生平乎"(同上卷三)!他又讥讽那些徒有儒者之名的人说:"明体而不适于用,便是腐儒。适用而不本于明体,便是霸儒。既不明体,又不适用,徒汩没于辞章记诵之末,便是俗儒,皆非所语于《大学》也"(同上卷一)。李颙之意是说,只有既明体而又适用的儒者才是真儒。他认为,像王守仁那样的人,才是真儒。

李颙说:"学问之要,只在不自欺。"又说:"自欺与不自欺,君子、小人之所由分,即人鬼之所由分也。不自欺,便是君子,便是出鬼关入人关。自欺,便是小人,便是出人关入鬼关。吾人试默自检点,居恒心事,果俯仰无怍,出鬼关入人关乎?抑俯仰有怍,出人关入鬼关,终日在鬼窟里作活计耶?人鬼之分,不在死后,生前日用可知。"所谓"不自欺",李颙说,就在"无为其所不为,无欲其所不欲"(同上)。理学家的学问之要,就在心性修养上是否合乎这种道德规范,并以此来判分君子与小人的界限,做人与做鬼的界限。通过对"日用""心事"的自我检点,来严格分析心性修养是否达到君子的标准,是否达到做人的要求。这种检点,在理学家来说,是真诚的。其缺点则在缺乏客观的行为上的检验,缺乏群众的评量,而检验的标准则为道德。

李颙主张讲学。他说:"学之所以为学,只是修德。德若不修,则学非其学。讲学,正讲明修德之方也。不讲,则入德无由。"又说:"自己不知学,不可不寻人讲,讲则自心赖以维持。自己知学,不可不与人共讲,讲则人心赖以维持。所在讲学,学术愈明,则世道赖以维持。"又说:"今日急务,莫先于讲明学术,以提醒天下之人心。严义利,振纲常,戒空谈,敦实行,一人如是,则身心平康。人人如是,则世可虞唐。此拨乱反治、匡时定世之大根本大肯綮也"(同上卷四)。他认为,讲学是修德之方,是维持人心世道的途径,是今日拨乱反治、匡时定世的根本急务,应该"刻意倡率,随处觉导"。这种重视并倡导随处讲学的主张,是王学的本色。

讲学就要会聚,李颙主张集会结社,反对独居独学。他说:"独居则游思易乘,易作易辍。群居则交发互砺,以引以翼。纵不能晨夕相聚,亦须时一会晤。彼此切磋,斯闻所未闻;订证绵密,斯懈惰不生。"又说:"会友以收摄身心,此学人第一切务。前代理学诸儒,莫不立会联友,以资丽泽之益。近代先辈,则所在有会。春秋仲月,月凡三举,为大会。大会之外,退而又各就近集三五同志,每月三、六、九,相与摩切,为小会。总图打点身心,非是求通声气。六十年来,斯事寥寥,可胜叹哉!"又说学人"如为身心性命,则不可不会友。会则不可无会约。先儒会约虽多,唯顾泾阳先生《东林会约》,醇正愨切,吾有取焉"(同上卷五)。他认为,会友群居,可得互相切磋启发之益。春秋二仲月,可以举行大会;每月三、六、九,可以举行小会。小会只须同志三五人即可。会应订立会约,他赞赏东林党人顾宪成所订的会约。他自己在关中书院讲学,订立了《关中书院会约》十条。李颙致慨于六十年来立会讲学之风已渐寥落。这是当时清政府推行高压的文化政策的结果。他委婉说明,立会讲学只是为"打点身心",不是"求通声气",反映在高压的政治空气下学人的惴惴恐惧心情。《关中书院会约》只有十条,但在其前转载《儒行》篇,其后又附《学程》八条,合起来成为一个整套。《儒行》以讲明儒的道德行为,《会约》以约束书院学人的礼仪行止,《学程》以规定学人每日的学习程序。其中贯彻了李颙"明体适用"的学术思想。这个《关中书院会约》当订立于康熙十二年癸丑(公元1673年),陕西学政洪琼《会约序》即作于是年(见《全集》卷十三《关中书院会约》)。

李颙谈论了作为一个学人应该具有刚强的性格的问题。他说,人要做到"真刚"，"古人不以三公易其介，是为'真刚'"；"有欲则不刚"，"圣贤之学以无欲为主，以寡欲为功"；"刚则英毅振迅，入道有其资。"刚是锻炼出来的，要做无欲、寡欲的功夫。有欲就不能刚。刚则英毅振迅，有了入道的资质。能刚则有条件取得各种成就，一能进德，二能克己，三能树人品，四能全名节，五能担当世道，六能作成顶天立地事业（《四书反身录》卷三）。与刚相联系，是强。强是从矫中得来的。《中庸》说"强哉矫。"要成为"铁骨金筋"的"矫强君子"。李颙说："吾人身处末俗，须是铁骨金筋，痛自矫强，才得不流、不倚、不变，立身方有本末。前辈谓宁为矫强君子，勿为自然小人，有味乎其言之也。"平日须默自检点自己的偏颇，"随偏随矫"。例如，躁，则矫之以静；浮，则矫之以定；妄，则矫之以诚；贪，则矫之以廉；傲，则矫之以谦，如此等等。始则矫强，久而自然（同上卷二）。学者的刚强性格，可以从克制和矫偏的功夫中养成。"君子之所以为君子，只是自强不息。"

李颙举了理学家曹端的居家典型，以为勖勉。他说：

> 昔曹月川先生居家言动不苟。诸子侍立左右，恪肃不怠，则是子孙化也。夫人高年，参谒必跪，则是室家化也。兄爱弟恭，和顺亲睦，则是兄弟化也。诸妇皆知礼义，馈献整洁，无故不窥中庭，出入必蔽其面，则是妇女化也。铃下苍头，皆知廉耻，趋事赴工，不大声色，则是仆隶化也。此岂声音笑貌为之哉！（同上卷一）

这是理学家的居家典型，是封建礼教的产物，循规蹈矩，一片肃穆，所缺乏的是生气。父子、夫妇、兄弟、翁媳、主仆之间，靠礼教维持着死寂固板的局面。

第三节　李颙在理学史上的地位

理学家李颙生当理学已走向衰颓的历史时期，不论程朱理学或陆王心学，都已到了尽头。李颙却想以其本体之学发明人的炯炯灵明，使理学的心性修养不致失坠；以其功夫之学使人通过悔过自新，这就是他的所谓"担当世道"。这显然是与历史发展方向背道而驰的。当时顾炎武已看到理学的没落，主张通过考据以发明经义，提倡实事求是，反对理学家的空谈心性；主张天下兴亡，匹夫有责，不能置四海困穷于不顾，而高谈危微精一。诚然，顾炎武的学术道路也不能解决当时的社会危机，但是他觉察到了问题的一部分所在，头脑比较清醒。李颙还批评顾炎武的《日知录》，说道："友人有以日知为学者，每日凡有见闻，必随手札记，考据颇称精详。余尝谓之曰：知者，无不知也。当务之为急。……若舍却自己身心切务，不先求知，而惟致察乎名物训诂之末，岂所谓急'切务'乎？假令考尽古今名物，辨尽古今疑误，究于自己身心有何干涉！诚欲日知，须日知乎内外本末之分，先内而后外，由本以及末，则得矣"（《李二曲全集》卷六）。虽然他没有指名道姓，而其锋芒所向则是十分明确的。然而顾炎武对李颙的学风还是钦佩的，在《广师篇》中说："坚苦力学，无师而成，吾不如李中孚。"没有反唇相讥，可谓厚道。在学术思想从理学向考据学转变的时候，李颙以理学观点批评顾炎武的《日知录》，显得昧于时代潮流，思想落后。

李颙的明体适用之学，悔过自新之学，囿于理学家的思想范围，没有什么新意。虽然自成一家之言，其思想价值是不高的。但是其思想中的"同民之欲"观点，其《观感录》中表章出身卑贱的学者的观点，其《四书反身录》中，主张讲学，主张集会结社的观点，是十分宝贵的。由此，李颙思想就多少具有启蒙思想的性格。

李颙的适用之学，重视农业、水利，向泰西取法，这是可取的。他说："农者，国之本，民之命，劝相有术，而后地无遗利。审其土宜，通其有无。如水利其最要矣。次如种树、种蔬、种药之法，必详必备。则生众而民富国足矣。此重农之要也"（同上卷八）。把农业提到"生之者众"及"民富国足"的高度，是颇有见地的。要讲究种树、种蔬、种药之法，这也是好的见解。李颙鼓吹躬亲农圃，批评孔子叱责樊迟学农学圃，为不合理。李颙有一套推行"王道"的方略。他说，"择吏、重农、轻敛、禁暴"，是"王道之始";"明礼、正学、兴贤",是"王道之成"(同上)。这一套与孟子的仁政学说有关联。李颙认为,这是今日之所宜行,是使"三代之治可复见今日"的王政。李颙的这种学术,被誉为"充之为天德,达之为王道。"论其实质,恰如龚自珍所云,"医方只贩古时丹"而已。

孙奇逢、黄宗羲、李颙,并称为清初三大儒。在明清易代之际,他们都抱有高尚的民族气节,不肯低首臣服于清朝政府。康熙西巡至关中,召见李颙,李颙以死相拒,不肯往见。他又借论殷周之际的微子以明心迹,说不能借口宗祀,俯首异姓,"当如北地王刘谌之死社稷";"否则不惟不能存宗祀,反有以辱宗祀"(同上卷六)。微子是王室贵族,有宗祀问题,李颙是布衣之士与微子不同,不能并论,这里只就心迹而论。

清初三大儒,学术造诣,各有特色。孙奇逢之学,原本陆王心学,以慎独为宗,以体认天理为要,以实用伦常为实际,治身刻厉。所著《理学宗传》,是一部有名的理学史。黄宗羲学问广博,经史象数之学,当时莫及,开浙东史学之先河。所著《明儒学案》六十二卷,叙述明代讲学诸儒流派分合得失颇详。晚年又辑《宋元学案》,合之《明儒学案》,以志宋明七百年学术流变,尤为精卓。李颙制行超异,取予不苟,讲学关中,推为宗师。其反身悔过之学,具见坚苦,不是一般人所能达到的。

第五十七章　陈确与理学

第一节　陈确的生平与著作

陈确(公元1604—1677年)字乾初,浙江海宁人。祖、父皆秀才出身,以教书为生,家境贫寒。他排行第四,从小便随兄长馆学于外,父亲对他课督不严,"岁时归省,惟叙家人之情,绝不问及程课"(《先世遗事纪略》,《陈确集》第534页,以下仅注篇名),陈确自小读《性理集要》一类著作,但并"不悦理学家言"。二十岁以后,他在科举考试中屡次落榜,"遂薄视一衿,放浪山水,恣情声律,韵管谱琴,时共一二知交,吟风弄月,超然远寄,有点游舞雩之致。间以双陆围棋,篆刻临池,得心应手,无不穷极其妙"(陈翼《乾初府君行略》)。青少年时期的这些经历,使他对功名利禄持冷漠的态度。

崇祯六年(公元1633年),陈确院试第三,补为庠生,年近三十,总算迈进科举的门槛。崇祯十三年(公元1640年),又获得"廪生"资格,但没有得到走入仕途的机会。

崇祯十五年(公元1642年)秋,海宁乡间"苦墨吏殃民",陈确率同学上告官府,却遭到追究,失去了三年一次的乡试机会。他不以为憾,谓"捐吾生以抹一县之民,亦何所惜,一乡荐何足道哉"(同上)!次年,经同乡祝渊(字开美)介绍,成为刘宗周的受业弟子,从此思想上有了新的变化。

崇祯十七年(公元1644年),明亡。次年,清军入江南,有些学者以身殉国,刘宗周绝食而死,年仅三十五的祝渊也悬梁自尽。陈确没有走这条道路,他上书学府,请求"永削儒籍",并且更名改字:将原名筮永、字原季,庠名道永、字非玄,一律弃置,独取《易传·文言》中释"乾卦""初九"爻:"确乎其不可拔,潜龙也"一句中的"确"字为名,"乾初"为字,以示以潜龙自励、不为清朝效力的决心。此后,他潜心著述,写下了《葬书》《大学辨》《瞽言》等著作,对社会习俗及程朱理学提出大胆的批评。这一时期,是陈确思想上的成熟期。

陈翼(陈确之子)曾指出其父"学凡三变":"始崇尚夫风流,继绚烂夫词章,继又矜厉夫气节,自后一变至道"(同上)。这个概括合乎实际,却没有指出"气节"在陈确身上的变化:始入庠时,太府刘雪涛怜其家贫,意欲周全,陈确坚辞不受,这是一种气节;入庠之后,率庠生反贪官而不惜弃去功名前程,这也是一种气节;甲申之变后,请削儒籍,以"潜龙"自励,这又是一种气节。从陈确经历中的上述变化,使人看到其思想上的某种升华。在这个过程中,祝渊及刘宗周的影响是不容忽视的。清康熙年间,海宁县令许三礼在其所撰《海宁县志·理学传》中,称陈确"为人刚直,尚气节……发愤为乡邑去害,不挠于势位",可谓公正评价;同时又说他"自奉教蕺山……其勇于见义,遇不平辄发者,亦视为任气而不复蹈。惟皇皇克己内省,黜伪存诚,他不暇顾也"。这种看法颇肤浅,没有看到陈确请削儒籍之后的深刻思想变化。

陈确生活在中国历史上的一个动荡时期,同时也是思想史上非常活跃的时期。关于这点,前面章节中已经提到。这里所要指出的是,在同一个时代,由于思想家所处的社会地位、学术背景、个人修养不同,在思想上反映出来的"折射"也就不同。同样是对传统观点的背离,同样是对理学的批评,却显出了不同的风貌和色彩。陈确与王夫之、颜元比较,虽有理论深度不够的一面,但更显现出接近实际的色彩。他说:"凡事皆求其实,勿徒骛其名"(《丧实议》)。这样的原则贯穿了他的整个思想,形成了特有的反理学风格。

陈确学术生涯中的一个大事件,是公开怀疑《四书》之中《大学》《中庸》两书的正确性和权威性，这对于理学无疑是一个巨大的冲击。从思想史的发展来看，这一举动与历来的"经学传统"（即以笺注形式抒发己见）殊为不合，它不同于王夫之等人"六经责我开生面"的那种因循旧形式而注入新内容的做法，而是连同旧的形式也一起反对，因而遇到的阻力和遭到的攻击也就特别大。清初经史学家全祖望称陈确为"畸士"，可谓恰当之论。

陈确的后半生，用了很大的精力做关于《大学》的论辩，他的观点几乎得不到包括朋友、同学在内的任何人的支持，但他毫不退缩，真正实践了《易传·文言》中关于"潜龙"的赞词："不易乎世，不成乎名，遁世不闷，不见是而无闷，乐则行之，忧则违之，确乎其不可拔。"陈确晚年不幸得"风疾"，卧病十几年，仍坚持自己的观点，精神是难能可贵的。

陈确思想的形成，同他的老师刘宗周有很大关系。他在晚年拜于刘宗周门下，又受祝渊委托整理先师遗稿，编辑《蕺山先生语录》，这使他有机会较多地了解刘宗周晚年的思想。黄宗羲说：

> 先师蕺山曰："予一生读书，不无种种疑团，至此终不释然，不觉信手拈出，大抵于儒先注疏，无不一一牴牾者。诚自知获戾斯文，亦姑存此疑团，以俟后之君子。倘千载而下有谅余心者乎！"不肖羲蒙先师收入孤苦之中，而未之有得，环视刘门，知其学者亦绝少。徒以牵挽于口耳积习，不能当下决择，浅识所锢，血心充塞，大抵然矣。近读陈乾初所著，于先师之学，十得之四五，恨交臂而失之也。①（《陈乾初先生墓志铭》）

这条材料使我们看到陈确怀疑精神的来源。全祖望在乾隆初年作

---

① 黄宗羲所作《陈乾初先生墓志铭》，共有四篇。以初稿未涉学术问题，愧对良友，故有重撰稿。晚年又对重撰稿进行了改写，故而有三稿、四稿。其中重撰稿对陈确文引录最多，称"于先师之学，十得之四五"，三稿则称"于先师之学，十得之二三"，四稿篇幅最短。可见宗羲晚年思想的变化。此处引文系用重撰稿。

"子刘子(指刘宗周)祠堂配享碑文",其中指名提到的宗周弟子只有吴麟征与陈确二人,这又是一条刘、陈师生关系密切的佐证。我们认为,刘宗周晚年的思想对陈确有较大的影响。

关于陈确思想的形成,除了师承因素外,他个人的出身和经历也是重要因素。贫寒的出身,使他对下层人民有一定的同情,他的诗文中有不少反映了这种情绪,例如《苍天七章》的头二章这样写道:

> 呜乎苍天,农民何罪?赤日中田,焦发裂背。渴不得饮,饥不得食,闵其将死,不敢云瘁。天复不念,降此大戾。
>
> 富人之子,有高其堂,绣帏冰簟,无风而凉。囷米如山,而价日益强。农民之灾,富人之祥,天之赏罚,胡此其盲!

如果把这些仅仅看成是空洞的言辞,就不好理解陈确为什么用很大的精力同残民害民的乡间习俗做斗争的思想和行为。显而易见,这同那些死啃《四书》、置天下饥馑于不顾的理学先生迥然不同。

陈确的思想,在当时没有得到广泛的传播,主要是因为他的著作长期湮没。到咸丰四年(公元1854年),《葬书》才初次刊行,其时距陈确之死已经近二百年;而其全部著作则在新中国成立后才得以整理出版。陈确的思想埋没于世有三百年,这在思想史上实在是一件憾事。他的全部著作,有文集十八卷、别集十七卷、诗集十二卷,其中最重要的有《葬论》《大学辨》《性解》等。

第二节 事事求实的学风

理学学风,以读书静坐为事,也即朱熹所说"半日读书,半日静坐"。对此,宋元之际的学者周密曾有尖刻的讽刺。朱熹大力提倡的"格物致知",虽然被后人加以各种解释,但在理学家来说,也终归不过是体验"天理"的演绎方法。如果说,王守仁早年"穷格"竹子之"理"还有点"践履"

精神,那么,他自己已经坚决否定了这种做法,而提倡反求于心的"致良知"学说。程朱理学和陆王心学的末流发展了脱离实际、崇尚空谈的学风。明末清初的进步思想家,对此都有不同程度的评论,有的侧重于理论方面,有的侧重于实际方面。陈确属于后者。他明确提出"事事求实理实益",要宣传生活实际中实实在在的"理"。他的《葬书》就是这方面的著作。

明末江浙地区,有厚葬习俗,"葬师"如炽。结果带来一系列社会问题:许多良田沃土,变为坟丘茔墓,民间的争地诉讼不断发生,直接影响农业生产、百姓生活和社会安定。对此,陈确从求实的立场出发予以抨击,提出了"及时、族葬、深埋、实筑"的葬埋主张,并且揭露葬师骗财害人,宣传了无神论观点。

《葬书》十七篇,形式上虽然并不是直接针对理学,而实质上却有许多处与理学相牴牾,特别是在对虚伪礼教的态度上。

孝道是礼教的重要内容,主厚葬以崇孝道,被看成是天经地义,因此反对厚葬便有违反孝道之嫌,理学先生是绝不愿担此风险的,而陈确却敢于冲击这种习俗。他写道:"今天下葬师如炽,残民以逞,贤愚皆溺,罕能出头,某诚私心痛之"(《与吴仲木书》)。此处之痛,不仅是对葬师残民之痛,更是对理学的虚伪学风之痛,表现了他的思想境界。

《葬论》中对"俭葬"提出了解释,他指出:"夫贫有贫之养,则贫亦有贫之葬,俭葬是也。夫俭非薄也,礼所不当为,力所不能为者,吾不能强为焉之谓俭也"(《俭葬说》)。这里提出的"礼"和"力",实际表明了陈确对日常行为准则的看法。他把封建的伦理道德规范(礼)与实际经济能力(力)并列起来,加以调和,实际上含有对礼教的贬抑。在另一处,他说的很明白:"富者绌俗从礼,贫者绌礼从力,则务实之理得,素位之义行"(《圣人吾不得见之矣章》)。从"务实之理"的原则出发,"礼"还往往要屈从于"力"哩!

陈确还把"礼"与"人情"联系起来加以解释。他评论"子皋之泣血三年,曾子之水浆不入口七日"说:"此君子之过,然非以求为此名也。后人学之,则其心有不可知者矣。是故学独行之士不若学守礼之士。参力礼而尽心焉,则中庸可庶几矣。故贤者俯而就,不肖者可企而及也。夫礼,岂不近人情者哉"(《养生送死论》下)！礼,历来被儒家视为"天之经,地之义,民之行",在理学家的眼中则更带着"天理"的灵光;而人情,则被理学家视为"恶"。陈确同样用调和的手法,提出礼"近人情";用这样的标准衡量"泣血三年"与"水浆之不入口七日",自然是不近人情之事,故称之为"君子之过"。但高子皋与曾参并非为求名,而后来的效法者则"其心有不可知者",暗示了礼教推崇者讲孝道的虚伪。陈确还指出:"至艳称江革行佣供母,王延体无完衣,亲极滋味事,固为笃孝,然由君子观之,亦渐与割股、寝冰、十年庐墓等事相类。弟固不能学,亦不敢学也"(《答沈朗思书》)。

上述礼与力、礼与人情的观点,初看平平,其实却颇可玩味。把人们的经济承担能力(力)与生理承受能力(人情)摆在比"礼"更重要的位置上,去反对"轻破民田"、反对"割股寝冰",这不正是从人的实际利益出发的功利主义观点吗？由此看来,在关于道德的最高原则与实际利益的关系问题上,陈确虽然没有使用"义""利"的传统范畴,而是用了礼与力、礼与人情的字眼儿,但其中所蕴含的,是义利并重的思想,这与"正其谊不谋其利"的儒家传统教条格格不入。

从"求实"的立场出发,陈确写了以《俗误辨》(六篇)为主的一组文章,提出了下列观点:

一、反对婚、嫁用厚礼,行缛节;

二、反对"作满月""作周岁"宴客受贺;

三、反对为庆寿而"征言"(请人写庆贺诗文);

四、反对滥立孔庙,主张京师以外"但可立学,不可立庙";

五、主张"尽毁天下佛寺道院及神祠";

六、反对"节妇""烈女"及图名死节;

七、反对不事生产的"三姑六婆"(指尼姑、道姑、卦姑、牙婆、媒婆、虔婆、药婆、师婆、稳婆)。

以上几例,实际上并不能概括"务实之理"的全部内容。陈确在《葬书

·自序》中说:"知乎此而推之日用,事事求实理实益,不苟徇虚名,即违道不远矣。"在这里,我们已经看出"实理"对于"天理"的反命题意义。

陈确倡导的"实理"的根据,是朴素唯物主义的自然观,也即他所谓的"自然之理"。他把天地和生命都看作一种自然的过程,用以反对有神论及种种迷信风俗;同时,他也用"自然之理"作为衡量一切事物的标准。因此,他的"实理",作为"天理"的反命题所达到的哲学深度和事事求实理实益的学风的反理学意义,于此显露得十分清楚。

第三节　在知行论上与理学的论辩

陈确在知行论上与理学的论辩,主要围绕着《大学》而展开的。

《大学》本是《礼记》中的一篇,大约成书于秦汉之际。从它的主要内容(三纲领、八条目)来看,是讲作为统治阶级的"君子"的修己、治人之道。其中提出"格物致知"一语,原非核心宗旨,汉、唐以来也没受到特别的注意。自从唐代韩愈推崇《大学》,宋代程颐便用"穷理"注解"格物",朱熹又"取程子之意",为"格物致知"补传。这样,理学的宗旨——"穷天理"问题便借用"格物致知"一语而特别突出出来,加以极力的表彰。《大学》在理学中的地位也由此确立起来。理学中的心学一派,以王守仁为代表,用"正心"解释"格物",反对程、朱删改《大学》、增加传注的做法,主张恢复《大学》古本。围绕着上述两大派观点,理学中对"格物致知"注释纷纭。正如明末刘宗周所说:"前后言格致者,七十有二家"(陈确《大学辨》引),但刘氏的看法是对诸家之说都有怀疑。因此,他又说:"求其言之可以确然俟圣人而不惑者,吾未之见"(同上)。陈确把师说给以大胆的突破,不论是程朱注本还是《礼记》古本,都加以否定,不承认《大学》是孔、曾所作,圣人之言:"《大学》首章,非圣经也。其传十章,非贤传也"(《大学辨》)。他自称此举为"止沸者抽其薪"(《答查石丈书》),这种釜底抽薪,实在非同小可。

陈确对《大学》的批评集中在知行问题上。他在给友人的信中明确提出,讨论知行问题是《大学辨》的纲。又说:"《大学》言知不言行,必为禅学无疑"(《大学辨》)。这种观点,主要是针对程朱一派的,而在许多问题上也针砭了陆王一派,表现了与理学殊异的思想。

陈确对程、朱的批评,集中在"致知""知止"问题上。他指出:《大学》"虽曰亲民、曰齐、治、平,若且内外交修者,并是装排不根之言。其精思所注,只在'致知''知止'等字,竟是空寂之学"(同上)。这里的批评是针对朱熹的。朱熹以天理为致知的内容,认为这是比"行"更重要的。他举例说:"如人行路,不见便如何行"(《朱子语类》卷九)? 陈确接住话茬说:"能见屋内步,更能见屋外步乎? 能见山后步,更能见山前步乎"(《答张考夫书》)? 在提出"知"的这种相对性之后,陈确正面回答了知行先后的问题:"欲见屋外步,则必须行出屋外,始能见屋外步;欲见山前步,则更须行过山前,始能见山前步。所谓行到然后知到者,正以此也"(同上)。他还通过举例,把两种认识方法加以对比,说:"譬如乱后至京师,风波荆棘,不容不访,但走在路上,虽至愚极蠢之人,必能问讯,必能到京。若终日坐在家里,虽聪明强记之人,将两京十三省路程稿子倒本烂熟,终亦何益? 后儒格致之学,大率类此"(《答朱康流书》)。类似的观点,陈确反复讲过多次,他指出"传闻"的不可靠、"路程稿子"的无益,而反复强调"亲至其处",表现了对直接经验的重视。

在陈确看来,"行"不仅是取得认识的前提,而且还是检验学问真假的手段。他说:"学问之事,先论真假……真假之辨,只在日用常行间验之,最易分晓"(《寄刘伯绳书》)。这里,对知行关系的论述就比较深刻了。

陈确在对朱熹"知先行后"观点的批评中,采用了"知行合一"的命题,企图通过对知行统一的论述,过渡到行重于知的主旨。他说:

> 虽是事从心生,然心亦从事生。如人有善念,始有善事,此何待言,假如吾人日行善事,又安得复有恶念乎? 昼之所为,即夜之所梦,不可不察也。(《与吴仲木书》)
>
> 不知必不可为行,而不行必不可为知。(《答张考夫书》)
>
> 人但知舜之知之在前,而不知舜之行又在知前。盖惟其行

之笃,故求知也益详;亦惟其知之详,故力行也弥笃。(《舜明于庶物一节》)

从上述材料看,有知行并重的倾向。他企图用知行无先后来批驳知先行后,殊不知这样也造成了自己观点中的矛盾。

陈确还批评了《大学》中"知止"的观点。所谓"知止",指《大学》"三纲领"中"止于至善"的命题。朱熹一派理学家以天理为至善,便借此命题强调以体认天理为最终归宿,由此一通百通,排斥其他方面的知识。针对这种观点,陈确指出:

> 天下之理无穷,而一人之心有限,而傲然自信,以为吾无遗知焉者,则必天下之大妄人矣,又安得一旦贯通而释然于天下之事之理之日也哉?(《大学辨》)

在他看来,既不存在着固定不变的"理",同时个人的认识也不可能穷尽一切知。他从这两个方面驳斥了"知止"之说。

首先,陈确用"天下之理无穷"一语,抨击了理学的独断主义。我们知道,理学家讲"理",虽有"天即理""心即理"之分,但两派都把"理"当作万古不变的法则,程朱一派认为,理在万物犹月印万川,是理一而分殊,因此识一理而万物之理皆通,所谓格物致知,就是格致"天理"。陈确指出了这一点,他说:"所谓格物致知者,亦惟致其知止之知而已,从此下手,哪得不禅"(《与张考夫书》)!"知止之知"即"天理",在陈确看来,在"天理"之外,"天下之理无穷",如果只认一个"天理",不就等于是佛教的"证真如"吗?因此陈确提出"道虽一贯,而理有万殊"(《答格致诚正问》)之说,用"理万"来反对程朱理学的"理一",用经验论来抨击独断论。他指出:

> 教学相长,未有穷尽。学者用功,知行并进。故知无穷,行亦无穷,行无穷,知愈无穷。先后之间,如环无端,故足贵

也。(同上)

这里,从教与学无穷尽的经验事实出发,提出"知无穷""行无穷"的命题,指出了知与行的相对性。从这种相对意义出发,进一步批评"知止"之说:

> 吾不知所谓知止者,谓一知无复知耶?抑一事有一事之知止,事事有事事之知止;一时有一时之知止,时时有时时之知止耶?如其然也,则今日之知止,则今日而后,而定、静、安、虑,得之无不能,不待言也。脱他日又有所为知止焉,则他日之知,非即今日所未知乎?(《大学辨》)

这里,从"事"与"时"两个方面论证知无止,使我们看到"天下之理无穷"的命题,非但是言理之多,而且是言理之变,这就接触到认识的深化问题,其中包含有辩证思想因素。

其次,陈确用"一人之心有限",驳斥朱熹的"豁然贯通"之说。在对认识能力的看法上,程朱理学家把"心"的作用说得神妙非凡,以便证明它可以充分认识至善尽美的"天理",达到主体与本体的冥合。这方面的一个典型例子,是朱熹在《补大学格物致知传》中的"豁然贯通"说。其说认为,在致知的过程中,只要达到"豁然贯通","则众物之表里精粗无不到,而吾心之全体大用无不明"。对此,陈确直接批评说:

> 今曰"于众物之表里精粗无不到,而吾心之全体大用无不明",是何等语?非禅门之所谓了悟,即《中庸》之所谓予知耳,病孰甚焉!(《答唯问》)

又说:

> 朱子"一旦豁然贯通"之说,是诱天下而禅也,亦不仁之甚者

矣。(《翠薄山房帖》)

陈确上述批评的前提,是"道无尽,知亦无尽"(《答唯问》)。这同王夫之所说的"天下之物无涯,吾之格也有涯,吾所知者有量"(《读四书大全说》卷四)一语,含义相通。陈确的结论是:

> 君子之于学也,终身焉而已。则其于知也,亦终身焉而已。故今日有今日之至善,明日又有明日之至善,非吾能素知之也,又非可一概而知也,又非吾之聪明知识可以臆而尽之也。(《大学辨》)

由于看到了"知"的相对性,因而必然会得出对所谓"素知""一概而知""臆而尽"等等唯心主义认识论观点的否定结论。

陈确对《大学》的批评,并不仅是针对程朱一派的。他对友人张履祥说过,"弟辨《大学》,既异程朱,亦倍陆王"(《答张考夫书》)。就知行问题来看,他对于王学以至自己老师刘宗周的观点,也都提出了不同的看法。

对于王学的主旨"致良知"说,陈确说:

> 阳明子虽欲合知行,然谆谆言致良知,犹未离格致之说。传之后学,益复荒唐。(《揣摩说》)

在这里,把"致良知"与"格致之说"等量齐观,给我们一个很好的提示,即理学中程朱、陆王两派在致知问题上的分歧,只是在用力的方向上有所不同:一个向外——用主体去冥合外在的本体;一个向内——直接认识安置在主体之中的本体。而在实质上,两派有着共通之处——言知不言行。这正是陈确批评《大学》的主题。不过,陈确并没有提到王守仁在"合知行"的口号下对知行概念的歪曲("一念发动处便即是行")。陈确认为,"穷理"必须知行俱到。这种行,是一种实实在在的行。他指出:"盖必知行俱到,而后可谓之穷理耳。弟窃语同学:学固不可不讲,然毋徒以口讲,而毋徒以心讲,亦毋徒以心讲,而以身讲,乃得也"(《答张考夫书》)。这里所讲的"口、心、身",同王夫之所主张的"身心尝试"是一致的。

陈确还批评了《大学》中的"诚意"说,这在很大程度上也是针对了陆王心学的观点。我们知道,程朱一派解释《大学》,重点在"格致",王阳明抬出"古本"作根据,认为《大学》的重点在"诚意"(见王守仁《大学古本序》),由诚意又推导到"致知",也即"致良知"。因此,"诚意"说便遭到陈确的反对。他指出:

> 盖《大学》之误,全在以意言诚。诚止在意,即是不诚。凡言诚者,皆兼内外言。故《中庸》曰"诚身",孟子曰"反身而诚"。盖修、齐、治、平皆是诚,非徒以意之而已也。(《答张考夫书》)

"诚意"之说,为把认识引向内心的神秘修养打开通道,因此陈确也引经据典地主张诚"兼内外",认为改造主观与改造客观的活动(齐家、治国、平天下)"皆是诚"。这样的讲法,同陆王心学的观点大相径庭。

与对"诚意"说的批评相联系,陈确还对"慎独"说提出了自己的看法。"慎独"一词源出《中庸》,指君子在独处之时戒慎恐惧的精神状态。《中庸》与《大学》都把慎独当作意念修养、达到某种境界的重要手段和方法,强调所谓"戒慎乎其所不睹,恐惧乎其所不闻"。理学家提倡内省的认识方法,因此很重视这一点。他们提出"主敬"说和"主静"法,与此很有关系。陈确并不反对"慎独"的修养方法,但反对"独处"。他说:

> 独者,对众之称,非离众之称。试思格、致、诚、正、修、齐、治、平,何处无独,何时非慎独?故凡云诚者,皆兼内外言,凡云慎独者,皆兼动静言。而《大学》专言之意,不特不知诚,且不知慎独矣。(《与张考夫书》)

这里,解释"独"为"对众",而非"离众",表明了对离群索居的静坐修养方法的不满。他提出"诚兼内外,独兼动静",把对慎独的批评与对诚意的批评联系起来,其核心是注重现实生活,反对空寂之学。

第四节 在人性论上对理学的驳难

在人性论问题上,陈确反对性二元论的观点。他说:

> 宋儒强分个天地之性、气质之性,谓气、情、才皆非本性,皆有不善,另有性善之本体,在"人生而静"以上,奚啻西来幻指!一唱百和,学者靡然宗之,如通国皆醉,共说醉话,使醒人何处置喙其间?噫,可痛也!(《性解》下)

陈确虽然也主张人性善,但坚持从现实的人出发去考察性善,而反对用"性善之本体"的存在来说明人性的善。针对着理学家探寻性善之体的观点,陈确又指出:

> 性即是体,善即是性体。既云"道性善",又云"不言性善之体",岂非骑驴觅驴乎?(《与刘伯绳书》)。

可见,"体"就在性之中,性本身也就是体,二者不可分离:"不知离却气质,复何本体之可言耶"(《气情才辨》)?这就是陈确性一元论的基本观点。性既是一元的,善也不是抽象的,它要借助于人的"气""情""才"表现出来,这就是"性之善不可见,分见于气、情、才"(同上)。他解释说:"今夫心之有思、耳目之有视听者,气也。思之能睿,视听之能聪明者,才也";"由性之流露而言谓之情,由性之运用而言谓之才,由性之充周而言谓之气,一而已矣"(同上)。从这些论述中可以看出,陈确企图用人的自然本性来解释"性",而"善"也就蕴含于人的自然本性之中。他认为,宋儒把气、情、才说

成是"恶",夸赞尽善尽美的"本体",结果走上佛、老的空、无一途:

> 气、情、才而云非善,则所谓性,竟是何物?非老之所谓无,即佛之所谓空矣。故张子谓"性通极于无",程子谓"才说性便不是",其供状也。彼自以为识得本然之性,而已流于佛、老而不自知,斯贼性之大者。(《气情才辨》)
>
> "本体"二字,不见经传,此宋儒从佛氏脱胎来者。(《与刘伯绳书》)

这里提出"空""无""本体"这些范畴,论证程朱理学同佛教的关系,可以说击中了性本体论的痛处。

程朱理学宣传先天道德论的另一种说法,是所谓"气禀"说。朱熹于此论述的最多最详。他认为,人的善恶、贤愚以及富贵、贫贱都是由于先天所禀之气所决定的,"有生下来善底,有生下来恶底"(《朱子语类》卷四),即是说,人性的不平等是命中注定、不可改变的。针对这样的观点,陈确指出:

> 气禀清浊,诚有不同,则何乖性善之义乎?气清者无不善,气浊者亦无不善。有不善,乃是习耳。若以清浊分善恶,不通甚矣。斯固宋人之蔽也。气清者,非聪明才智乎?气浊者,非迟钝拙讷之谓乎?夷考其归:聪明才辨者,或多轻险之流;迟钝拙讷者,反多厚重之器。何善何恶,而可以此诬性哉!观于圣门,参鲁柴愚,当由气浊;游、夏多文,端木屡中,当由气清;可谓游、夏性善,参、柴性恶耶?(《气禀清浊说》)

在这里,陈确虽然没有否认"气禀"的存在,但只是把它当作人的自然属性,不同意朱熹利用气禀说所宣扬的先天道德论。陈确认为,人在自然属性方面虽有不同,但在道德上却是平等的,自然属性不能决定一个人道德的好坏,这中间表现出人性平等的进步思想。陈确反对把人的道德属性与自然属性混为一谈,是对朱熹关于人性论基本观点的驳斥。

从反对先天的道德观念出发,陈确的人性论观点自然地走上重视人的后天行为一途。他首先发挥了孟子的"尽心"说,提出"'尽其心者知其性也'之一言,是孟子道性善本旨"(《性解》上)。又说:

> 盖人性无不善,于扩充尽才后见之也。如五谷之性,不艺植,不耘籽,何以知其种之美耶?故尝谆谆教人存心,求放心,充无欲害人之心,无穿窬之心,有所不忍,达之于其所忍,有所不为,达之于其所为,老老幼幼,以及人之老幼,诵尧之言,行尧之行,忱之为何?如舜而已之类,不一言而足。学者果若此尽其心,则性善复何疑哉!而尧舜之可为,又何待辨哉!(《性解》上)

这里使用的"尽心""扩充""尽才"等概念,虽然都出自《孟子》,但陈确的讲法却与孟子不同。孟子讲"尽心",着眼点在发掘本心之善,故有"求其放心""存其夜气""养浩然之气""扩充四端"等说法,但归结起来,关键在一个"思"字,即:"仁义礼智,非由外铄我也,我固有之也,弗思耳矣","思则得之,不思则不得也"(《孟子·告子》上)。陈确的着眼点与此完全不同。他首先摒弃了"存其夜气""养浩然之气"一类神秘主义的说法,然后又用"孳孳为善"来解释"求其放心"等概念。他说:"孳孳为善,虽不言性,而性在其中矣"(《知性》)。又说:"'尽心'二字,是合知行,彻始终工夫"(《尽心章》)。可见,同样讲"尽心",孟子强调的是向内用力的"思",而陈确则侧重于向外用力的"行"。

为了强调人性的后天发展和个人的努力,陈确还突破"尽心"的范畴,指出:

> 善恶之分,习使然也,于性何有哉!故无论气清气浊,习于善则善,习于恶则恶矣。(《气禀清浊说》)

他明确指出,习是人的后天行为,认为这是性善的关键,而这与荀子的"积虑焉能习焉而后谓之伪(为)"(《荀子·正名》)的观点是吻合的。

上述的观点连黄宗羲也难以接受,他批评说:"夫性之为善,合下如是,到底如是,扩充尽才而非有所增也,即不加扩充尽才而非有所减也。不为尧存,不为桀亡。到得牿亡之后,石火电光未尝不露,才见其善确不可移。故孟子以孺子入井,呼尔蹴尔明之,正为是也。若必扩充尽才始见其善,不扩充尽才未可为善,焉知不是荀子之性恶,全凭矫揉之力而后至于善乎"(《南雷文案》卷三《与陈乾初论学书》)?从这个批评中可以看出,在人性论问题上,黄宗羲固守着孟子的传统,不及陈确;然而他指出陈确人性论观点中与孟子之说的矛盾,并提出这种观点近乎荀子,却是讲对了。

对于孟子的"尽心""扩充"说,陈确还加以理论发挥,指出:

> 《易》"继善成性",皆体道之全功,正对下仁知之偏而言,而解者深求之,几同梦说也。一阴一阳之道,天道也,《易》道也,即圣人之道也。道不离阴阳,故知不[能]离仁,仁不能离知,中庸而已。……继之者,继此一阴一阳之道也,则刚柔不偏而粹然至善矣。如曰:"恻隐之心,仁之端也。"虽然,未可以为善也。从而继之,有恻隐,随有羞恶有辞让有是非之心焉,且无念非恻隐,无念非羞恶、辞让、是非之心,而时出靡穷焉,斯善矣。成之者,成此继之之功,即《中庸》"成己仁也,成物知也,性之德也"之谓。向非成之,则无以见天赋之全,而所性或几乎灭矣。故曰:成之谓性。……而从来解者俱昧此,至所谓"继善成性",则几求之父母未生之前。呜呼!几何不胥天下而禅乎!(《性解》)

上述引文,用《易》的自然哲学的观点解释人性,核心命题是"继善成性"。在陈确看来,继善,是指继"一阴一阳之道",也即人的自然本性,它虽说可以称作善,但它还不是最纯粹的道德之善——"刚柔不偏而粹然至善",故说"未可以为善也"。因此要"成之",要"成此继之之功"。他认为,"粹然至善"不是在受命之初就已完全具备,"向非成之,则无从见天赋之全"。他不同意把继善成性理解为先天就存在着纯粹的道德之善,因而"求之父母未生之前"的先验观点。

对于"继善成性",陈确又用《易传》中的说法给以解释。他说:

> 资始、流行,言天之生物也;各正、葆合,言天之成物也。物成然后性正,人成然后性全。物之成以气,人之成以学。人、物之性,岂可同哉!且《大象》何不言"万物资始,各正性命",而必系之"乾道变化"之下?又何不曰"元亨者性情也",而必系之以"利贞"之下乎?非元始时无性而收藏时方有性也,谓性至是始足耳。……是故资始、流行之时,性非不具也,而必于各正、葆合见生物之性全,孩提少长之时,性非不良也,而必于仁至义尽见人性之全。继善成性,又何疑乎?(同上)

陈确举出"乾道变化""利贞"来进一步说明"继善成性",用天道自然变化规律考察人性,强调成性的过程,这种"继善成性"说所包含的辩证发展观,是非常可贵的。他所说的"物成然后性正,人成然后性全。物之成以气,人之成以学",同理学家探求"人生而静以上"的观点泾渭分明,不容两立,而同在他之后的著名思想家戴震反对复性之初,主张成才之终的观点则非常接近。

同人性论密切相关的另一个问题,是理欲问题。在这个问题上,陈确激烈地批评理学家禁欲主义的说教。

针对理学家把人欲看成罪恶渊薮的观点,陈确从两个方面阐述了人欲的合理性。一方面,他指出了人欲的客观实在性。他引用师说并加以评论道:"山阴先生曰:'生机之自然不容已者,欲也,而其无过无不及者,理也。'斯百世不易之论也"(《无欲作圣辨》)。以"生机之自然不容已者"解释人欲,就是肯定了人欲为人的生理属性,是人人所固有的。他赞同师说并进一步指出:

> 但云绝欲者，必犹有欲于中，故绝也，则是徒绝以形，而未绝之以心。苟徒绝之以形而未绝之以心，则其不能绝也益甚。若弟妇老丑而病，去死人不远，虽与乾初时共衾席，正自萧然有旅馆风味，无绝之形而有绝之实，非真能绝欲也，以无可欲故。(《与韩子有书》)

这里，他用形象的事实来说明：能不能绝欲，不在于心理上的愿望如何，而在于生理上有没有欲的要求和感觉，一切以客观的存在为前提。如果单纯以主观的想法去绝欲，结果只能是"不能绝也益甚"。

另一方面，陈确又指出：欲普遍地存在于每个人身上，圣人与佛、道之徒皆不能例外。他说：

> 圣人之心无异于常人之心，常人之所欲亦即圣人之所欲，圣人能不纵耳。(《无欲作圣辨》)

又说：

> 二氏乃多欲之甚者，却累离尘，以求清净，无欲之欲，更狡于有欲。而曰长生，曰无生，妄莫大焉，欲莫加焉。正齐宣所云："将以求吾所大欲"者，何云无欲？真无欲者，除是死人。(《与刘伯绳书》)

以上，陈确从欲的客观实在性和普遍性两个方面着眼，推导出欲的合理性。接着，他进而论述到天理同人欲的关系，提出"理在欲中"的观点：

> 盖天理皆从人欲中见，人欲正当处，即是理。无欲又何理乎？孟子曰："可欲之谓善"。佛氏无善，故无欲。生，所欲也，

义,亦所欲也,两欲相参,而后有舍生取义之理。富贵,所欲也,不去仁而成名,亦君子所欲也,两欲相参,而后有非道不处之理。推之凡事,莫不皆然。(同上)

这段话强调了理和欲之不可分:从理的来源看,它就在欲中,而不在欲外;从理的具体内容看,它就是欲的"正当"部分。陈确还以"酒、色、财、气"为例,说明所谓理,不过是合乎人情的正当生理与物质要求,而所谓欲,也不过是人的生理上不可缺少的机能。他从人的自然本能出发考察人欲的合理性,对于"饮食男女"和"功名富贵",认为这就是"义理"和"道德"的出发点和归宿:"饮食男女皆义理所从出,功名富贵即道德之攸归"(《无欲作圣辨》)。这种说法,同李贽所说的"穿衣吃饭即是人伦物理",以及后来戴震的"体情遂欲"说是一致的。陈确还进一步指出:"所欲所聚,推心不穷,生生之机,全恃有此"(《与刘伯绳书》)。

陈确对"存天理、去人欲"观点的批评,不仅在理论方面,而且对于这种观点产生的社会作用,他也十分重视:

君子小人别辨太严,使小人无站脚处,而国家之祸始烈矣,自东汉诸君子始也。天理人欲分别太严,使人欲无躲闪处,而身心之害百出矣,自有宋诸儒始也。(《近言集》)

尽管陈确仍然是站在维护封建政权的立场上讲这些话,但是他把理欲问题同君子小人问题联系起来,就把理论上的问题同社会现实问题联系到一起。他指出天理人欲之辨"使人欲无躲闪处,而身心之害百出",是对戕杀人性的理学伦理观的强烈抗议,明显地透露出对社会现状的不满。这也是他超出前人之处。陈确的提法虽不及后来戴震所说的"以理杀人"那样尖锐,但在思想基础上,他们是相似的,这就是:随着明朝的灭亡以及封建社会的没落,在意识形态上的某些反封建意识已经开始在少数思想家的头脑中萌生,并且有了模糊的雏形。

第五十八章　顾炎武、傅山对理学的批评

明末清初,学者并起,群星灿烂。当时学术大致有三端:一是旧有的理学,二是与理学相对立的经世致用之学,三是考据学。开始,经世致用之学与考据学是有矛盾的,但在批评理学的活动中,两者在一定程度上结合起来。思想家们为解决"当世之务",常常要到古代经、子中寻找救弊之方,因而考据方法就成为征古通今的桥梁。顾炎武、傅山是当时这种学术路径的代表人物①。

为什么明末清初会有学风转变？为什么会批评理学？为什么会兴起朴学？本章旨在阐述顾炎武、傅山如何摒弃旧的理论形态,探索新的治学方法,从而究明当时进步学者的好尚以及学风转变的原因。

第一节　顾炎武的学术思想

一、顾炎武的遗民气节

顾炎武(公元1613—1682年)字宁人,初名绛,明亡后改名炎武,江苏昆山花埔村人。学者以其家乡有亭林湖,故又尊称他为亭林先生。

---

① 明末的焦竑、杨慎、陈第等已启考据的先河。尔后,除顾、傅外,阎若璩、胡渭、费氏父子(费经虞、费密)等学者也都精于考据,然以声望和影响而言,顾炎武、傅山更具有代表性。

炎武之先，世代业儒。其祖父以上三代都是进士，做过明朝大官。他自己早年参加过复社，与同乡的归庄相友善，以诗文并闻于世，两人性格耿介违俗，时人称"归奇顾怪"。

清兵入关，顾炎武时年三十二。他奔走呼号，救亡图存。他曾寄希望于史可法，其《京口即事》诗中说："河上三军合，神京一战收。祖生多意气，击楫正中流。"通过颂扬民族英雄来抒发其伟大抱负。翌年，他与归庄、吴其沆等人参加了江阴、嘉定、昆山三县人民的抗清斗争，结果三县人民遭到清兵残酷的镇压屠杀，他自己仅以身免："自昔遘难初，城邑遭屠割，几同赵卒坑，独此一人活"（《寄弟纾及友人江南》）。

明亡后，顾炎武仍与反清力量保持着联系。唐王在福建继位，曾遥授顾炎武以兵部职方司主事之职，顾炎武已经应诏，后以母丧未葬，未能前往就职。

顾炎武四十五岁以后，以东南民气柔弱，不足集事，地利亦不足进取，于是决计北游。他游历河北、河南、山西、陕西等地，通观形势，阴结豪杰，以图恢复。他与李因笃等二十余人集资在山西雁门之北、五台之东垦荒，蓄积力量，作开展政治活动的物质准备。他认为陕西华阴进可攻取，退可守险，在地理上具有战略价值，应当重视。他说："华阴绾毂关、河之口，虽足不出户，而能见天下之人，闻天下之事。一旦有警，入山守险，不过十里之遥；若志在四方，则一出关门，亦有建瓴之便"（《亭林文集》卷四《与三侄》）。于是他在这一带定居下来。

但是，清廷经过三十余年的统治，政权已经基本巩固，要想复明已无现实可能。顾炎武也慢慢认识到这一点。当时，他自称"硁硁踽踽之人"，不登权门，不涉利路，耿介自处，刚正不阿。康熙十七年（公元1678年）开博学宏词科，企图笼络海内名流。一些朝臣推荐顾炎武应试，他坚决表示："刀绳具在，毋速我死。"对那些降清变节之人，他极表愤恨和藐视，写诗斥骂说："蓟门朝士多狐鼠，旧日须眉化儿女"（《蓟门送子德归关中》）。他的发妻去世，作《悼亡》诗说："地下相烦告公姥，遗民犹有一人存。"顾炎武的立身大节正如他的《精卫》诗中所说："长将一寸身，衔木到终古，我愿平东海,身沉心不改,大海无平期,我心无绝时。"他像精卫鸟那样怀抱遗恨,赍志以终。

二、顾炎武对理学的评论

理学发展至清初,已经呈现出"风靡波颓不可挽"之势。它的颓势的到来,是由这样一些历史事件促成的:明中叶以后资本主义的萌芽唤起了人们自我意识的觉醒,明末农民起义打翻了封建王朝的"神器";接着,明王朝覆亡,清兵入关,这种如黄宗羲所说的"天崩地解",给予人们的心理以巨大的刺激。曾经把理学作为精神支柱的封建王朝垮台了,而且早就有一些思想家对理学的空疏学风提出过怀疑和批评,但似乎到了这时,思想家们才一下子醒悟过来,于是对理学的批评形成了一股社会思潮。在批评理学的浪潮中,北方学者的声音最为激越。前人论及地理环境与学风的关系,曾指出:河北、山西、陕西一带,士子资性朴茂,学风笃实。以此看清初北方学者,颇合事实。北方理学传播未广,即使理学家也比较注重实际,并没有南方士子以空谈相标榜的习俗。而当清廷表彰程、朱,力挽理学颓波之际,北方许多学者则对理学弃而不讲,且羞以理学自命,如傅山、颜元等即其例。顾炎武虽然生长于江南,但思想风格与江南士子极不相同。正如全祖望《亭林先生神道表》所说:"先生虽世籍江南,顾其姿禀,颇不类吴会人,以是不为乡里所喜,而先生亦甚厌裙屐浮华之习"(《鲒埼亭集》卷十二)。他中年以后主要活动于关中、燕北地区。其学侣多系北方学者,而他论学的笃实精神也类似北方学者。综观顾炎武著述,谈性理者仅数处,而大都是转引前人存疑立异之辞。虽然顾炎武屡次称引朱熹,但细绎其文,多是称其重视训诂、明于典章制度,而于其理学思想,则采取避而不谈的态度。

首先,顾炎武是一个反理学的思想家,只是他反对理学不似傅山、颜元等人那样坚决而已。他试图以经学家的见地来改铸理学,以个人的好尚来塑造朱熹的形象,因而在形式上仍然保留着宋学的枝叶。他说:

> 理学之名,自宋人始有之。古之所谓理学,经学也,非数十年不能通也。故曰:"君子之于《春秋》,没身而已矣。"今之所谓理学,禅学也。不取之五经而但资之语录,校诸帖括之文而尤易也。又曰:"《论语》,圣人之语录也。"舍圣人之语录而从事于后儒,此之谓不知本矣!(《亭林文集》卷三《与施愚山书》)

这里,顾炎武以极其委婉的手法转移了学术的方向。可以看出,他不是把理学当作一个时代特有的学术思潮,而是对它作了一种极宽泛的理解,提出"古之所谓理学"以与"今之所谓理学"相对立,打出经学的旗帜,以诋斥后儒的"禅学"。以他的看法,经学难治而所以可贵,禅学易习而不足取法。当理学已走向穷途末路之时,顾炎武指示这一新的学术变迁途径是最无痛苦、最易接受的。这是因为,晚明王学末流"束书不观,游谈无根",致使陆、王提出的"发明本心""致良知"的易简功夫走进了死胡同。学者思以补偏救弊,自然同情朱熹读书穷理的"道问学"主张。朱熹本有表彰汉儒的言论,尽管顾炎武隐以汉儒为正宗,但朱学学者此时并不感到他的提法太唐突。而且顾炎武以身作则,撰《日知录》《音学五书》,考辨精审,使当时学者折服而心向往之。正因为如此,顾炎武"理学,经学也"的思想多少起了转移学术方向的作用。

其次,上面一段话,还有另外一层意思,即恢复汉儒数十年通一经的学风,摒弃断章取义、心印证悟的语录之学。汉、唐儒者治经虽有家法、师法的讲究,但目的都在于由文字训诂以通经义,而不是借明经义来建立自己的哲学理论。这时儒家并无所谓语录之学。语录之学出于禅学。禅学主张不立文字,单传心印。于是,禅宗以谈高僧了悟之语代替读佛经。这是对佛教烦琐哲学的一种反动。宋代经学也走上了这条路。这里固然有经学发展的自身原因,但也不能不看到此时儒学已经深受佛学的影响。顾炎武指出:"今之言学者必求诸语录,语录之书,始于二程,前此未有也。今之语录几于充栋矣,而淫于禅学者实多。然其说盖出于程门。……夫学程子而涉于禅者,上蔡也,横浦则以禅而入于儒,象山则自立一说,以排千五百年之学者,而其所谓'收拾精神,扫去阶级',亦无非禅之宗旨矣。后之说者递相演述,大抵不出乎此,而其术愈深,其言愈巧,无复象山崖异之迹,而示人以易信"(同上卷六《下学指南序》))。这里,他指出,诵语录不仅形迹似禅僧,其精神也与禅学相类。宋初理学家将儒家典籍中若干讲心性天命的片断语句融会贯通,创立了一种儒家的心性哲学,声称得圣人心传之奥,接续了道统,因自命道学。而考察他们的体认功夫,实有与禅宗相合之处,如单提儒典中数字,如"静""敬""致良知""慎独"等,便指为入道之方,以致出现"束书不观,游谈无根"的空疏流弊。对此,顾炎武批评说:

> 刘、石乱华,本于清谈之流祸,人人知之。孰知今日之清谈,有甚于前代者。昔之清谈谈老、庄,今之清谈谈孔、孟。未得其精而已遗其粗,未究其本而先辞其末。不习六艺之文,不考百王之典,不综当代之务,举夫子论学、论政之大端一切不问,而曰"一贯",曰"无言"。以明心见性之空言,代修己治人之实学。股肱惰而万事荒,爪牙亡而四国乱,神州荡覆,宗社丘墟!昔王衍妙善玄言,自比子贡,及为石勒所杀,将死,顾而言曰:"呜呼!吾曹虽不如古人,向若不祖尚浮虚,戮力以匡天下,犹可不至今日!"今之君子,得不有愧乎其言?(《日知录》卷七)

这里,顾炎武总结了一条历史教训:清谈误国。中国封建国家实行的是政治、学术一体化制度,士子是官吏的预备队伍,而许多官吏同时兼有学者身份。在这种体制下,很难产生出职业哲学家,因而学术的发展趋向,不单是学者们的事业,而且是直接关涉到治国平天下的敏感问题。佛、老崇尚空无虚玄,儒家讲求指实切近,因而封建统治阶级奉儒学为国宪,选儒生作官吏。可是在宋、明时代,儒家也向虚玄一途发展,向以指实切近著称的孔孟之学,竟被当作性理空谈的资料,也出现了类似魏晋清谈的局面。顾炎武痛悼"神州荡覆,宗社丘墟",固然有为封建国家着想的一面,但也包蕴着民族意识在内。

顾炎武曾数次引用黄震的话批评心性之学:"《黄氏日抄》云:近世喜言心学,舍全章本旨,而独论'人心''道心',甚者单撾'道心'二字,而直谓'即心是道',盖陷于禅学而不自知,其去尧、舜、禹授受天下之本旨远矣"(同上卷十八《心学》条)。"夫心所以具众理而应万事,正其心者,正欲之治国平天下,孔门未有专用心于内之说也。用心于内,近世禅学之说耳"(同上《内典》条)。理学家将《大学》正心、诚意、修身、齐家、治国、平天下概括为"明体达用",认为只要体认到先验的道德本体,实现了精神境界的升华,也就具备了应对万事万物的才具和能力。因此,理学家皆用心于明体的修持功夫,其流弊所至,即有黄震所批评的"陷于禅学而不自知"的倾向。但黄震批评仅为"专用心于内"的偏弊,并未否定理学"明体达用",由内向外的治学程序。顾氏摘录黄震之语,主要是借以揭示心学的症结所在,以图救正晚明以来学风空疏的流弊。他主张通经致用,否弃由内而外的治学程序。这一改变,说明他的治学路数已脱离了理学的范围,故不可与黄震等量齐观,概以朱学来看待。

顾炎武多次提到,他的治学方法是"下学而上达",所谓"圣人之道"也即是"下学上达之方",而不是世儒所谓的"尽性至命"的空虚之论。他说:

> 形而上者谓之道,形而下者谓之器,非器则道无所寓。说在乎孔子之学琴于师襄也。已习其数,然后可以得其志。已习其志,然后可以得其为人。是虽孔子之天纵,未尝不求之象数也。故其自言曰:"下学而上达。"(同上卷一《形而下者谓之器》条)
>
> 窃叹夫百余年以来之为学者,往往言心言性,而茫乎不得其解也。命与仁,夫子之所罕言也;性与天道,子贡之所未得闻也。性命之理,著之《易传》,未尝数以语人。其答问士也,则曰"行己有耻";其为学,则曰"好古敏求";其与门弟子言,举尧、舜相传所谓危微精一之说一切不道,而但曰:"允执其中,四海困穷,天禄永终。"呜呼!圣人之所以为学者,何其平易而可循也,故曰:"下

学而上达"。(《亭林文集》卷三《与友人论学书》)

数百年来,理学家大谈心性,于《论语》"性与天道"、《周易》"性命之理"、《尚书》"危微精一"等语发挥出一整套虚玄理论。对此,顾炎武指出,世儒所津津乐道的"性命之理",是圣人罕言,贤者未闻的。古代儒学的特点,正在于使学问归于平易可循,于个别(器)中求得一般(道)。

针对晚明士林空疏浮泛的学风,顾炎武提出"博学于文""行己有耻"的主张:"愚所谓圣人之道者如之何? 曰'博学于文',曰'行己有耻'。自一身以至于天下国家,皆学之事也。自子臣弟友以至出入、往来、辞受、取与之间皆有耻之事也。耻之于人大矣! ……士而不先言耻,则为无本之人;非好古而多闻,则为空虚之学。以无本之人而讲空虚之学,吾见其日从事于圣人而去之弥远也"(同上)。"博学于文""行己有耻",本皆孔子语,顾炎武标出此二语,表面看是循规笃古,实际上赋予了时代的新内容。他的"行己有耻"意在强调民族气节,用以针砭那些阿谀取容、丧失民族气节的人。他的"博学于文",意在讲求"天下国家"之事,以与那些"置四海之困穷不言,而终日讲危微精一之说"者分垒别帜。"行己有耻"是他立身处世所奉行的信条,这在前面一节中已经言及。"博学于文"是他通经致用的方法和途径,我们将在下节展开论述。

三、顾炎武的社会政治思想

顾炎武批评宋明理学家"置四海困穷而不言,终日讲危微精一之说"。在社会政治思想上,他直接从"人道"入手,他说:"圣人南面而治天下,必自人道始矣"(《日知录》卷七《子张问十世》条);"天下之人各怀其家,各私其子,其常情也。为天子为百姓之心,必不如其自为。……圣人者,因而用之,用天下之私,以成一人之公而天下治"(《亭林文集》卷一《郡县论》五)。理学家们有时也谈"人道",可那是经过净化了的"人道",是一种"纯乎天理之公,而无一毫人欲之私"的"人道"。顾炎武承认自私心是"常情",要统治者顺乎自然,任其发展。

顾炎武反对超经济的权力干涉，主张利尽山泽而藏富于民。从思想渊源上说，这是儒家民本思想与道家"吾无为而民自富"思想的结合。唯其以自私自为作前提，则打上了不同于中古封建思想的时代印记。他说：

> 今天下之患，莫大乎贫。用吾之说，则五年而小康，十年而大富。且以马言之：天下驿递往来以及州县上计京师，白事司府，迎候上官，递送文书，及庶人在官所用之马，一岁无虑百万匹，其行无虑万万里。今则十减六七，而西北之马骡不可胜用矣。……他物之称是者不可悉数。且使为令者得以省耕敛，教树畜，而田功之获，果蓏之收，六畜之孳，材木之茂，五年之中必当倍益。从是而山泽之利亦可开也……今有矿焉，天子开之，是发金于五达之衢也；县令开之，是发金于堂室之内也。利尽山泽而不取诸民，故曰：此富国之策也。(同上《郡县论》六)

顾炎武提出的富国之策很简单：一在简政便民，二在开发资源。其前提是统治者废除超经济的干涉和剥夺，放权给地方和人民，让人们自私自为地从事经济生产。这样，国家就会"五年而小康，十年而大富。"

顾炎武的社会政治主张，是要摆脱封建君主的集权政治，实行以郡县为单位的地方自治。它既是世官世守的宗法组织，又是一个相对独立的经济实体。他以为只有这样的政体，才能使人民的自私自为得到可靠的保证。他认为，郡县制自宋以后，逐渐出现"其专在上"的弊病，致使民生日贫，国势日弱。他引证陈亮的话说："五代之际，兵、财之柄倒持于下，艺祖皇帝束之于上，以定祸乱。后世不原其意，束之不已，故郡县空虚而本末俱弱"(《日知录》卷八《法制》条)。宋朝开国之初，鉴于五代之乱，削除藩镇，收回地方兵、财大权，矫正了尾大不掉的弊病。后世君主为巩固其"一人而私天下"的特权，设置名目繁多的科条文簿、监司、督抚之类，用以控制和约束地方。结果，地方力量日弱一日，从而也影响了国家的实力。依顾炎武的意见，宜削弱君主权力，实行郡县守令世袭制，并予以辟官、莅政、理财、治兵的权力。这样,可以使郡县守令像管理家事那样尽其责任。这是一种类似小邦封建的政治主张,这种主张反映了力量微弱的市民阶层的愿望。虽然其用意在发展"天下之私",具有一定的进步性,但他把这建筑在君主自动放弃专制权力的基础上,不仅毫无现实性,而且就其主张实行郡县守令世袭制来说,毋宁说是一种历史的退步。

顾炎武著《生员论》,指出天下生员不下五十万人,与胥吏勾结,武断乡里,一切杂泛之差及科派之费皆取之于民,而一登科第,即攀援声气,依傍门户,结成一种"朋比胶固,牢不可解"的官僚势力。顾炎武认为,"国家之所以常治而不乱者,人材也"。而在现行的生员制度下,士子唯习场屋之文以邀功名,是造就不出用世之才的。因此,他主张废除科举制度,实行唯才是用的选举制度。他提出"天下之人皆得举而荐之"的选举原则,以及按人口比例推选人才的选举法,带有明显的民主性质。这种主张在十七世纪提出是很有胆识的。

顾炎武的民主思想因素还表现在肯定下层人民"不治而议论"的正当性,以为国家治乱决定于社会有无"清议"——正直的舆论。他颇尊重民意,以为考察民意可以知政治得失及人才邪正。孔子曾说:"天下有道,则庶人不议。"顾炎武对此有所发挥,说:"'天下有道,则庶人不议',然则政教风俗苟非尽善,即许庶人之议矣"(《日知录》卷十九《直言》条)。

四、顾炎武的治学方法

顾炎武所代表的学风,学者常称之为朴学。朴学之义应与顾氏下面一段话联系起来理解:"凡文之不关于六经之指、当世之务者,一切不为"(《亭林文集》卷四《与人书》)。这种学术宗旨与理学不同:理学的特点在于空言说经,侈谈义理,以至忽视当世之务,这已为叶适、陈亮以来的学者所指摘。顾炎武继承了永嘉、永康经制之学和事功之学的传统,崇尚实学,讲求经世致用,同时又提倡扎实、细密、朴实的考据方法。顾炎武曾说:"必有济世安民之识而后可以考古断今"(《菰中随笔》卷三,《敬跻堂丛书》本)。训诂考据是通经致用的手段,这是朴学的宗旨。由于朴学讲求通经致用而厚古薄今,强调振兴邦族,自然不能为清廷容忍而任其发展。于是,学术史开始转入为考据而考据的狭路,出现了后来乾嘉时代所谓的"专门汉学"。烦琐饾饤,考之于不必考之地,这是顾炎武始料所不及的。

顾炎武扫除理学空疏之弊,开一代朴学风气之先,其治学方法究竟有哪些特点,这是下面所要探讨的问题。

在封建时代,圣贤经典一次次被重新解释。经学对于思想文化的影响,犹如投石湖水所产生的波纹,每道波纹都产生于同一个震源,波纹之间虽有先后之分,但并不意味着彼此之间有什么序列关系。在经学史上有汉人训诂,唐人义疏,然后有宋明义理之学,清代则出现汉学。依照历史发展顺序,宋明理学乃继汉、唐经学而起,但宋、明理学家从来不承认两者之间的关系。他们宣称直接继承尧、舜、周、孔,自谓圣学,而鄙薄汉、唐经学。

理学讲求心性之学。明经是手段而不是目的。用朱熹的话说,是"借经以通乎理尔,理得则无俟乎经"(《朱子语类》卷十一)。而陆王心学则反对"从册子上钻研",提倡"发明本心""致良知"的顿悟方法。至末流则"束书不观,游谈无根"。

顾炎武治经的态度与此不同,他认为,对儒者来说,通经以备用世,本身即是一种目的,"引古筹今,亦吾儒经世之用"(《亭林文集》卷四《与人书》八)。因此,他主张通经,以汉儒为师。"六经之所传,训诂为之主,仲尼贵多闻,汉人犹近古"(《亭林诗集》卷四《述古》);"读书未到康成处,安敢言谈议汉儒"(《菰中随笔》卷三,《敬跻堂丛书》本)。他抛弃了理学家的明体功夫,专心致志于通经之业,摸索出一套扎实、细密的治学方法。

我们先看他是如何对待读书的。

顾炎武一生"自少至老,未尝一日废书。"十四岁时,他就读完了《周易》《左传》《国语》《战国策》《史记》《资治通鉴》以及《孙子》《吴子》等书。此后,他专习科举帖括之学达十余年之久。清兵入关,他绝意仕进,摒弃帖括之学。在戎马乱离之间,他手不废卷,阅书数万卷。他读书范围极广,经史子集、金石碑刻、简牍章奏、方志朝报,无所不窥,于广博中求专深,而注力所在,尤以经史为长。

理学家读儒典,拈出只言片语,便谓大本在此,至于其余文字,可以不问。而顾炎武则不然,他以小学音韵为学问基础,曾说:"古之教人,必先小学。小学之书,声音文字是也"(《日知录》卷四);"读九经自考文始,考文自知音始,以至诸子百家之书,亦莫不然"(《亭林文集》卷四《答李子德书》)。他以为读古籍,首先要懂古音韵,懂古音韵才能明字义,明字义才可通九经及诸子百家之书。古代哲人学士,学非专门,一部著作中往往要牵涉到多方面的知识,而且字有体同义殊,歧出分训,音有楚、夏之别,因地因时而异。因此,要明一字之义,须遍考载籍,要审一字之音,须遍验古韵。然而顾炎武却给自己立下了这繁难的读书规程,扎扎实实,从一点一滴做起,积数十年学力去做通经致用的学问,这种朴实学风,产生出一种与理学迥然有别的方法,就是:归纳的方法而非演绎的方法,历史的方法而非思辨的方法,证验的方法而非参悟的方法,实事求是,把古书还之于古人,不加入自己的主观臆测。他尊重古经,是把它作为一种有价值的历史经验,而不是什么秘旨奥典。

归纳法是顾炎武治学的基本方法。这需要充分占有资料,比勘审核,寻绎离合异同之故,旁推互证,排比钩稽,以求会萃贯通。顾炎武所著《诗本音》即是运用此法的典范,"即本经所用之音,互相参考,证以他书,明古音原作是读。……南宋以来,随意叶读之谬论,至此始一一廓清,厥功甚巨"(《四库全书总目提要》卷四十二《经部·小学类三》)。

历史的方法与归纳法有密切关系。顾炎武对其所要研讨的问题,每一事必详其始末,辨其源流,如《日知录》中所论历代风俗演变,典章制度沿革等即其范例。通过史迹的发现来究明兴衰治乱之所以然。运用此种方法,他也发现古籍中许多舛谬之处,如时代错误,史实不符等。

顾炎武还特别重视证验的方法,力求名实相符,凡事有佐证方可立是非,无佐证则宁付阙疑而决不师心自用。他说:"史书之文中有误字,要当旁证以求其是,不必曲为立说"(《日知录》卷二十七《汉书注》)。他还重视社会实际考察,在其北游途中,始终"以二马二骡载书自随。所至厄塞,即呼老兵退卒询其曲折,或与平日所闻不合,则即坊肆中发书而对勘之"(全祖望《鲒埼亭集》卷十二《顾亭林先生神道表》)。

以上是顾炎武的读书方法,但这只是做学问的基础功夫。至于著书立说,顾炎武有更严格的要求。

首先,他强调著述应"以器识为先"。所谓"器识"就是他的经世致用的思想。顾炎武非常欣赏白居易"文章合为时而著"的话。因此在选题上,他注意的是那些关系经义治道之大体的题目,而不屑去做无关宏旨的小考证。好像是医生看病,他针对社会存在的各种痼疾,到古代文化遗产中寻找医案、验方。他的《日知录》就是这种医案、验方的汇编。他自己就说:"所著《日知录》三十余卷,平生之志与业皆在其中……有王者起,得以酌取焉,其亦可以毕区区之愿矣"(《亭林文集》卷三《与友人论门人书》)。他认为,著书的目的在于备世之用,而不是为了夸能炫博。因此,他不屑于罗列纷繁杂多的材料,而是有分析、有断制,去粗取精,去伪存真。《四库全书总目提要》卷一一九称:"炎武学有本原,博赡而能通贯,每一事必详其始末,参以证佐而后笔之于书,故引据浩繁而牴牾者少,非如杨慎、焦竑诸人偶然涉猎,得一义之异同,知其一而不知其二者。"所谓"有本原""能通贯",就是顾炎武所说的"器识"。《日知录》结构严整,内在联系紧密,而不同于一般的札记、笔录,也正在于它"以器识为先",一以贯之。

其次,顾炎武提倡创新精神,反对文人剿取剽说、因袭模仿的风气。他认为,著书要有新的内容,"古人之所未及就,后人之所不可无,而为之。"他自述其撰《日知录》的过程说:"愚自少读书,有所得辄记之,其有不合,时复改定,或古人先我而有者,则遂削之,积之三十余年乃成一编。"同时,顾炎武重视古代文化遗产,注意从中发掘精华,合目的地精选约收。他宁愿去做"采铜于山"的繁难工作,而不愿走"买钱充铸"的巧便捷径。顾炎武主张,"凡引前人之言,必用原文"(《日知录》卷二十《引古必用原文》),并且要注明立言之人,不掠人之美,不张冠李戴。"凡述古人之言,必当引其立言之人,古人又述古人之言,则两引之,不可袭以为己说也"(《亭林诗集》卷四《述古》)。顾炎武敢于开拓新的学术领域。他的著作不仅裁断新、材料新,多发前人所未发,而且体例严谨,具有严肃的科学态度。

再次,顾炎武著书立说,不务虚名。他反对那种不求其实,速于成书,躁于求名的学风,曾说:"疾名之不称,则必求其实矣,君子岂有务名之心哉"(《日知录》卷七《君子疾没世而名不称焉》)!他以为文不贵多,立言不为一时,著者应该对后人负责。"读书不多,轻言著述,必误后学"(《亭林余集·与潘次耕札》)。他的《日知录》和《音学五书》都是积学数十年的力作。当《音学五书》刻成待印之时,发现有误,犹致书其弟子潘耒说:"著述之家,最不利乎以未定之书传之于人。……此书虽刻成而未可刷印,恐有舛漏以贻后人之议"(《亭林文集》卷四《与潘次耕书》)。

复次,顾炎武反对门户之见,主张虚心求教。他反对以一家之言排斥众说,以为"排斥众说,以申一家之论,而通经之路狭矣"(同上卷三《与友人论易书》)。他主张"问道论文,益征同志,"师友之间互相质学,可以辨章学术,补苴疏漏;反之,"独学无友,则孤陋而难成"(同上卷四《与友人书》一)。他的《日知录》《音学五书》写成后,就曾质诸不少学友。他的《与陆桴亭札》说:"近刻《日知录》八卷,特付东堂邮呈,专祈指示。其有不合者,望一一为之批驳,寄至都门,以便改正。"又《与友人书》说:"今此旧编,有尘清览,知我者当为攻瑕指失,俾得刊改以遗诸后人"(《蒋山佣残稿》卷一)。

以上谈了顾炎武对待著述的严谨负责态度。它反映了朴学的严谨学风。这种学风是十分宝贵的。顾炎武是集事功之学与考据之学于一身的学者,他提出"凡文之不关于六经之指,当世之务者,一切不为。"在批评理学的活动中,他一面崇尚事功,批评理学的空疏无用,一面师法汉儒,批评理学空言说经。但他所谓的"当世之务"与"六经之指"本身是有矛盾的。首先,当世之务包含着除旧布新的变革,对于新的事物需要新的理论来概括和说明。但在儒生看来,创造新理论是圣人之事,古圣所制《六经》"广大悉备",问题只在于如何对它诠解。于是,许多新思想不得不背上经学的沉重外壳。其次,顾炎武在经学上花了那么多的时间和精力,这"六经之指"是否一定关涉"当世之务",或者说,这"六经之指"对于国计民生究有何种实用价值,应该考虑。顾炎武主观上要经世致用,却采取了通经学古的保守的为学途径,与徐光启、李之藻等人的西学译介,方以智的质测之学以及稍后颜李学派的"兵农钱谷、水火工虞"之学相比,其社会意义就显得逊色了。而且顾炎武在理论方面的建树也不如王夫之。总之,他在经世致用之学方面远不如他的考据学的成就大,难怪后来的乾嘉汉学要买椟还珠了。

第二节 傅山的学术思想

傅山是位气节高尚的学者。他博学多才,于诗赋、书法、绘画、小学、史学,皆有精深的造诣。还精通医道,尤精女科,"以医术活人","贵贱一视之"（戴梦熊《傅征君传》）。

傅山年三十八,遭逢甲申之变。明亡以后,耻食清粟,隐居不仕。他反对清朝统治和君主专制,反对理学,反对奴俗,提倡平等和个性解放。他的思想具有人文主义的启蒙色彩。

傅山手稿长期散佚民间,后人多方访求,辑成《霜红龛集》,刊布于世,实仅为其著述之一斑。且刻本又多错讹脱衍,更加上他行文多用隐语、僻典,这种种因素使他的文章不易读懂。因此,对于他的遗文进一步搜集、整理、注释、研究,恐怕尚需专家学者若干年持续不懈的努力[①]。

一、傅山生平及其遗民气节

傅山（公元1607—1684年）[②]初名鼎臣,后更今名,字青主,一字公他,或别署啬庐,石道人,朱衣道人等（他的字号甚多,不烦列举）,山西阳曲人。其先人累世业儒,家学渊源,蜚声三晋。傅山生而颖异,年十五补博

---

① 近年山西哲学工作者搜集、整理傅山佚文,成绩卓著,其中新整理出的《圣人为恶篇》是一篇值得格外重视的瑰奇之文。载《中国哲学》第十三辑。

② 一说傅山生于公元1608年,不确。顺治二年（公元1645年）,傅山诗有"生时自是天朝闰,此闰伤心异国逢"之句。傅山生日在六月,明万历三十五年（公元1607年）和顺治二年皆闰六月,由此确证傅山生于公元1607年。

士弟子员（秀才）。年二十试高等，补为廪生。年二十六，妻张氏病故，他誓不再娶，鳏居终身。年三十，从袁继咸学于三立书院。"三立"之名取意于《左传·襄公二十四年》穆叔之语"太上有立德，其次有立功，其次有立言"。书院主祀夔、稷、契、益等有功于人民生活的先哲，与一般书院主祀尧、舜、周、孔有别，由此可见三立书院注重实功的风旨。袁继咸时为山西提学，他选拔通省优秀生员讲肄于三立书院，对傅山格外器重。山西民俗自古勤俭浑朴，士人往往以忧深思远、磊落廉贞见称于世。傅山被其风教，养成一种任侠坚贞的性格。虽然他出身仕宦之家，但并无膏粱子弟的习气，从不以富贵骄人。

不久，袁继咸遭阉党余孽张孙振诬劾，被逮京勘问。傅山出万余金纠通省诸生到京师讼冤，使袁诬得雪。于是，傅山义声闻天下。

傅山年三十七时，李自成率农民起义军攻入西安，山西人民引领西望。傅山却编造童谣，煽动群众对抗闯王李自成。翌年，李自成起义军攻占太原，傅山弃家，奉母旅居，自是转徙无定。继而起义军攻入北京，崇祯帝自杀。清军在吴三桂接引下大举入关，声言要为明复仇。当时傅山信以为真，曾言"时传东国有义兵"（《霜红龛集》卷八）。而当清朝入关后，傅山悲愤填胸，不愿接受清朝年号，作诗云："掩泪山城看岁除，春正谁辨有王无"（《甲申守岁》）？傅山决心义不帝清。于是着朱衣黄冠为道人，遁迹山林。他并非企羡隐逸，真要做一名隐士，而是要像伯夷、叔齐那样高尚其志。他曾说："伯夷不降此志，此语甚好"（《霜红龛集》卷三十六）。这反映了他的遗民操守。

隐逸的生活并不能减少傅山内心的痛苦和愤怒，其诗云："澹静陶处士，乃有咏荆卿"（《青羊庵》）。他称颂刺秦王的荆轲。可是他心里明白，不能将这些想法直接说出来，于是他寄情于诗文字画，以隐约曲折的形式来抒发其内心愤懑的感情。他愿意有一天能投笔从戎，去参加复明大业。

傅山长期同下层人民接触，逐渐改变了对农民起义的态度。他听说叶廷秀参加山东的榆园义军，即写诗赞颂说：

铁脊铜肝杖不糜,山东留得好男儿。
橐装倡散天祯俸,鼓角高鸣日月悲;
咳唾千夫来虎豹,风云万里泣熊罴。
山中不诵《无衣赋》,遥伏黄冠拜义旗。

(《风闻叶润苍举义》)

诗中热情歌颂了农民起义军的抗清斗争,末两句运用了《诗经·无衣》的典故,意谓:虽然路途遥远,不能"修我甲兵,与子偕行",但我的心早已跟随你们前行了。

清顺治十一年(公元1654年),宋谦在晋豫边界策动起义,事败被捕,供出傅山知情。傅山以"叛逆钦犯"被执,下太原狱,时年四十八岁。在严刑拷掠下,傅山抗词不屈,绝食九日。后清朝政府查无实据,加上友人营救,傅山得以出狱。出狱后有诗云:"病还山寺可,生出狱门羞。……有头朝老母,无颜对神州"(《山寺病中望村侨感不死诗》)。

傅山仰慕宁愿蹈东海而义不帝秦的鲁仲连。他还仰慕东汉伏波将军马援,驰骋疆场,为中兴大业建立功勋。这种感情,或许就是后来江南之行的思想基础。傅山五十三岁左右,曾游江南。罗振玉指出:"是时南中舟山、台湾之师连年入海溯江,己亥夏,苍水方破金陵,先生南游适在此数年,观篇中'怆臣心兮五百田客'语,疑先生殆有浮海之志。惟篇中又有'薜荔兮离离,不遑衣之兮,臣母老矣'语,殆又以惓惓老母,故不果与"(《傅青主先生年谱》,据丁宝铨辑本。下简称《年谱》)? 果如罗氏语,则傅山可能要参加郑成功、张煌言的抗清队伍,但系念老母,未果于行。

傅山年七十三时,清廷诏傅山膺试博学宏词科,傅山称病不赴,地方官府命役夫用板床抬他进京。离京三十里时,傅山托言病重,坚卧古寺,拒不入城参加考试。康熙诏旨免试,特授中书舍人。相国冯溥令人抬他入城谢恩,他望见午门,泪涔涔而下,冯溥强掖之使谢,傅山遂仆倒在地。康熙以其年迈放归,大学士以下皆出城相送,他却说:"后世或妄以刘因辈贤我,且死不瞑目矣。"奇语惊人,闻者咋舌。史称元初刘因高隐不仕,但他仍称臣于元。傅山羞与刘因为伍,明确表示了他不愿称臣的态度。

傅山与顾炎武交谊深厚,过从之际,两人相互切磋学问,砥砺气节。顾炎武《酬傅处士次韵》有云:"清切频吹越石笳,穷愁犹驾阮生车,时当汉腊遗臣祭,义激韩仇旧相家。"四句中用了四个典故,一说晋刘琨(越石)在晋阳为胡骑所围,刘琨中夜奏胡笳,激起胡骑乡思,弃围而去。一说阮籍处魏晋之际,佯狂放诞,率意驾车,不由径路,遇穷途痛哭而返。一说陈咸在新莽之时,腊祭仍用汉制。一说张良五世相韩,韩为秦所灭,张良募勇士狙击秦皇于博浪沙。顾炎武以刘琨、阮籍、陈咸、张良比况傅山,高度赞扬了傅山的遗民气节。

二、批评理学,提出"无理胜理"

清初,康熙帝大力提倡程朱理学,一批理学耆儒因而受到重用。他们不讲华夷之辨,单讲君臣之义,认为清廷统治是"天理"的体现,以此为清朝张目,同时也为他们自己俯首新朝的行为作辩护。傅山就是在这种历史背景下,对理学阵营发动进攻的。他在一封标有"秘言"字样转给戴廷栻的信中,指责康熙帝提倡理学,并说道:"以尧、舜之冠,加于狗头之上,狗即可以为尧、舜乎"(引自郝树侯《傅山传》)?不难看出,他对理学的批评,实际上是抗清斗争在理论战线的反映。

(一)对理学弊误的抉摘。理学的核心思想是"天理"论。傅山下了极大的工夫,查考先秦典籍,确定"理"字在古代的意义。他这样做的目的,就是要从古人那里获得理论根据,作为批评后世"鄙儒"的思想武器。他考察了《尚书》《周礼》《诗经》《孟子》《礼记》等儒家典籍,写道:

> 《书》为帝王治世之本,而不言"理"字,惟《周官》则有"燮理阴阳"一字。《诗》咏性情,而用"理"字者,但"乃疆乃理"之类三四见,皆不作道理之理用,岂古人不知有此字耶?看《孟子》"理义说心"用"理"字处,儍生动,何尝口龈牙醉也?《礼记》则"理"字多矣,亦不觉甚可厌人。(《傅山手稿一束》,见《中国哲学》第十辑)

他考察了道家的典籍，认为"《老子》八十一章绝不及'理'字。庄子，学《老》者，而用'理'字率不甚着意"（《杂著录》手稿）。他考察了法家韩非的著作，指出："韩非曰：'理者，成物之文也。'解'理'字最明切矣"（《傅山手稿一束》）。他又着重考察了《周易》，最后得出结论说：

> 唐虞之书无"理"，而周始有"理"，曰"燮理"。"理"，用之名，非其之名，后世之"理"，皆其之也。其之而为其所其也。羲、文之《易》无"理"，而孔子读《易》始有"理"，曰："黄中通理"，曰"畅"、曰"发"，则其所谓"理"者，如"理蒸而屯泄也"，至于"四支"，"事业"，末也，亦非其之也。"观变阴阳以来，发挥刚柔而理于义"，亦非其之也。"穷理尽性"，其之矣，而其之与后儒之其之异。（《圣人为恶篇》）

傅山意谓：古人使用"理"字，皆作动词，不作名词。由于当时无科学的语法专用词汇，傅山以"用"代动词，取"发用"之意，以"其"代名词，所以说："理，用之名，非其之名。"他认为，古人讲"燮理"，"黄中通理""畅""发"皆作动词，而后世之"理"，"皆其之"即皆作名词。"其之而为其（后儒）所其"，即是说，名词的意义乃后儒所加。"穷理尽性，其之矣"，这一"理"字虽作名词使用，但与后儒所理解的意义不同。这样，傅山就突破了宋儒引古为重，托圣人立言的理论防线。

宋明理学家习惯用理气范畴来探讨世界本原问题。对此，傅山说道："老夫尝谓气在理先，气蒸成始有理，山川、人物、草木、鸟兽、虫鱼皆然。若言理在气先，但好听耳，实无着落"（《傅山手稿一束》）。他认为，理只能是事物的文理、条理和秩序，它必附丽于事物而存在，而宋儒之理，悬空孤致，听来玄妙，"实无着落"。这里，他指出了"理在气先"观点的虚妄性。

傅山说："宋儒好缠理字，理本有义，好字而出自儒者之口，只觉其声容俱可笑也。如《中庸注》'性即理也'，亦可笑。其辞大有漏，然其窍则自

《易·系》'穷理尽性以至于命'来。似不背圣人之旨,不背则不背其字耳。圣人之所谓理者,圆备无漏;才落儒家之口,则疏直易寻之理可见。至于盘根错节之理,则不可知矣。圣人'穷理尽性'之言,全自上'观变于阴阳、发挥于刚柔'来。宋人之所谓理者,似能发明孟子'性善'之义,以为依傍大头颅,并不圆通四炤。理之有善有恶,犹乎性之有善有恶,不得谓理全无恶也。即树木之理,根株枝节,而忽有纠拏杂糅之结,斤斧所不能施者,谓此中无理耶"(同上)?理学"性即理"的命题首先是由程颐提出的,其意义在于把先验的道德本体和宇宙本体等同起来,以此来构架"天人一体"的理学体系。傅山认为,"其辞大有漏",指出这一命题在逻辑上是不周延的。首先,宇宙间的事物是无穷尽的,圣人的态度是不以有所不知为耻,而宋儒则自命无所不知,偶有会心,便以为穷尽了宇宙之理。傅山批评说:"唯于理有未穷,故其知有不尽,不知其知果有能尽时乎?圣人有所不知,则穷理之能事,断非鄙儒小拘者所能颠顶欺人也"(同上)。其次,宋儒把天理论与性善论相沟通,认为理即善,善即理。傅山认为,这也是不周延的判断。在他看来,性有善有恶,理也有善有恶,善有善之理,恶也有恶之理。这里,傅山批评了理学家执"理"自是,自欺欺人的独断性。

理学家自其创说之时,就发明了道统观,谓自家学派"独得孔孟之传",以此来排斥事功之学,争取思想的正宗地位。以后,理学内部程朱、陆王两派为了争夺道统,又挑起无谓的门户之争,势不两立,如同水火。傅山对此十分蔑视,他说:"奴书生眼里著不得一个人,自以为尊崇圣道,益自见其狭小耳"(《霜红龛集》卷三十九)。又说:"我不曾辨朱、陆买卖……闻此等说如梦"(同上卷四十)。他认为,理学家妄自尊大,动生事端,自诩"以世道人心为己任",其实老百姓并不买账。他讥讽理学家说:"呜呼!劳矣,……尔若世道人心,世道人心不尔若也"(《圣人为恶篇》)。这里,傅山批评了理学确立门户,唯我独尊的宗派性。

宋明理学家以性理为精微,以事功为粗迹,对于财利之事,更是讳莫如深。明代后期,理学家充斥朝廷,崇尚空谈,不务实事,问以甲兵钱谷,茫然无对。傅山以为,这都是宋代理学家的"遗泽"。他说:"宋人议论多而成功少,必有病根,学者不得容易抹过"(《霜红龛集》卷三十六)。又说:"何以聚人?曰财。自然贫士难乎有群矣。家国亦然。故讳言财者,自是一教化头骨相耳。常贫贱,骄语仁义之人,大容易做也"(《傅山手稿一束》)。又说:"义者,宜也,宜利不宜害。兴利之事,须实有功,不得徒以志为有利于人也"(《霜红龛集》卷三十五)。这里,傅山批评了理学的空疏无用。

(二)"无理胜理"说。在社会历史观上,傅山针对宋儒的"理"范畴,提出了一个"无理"范畴,以"无理"史观来对抗理学的"天理"史观。对"理"和"无理",傅山做了如下区分:

> 理本从玉,玉之精者无理。(同上卷三十一)
> 理,形而下也;无理,形而上也。(《圣人为恶篇》)

在傅山的思想中,"理"是条理、文理、秩序,而"无理"则是隐微的,它是在事物发展过程中体现为必然性的东西,因而较之"理"是更为本质的,更有生机的。他以这种观点去解决社会历史问题,提出"无理胜理"说:

> 理不足以胜理,无理胜理,故理不足以平天下,而无理始足以平天下。当桀、纣为君之时,君子者,忍而君之,理也;汤、武则最无理者,敢有南巢牧野之快,而达夫匹妇之怨为之舒,故必无理而后理。(同上)

傅山这段话包含这样的意思:暴君统治在伦理关系上显得有理,人们不得不承认并容忍其统治的合理性,而暴君统治的反抗者则显得最"无理"。其实,"无理"(暴力)起着一种"恶"的进步历史作用。这在宋明理学史上可以说是一个大胆的创见。

傅山的历史观虽说是"反常之论",但他并没有完全摆脱旧史家的影响,仍按照行为的动机把人物判分为"君子"和"小人","君子有为善之时,而无为恶之时……君子有为善之时者,知善之为善而为之者也,可以时择之也；无为恶之时者，无圣人能为恶、敢为恶之才力，遇有所不过，叹息而已，不得已，言以舒忿而已"；"小人无为恶之时，而有为善之时……小人无为恶之时者，亦不知其恶之为恶而为之者也，与圣人无为善之时同也；而有为善之时，则又与君子有为善之时异，知其为善而为之，急而祈免于鬼神也"（同上）。他所谓"君子"是指存心向善，品行端正的人，而"小人"则是存心不正，品行不端的人。他认为，在"君子"与"小人"的纷争中，往往"小人"得胜，"君子"吃亏，原因就在于："小人以无理胜君子者，合而用力；君子不敢以无理胜小人者，分而用口，口之不敌力，分之不敌合，势也"（同上）。这里，傅山实际总结了东林党人失败的教训。东林党人采取清议的方式反对阉党，而不敢采取"无理"即暴力的方式对付他们，结果被阉党的暴力所镇压。傅山告诉君子要效法圣人，不辞恶名，运用讨伐诛杀的暴力手段（如"汤武革命"）去同"小人"斗争。傅山认为，圣人的行为体现着历史的必然性，当其为善时是自然而然，当其为恶时是不得不然，因而圣人的动机不是有意为善；相反，有时是有意为恶的。他说："圣人无为善之时，而有为恶之时……夫圣人无为善之时，非不善也，非知其善之为善而为之者也，不可以时择也。有为恶之时者，知其为恶而不得已为之，即能为之，即敢为之，圣人之所以救天下，天下所以望于圣人之时也"（同上）。他认为政治斗争的胜败，不是由于天命的作用，而是由人为来决定的，只要君子敢于用"汤武革命"的手段来对付"小人"，天是不会偏助"小人"的。他说："若君子能用无理于小人，天不偏助小人也。何也？汤，桀之所谓无理者也，而南巢之放，不闻天怒汤而助桀；武王、纣王所谓无理者也，孟津之征，不闻天怒武王而助纣。即陈胜、吴广，秦之所谓最无理者也，而所置侯王将相，径以灭秦。项也，汉也，皆因陈、吴而无理者也，不闻天怒汉而助秦，使秦至今不亡也"（同上）。透过傅山隐晦玄奥的语言，我们看到，他宣扬"无理胜理"，无异在号召"以暴易暴"的革命起义。他还透露出，在统治者看来是"无理"者，实际是有理者。这对当时被清廷加以"无理"罪名的反清力量来说，无疑是给予了理论上的支持。他说："理无理无理，无理亦无理理，理无理无理者，无理，其不读书也；无理无理理者,亦无理,其徒读书也"(同上)。就是说,认为"理"没有理是无道理的,"无理"也有"无理"的道理,看不到理之为理,是无道理的,其失在于"不读书";而看不到"无理"中之理,也是无道理的,其失在于"徒读书"。前一种人是从事生产实践的"市井贱夫",后一种人是"记诵糟粕"的书蠹。傅山说:

> 读书者闻是言也,哗之曰:"市井贱夫,无理者也,足以治天下耶?"曰:"市井贱夫,最有理者也,何得无理之?"曰:"彼为利而已,安所得理?"曰:"贩布者,不言缯糟于布之理也;贩金者,不言玉精于金之理也。缯者玉者如之,焉得不谓之理!"曰:"理,天理也。吾穷理而意必诚,心必正。彼知天理乎?意亦诚乎,心亦正乎?"曰:"适吴、越者,不肯枉于燕、齐,心奚翅正?期销者,不折阅于铢,意奚翅诚!凡金、玉、布、缯,物无贵贱,生之造之,莫非天也。天生之,天也。人为之,人所共天也,所共天而精,不翅精于记诵糟粕之鄙夫也。记诵糟粕之夫之于其口中所诔谥天者,犹谚之所谓浑沦吞枣也;于其糟粕臭腐,犹谚所谓咬冻矢而甘之,油糍昜不出也。(同上)

傅山认为,生产物能够制成,必定是符合自然之理,"市井贱夫"日操其业,也必然日精其理,因而他说:"市井贱夫,最有理者也。"他进而提出"无理生理",理是由人们在行动中认识的,只有靠以行动为基础的理,才能平治天下。而那些"记诵糟粕之夫"的理论,不过是陈腐的东西,没有一点价值。

三、抨击奴俗,提倡个性解放

傅山批判了社会上的种种奴行奴俗:

(一)指斥丧失民族气节的"降奴"。在满族入主中原之时,傅山作为明朝遗民,心怀亡国之痛,常借古讽今,斥责那些卑躬屈膝,投降变节的行为。他集古来傅姓名人成《傅史》，其中对三国时的傅士仁变节痛加贬责，斥为"降奴"。又如，他借宋亡史实发表议论说："当时中国不振，奸妖主和，使衣冠士夫屈膝丑虏，习以为常，碌碌庸奴无足言……可惜以学士名贤往往充此奴役！……使老夫千古牙痒"(《霜红龛集》卷二十八)。

(二)指斥推行专制主义的"骄奴"。傅山有诗句云："顾彼骄强者，气皆奴婢扬"(同上卷四)。指出那些奴役别人的骄强者，本质上是真正的奴才。

(三)指斥死守经传章句的"奴儒"，实指宋明理学家。他认为，理学家依傍门户，唯知诵说经传语录，而不能开拓新局，他说："读理书，尤著不得依傍之义，大悟底人，先后一揆，虽势易局新，不碍大同。若奴人不曾究得人心空灵法界，单单靠定前人一半句注脚，说我是有本之学，正是咬龃人脚后跟底货，大是死狗扶不上墙也"(同上卷三十六)。又说："奴儒尊其奴师之说，闭之不能拓，结之不能韅。……后世之奴儒，生而拥皋比以自尊，死而图从祀以盗名，其所谓闻见，毫无闻见也……见而不觉，则风痹死尸也"(同上卷三十一)。人们之所以忍受专制制度的压迫，正是由于这些奴儒的"奴论"起了麻痹人、欺骗人的作用。

(四)指斥因循守旧的"庸奴"。在以规行矩步、尊经好古为美德的时代，士子矫揉造作，好为大言而不务实际，略见有才能者的创新改革，便群起而攻之，使社会回复到老样子。傅山对此种现象，深感痛心。他说："本无实济，而大言取名，尽却自己一个不值钱底物件，买弄伤斫犹可言，又不知人有实济，乱言之以沮其用，奴才往往然……奈何哉！奈何哉！天不生圣人矣，落得奴才混账，所谓奴才者，小人之党也，不幸而君子有一种奴君子，教人指摘不得"(同上)。

(五)指斥拘囿于封建礼法的"腐奴"。傅山曾作《犁娃从石生序》，热情歌颂了男女自由结合的婚姻关系，赞扬了犁娃能冲破世俗的陈腐观念，独爱"穷板子"(穷秀才)的高洁坚贞情操。对于啧有烦言的"诸老腐奴"，傅山深不以为然，认为这些"鏖糟酸货"即使皆中科名，也不过是"斗量秕糠"，而石生得到犁娃，是天赠厚礼，科名富贵是无法与之相比的。

总之,傅山提倡自尊自立,要人们把"奴俗龌龊意见打扫干净",堂堂正正,光明正大地去做所从事的事业,"不拘甚事,只要不奴,奴了,随他巧妙雕钻,为狗为鼠已耳"(同上卷三十八)。可是,许多人对于"奴俗",已经相沿成习,久而不觉其非。傅山向"奴俗"的挑战,不能不受到围攻。那些奴人们被揭了疮疤,非但不肯"自省",反说傅山"好骂人",以此来自我解嘲。对此,傅山说:"天下虚心人莫过我,怜才人亦莫过我,而谬膺一好骂人之名,冤乎哉!即使我真好骂人,在人亦当自反,骂不中耶,是仰面唾天;若骂中耶,何不取以自省,以我为一味药何如"(同上卷三十六)?傅山要下一味猛药,去攻治社会的"奴俗"痼积,然而这痼积毕竟太顽固了,不得不留给三百年后一位"神医"——鲁迅去攻治。

傅山著有《性史》一书,他说:"贫道昔编《性史》,深论孝友之理,于古今常变多所发明,取二十一史应在孝友传而不入者,与在孝友传而不足为经者,兼以近代所闻所见者,去取轩轾之,二年而稿几完,遭乱失矣。间有其说存之故纸者,友人家或有一二条,亦一斑也,然皆反常之论。不存此书者,天也"(同上卷二十五)。

据此可知,《性史》一书可能阐发了傅山的伦理思想,既说"反常之论",也就会惊世骇俗,为世所不容。由于此书散佚,我们已不能全面考察其伦理思想。但我们从《霜红龛集》中细加寻绎,也能捕捉到傅山的若干伦理观点。这些观点也是不同凡俗的。

(一)主张圣凡、君民的人格平等。在封建专制时代,古圣成训、当朝至尊,像梦魇一样压抑着人们的心理。人们顶礼膜拜而唯恐不及。傅山反对盲目尊崇古圣,即所谓"作经者",认为他们是和普通著作者一样,不是超人或神。在君民关系上,傅山主张人格平等。他对李白不为权贵折腰的精神极为赞扬,说:"李太白对皇帝如对常人,做官只如做秀才"(同上卷三十六)。他反对把忠君的心理归结为人性,认为如果把忠君心理视作人性,则作君主的无所事其忠,岂不是没有人性了吗?这些都是他主张人格平等的思想反映。他藐视了圣人和君主的无上权威,从而提高了人的尊严。

（二）提倡真率。傅山反对附庸风雅、虚伪造作，提倡真率，主张任乎自然。因此，他曾多次提到"山汉"，对"山汉"的纯朴爽直表示礼敬。如他说：

> 矮人观场，人好亦好。瞎子随笑，所笑不差。山汉啖柑子，直骂酸辣，还是率性好恶。而随人夸美，咬牙挨舌，死作知味之状，苦斯极矣。不知柑子自有不中吃者，山汉未必不骂中也。（同上卷三十七）

> 白果本自佳果，高淡香洁，诸果罕能匹之。吾尝劝一山秀才啖之。曰："不相干丝毫。"真率不伪，白果相安也。又一山贡士寒夜来吾书房，适无甚与啖，偶有蜜饯桔子劝茶，满嚼一大口，半日不能咽，语我曰："不入，不入"。既而曰："满口辛"，与吃白果人径似一个人，然我皆敬之为至诚君子也。细想"不相干丝毫"与"不入"两语，慧心人描写此事必不能似其七字之神，每一愁闷，忆之辄噱发不已，少抒郁郁，又似一味药物也。（同上）

傅山主张自然人性，认为人伦关系应建立在真情至性的基础之上，"直情行之"，而不应从那种"版拗"的礼法出发，造假给人看。例如，傅山也有孝观念，但他的孝观念是从人伦关系的自然情感中产生的，不同于世俗的拘囿礼法。他认为，阮籍听到母亲死讯后饮酒数斗，饮就是哭，那是阮籍孝心的表现形式。傅山还讥讽过某"孝子"服丧时虚伪造作，他服的是父亲晚年续弦的丧，本来并没有哀恸的心情，却要装出毁形尽哀的样子。这里，我们不能简单认为傅山对人伦关系采取一种"方外人"的旷放态度，而应看作对封建礼法的挑战。

（三）提倡发展个性。傅山反对苟且、驯顺、钻营等恶习，主张养成奋发有为的个性。他强调通过"改"字功夫，有意识地来造就自己。他说："吃紧底是：小底往大里改，短底往长里改，窄地往宽里改，躁地往静里改，轻底往重里改，虚地往实里改，摇荡地往坚固里改，龌龊底往光明里改，没有耳性底往有耳性里改。如此去读书行事,只有益,决无损,久久自觉受用"(同上卷二十五)。做人如此,作文也如此。在文章风格上,他反对蹈袭前人的老生常谈,主张表现出自己的棱角和风骨。他说:"觚觚拐拐自有性,娉娉婷婷原不能"(《题自画山水》)、"此是吾家诗,不属袭古格"(《览息眉诗有作》)、"胸中原设惊人句,得不常谈作老生"(《傅山手稿一束》)。

(四)强调觉悟。傅山认为学之本义为"觉",即要人们认识到奴俗的束缚和压抑,认识到自己受奴役的地位。他说:"孟子之学而觉者也,觉伊尹之觉者也,无其时也。其言曰:'武王好勇','公刘好货','太王好色,'其于孔子之言又何如也?……不见而觉,几之微,固难语诸腐奴也。若见而觉,尚知痛痒者也。见而不觉,则风痹死尸也"(《霜红龛集》卷三十一)。又说:"乐尧、舜之道,学也;而就汤伐夏以救民,则其觉也"(同上)。他希望人们效法"汤武革命",效法伊尹,甚至不无鼓动地说:"谁能效之?谁敢效之"(同上)?顾炎武称赞傅山"萧然物外,自得天机,吾不如傅青主"(《亭林文集》卷六《广师》)。顾氏此语的用意绝非称其隐逸,慕其仙风。"萧然物外"是说傅山完全摆脱了"奴俗意见";"自得天机"是说他先别人而意识到这"奴俗"世界的末日快要临近了。鲁迅对于当时中国人,"哀其不幸,怒其不争"。此语亦可形容傅山思想。

四、自居"异端",开创子学研究

明中叶以后,泰州学派起而提倡个性解放,开始突破名教的羁络。这种意识形态的变化反映了市民阶层要求政治变革的意愿。明末清初出现的反君权、反理学的思潮与泰州学派思想有着密切的联系,它已从许多方面表现出启蒙思潮的特征。

可是,刚完成封建化过程的满族入主中原后,却给中原衰朽的封建制度输送了血液。封建专制制度重整纪纲,扼杀了启蒙思潮,竟又延续了近三百年之久。有些论者以这后三百年的封建史来否认明末清初有过启蒙思潮,这是我们所不能赞同的。

傅山就是明末清初时期杰出的启蒙思想家。他要打破两千年来禁锢人们思想的"经术"之业,要通过奋斗去探求个性解放的"真谛"。他有诗云:"异端辞不得,真谛共谁诠"(《霜红龛集》卷十一)?反映了他探索"真谛"的勇气,也反映了他"同志"无多的苦闷。先秦诸子多有自由其说的思想个性,傅山很自然地到他们那里寻找思想武器。他首先批判了世俗尊"经"轻"子"的思想,说:"经、子之争亦末矣,只因儒者知六经之名,遂以为子不如经之尊,习见之鄙可见"(同上卷三十八)。傅山倡言子学,身体力行。他自己曾阅读和评注了《老子》《庄子》《列子》《管子》《墨子》《荀子》《邓析子》《公孙龙子》《鬼谷子》《亢仓子》《尹文子》《鹖冠子》《淮南子》等著作,开启了后世"酷尚诸子,文理多谲"的风气。傅山精于音韵、训诂,对于子学有重大贡献,有些笺注,至今尚被称为睿见卓识。但是,我们如果把他的子学研究看作纯学术的训释,那就错了。他与后世乾嘉汉学的学风是不同的。他曾说:"看书洒脱一番,长进一番,若只在注脚中讨分晓,此之谓钻故纸,此之谓蠹鱼"(同上卷三十六)。傅山要从诸子那里寻找思想资料来锻造自己的理论武器,因而常常改铸古人,为我所用。这种解释虽然不完全符合原意,但我们恰可从中看出傅山的思想风格和政治态度。下面以其解释《老子》《庄子》《公孙龙子》为例,加以具体说明。

(一)改造老、庄"贵无""尚无为"的思想。

傅山隐迹山林,多次说他是学老、庄的,但他"隐不绝俗",并不取老、庄消极避世的态度,而是把老、庄解释为以退为进,崇有勤行,心存天下的志士。《老子》"上士闻道"章,讲到上士、中士、下士对待道的态度,本以上士为得道之人,而傅山却说:"山于此章,恰要以下士为得道之人,何也?勤行者、崇有者也"(同上卷三十一)。他曾自号为"大笑下士",于此可见其勤行、崇有的旨趣。《庄子·天地》篇"泰初有无无"段,本意要推出一个空无的世界本体,而傅山则将"无"解释为"一",又将"一"解释为水、气,他说:

> 阴阳交泰之初,何所有乎?有"无"而已,别无所有。然无而有者,无可得而名,确乎其有一,一之所起,有一而未形,不可闻

不可见,然万物之生者皆由得此一以生。(同上卷三十二)

> 泰、太,异乎?不异也。天为一大,太为大一,一既天一生水之一。一,水也,气也。泰上从大,下从水,水即一也。中加廾而为泰,《老子》所谓"抱一"也。(同上)

这样解释就把《庄子》思想改造了。

老、庄皆崇尚"无为",而傅山对"无为"二字作了极为别致的解释。《庄子·天道》篇有"夫虚静恬淡寂漠无为者"一语,按一般理解,其中包括了"虚静""恬淡""寂寞""无为"四个词,而傅山眉批说:"八字八义"(《庄子批》)。有意将"无为"两字分读。又《庄子·天道》篇有"无为也而尊"句,傅山眉批:"无为二字,分读更好"(同上)。这样分读,完全改变了"无为"一词原来的消极意义,按他的理解,"无"是不以天下奉己,"为"是应以己奉天下。他在解释《老子》十三章时说:"圣人不得已而贵有天下,天下神器,不可为也,不可为而不可不为。所谓神而不可不为者,天也"(《霜红龛集》卷三十二)。《老子》三十二章说:"道常无名,朴虽小,天下莫能臣。"傅山有意破句读之为:"道常无,名朴,虽小天下,莫能臣。"他做解释说:"谓看得天下虽小,亦不敢有臣之之心"(同上)。这对"溥天之下,莫非王土,率土之滨,莫非王臣"的传统思想,无疑是一种挑战。继而他又说:"后世之据崇高者,只知其名之既立,尊而可以常有。天下者,非一人之天下,天下之天下也"(同上)。他指责封建君主"以天下奉一人"的世袭特权,提出了"天下,天下之天下"的政治主张。

傅山把老庄哲学的某些方面加以改造,同时,对《荀子·非十二子》篇中关于老、庄的评论加以反驳。他说:"谓'老子有诎而无信,则贵贱不分。'此大蔑矣。其义似谓贵者当信,贱者当诎也,已自卑陋矣。且不知老子'善下人','不为大'之语,即'天道下济而光明'之义,'不矜不伐,莫与之争',帝典之言也。'民为贵,君为轻',岂非昧贵贱信诎义耶?孟子言之也"(《荀子评注》)。荀子批评庄子"蔽于天而不知人";傅山反驳说:"老荀径被漆园先生瞒过,亦可谓不读书者矣。庄子真有世出世有之妙,糟老那能得知"(同上)？傅山以为,老庄不必为君用,却必为民用,既出世又入世,这未必符合老庄思想的本意,但却真实反映了傅山自己的思想。

(二)改造庄子的无是非观

治庄学者向来依郭象注把庄子理解为一个无是非论者,庄子"此亦一是非,彼亦一是非"的言论已成为无原则之人的口头禅。傅山并非从学术上治《庄子》,而是借《庄子》之酒杯,释胸中之块垒。从历史上看,郭象近《庄》有甚于傅山。可是傅山认为,庄子是一个明辨是非、爱憎分明的人物,因而他对郭象注极尽辩驳之能事。这方面的例证在其所著《庄子批》中俯拾皆是。如《齐物论》郭象注:"理无是非,而惑者以为有。"傅山旁批:"是非岂得无之!"郭注:"我以为是而彼以为非,彼之所是,我又非之,故未定也。未定也者,由彼我之情偏。"傅山旁批:"外而事,内而道,是是非非,是非非是,变不穷,若胡涂浑同之,以为庄子本义尔尔。苍天,苍天!"郭注:"无彼无是,所以玄同也。"傅山旁批:"玄同两字不是无是非之说。"傅山主张对历史人物加以评骘,通过褒贬毁誉,来彰明历史上的大是大非,因而他对《庄子》原文中的毁誉两忘说提出了质疑。《庄子·大宗师》说:"与其誉尧而非桀也,不如两忘而化其道。"傅山旁批:"尧、桀毕竟两忘不得。"又眉批:"尧毕竟非不得,桀毕竟誉不得。誉之如尧,非之如桀,毁誉之心如此。尧不用誉,桀不用毁。是非顾在也。"他在另一眉批中说:"即历有是非毁誉之世矣,而欲以无是非毁誉之道胜之,必不得也。"傅山赞扬那些高才远致,敢于搏击风云的志士,鄙视那些苟且偷安、迷恋荣华富贵的庸人,因而对郭象注的"鹏蜩一般"说痛加驳斥。《逍遥游》郭注:"各以得性为至,自尽为极也"。傅山眉批:"明白说著小大之辩,还要说鹏蜩一般邪!"在新发现的傅山手稿中,有一段文字正可与此相印证,傅山写道:"读过《逍遥游》之人,自然是以大鹏自勉,断断不屑作蜩与莺鸠为榆枋间快活矣。一切世间荣华富贵,那能看到眼里。所以说,金屑虽贵,著之眼中,何异砂土?奴俗龌龊意见不知不觉打扫干净,莫说看今人不上眼,即看古人,上得眼者有几个"(《傅山手稿一束》)?

由上所述,我们不难看出傅山批判"无是非"论,是针对当时无气节操守的"降奴""庸奴"的。他们做出一幅"无是非"的超然姿态,实际上却是一伙苟且偷安、贪图富贵、奴颜婢膝的"无骨"之人。

(三)改铸公孙龙子的"二无一"思想。

傅山《霜红龛集》中有公孙龙《白马论》《指物论》《通变论》《坚白论》四篇注释。傅山说:"公孙龙四篇是一义,其中精义,大有与老、庄合者,但其文又一种坚奥连环"(《霜红龛集》卷三十四)。他往往以老庄思想来解释《公孙龙子》,曲说甚为明显。但他也已说过,他"不欲徒以言之辨奇之,其中有寄旨焉"(同上)。其中寄寓何旨呢?傅山认为《坚白论》末句"离焉离也者,天下故独而正"(依傅山句读)是通篇大旨。我们知道,先秦名家在同异问题上,惠施主"合",公孙龙主"别"。公孙龙认为,"天下故独而正",世界上所有的事物,各各相离,互不相与,两个东西不能合成一个东西,如硬把两个东西合在一起,那就是"两明而道丧"。这是公孙龙"二无一"命题的基本思想。其理论正确与否,这里姑置不论。傅山之所以推重公孙龙"二无一"思想,其政治用意在于强调民族自立,反对满汉地主联合统治,以为如此便是非"正色",不具备"正而尊,尊而无偶"的品格。他说:"法王人王,必正而尊,尊而无偶。其碧也,骊也,皆非正。非正则不尊不独,何以正天下"(同上)?公孙龙"别同异"的观点就是这样在傅山思想中发生了共鸣。傅山认为,鄙儒不识公孙龙,而他自己对公孙龙思想默契心领。他说:"鄙儒概以公孙龙辈之言,置之詈之以自尊,其实不敢惹耳。然此子著精阐微,亦不屑屑于儒家者之许我可也,然此犹有可以句读者。至《坚白》后篇之文,变化缥渺,恍惚若神。著者'离焉离',读者'离焉离'。呵呵,千百年下,公孙龙乃遇我浊翁。翁命属水,盖不清之水也,老龙得此一泓浊水而鲵桓之,老龙乐矣"(同上)。傅山认为,公孙龙的名辨本有政治上的"寄旨",这"寄旨"被他领会而付诸实践,所以说:"老龙乐矣"。这里,他自比"一泓浊水""不清之水",与清廷对抗之义洞若观火。

总之,傅山重视子学,并不是纯学术性的训释,而是要从具有思想个性的先秦诸子中寻找思想资料,将它加工锻造成理论武器,用以抨击世俗。

以上从四个方面分析了傅山思想,从中我们可以看到傅山的精神品格。当时人民感沐傅山的精神品格,有人曾对他评价说:"字不如诗,诗不如画,画不如医,医不如人"。傅山其人早已作古,但其精神品格至今仍闪耀着光彩。

第五十九章　王夫之与理学

就本体论而言,理学家中有三种观点:一是张载的气本论,一是程朱的理本论,一是陆王的心本论。在十一世纪至十七世纪的以往六百年间,程朱理学和陆王心学的内在逻辑已经完全展开,程朱学派于明中叶渐趋衰落;陆王心学于明末流为"狂禅",被讥为"曲学误国"。尚未充分展开内在逻辑的气本论能否补偏救弊、重振理学呢?

王夫之对理学各派的态度是不同的。他以张载思想为正学,对周(惇颐)、程(颢、颐)、朱(熹)、陆(九渊)、王(守仁)各家学说皆持批评态度,其中对周、程、朱尚存礼敬,而对陆、王则以"异端"看待,几乎无一是处。他的主观意图是清楚的,即要以张载思想为基础,批判地吸收程、朱关于性命道德论述的合理成分,创造一种别开生面的哲学体系,树立以气本、主动、珍生、日新为原则的时代风气。从形式看,王夫之哲学表现为对张载思想的继承和发扬,而从其实质看,则已越出了理学思想的樊篱。

在张载那里,气本论与其理学体系是矛盾的。他的理学思想不是基于气本论而是对气本论的背离。程、朱吸收了他的理学思想,扬弃了气本论。而王夫之发展了他的气本论,批评了他的理学,使气本论的内在逻辑得到充分展开。

第一节　王夫之对张载气本论的继承和发展

王夫之(公元 1619—1692 年)字而农,号姜斋,学者称船山先生。他从四岁起读书,七岁读完了十三经。十四岁考中秀才。二十一岁与管嗣裘等人组织"匡社"。二十四岁中湖广乡试举人。明王朝覆亡后,他曾参与发动衡山起义,阻击清军南下,兵败后逃往肇庆,投奔南明永历政权,被任命为行人司行人介子。后为奸党王化澄等人谗害,逐归湖南,伏处瑶人之中,过着流亡生活。晚年居衡阳石船山,致力于学术思想的总结。王夫之的父亲王朝聘"根极理要,宗濂、洛正传",是尊尚程朱理学的学者。王夫之幼承家学,受其影响很深。而在救亡图存的抗清斗争中,他的思想自觉倾向唯物论,而以张载之学为依归。他曾预撰墓铭,表达他一生为之奋斗的两大志愿:"抱刘越石之孤愤而命无从致,希张横渠之正学而力不能企"。他一生著述宏富,主要哲学著作有:《张子正蒙注》《周易外传》《尚书引义》《诗广传》《读四书大全说》《思问录》《读通鉴论》等等。

王夫之继承了张载的气本论思想,认为"气"是宇宙的本质。他对"气"的阐释分成若干层次。他的理论是从张载开始的。

佛、道二氏视"虚空"为空无,并以空无为世界根本,认为"有生于无"。唯物主义哲学家要破除佛、道二氏的空无世界观,驳倒这种隐蔽的、潜在的创世说,就必须赋予"虚空"以物质的意义。张载说:"知虚空即气,则无无"(《正蒙·太和篇》)。王夫之发挥了这一思想,说:"凡虚空皆气也,聚则显,显则人谓之有;散则隐,隐则人谓之无"(《张子正蒙注》卷一)。"人之所见为太虚者,气也,非虚也。虚涵气,气充虚,无有所谓无者"(同上)。他以为世界本无所谓无,无是对具体事物的一种限定,如龟无毛、兔无角,无依有而存在。就"气"而言,所谓有无,不过是"气"的聚散状态,"气"聚则肉眼可见,"气"散则肉眼无睹。"气"是有形与无形、虚空与实体的统一。王夫之又说:"阴阳二气充满太虚,此外更无他物,亦无间隙。天之象,地之形,皆其所范围也"(同上)。这段话有两层意思:一是表述了"气"是一种弥漫性的存在,是没有"间隙"的,如果承认有"间隙",也就等于承认宇宙存在着空无;二是强调了"气"在空间存在的普遍性,小至尘埃纤芥,大至天地,"皆其所范围也。"这里没有精神性主宰立足的余地。

人有生死,物有成毁,而作为物质的"气"有无生灭呢？如有生灭,当其未生之先、既灭之后,宇宙岂不是一片空无吗？王夫之在强调"气"在空间存在的普遍性的同时,又强调了"气"在时间上的永恒性和常住性。他说:"车薪之火,一烈已尽,而为焰、为烟、为烬,木者仍归木,水者仍归水,土者仍归土,特希微而人不见尔。一甑之炊,湿热之气,蓬蓬勃勃,必有所归;若庵盖严密,则郁而不散。汞见火则飞,不知何往,而究归于地。有形者且然,况且絪缊不可象者乎! ……故曰往来,曰屈伸,曰聚散,曰幽明,而不曰生灭"(同上)。这里,他朴素而出色地论证了物质不灭原理,也就等于论证了物质在时间上的永恒性和常住性。

对于"气"的描述涉及对宇宙的理解。人们可否将宇宙看作盛"气"的容器,如把宇宙看作容器,这容器之外是什么呢？宇宙有无始终,如有始终,它在肇始之前、终结之后又是如何？换言之,宇宙在空间和时间上是有限的,还是无限的？王夫之回答说:

> 上天下地曰宇,往古来今曰宙。虽然莫为之郛郭也。惟有郛郭者,则旁有质而中无实,谓之空洞可矣,宇宙其如是哉! 宇宙者,积而成乎久大者也。(《思问录·内篇》)
>
> 天地之终,不可得而测也。以理求之,天地始者今日也,天地终者今日也。其始也,人不见其始;其终也,人不见其终。其不见也,遂以谓邃古之前,有一物初生之始;将来之日,有万物皆尽之终,亦愚矣哉! (《周易外传》卷四)

他认为,宇宙无论从时间还是从空间说都是无限的。这样,他就在时空问题上排除了精神性主宰的位置。

但是,仅在时空上排除精神性主宰,还不能完全杜绝创世说。唯心主义者可以把精神性主宰宣布为超绝时空的,绕开时空观,而以动静观作为突破口,为创世说开辟道路。唯心论者并不一般地否认运动的存在,他们往往以下列方式提出问题:物质运动的动力是来自物质世界的外部呢,还是来自物质世界的内部? 若说来自物质世界外部,就会直接引出创世说;若说来自物质世界内部,那么这种动力是从来就有的,还是由所谓最初寂然不动的"静"转化来的? 如果承认寂然之"静"能够转为运动,则将间接引出创世说。

王夫之认为,运动是"气"的固有属性。他说:"太虚者,本动者也。动以入动,不息不滞"(《周易外传》卷六)。"虚空即气,气则动者也"(《张子正蒙注》卷一)。所谓"动以入动",即是说物质可以由此时的运动转入彼时的运动,运动是绝对的,而相对的静止不过是运动的一种特殊状态:"动静皆动也,由动之静,亦动也"(《读四书大全说》卷十)。"静者静动,非不动也"(《思问录·内篇》)。王夫之的"太虚本动"思想包含这样两层意思:一是说运动是物质世界的自己运动,不是来自外在力量的推动;二是说运动与物质均具有永恒性,物质世界从来就是运动的。由于它是"本动",所以无所谓最初的寂然之静;由于"动以入动,不息不滞",所以也无所谓最终的息止之静。

这种"太虚本动"论点是难能可贵的。但若停步于此,不去具体阐明物质世界自本自根的化生机制,那"太虚本动"论点必然缺乏理论力量,不能制胜创世说。

王夫之把物质世界的化生机制归结于阴阳二气的相互作用,认为阴阳二气的对立统一是宇宙的根本规律。他的进一步探究,从以下三个方面论及物质世界的结构。

一、阴阳是关于事物矛盾性的抽象。王夫之以为,这种矛盾性是普遍存在的。它存在于"气"的原始状态中,"絪缊之中,阴阳具足"(《张子正蒙注》卷一);存在于变化过程中,"一气之中,二端既肇,摩之荡之,而变化无穷"(同上);存在于大千世界的万物万事中,"物物有阴阳,事亦如之"(同上卷三)。宇宙没有无阴阳的事物,也没有纯阴、纯阳的事物。阴阳的名义是相对的,不是绝对的,"凡阴阳之名义不一,阴亦有阴阳,阳亦有阴阳,非判然二物终不相杂之谓"(同上卷一)。即使具有阴、阳特质的事物,也是"阳中有阴,阴中有阳"。由此说明万事万物都体现阴阳并存的矛盾普遍性。

二、阴与阳是对立统一的。根据王夫之的意见,阴阳关系具有两重性:一方面"相反相仇",表现为互相对立、互相斗争的性质,另一方面又"互以相成",表现为互相依存、互相渗透的性质。王夫之说:"以气化言之,阴阳各成其象,则相为对,刚柔、寒温、生杀,必相反而相为仇;乃其究也,互以相成,无终相敌之理"(《张子正蒙注》卷一)。由"相反相仇"转化为"互以相成",对立是怎么变成同一的?王夫之认为,"反者有不反者存,而非积重难回,以孤行一径矣"(《周易外传》卷七)。阴阳双方并非各走极端,绝对排斥,而是"反者有不反者存","相反而固会其通"(同上)。这里,王夫之以《易》理揭示了事物矛盾运动的情况。

三、阴阳相互作用是运动的源泉和物质多样性的原因。王夫之把阴阳相互作用称作"感",以为阴阳交感所以能产生运动。他说:"动静者,阴阳交感之几也。动者,阴阳之动;静者,阴阳之静也"(《周易内传》卷五)。阴阳二气是运动的主体,有阴阳就有交感,有交感就有运动。因此,运动成为"气"的根本属性。王夫之还认为,阴阳交感的矛盾运动是产生物质多样性的原因。他说:"二气之动,交感而生,凝滞而成物我之万象"(《张子正蒙注》卷一)。天下万物"不相肖而各成形色",都是由阴阳相互作用产生的。一本何以能产生万殊?王夫之引出"主持"和"分剂"两个概念予以解释。他说:"《易》固曰:'一阴一阳之谓道。'一之一之云者,盖以言夫主持而分剂之也"(《周易外传》卷五)。所谓"主持",是指"道"即体现在阴阳中的对立统一规律所起的作用;所谓"分剂"指的是阴阳在统一体中所处的位置和数量上的比例关系。在阴阳互相作用的矛盾运动中,由于有"主持"和"分剂",所以产生了世界上形形色色的事物。

从以上论述可以看出,王夫之在自然观上已经完全堵塞了可能产生创世说的漏洞。

宇宙不存在精神性主宰,但存在着精神现象。理论的彻底性要求解答:精神对于物质世界的关系如何,它在宇宙占据什么位置。张载过分强调"万物一体",忽视了物性与人性的差别,错误地认为,万物也具有类似人的精神的东西:"性者,万物之一源,非有我之得私也"(《正蒙·诚明篇》)。可见,章太炎批评张载"淫于神教"是有一定道理的。

王夫之的《张子正蒙注》对此一面曲为说解,一面又巧寓批评,极尽委婉之能事。他以为,"性"是不能泛言的,人之性异于禽兽之性,如泛言之,那"尽性"岂不是要尽禽兽之性吗?"我之得私"的"性"不能成为"万物之一源";"物得与人而共"的是"命",要强调人与万物同源,只能归结于"天命",而不应归结于"性"。而在王夫之那里,"天命"不过是"气化"过程,"天命,太和絪缊之气,屈伸而成万化,气至而神至,神至而理存者也"(《张子正蒙注》卷四)。

气本论的发展,要求解决好人与自然界的关系问题。张载在这一问题上出现了膨胀主体精神的错误。张载说:"天性在人,正犹水之在冰,凝释虽异,为物一也"(《正蒙·诚明篇》)。王夫之以为,人性有其具体的内容,不能把它推扩于天,"人物有性,天地非有性……性存而后仁、义、礼、智之实章焉,以仁、义、礼、智言天,不可也"(《周易外传》卷五)。

《周易》有这样一段话:"一阴一阳之谓道,继之者善也,成之者性也。"王夫之据此演绎成一套"继善成性"理论。他以思辨形式阐发这一理论,困惑了不少现代学者。如果撇开这些思辨形式,其道理也不难明白。

王夫之以为,人性并不是苍苍之天所赋予的,所谓"天命之谓性"的"天"相当于今日所谓的客观条件和环境,这里有先天的遗传因素,也有后天环境影响的因素。"父母者,乾坤也,即以命人之性者也;师友交游者,臭味也,即以发人之情者也;见闻行习者,造化也,即以移人之气体者也"(《读通鉴论》卷十三)。而父母配天地以施生,所体现的即是"一阴一阳之道"。

所谓"继善",于人为"继志",于天为"继道","所谓肖子者,安能父步亦步,父趋亦趋哉!父与子异形离质,而所继者惟志。天与人异形离质,而所继者惟道也"(《尚书引义》卷一)。在王夫之哲学中,"志"与"道"属于一种历史发展的观念,从"道"的方面言,"洪荒无揖让之道,唐虞无吊伐之道,汉唐无今日之道,则今日无他年之道者多矣"(《周易外传》卷五)。"道"不是既定的一成不变的,它是随自然史和人类史的发展而发展的,所以"继天之道"会随时代进程而有所损益。从"志"的方面言,"中国之天下,轩辕以前,其犹夷狄乎!太昊以上,其犹禽兽乎"(《思问录·外篇》)!人类是一步步进化的,文明是一代代积累起来的,所以"继父之志"就应表现为继承并发展父辈文化,而不应"父步亦步,父趋亦趋"。所以合"继天之道"与"继父之志"来看"继善",就可以达到这样的认识高度:即把"善"看作人类文明的历史积淀。

所谓"成性",就是实现道德的自我完善。"性者,生理也,日生则日成也"(《尚书引义》卷五)。"性"不成例于初生之顷,而是"日生日成"的。人性的形成,与其所处的社会环境有直接关系。客观世界是变化发展的,因而人性也会随之发展而不断丰富("命日新而性富有")。王夫之把人性看作人类实践的历史产物,这就否定了张载"性者,万物之一源"的理学唯心主义错误,发展了张载的气本论思想。

第二节 王夫之对理学的批评

理学讨论了理气、道器、能所、知行、理欲、动静等范畴。这些讨论围绕一个中心,即论证仁、义、礼、智不仅是心性的本体,也是宇宙的本体。哲学在理学家那里尚未成为一门独立的学科,而仅仅是论证儒家伦理的理论工具。这样,他们对许多哲学问题的回答,就形成一种思想模式:在理气关系上,理在气先;在道器关系上,道在器上;在能所关系上,以能作所;在知行关系上,知先行后;在理欲关系上,存理灭欲;在动静关系上,静主动客,如此等等。而凡是在一对范畴中起主导作用的方面,一定与仁、义、礼、智有着直接或间接的联系。

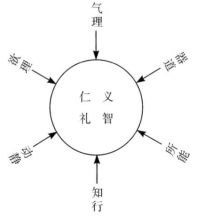

王夫之所要做的工作,就是要把仁、义、礼、智从中心位置移开,把它

送回道德领域。这样,在本体论、认识论领域中,哲学范畴不再受仁、义、礼、智的牵制,可以阐发自身的真理了。

（一）理气问题。这是宋明时期哲学斗争的中心论题,斗争的焦点在于:世界的本质是精神性的,还是物质性的？程朱理学以"理"作为其哲学的最高范畴,朱熹以"天地之心""无心之心"形容之,即意谓一种客观精神,一种无人身的理性。朱熹首先将理、气分析为二物,由此展开了多层次的理气关系:就分合而言,理气"各为一物","理与气,此决是二物"（《朱文公文集》卷四十六《答刘叔文》）。就先后而言,"有是理,后生是气"（《朱子语类》卷一）,"未有天地之先,毕竟先有此理"（同上）。就本末而言,"气是依傍这理行"（同上）,"有是理,便是有气,但理是本"（同上）。就内外而言,"理在气中","太极生阴阳,理生气也；阴阳既生,则太极在其中,理复在气之内也"（《周子全说》卷一《集说》）。就主从而言,"理为气之主"（《朱子语类》卷九四）,"气之所以能动静者,理为之宰也"（《太极图说·章句》）。就常变而言,气有未生散尽之时,而理则恒存不变,"万一山河大地都陷了,毕竟理只在这里"（《朱子语类》卷一）。总而言之,理是第一性的,气是第二性的。朱熹的理本论体系是完整的,前后一贯的。在朱熹那里,"理在气中"并不意味着理依赖于气而存在,而是说理生气之后,即以气为临时寓所。这里,理仍是主宰者,而不是服从者。朱熹的结论是:"宇宙之间,一理而已"（《朱文公文集》卷七十《读大记》）。世界的根本是精神性的。

王夫之认为,秩序条理是物质世界的固有属性,不是构成物质世界的"先设之定理"。他注《正蒙》"天之生物也有序"说:"其序之也亦无先设之定理,而序之在天者即为理"（《张子正蒙注》卷三）。因而理气关系不是存在与所以存在的关系,而是存在与存在方式的关系。两者区别在于:前者是一种隐蔽的目的论,现实世界的秩序被说成"理"的具体体现,而凡不合目的的事物,则被说成"失理"；而后者认为,"理"是关于"气"的多方面的规定性,它所反映的是事物的自然形态,是普遍性与特殊性、必然性与偶然性、规律性与非规律性的统一,"其得理者理也,其失理者亦何莫非理也"（《读四书大全说》卷七）？

把"理"绝对化,是从分离理、气开始的。王夫之批判理本论也首先是从反对分离理、气着手的。他说:"理与气元不可分作两截","理与气不相离"(同上卷九)。"言气即离理不得"(同上卷十)。"理"不是独立之物,作为存在方式,它只能通过物质存在得以体现,"天下岂别有所谓'理',气得其理之谓'理'也"(同上卷九)。"气原是有理底,尽天地之间,无不是气,即无不是理也"(同上卷十)。

理与气同时并存,没有存在方式的存在和没有存在的存在方式都是不可设想的,因而理与气也就无先后之分。但是,"气"有实体,"理"依附"气"而存在,所以"理"与"气"仍有主从之分。"理,即是气之理。气当得如此,便是理。理不先而气不后。……若论气,本然之体……惟本此一实之体,自然成理"(同上卷十)。天下只有随事而见的"理",没有一成不变的"定理",所以立一"定理"以范围天下的思想方法也是不可取的,"有即事以穷理,无立理以限事"(《续春秋左氏传博议》卷下)。

"理"在朱熹本体论中,是一种神化秩序,一种绝对的客体精神,而在王夫之的本体论中,"理"则是一种物化秩序,它已没有精神性的意义。对世界本原问题的回答,王夫之得出了与朱熹截然不同的结论:"若其实,则理在气中,气无非理;气在空中,空无非气,通一无二者也。其聚而出为人物则形,散而入于太虚则不形"(《张子正蒙注》卷一)。"天人之蕴,一气而已"(《读四书大全说》卷十)。世界的根本是物质性的。这就破坏了程朱理学的理论基石。

(二)道器问题。在朱熹那里,这一问题是与理气问题相混同的,他说:"理也者,形而上之道也,物之本也;气也者,形而下之器也,生物之具也"(《朱文公文集》卷五十八《答黄道夫》)。朱熹把形而上、下之分解释为无形、有形之分,并以此证明"理"(或"道")先于"气"(或"器")而生。"形而上者,无形无影,是此理"(《朱子语类》卷九五),"自形而上、下言,岂无先后"(同上卷一)?

王夫之针对这种观点,指出:"形而上者,非无形之谓;既有形矣,有形而后有形而上,无形之上,亘古今、通万变、穷天穷地、穷人穷物,皆未有者也。……如其舍此而求诸未有器之先,亘古今、通万变、穷天穷地、穷人穷物,而不能为之名,而况得有其实乎"(《周易外传》卷五)?所谓"形而上",是指抽象的思维形式,有形象才能进行抽象,有器物而后才有名相,经过"亘古今、通万变、穷天穷地、穷人穷物"的抽象过程,才有"道"的概念。

清中叶的戴震说:"古人言道,恒该理气,理乃专属不易之则,不该道之实体。而道、理二字对举,或以道属动,理属静……或道主统,理主分;或道该变,理主常"(《绪言》上)。王夫之对"道"与"理"的区分虽然没有这样明晰,但也有相近似的看法。在王夫之哲学中,"道"范畴的使用,在本体论和认识论上内涵有所不同。

在本体论上,"道"是对阴阳二气运动变化(气化)的整体概括,"道生于有,备于大繁。有皆实而速行不息,太极之函乎五行二殊,固然如斯也"(《周易外传》卷七)。"道"包蕴物质性和运动性,物质和运动都是永恒不灭的。这是本体之"道"的内涵;而"器"是气聚成形的特殊形态。在这种意义上,"道"与"器"的关系近似于整体与个别的关系。器物有成毁,个别会有时不存,但作为整体的物质运动不会就此停止("聚散变化,而其本体不为之损益")。从历史的长河看,"道"意味着"气化"的生生不已,而"器"只是气的"暂聚"状态,是"气化"的环节和小过程。因而王夫之说:"道体器用","道本器末","器敝而道未尝息"(《张子正蒙注》卷一),"无恒器而有恒道"(《思问录·外篇》)。但是"道"并非抽象的存在,它通过无数具体的"器"体现出来,"盈天地间皆器",一器之毁不足以息"道",也正因为"群有之器,皆与道为体"(《周易外传》卷二)。

在认识论上,"器"指体现人类实践活动的具体事物,"道"指这种具体事物的规律,是认识所追求的目标。道器关系对应着知行关系,只不过前者是就客体而言,后者是就主体而言。

人们在长期的生产实践中懂得,要制作一件器物或从事一项活动,应先了解关于该种器物或活动的规律。可是,这种了解并不总是获得成功,除了主观原因外,也有客观原因,于是问题以哲学形式提了出来:"道"与"器"的关系是怎样的?

道家(以及理学)利用人们对"道"的重视,"悬道于器外以用器",把"道"神化为先于形器而存在的客体精神,世界上的万事万物都是由它外化生成的。道器关系犹之母与子的关系,"器"永远处于"道"的派生物的地位。

王夫之以为,从认识论的角度来看道器关系,"器"是根本,"道"作为具体事物的规律,只能依存于"器"。他提出"无其器则无其道"的命题,由之引出许多有价值的论断。

首先,他认为,"道"不是悬空独立的,它体现在形器之中。求"道"必当于"器"上求,而不应"遥空索去",求之于无何有之乡。"据器而道存,离器而道毁"(《周易外传》卷二),"据器"是认识"道"的先决条件。这是因为"器"是人生产、生活所遇到的直接现实的对象,"天下唯器而已矣",举凡自然界的品汇万殊,社会的名物制度、人文历史都是"器"。由于时空的限制,即使多大圣人也不能阅尽天下古今事物。而对于一般规律的"道",就连匹夫匹妇也是可以"与知与能"的。因此,王夫之说"尽器难矣":"圣人之所不知不能者,器也。夫妇之所与知与能者,道也。故尽器难矣"(《思问录·内篇》)。他反对人们将认识停留在关于一般规律的条文上,鼓励人们广泛接触具体事物,认识事物的差别性和特殊性。他说:"勇于德,则道凝,勇于道,则道为天下病矣"(《思问录·内篇》)。所谓"德"即是对于"器"的认识。真理是具体的,有条件的,只有把握了具体事物的特殊性,才有可能将特殊性综合成普遍性。反之,如从一般原则出发,不顾具体条件去划齐事物,就会削足适屦,造成天下的病痛。程朱宣扬"理一分殊",把本体之"理"与万物之"理"的关系比作"月印万川",抹煞了具体事物的差别性和特殊性。王夫之反对"勇于道""执道以强物","附托于道而不知德"的思想方法就是针对程朱理学的。

其次,王夫之指出,"无其器则无其道"并不是消极的观照论,因为人"治器""作器"的实践已经体现出认识的能动作用。他说:

> 成必有造之者,得必有予之者,已臻于成与得矣,是人事之

究竟,岂生生之大始乎?有木而后有车,有土而后有器,车、器生于木、土,为所生者之始。揉之斫之,埏之埴之,车、器乃成,而后人乃得之。(《周易外传》卷一)

人的创造活动需要客观条件,无土之条件不能成器,无木之条件不能成车。但光有这种客观条件,没有人"揉之斫之,埏之埴之"的创造活动,木、土也不会变成车、器。人利用客观条件参与生化,"象日生而为载道之器",不独推美于"生生之大始",更应彰显"人事之究竟",所以"述器"的内容不只是自然生化史,也是人类创造史。

复次,王夫之指出,"器"随时间推移而变化,"道"也必然发生相应的变化。他说:"洪荒无揖让之道,唐、虞无吊伐之道,汉、唐无今日之道,则今日无他年之道者多矣"(《周易外传》卷五)。这段话与朱熹下面一段话形成鲜明的对比:"道只是这个道,岂有三代、汉、唐之别"(《朱文公文集》卷三)!朱熹的道器观体现了一种复古保守思想。与之相反,王夫之的道器观则是一种发展的观点,鼓励人们在社会生活实践中"趋时更新","与时偕行"。这种道器观为后来资产阶级维新派宣传变法维新所援用。

(三)能所问题。"能"与"所"原是佛学范畴,"能"即"能知",指认识能力,"所"即"所知",指认识对象。"消所以入能,而谓能为所",是佛学的能所观。

吕祖谦是南宋时期与朱熹齐名的理学家,他把《尚书·无逸》中"君子所其无逸"解释为"君子以无逸为所"。朱熹的高弟蔡沈附会其说,又把《尚书·召诰》"王敬作所不可不敬德"断句为"王敬作所"。"无逸"和"敬"都是主观的活动,以"无逸"和"敬"为"所",以主观代替客观,当是受了佛教唯心主义能所观的影响。因而王夫之揭露说:"释氏凡三变,而以'能'为'所'之说成,而吕、蔡何是之从也?'敬''无逸','能'也,非'所'也明甚,而以为'所',岂非释氏之言乎"(《尚书引义》卷五)?

王夫之从唯物主义观点出发,对"能""所"重新加以界说,并利用它来解决主体与客体的关系问题。

首先，王夫之严格区分了"能"和"所"的意义，指出："所"是有待于主体作用的客观对象，"能"是作用于客体而有功效的主体。"所"的主要特征是客观实在性，"能"的主要特征是主观能动性。他说："境之俟用者曰'所'，用之加乎境而有功者曰'能'。……乃以俟用者为所，则必实有其体，以用乎俟用而以可有功者为'能'，则必实有其用"(同上)。

然后，他指出：认识对象存在于自然现象和社会关系之中，不在人的主观意识之内（"所不在内"）；而认识能力则存在于主体之中，不在主体之外（"能不在外"）。由此引申出人在认识活动中所应持的正确态度：一方面，人应虚己观物，以客观的态度对待外部世界；另一方面，人应调动主观能动性，积极去把握并利用客观规律。"'所'著于人伦物理之中，'能'取诸耳目心思之用。'所'不在内，故心如太虚，有感而皆应。'能'不在外，故为仁由己，反己而必诚"(同上)。

他指出，客观对象是主观意识所由形成的决定者，"因所以发能"。主观意识只有符合客观实际，才能发挥其作用，"能必副其所"。他说："体俟用，则因所以发其能；用，用乎体，则能必副其所"(同上)。"能"不因"所"而发，就必然以心为法，师心自用，其结果必然导致政治上不关心国家存亡和人民疾苦的错误。王夫之批评这种主观唯心论说："今曰'以敬作所'，抑曰'以无逸作所'，天下固无有'所'，而惟吾心之能作者为'所'。吾心之能作者为'所'，则吾心未作而天下本无有'所'，是民喦之可畏，小民之所依，耳苟未闻，目苟未见，心苟未虑，皆将捐之，谓天下之固无此乎"(同上)？这种批评击中了吕、蔡等理学家以主观代替客观的要害。

（四）知行问题。这是理学史上的重要论题。程朱理学把社会道德规范说成是人的天赋理性的外化，以为儒家的责任就在于体认并发用这种天赋理性，并且以为只有先"明体"，而后才能"达用"。为此，程、朱在认识论上提出"知先行后"的观点。

王夫之反对"知先行后"说，指出程、朱以"明体达用"作为"知先行后"的口实，他们对体用的理解并未越出佛、老体用学说的范围。他说：

> 佛、老之初，皆立体而废用。用既废，则体亦无实。故其既也，体不立而一因乎用，庄生所谓"寓诸庸"，释氏所谓"行起解灭"是也。君子不废用以立体，则致曲有诚。诚立而用自行。逮其用也，左右逢原而皆其真体。故"知先行后"之说，非所敢信也。（《思问录·内篇》）

在王夫之看来，佛、老创说之初，昌言本体而废诎作用，作用既废，其"体"也等于无有，不足以成立。佛、老学说进一步发展，出现了另一极端，"体不立而一因乎用"，庄子讲"不用而寓诸用"（《庄子·齐物论》），禅僧讲"运水搬柴无非妙道"，表面上他们都在讲"用"，实际是应感无心，用而忘用，把力行作为灭除知解的手段（"行起解灭"），因而王夫之称其"销行以归知，终始于知"。程朱学者不明其故，提出"知先行后"说，以反对庄子、禅僧有用无体之论，结果正堕入其"先知以废行"的套数之中。

王夫之以为，"知先行后"说的要害是在知行之间"立一划然之次序"（《尚书引义》卷三），割裂二者的有机联系。笼统地看，可以把知行分别为"讲求义理"的认识过程和"应事接物"的实践过程。二者都是属于主体的活动，两者的区别在于：前者不与外间事物直接接触，是主体的单纯行为，后者与外间事物直接接触，体现人与外物相互作用的关系。细而言之，认识过程和实践过程都存在"知"与"行"的问题，因为无论是认识过程还是实践过程，都需要人的手脑配合，身心并用，方能奏效。自其身体力行而言属于"行"，自其心计审虑而言，则属于"知"。他说："知行之分，有从大段分界限者，则如讲求义理为知，应事接物为行是也。乃讲求之中，力其讲求之事，则亦有行矣。应接之际，不废审虑之功，则亦有知矣。是则知行始终不相离，存心亦有知行，致知亦有知行，而更不可分一事以为知而非行，行而非知"（《读四书大全说》卷三）。

王夫之也明确反对"知行合一"说，以为这是一种"诡秘"的"知先行后"说，容易使人误入迷途。他指出："若夫陆子静、杨慈湖、王伯安之为言也，吾知之矣。彼非谓知之可后也，其所谓知者非知，而行者非行也。知者非知,然而犹有其知也,亦惝然若有所见也。行者非行,则确乎其非行,而以其所知为行也。以知为行,则以不行为行,而人之伦、物之理,若或见之,不以身心尝试焉"(《尚书引义》卷三)。王守仁提倡"知行合一"。他所谓的"知"即先验的"良知","良知之外,别无知矣"(《王文成公全书》卷二《答欧阳崇一》)。"行"也不是通常所说的习行,而是一种克服杂念的意识活动。王夫之正确指出这种知行观是"以知为行","销行归知"。

在王夫之看来,朱学与王学在知行观上走了两个极端。朱学在知、行之间"立一划然之次序",以为"知常为先";王学则混淆知、行二者的界限,取消先后次序,结果一个"离行以为知",一个"销行以归知",殊途而同归。

在批判"知先行后"说和"知行合一"说的过程中,王夫之提出了自己的知行观。他说:

> 知也者,固以行为功者也;行也者,不以知为功者也。行焉可以得知之效也,知焉未可以得行之效也。将为格物穷理之学,抑必勉勉孜孜,而后择之精、语之详,是知必以行为功也。行于君民、亲友、喜怒、哀乐之间,得而信,失而疑,道乃益明,是行可有知之效也。其力行也,得不以为歆,失不以为恤,志壹动气,惟无审虑却顾,而后德可据,是行不以知为功也。冥心而思,观物而辨,时未至,理未协,情未感,力未赡,俟之他日而行乃为功,是知不得有行之效也。行可兼知,而知不可兼行。下学而上达,岂达焉而始学乎?君子之学,未尝离行以为知也必矣。(《尚书引义》卷三)

他以为,"知"是在"行"中产生的,"行"是"知"的前提和手段。"知"的形成过程也即"格物穷理"的过程,没有"勉勉孜孜"、苦求力索的功夫是不会有"知"的,这种功夫实即是"行",由此可证"知必以行为功";在"行"中有成功、有失败,成功与失败可以检验"知"的真伪,收到"知"的效果,由此可证"行可有知之效";从"知"的消极方面言,患得患失、瞻前顾后、忧虑重重,都会对"行"起到妨碍作用,由此可证"行不以知为功";从"知"的积极方面言,即使对事物获得了正确的认识,也要等到主、客观条件具备,才能付诸实行,由此可证"知不得有行之效"。根据上述论证,王夫之得出了"行可兼知,而知不可兼行"的结论。

王夫之强调"知"应以"行"为基础,同时也承认"知"有预见、指导的作用,应该说这是吸收了"知先行后"说的合理内核,"察事物所以然之理,察之精而尽其变,此在事变未起之先,见几而决,故行焉而无不利"(《张子正蒙注》卷二)。他认为知、行可以互为先后,"由知而知所行,由行而行则知之,亦可云并进而有功"(《读四书大全说》卷四)。知、行互相推动,相与为功,由此促进认识由低级向高级不断发展。

(五)理欲问题。这是涉及人生观的问题。理学以"存天理,灭人欲"为宗旨,成为近代人集矢的箭垛。

王夫之有两种理欲观:一种是人生论的理欲观,着重解决人欲对于人生的意义。这是理欲问题的本来意义。一种是认识论的理欲观,这是借理欲问题来讨论认识真理的主观前提。我们讨论王夫之的理欲观应重点阐发其本来意义,而对其认识论上的理欲观也适当加以说明。

在王夫之人生论中,欲有两个层次。在第一层次上,"欲"指生存与发展的自然需要("饮食男女"),而"理"则是协调个体相互关系的准则和规范,其目标在于保障群体利益。个体之"欲"与群体利益相一致,其"欲"也即是"理"。"理"寓于"欲"中,消灭了"欲","理"也不复存在了。"有欲斯有理"(《周易外传》卷二)。"礼虽纯为天理之节文,而必寓于人欲以见(自注:饮食,货;男女,色)。虽居静而为感通之则,然因乎变合以章其用(自注:饮食变之用,男女合之用)。唯然,故终不离人而别有天,终不离欲而别有理也"(《读四书大全说》卷八)。人的愿望各异,需求不一,只有充分发展个性,各遂其愿,方能达到平衡。这是动态发展中的平衡。只有在高度发展的群体中,个体之间的差距才能缩小,因而王夫之说:"人欲之各得,即天理之大同;天理之大同,无人欲之或异"(同上卷四)。人都有对美好生活的向往和追求,不但要求生存,而且更求发展,王夫之甚至把"欲"当作积极用世的动力和杠杆。他说:"吾惧夫薄于欲之亦薄于理,薄于以身受天下者之薄于以身任天下也"(《诗广传》卷二)。朱熹以"要求美味"为"人欲",要人"去欲""灭欲",向最低水平看齐,就其主观愿望而言,充其量不过求得静态平衡。王夫之批评说:"甘食悦色,天地之化机也。……天之使人甘食悦色,天之仁也"(《思问录·内篇》)。"断甘食悦色以为禽兽,潦草疏阔,便自矜崖岸,则从古无此苟简径截之君子,而充其类,抑必不婚不宦、日中一食、树下一宿而后可矣"(《读四书大全说》卷九)。在生活实际中,因为存理灭欲之说不合人情,所以也就难以实行。富贵者有"美味"而不舍,贫贱者求"饮食"而不得,结果"存理灭欲"之说在富贵者那里是伪言欺世,在贫贱者那里则如桎梏加身。有些学者认为朱熹"存天理,灭人欲"之说是针对统治者,以此论证其有进步性。殊不知儒学很多说教开始都是针对统治阶层的,而后不久,这些说教就转嫁到广大人民头上。不了解此点,就不能理解中国封建主义。所以评判"存天理,灭人欲"一类说教,不能单凭说教者的动机,而应看其理论是否合乎实际,并且尤应看其理论在社会历史中的实际效果。

"欲"的第二层次涉及人生目标和人生意义的重要问题。它所讨论的问题是:人生目标及由之决定的活动方式应该服从什么样的价值准则。

王夫之认为,人生活在人伦关系之中,应该尽其在人伦关系中的责任和义务,并从中实现道德的自我完善。在这种意义上,"欲"与"志"是等值的。他说:"孔子曰:'吾其为东周乎',抑岂不有大欲焉?为天下须他作君师,则欲即是志。人所必不可有者私欲尔"(同上卷八)。人的价值体现在对他人的关系中,人应该以天下为己任。由此观念出发,他得出一个区分"天理""人欲"的重要原则:"天理、人欲,只争公私诚伪"(同上卷六)。他突出公私标准来区分"天理""人欲",为公即把我安置在人伦关系之中,使之遵循人伦关系的道德准则;为私即把我安置在人伦关系之上或之外,专从自家躯壳上起意。由于公私标准从动机立论,容易弄虚作假,因而王夫之又提出诚伪标准作为公私标准的补充。

有两种人生目标和活动方式是王夫之所坚决反对的：一种是儒者中间的单纯功利主张，一种是佛、老的空虚寂灭主张；前者把我安置在人伦关系之上，后者把我安置在人伦关系之外，两者都是出于私计，不合圣人大公至正之规矩。

对第一种表现，他批评说："盖凡声色、货利、权势、事功之可欲而我欲之者，皆谓之欲。""三代以下，忠节之士，功名之流，磨拳擦掌，在灯窗下要如何与国家出力，十九不成，便成也不足以致主安民，只为他将天理边事以人欲行之耳"（同上卷六）。他以为，对这类"人欲"应加以引导，而不应简单采取灭尽的办法，"行天理于人欲之内，而欲皆从理"（同上），"欲非已滥不可得而窒"（《周易外传》卷三）。

对第二种表现，他批评说："庄子说许多汗漫道理，显与礼悖，而摆脱陷溺之迹，以自居于声色货利不到之境。到底推他意思，不过要潇洒活泛，到处讨便宜。缘他人欲落在淡泊一边，便向那边欲去，而据之以为私。故古今不耐烦剧汉都顺著他走，图个安佚活动。此情也，此意也，其可不谓一己之私欲乎"（同上卷六）？"乃朱子抑有'合下连根铲去'之说，则尤愚所深疑。合下不合下，连根不连根，正释氏所谓'折服现行烦恼'，'断尽根本烦恼'之别尔。欲得一刀两断，当下冰释，除用释氏'白骨微尘观法'，无已，则亦所谓'本来无一物，何处惹尘埃'而极矣，圣学中原不作此商量"（同上）。他把朱熹与庄、释联系起来批判，指出：庄子"潇洒活泛，到处讨便宜"，释氏"烦恼断尽，即是菩提"。朱熹倡"无欲""灭欲"之说，都是落入一个"私"字，一个"机"（机伪）字。这种人生目标和活动方式是与圣人之学根本违背的。

圣人之学是"珍生"的，"既已有是人矣，则不得不珍其生"（《周易外传》卷二）。"珍生"就应该对"人欲"加以重视，而不应该轻贱它、抹杀它，"孔颜之学，见于六经、四书者，大要在存天理，何曾只把这人欲做蛇蝎来治，必要与他一刀两段，千死千休"（《读四书大全说》卷五）？王夫之反对过分压抑"人欲"，认为这样不合人性，同时也反对过分膨胀"人欲"，认为这样可能与他人利害发生冲突，"倘以尽己之理压伏其欲，则于天下多有所不通。

若只推其欲,不尽乎理,则人己利害,势相扞格"(同上卷五)。他提出"尽己"和"推己"两个原则,主张二者合而用之,"尽己"是就性、理上说,"推己"是就情、欲上说;既要充分调动自己的知能,发挥主观能动性,又要推己及人,使人们的欲望得到普遍均衡的发展。

如前所言,王夫之还有一种认识论上的理欲观。在人生论上,王夫之主张"理在欲中",而在认识论上他却主张"人欲净尽"。因为在认识论上,"欲"的意义不是一般的欲望,而是指主观好恶、先入为主的偏狭成见,以及个人的嗜好和癖爱。王夫之以为,这种"欲"有"蔽"的作用,妨碍对于"理"的认识,但这只是少数心理变态者的"私意",并不具有普遍性,"欲之害理,善人、信人几于无矣。唯意徇闻见,倚于理而执之,不通天地之变,不尽万物之理,同我者从之,异我者违之,则意即欲矣"(《张子正蒙注》卷二)。王夫之对"人欲之蔽"做过细致的分析和论证,他以为,心"得天圜运不息之灵",具有"察微尽变之大用",若耽于嗜欲、执于成见,"纵血气以用物",就会壅塞灵府,使知见"困于自信之区宇",对于其所热衷的东西缺乏清醒的认识,"即有乍见之清光,亦浅矣"。而由于其迷于一往,不知所止,因而对于其他事物视而不见,听而不闻,等于关闭了认识外界的窗户,所以王夫之认为,"纵欲"恰成"遏欲","纵其目于一色,而天下之群色隐,况其未有色者乎!纵其耳于一声,而天下之群声闷,况其未有声者乎!……一朝之忿、一念之欲、一意之往,驰而不反,莫知其乡,皆唯其遏之也"(《诗广传》卷四)。反之,对这种嗜欲、成见加以涤除,就能使"人欲"全面发展,"无所不合,感之周遍"。在这样的意义上,王夫之强调"人欲净尽,天理流行"。

(六)动静问题。在中国思想史上,老、庄之学与佛学都是主静的。北宋时儒、释、道并用。周惇颐应运开创理学,立旨"主静",于是"主静"说即成为尔后理学的论旨所在。

王夫之对"主静"说的批判是从以下三个方面展开的。

第一,否定"主静"说的本体论根据。老子强调致虚守静功夫的必要,因而推本自然,认为"虚静"是自然界的本性,"夫物芸芸,各复归其根,归根曰静"。理学家"主静",同样推本自然,如朱熹说:"静者为主,而动者为客,此天地阴阳自然之理,不可以寂灭之嫌废之也"(《朱文公文集》卷五十四《答徐彦章》)。"动有资于静,而静无资于动"(同上卷四十二《答胡广仲》)。他把静止视为本原,而运动不过是静止的一种特殊形式。

王夫之反对"主静"说,自然要首先否定"归根曰静""静主动客"的虚假前提。他说:"天地之气,恒生于动,而不生于静"(《读四书大全说》卷十)。"动者不藉于静"(《周易外传》卷四),"太极动而生阳,动之动也;静而生阴,动之静也。废然无动而静,阴恶从生哉!一动一静,阖辟之谓也。由阖而辟,由辟而阖,皆动也。废然之静,则是息矣"(《思问录·内篇》)。

第二,反对离开人的实践活动谈道德修养。理学将道德意识与主体的欲念活动和实践活动对立起来,认为只有排除欲念活动和外物干扰,才能体认道德意识的本质。周惇颐说:"圣人定之以中正仁义,而主静,立人极焉。"他的这一思想被后世理学家称为发千古之秘的大贡献。在理学家中,张载主张以静修德,"始学者亦要静以入德,至成德亦只是静"(《经学理窟·学大原》下)。程、朱鉴于周惇颐"主静"说涉嫌佛、老,恐人差入二氏之学,因而提出"主敬",以为"敬"字该摄动静。但程、朱对养静之功仍十分重视。程颐见人静坐便叹其善学。朱熹主张"半日静坐,半日读书",并且明确指出在动静二者中,静是根本,"敬字工夫,通贯动静,而必以静为本"(《朱文公文集》卷三十二《答张钦夫》)。

王夫之反对离开人的实践活动来谈道德修养,也反对以道德修养为借口来"禁天下之动"。他以为,社会活动会造就有志君子,而社会发展又有赖有志君子的创造活动,有志君子在以身任天下的过程中,会完善自身的道德品格。他说:"天下日动,而君子日生,天下日生,而君子日动。动者,道之枢,德之牖也"(《周易外传》卷六)。他揭露"禁动"主张出自一种咎由"动"生的畏惧心理,批评说:"'吉凶悔吝生于动',畏凶、悔、吝而始戒心于动,求其坦荡荡也,能乎哉"(《思问录·内篇》)!他指出"主静"说流于释、老,以"幽谧阒寂"为"静","委其身心,如山林之畏佳,大木之穴窍,而心死矣"(同上)。而"主敬"说名为"静以待动",实际是动、静分途,静而不动,仍流为释、老。"若云存诚主敬,养之于静以待动,夫所谓养之于静者,初非谓待动计也。此处一差,则亦老子所谓'执大象,天下往','冲'而用之或不盈'之邪说,而贼道甚矣"(《读四书大全说》卷三)。"敬、肆之分,思不思而已矣。既要敬,又不著思,即全是禅"(同上卷七)。

第三,批判"主静"说的消极处世态度。王夫之以为,人是离不开物质生活的,"主静"者也做不到不食人间烟火。物质文明的创造和生活资料的取得依靠于"动"而不依靠于"静",没有"动",就不能安然从事于"静"。因此王夫之说:"与其专言静也,无宁言动。……天下之不能动者,未有能静者也。……人事日生而不可御矣,不勤胡成?不获其志,欲忘而不能,恶乎静?不勤失时,弗能豫而必邃图之,早者崇朝,救其后者经旬弥月而不逮,恶乎静?不勤而姑待,姑待而事又生,补前缀后,情分才散,智者不逮愚者之半,烦冤以永日,恶乎静?是故天下之能静者,未有不自动得者也"(《诗广传》卷一)。王夫之没有完全否弃"主静"思想,而是把它改造成为一种"因时而动"的理论。他总结历史上由妄动所造成的危害,认为其原因在于违反事物的发展规律,因而提出"主静,以言乎其时也"(《思问录·内篇》),反对犯先时以动、揠苗助长的错误。

以上论述了王夫之在理气、道器、能所、知行、理欲、动静诸范畴上对理学的批判。这些范畴分别涉及本体论、认识论、人生论的根本问题,可以说,他对理学的批判是全面的。

第三节 王夫之对理学一些基本观念的固守

王夫之对理学基本观念的坚守,主要表现在伦理思想方面。王夫之学自程、朱入,也受心学影响,因而在其思想中仍然保留着理学唯心主义的残余。这突出表现在以下两点:

一是对"心具理"观念的保留。王夫之的"心具理"观念有如下一些论述。他说:"盖吾之性,本天之理也,而天下之物理,亦同此理也。天下之理无不穷,则吾心之理无不现矣"(《读四书大全说》卷十)。这就是所谓"心以具理"。又说:"万事万物之理无非吾心之所固有"(《四书训义》卷八)。又说:"不与物交,则心具此理,而名不能言"(《张子正蒙注》卷一)。又说:"物之有象,理即在焉,心有其理,取象而证之,无不通矣"(同上卷四)。心具理,此理也即物理。而此理"无非吾心之所固有"。即使不与物交,而心也具此理。这与陆九渊的思想没有不同。

二是对"道心""仁义之心""德性之知"等观念的坚守。王夫之根据十六字心传,将"心"分为"道心""人心"。"仁义之心""德性之知"之类的道德意识为"道心";"知觉运动""闻见之知"等一般认识活动为"人心"。他以为,人之所以能认识"天理",是由于"道心",而不是由于"人心"。"道心"即是"性",它是"天理"在"人心"上的投影。唯其有"道心",人们才能在思想上相互理解和交流。而"人心"包括意欲和感情,意欲和感情蒙蔽心灵,就会见理不明。他说:"天下之物相感而可通者,吾心皆有其理,唯意欲蔽之则小尔"(同上)。理只是一个理,人人各逞臆见,各行其是,思想就不会得到交流和沟通。由此他证明"道心"比"人心"更根本。人和动物都有知觉,能运动,但动物只是凭其自然本能行动,而人却要靠理性思考来指导行动,遇事就要考虑合理不合理、适宜不适宜,这就是"仁义之心"。因而王夫之说:"天与人以'仁义之心',只在心里面。唯其有仁义之心,是以有其思之能。不然,则但解知觉运动而已(自注:犬牛有此四心,但不能思)。此仁义为本而生乎思也"(《读四书大全说》卷十)。由此他证明"仁义之心"比"知觉运动"更为根本。要认识事物,意有所属,否则见如不见,闻如不闻。他说:"舆薪过前,群言杂至,而非意所属,则见如不见,闻如不闻,其非耳目之受而即合,明矣"(《张子正蒙注》卷四)。光是耳目感受,还不就是真的闻见。

王夫之所谓的"道心""仁义之心""德性之知",与"心具理"相通,是其道德认识论的重要命题。人生活在一定的历史文化条件下,生下来就受到潜移默化的熏陶。王夫之所谓的"心具理"与"道心",当即指这种文化的熏陶,而他却错误地认为"吾心固有",这就陷入道德是先天禀赋的传统见解之中。

当然,我们评价王夫之的思想,不应停留在它的理论形式上,而应透过它的理论形式看到它所反映的时代精神。随着明中叶以后资本主义萌芽的出现和人性的觉醒,理学的禁欲主义受到了冲击。而明清之际的"天崩地解"形势又涤荡着理学家静敬修养的积习。更有"质测之学"的出现,则兆示着理学的思辨体系将被科学的思想体系所代替。王夫之对文化遗产的批判总结,正是为了送旧迎新。噩梦将醒,天尚未明。但王夫之相信,夜色欲尽,晨曦在望,必将出现这样的前景:"破块启蒙,灿然皆有","有而日新","机不容止"(《周易外传》卷二)。

第六十章　颜李学派的反理学思想

第一节　颜元的生平

颜元(公元1635—1704年)字浑然,号习斋,直隶博野县(今属河北)人。他是颜李学派的创始者。

颜元父亲颜昶,从小过继给蠡县朱九祚作养子,因不为养父所喜,弃家出走关东。颜元十岁时,清廷颁圈地令,家乡疆圳庐舍尽圈于旗。十二岁时,母亲王氏因丈夫一去杳无音讯,改嫁他村。自此,颜元便同养祖父母一起生活。十九岁时,养祖父因讼遁匿,颜元被系入狱,讼解,家业顿落,一家生活完全由他承担,亲身耕田灌园,又学医为人治病。三十九岁时,养祖父母先后病逝,才恢复颜姓,不复姓朱。

颜元生逢家国多故,"自幼及壮,孤苦备尝"。在贫贱困厄的生活中,他艰苦力学,成为一名杰出的学者和思想家。

颜元少年时从游于吴持明。吴习兵法、通武艺、懂医道。颜元后来也兼习兵法、技击等。青年时,颜元又就学于贾珍,贾为人朴实,重气节,教授生徒,循循善诱。他曾作两副对联,命颜元以大字书写,悬之中堂。其一是:"不衫不履,甘愧彬彬君子;必行必果,愿学硁硁小人。"其二是:"内不欺心,外不欺人,学那勿欺君子;说些实话,行些实事,做个老实头儿。"他以此自励,以此教人。颜元以后的成长和思想发展,深受其师的影响。

颜元十九岁中秀才,二十岁以后发奋攻读经世之学,遂弃举业。二十四岁开馆授徒,名其斋曰"思古",自号"思古人",并于此时开始尊信理学。他先习陆、王,继又转习程、朱,苦志笃学,"屹然以道自任,期于主静存诚,虽躬稼胼胝,必乘闲静坐,人群讥笑之,不恤也"(《习斋年谱》卷上)。三十四岁,遭养祖母之丧。当时正是"非朱子之传义不敢言,非朱子之家礼不敢行"(朱彝尊《曝书亭集·道传录序》)的时代,颜元一一式遵朱子《家礼》服丧,疏食少饮,哀毁过甚,几致病死。因此对理学产生了怀疑。翌年,他改思古斋为习斋,从此走上反理学的道路。然在颜元五十七岁以前,尚有"将就程、朱"之意,而当他五十七岁南游中州(今河南一带)时,深入了解社会现实,耳闻目睹许多地方"人人禅子,家家虚文"的现象,遂下定决心,"必破"程、朱。当时清廷以政治力量扶持程朱理学,友人王养粹对颜元说:"程、朱何可倒戈,试看今日,气运是谁主持?家读其书,取士立教,致君临民,皆是也"(《习斋年谱》卷下)。而颜元为了匡时救弊,独立不惧,公然揭橥反理学的旗帜。六十二岁时,颜元应聘主持漳南书院,厘订规制,设有文事、武备、经史、艺能诸科,规模甚宏,从游者数十人。不久,漳水泛滥,书院堂舍悉被淹没,颜元不得已,罢教归里。七十岁临终时嘱门人说:"天下事尚可为,汝等当积学待用"(同上)。颜元的主要著作有《四存编》《朱子语类评》《四书正误》《习斋记余》,以及钟錂所辑《颜习斋先生言行录》等。生平事迹俱载于其门人李塨、王源纂辑的《颜习斋先生年谱》之中。

第二节 颜学的理论倾向

这个问题,历来就有不同看法。认为颜学属于理学的,有几种说法,现辨析如下:

一、认为颜学属于王学。这以《四库全书总目提要》为代表,钱林、阮元等学者祖述之。又如谭献认为颜学略近夏峰(孙奇逢)之学,而夏峰亦宗王学。这种说法已成为传统见解,现代不少学者也依从它。

颜元年三十四，其思想开始从怀疑理学向批评理学方面转变。他批评理学虽然侧重于程朱学派，但对陆王学派也不左袒。当时的理学家张伯行评论说："今北地颜习斋出，不程朱，不陆王，其学以事功为首"（《正谊堂文集》卷九《论学》）。乾隆年间，颜学已不传世，《四库全书总目提要》的作者，仅披阅新采进的《四存编》，既未细加研寻，又因袭清初学界"不程朱，即陆王"的成见，见颜元诽厌程、朱颇烈，便误以为颜元是陆、王之徒。由于《四库全书总目提要》对后世影响甚大，所以它的这一论断被后人视为定论。

从现存有关颜李学派的大量材料来看，我们认为，上述观点是难以成立的。如颜元曾说："王学诚有近禅，仆亦非敢党王者"（《习斋记余》卷六）。"果息王学而朱学独行，不杀人耶？果息朱学而独行王学，不杀人耶"（同上）？"吾乡孙钟元（奇逢）先生又以合朱、陆而成其为真孔子也，而以孔门礼、乐、射、御、书、数观之，皆未有一焉。有其一，亦口头文字而已矣。以孔门明德亲民之道律之，皆未有似焉；有其似，亦禅宗虚局而已矣"（《习斋记余》卷三）。由此可见，颜学不同于王学，也不同于夏峰之学。晚清朱一新说："文成（王守仁）特宗旨少异，未至如习斋之甘决藩篱"（《佩弦斋杂存》卷上《答某生》），指出颜学冲决理学藩篱，而王学只是宗旨少异。

二、认为颜学是"理学别传"。这以张之洞《輶轩语》为代表；近人也有认为颜学是"道学之继续"的。两者皆认为颜学未出理学范围。

既然颜元不宗朱子，不宗陆、王，也不主张调和朱、陆，则所谓理学别传，是怎样的别传呢？为什么颜元要反对"理学宗主"——周惇颐呢？朱、陆两派尽管门户相争，互为水火，但都认为周惇颐承接了孔孟的道统。周惇颐是理学的开山祖师，同时有程颢、程颐嗣承传衍，张载、邵雍羽翼宗盟。而颜元却对周、程、张、邵及后世理学家，皆辞而辟之。那么，所谓"别传"，传自何人呢？

从思想内容看，颜元重视"实事实物"，反对"空虚之学"，否认理学家的"道统"虚构，指出理学所谓的"心传之奥"源于佛、老。他认为"理在事中"，"理气一致"，反对理学家"理在事上""理气二本"等观点。他重闻见，更重实践，提出"见理于事""由行得知"，反对理学家重体认不重知见,重心得不务实行,以调伏身心为能事的思想。他认为"性即物则""舍形无性",反对理学形性相离、形外有性的观点。他还强调"习与性成",主张以"动"养性,反对理学的先天气禀决定论和主静持敬的心性修养。他重视"当世之务",肯定人欲的合理性,崇尚技艺,讲求功用,反对理学家空谈性命、蔑弃人欲、崇道贱艺、排斥功利的思想,等等。

由上所述,我们不难看出,颜元对于理学的基本观念,已经否弃殆尽。这样的思想如果被认为是"道学之继续",那是难以令人信服的。

三、认为颜学属于"唯物主义理学"。这种看法是这样推论出来的:理学是我国特定时期哲学史断代的统称,其间的哲学家势必也要分作唯物主义和唯心主义两个阵营,颜元当属于唯物主义阵营中的理学家。

这种意见所概括的理学范围比传统的理解要宽。理学是当时占统治地位的儒学主要流派,并非当时哲学思想的"统称"。在理学家圈子之外,尚有反理学、非理学的各派人物。理学是一个历史概念,我们沿用它,就应按照它的原意来理解,最好不要随意扩大它的范围,否则就会引起概念混乱。

我们认为颜李学派是反理学的。"反理学"是清初进步思想家的共同特点。当然,对于每个反理学思想家来说,应该做具体的分析,有的着重在这些问题上,有的着重另外一些问题上批评理学。他们可能在某些方面仍然受到理学的影响。但是,我们应该从主要方面去剖析这些思想家的思想体系,看它们与理学的关系。从严格意义上说,颜李学与理学是两种思想体系的对立:前者是功利之学,后者是性理之学,两种思想体系具有不同的出发点、特征和归宿。

颜元在三十四岁思想转折之时,曾将朱熹、陆九渊、陈亮三家学说加以比较,其结论是:"使文达(毅)之学行,虽不免杂霸,而三代苍生或少有幸,不幸朱、陆并行,交代兴衰,遂使学术如此,世道如此"(《习斋记余》卷六)。于是他便选择了陈亮的事功学作为思想出发点。

颜元继承了陈亮尚"用"的思想。陈亮说,"人才以用而见其能否,安坐而能者不足恃"。颜元进一步发挥说:"学问以用而见其得失,口笔之得者不足恃"(《习斋年谱》卷上),强调应用学问,并通过行动来验证"学问"。

颜元受陈亮思想启发,提出"习动"以针砭理学的"习静"。他说:"看陈龙川答朱子书,至'今之君子欲安坐以感动之',浩叹曰:宋人好言习静,吾以为今日正当习动耳"(同上)。他甚至把"习动"同皇帝王霸事业联系起来,认为"三皇五帝,三王周孔,皆教天下以动之圣人也,皆以动造成世道之圣人也。五霸之假,正假其动也"(《习斋言行录》卷下)。

在义利问题上,理学家大多承袭董仲舒"正其谊不谋其利,明其道不计其功"的观点,反对功利主义,提倡禁欲主义。但是颜元却继承陈亮"义利双行、王霸并用"的观点,鲜明地提出"正其谊以谋其利,明其道而计其功"。

颜元青年时即有志于社会改革,李明性(李塨之父)评他"偏僻恐类王荆公","立朝必蹈矫激之僻"(《习斋年谱》卷上),有意规劝他。此时,颜元重视"六艺"的思想已露端倪,但由于深受理学影响,并未发展起来。当他思想转向事功派后,便作《宋相辨》《宋史评》,明确表示推崇王安石的学行。

颜元继承了王安石重视《周礼》"乡三物"的思想,而于"六德、六行、六艺"这"三物"中,尤重"六艺",认为"德""行"要通过"艺"来体现,"艺精则行实,行实则德成"(《四书正误》卷三)。

颜元熔铸陈亮、王安石的事功思想为一体,奠定了他的功利论思想体系的格局,因而理学家张伯行做了如下的批评:"颜习斋以霸学起于北……其学以事功为首,谓身心性命非所急,虽子思《中庸》亦诋訾无所顾。呜呼,如此人者,不用则为陈同甫,用则必为王安石"(《正谊堂文集》卷九《论学》)。我们认为,这个评论道出了颜学的真谛。

在南宋朱熹与陈亮的"王霸义利"之辨后,由于封建统治者尊崇朱熹,理学大盛。其间虽有些思想家不时作几声"事功"的呐喊,但都淹没在"存天理,灭人欲"的道德说教之中,义利之辨似乎已成定案。但是,社会要发展,人类要进步,五百年过去了,明清之际的"天崩地解"把重新评价"义利之辨"提上了历史日程。颜元恰好是重提并试图解决这一问题的思想家。他曾经深喜陆、王,笃学程、朱,经历过家国变故,思想才转向事功之学。

他反戈一击,批判理学,颇能击中理学的要害。

第三节 颜李学派在理论思维上的经验教训

每一种哲学体系都有一定的命题构成其理论的骨架。这些命题是回答某些哲学范畴所持的观点,而所谓哲学范畴,无非是对世界上带根本性的矛盾、问题所做的抽象和概括。一个哲学家讨论哪些范畴,提出什么命题,完全服从其哲学体系的需要。而由范畴到命题的论证,则需借助一定的理论方法。

根据上述认识,我们来剖析颜李哲学的体系和方法,总结他们在理论思维上的经验教训。

颜李学派的思想体系是功利论。在哲学上他们主要讨论理事、体用、动静、知行、形性、性习、道艺、义利等范畴。他们选择这些范畴是有原因的:这些范畴都有矛盾的两个方面,其中都有一方与功利论所使用的语言或所持的观点相联系,易于赋予以功利论的意义,为我所用。

可是,要从哲学上论证功利论,就必须从这些范畴中引出相应的哲学命题,以作为功利论的理论基础。那么,用什么样的方法才能实现这种论证呢?用理学的思辨方法吗?当然不行。明季理学的思辨方法已发展到极端,"牛毛茧丝,无不辨晰",着眼于辨心、性、理、气之微,所得出的结论多不切合实际。颜、李所以不遗余力反驳理学的主要原因在此。颜、李不喜作抽象玄谈。他们把理学家"高谈性天"比作"画鬼",而把讲求实际的学问比作"画马",认为"画鬼容易画马难",因为鬼无质对,马有佐证。因此在他们那里,理事、体用等抽象的哲学范畴皆被还原为社会的实际矛盾。这样,经验论的理论方法自然而然地被颜李学派采用了。但是,他们抛弃了理学关于范畴分析的哲学理论深度,把行动与理论分割开来,好像所有的抽象理论都是无用似的。这就从一个极端跳到另一个极端。我们毋需对理学作全盘否定,也不能对颜李学派作全盘肯定。

颜李学派虽然标帜"尧舜三事、周孔三物",却带有明显的实证特征。

颜元说:"尧舜之正德、利用、厚生,谓之三事,不见之事,非德、非用、非生也;周公之六德、六行、六艺,谓之三物,不征诸物,非德、非行、非艺也"(《习斋年谱》卷下)。"见之事","征诸物"是颜、李治学的根本要求。下面,我们来看看颜李学派讨论的范畴中,提出了什么命题,又是怎样加以说明和论证的:

(一)理事范畴。在颜李看来,"事"指自然界和人类社会的万事万物。他们以"木中纹理""玉之脉理"为喻,说明"理"是事物的条理、法则和规律,从而提出了"理即在事中"的命题,并以此批评理学"理在事上"的观点,指出离开"事物"而独立存在的"理"是虚妄无征的。

(二)体用范畴。颜、李以人体为喻,认为"体"是人的机体及其机能,"用"即发挥此机体和机能的作用。他们解释说:"心之官则思,思非用乎?……体,即具用也;用,用其体也"(《恕谷后集》卷十三)。因而提出"体用一致"的命题,以为"致用"才是学问的根本,指出理学"既为无用之体,则理亦虚理"(《朱子语类评》)。

(三)动静范畴。颜李学派认为世界就其本质而言,是动而不是静。他们举出日月之照临、山川之流峙、耳目之视听等为例,说明"动"是事物的存在方式,并提出"以动造成世道"的主张,劝导世人循着"动"的法则,去强身、强家、强国、强天下。

(四)知行范畴。颜李学派反对程朱理学"知先行后"的理论,提出"行不及,知亦不及"的命题,主张"由行得知"。颜元举出生活中的事例说,如食葫蔬,必"纳之口,乃知此辛味",强调认识对于行动的依赖关系,但却忽视了理论对于行动的指导作用。李塨为了纠正老师的偏颇,强调认识对于行动的准备作用和指导作用,却又背离了师门"由行得知"的观点。他说:"从来圣贤之道,行先以知,而知在于学"(《大学辨业》卷二)。这就又重复了程朱理学"知先行后"的观点。

(五)形性范畴。颜元提出"性即气质之性""舍形则无性"的命题。他以人眼为例驳斥程朱理学说:眶疱睛是"气质",如认为"气质之性有恶",势必导致"无此目然后可全目之性"的结论,指出理学的人性理论浸染佛教观念,竟视"至尊至贵至有用"之气质为"累碍赘余"。他又提出"践形尽性"的命题,认为人性只有在践履中才能得到体现,用以针砭理学家静坐体认,惰废形体的弊病。

(六)性习范畴。颜元强调"习与性成",认为"有生后皆因习作主"。他以布帛染污为喻,说明人性本善,恶由习染;人习"性所本有之善"则为善,习"性所本无之恶"则染恶。而习善即对于"礼乐射御书数"六艺的时习力行,他认为学习"艺能"是因乎"人性之所必至"。

(七)道艺范畴。颜李学派崇尚艺能,治学以"礼乐射御书数"六艺为要,旁及兵农钱谷、水火工虞、天文地理之类。他们以学医、学琴、学射、学针黹等为例,说明"道"即寓于"艺"中,主张"道艺一滚加功"。

(八)义利范畴。颜、李以种田、捕鱼等为例驳斥义利分割之说:"世有耕种不谋收获者乎?世有荷网持钩而不计得鱼者乎?"明确提出要"正其谊以谋其利,明其道而计其功。"

如上所述,颜李学派的思想体系基本上是功利论,而其理论思维方法则主要是经验论的实证方法。与理学的精致性相比,颜李学显得直观、浅近、缺乏层次,但它在对理学的批评上却取得了相当的成功。这是有其原因的:

原因之一,是由于他们的理论所包含的真理性。这主要表现在:它对理事、体用、形性、知行等哲学范畴的解释,使人一新耳目;对动静、性习等范畴的解释,在教育学上有一定的进步性;而对道艺、义利等范畴的解释具有进步的社会意义。

原因之二,是由于他们的思想展示了新的理论方向。当理学的思辨方法已走入穷途末路的时候,颜元提出基于生产、生活经验的实证方法,认为只有由经验而获得的知识才是可靠的,理论的正确与否须由行动来验证。以此方法批判理学,使得理学虚妄毕见,受到沉重打击。但是由于多种历史原因,未能使颜李学派这种实证方法扎下更深的根基,发展成为近代的实证哲学。这是当时中国的历史条件所决定的。

然而,颜李学的理论方法也有明显的缺点,这主要表现为如下两点:

(一)轻视理性认识。理学的理性思维方法有可供吸收的某些思维形式和推论方法,而颜、李对之持完全否定的态度。这就使得他们的理论仅局限于经验直观,对一些范畴的认识未能做出深入的探索,因而没有上升到理性认识的高度。颜、李强调"明伦",维护封建纲常伦理。为此,他们力斥"灭绝五伦"的佛、道宗教思想,但却肯定那"庇护"封建纲常的天帝、鬼神。颜元甚至以凄怆寻父时的昏昧"经验"来论证"神应"。而李塨则以祭河神水即退来证明"神在"。这说明他们的唯物论思想是不彻底的。这种不彻底性为颜、李后学程廷祚所克服。程廷祚否认鬼神的存在,认为"鬼神起灭,皆人心之所为",补正了颜、李的思想缺陷。

(二)缺乏辩证观念。如果说,王夫之出入理学,并在理学大厦将倾之时,善于抢救其理论珍宝并加以改造;那么,颜李学派则专作摧枯拉朽的功夫,立意要把它弃置路旁。结果理学某些含有辩证法的积极因素也被他们当作思辨垃圾抛弃了。这就使得他们的认识不能臻于全面,如他们对知行范畴的认识就是明显的例子。

第四节 颜李学说的历史地位及其命运

除颜元外,颜李学派的主要代表人物还有李塨、王源和程廷祚等。颜元标榜"六艺之学",道艺兼习,文武并重,在中国思想史上别具一格。但是,由于颜元没有外出讲学,其学传之不远。其弟子李塨几次游历,结识海内名流,"遍质当代夙学",名倾朝野。李塨所至必宣传颜元学说。颜学之所以"发扬震动于时",实赖李塨,因此世称颜李学。

一、颜李学说在清初社会思潮中的地位

颜、李标榜"尧舜三事、周孔三物"的事物之教,以反对宋明儒者的性理之学。他们认为,前者是"实学",后者是"虚学";前者"有用",后者"无用"。"三事"典出《尚书·大禹谟》,"三物"典出《周礼·大司徒》,当时已多有学者指其为伪书,从而"三事""三物"是否为古来的传统也颇值得怀

疑。但颜元认为，只要得到"习行经济"的路径，书的"真伪可无问也"（《习斋记余》卷三《寄桐乡钱晓城书》）。这说明他在学术形式上的"复古"，是为了在思想内容上的求新。在当时封建文化影响根深蒂固的情况下，要求得革新，不得不采取这样的方法。

颜元把这种"事物"之教具体化为"礼乐射御书数，及兵农钱谷、水火工虞、天文地理之类"。它曾被后人称为"沟通中西学术"的征实之学。十九世纪末有人说："习斋以为，世间真学问，不外天文、律历、兵农、水火、礼乐诸有实用济民事，盖已窥见今日泰西学校之本。吾不意国初竟有此种人物"（孙宝瑄《忘山庐日记》光绪丁酉一月二十一日条）。按照发展资本主义的历史要求，在文化思想上须相应地发展实用科学。但是，由于当时中国科学技术相对不发展，还没有产生出像欧洲近代那样的实验科学的思想体系，而颜李学派崇尚技艺、重视功利的学术思想，在理论方向上与之较为接近。李塨就曾主张"参照西洋诸法"，王源虽然主张驱逐天主教士出国，但他还申言应当把那些懂得算法、制器的人留下来，这是当时很进步的思想，因而受到同代的科学家梅文鼎的赞许，称李塨"为转气运之人。"可见，颜李学说在清初进步思潮中占据重要地位。

思潮史与学术史着眼的角度是有区别的，因此看问题的方法也有所不同。思潮因社会矛盾而起，判断他们的标准，就是看其是否符合社会发展的方向。衡量一个（或一派）思想家在思潮史上的地位，不应完全以其学术水平高低为依据，而应主要看其是否能集中而鲜明地反映时代思潮的本质特征。清初社会进步思潮的特征是批评理学和提倡经世致用之学。从这两个方面看，颜李学派与同时代的顾炎武、黄宗羲、王夫之相比较，似乎更具有代表性。

先从批评理学方面看，颜李学派不仅反对程朱之学与陆王之学，而且直接批评周、程、张、邵等理学开创者，毫不回避袒护，而顾、黄、王批评理学则多保留回护。这一点已为后人所认识。晚清学者谭献说："遗民如梨洲、亭林，故是祥麟威凤，惟袭宋人余唾，亦多无用之言，有门户之习。不若颜习斋、李刚主，实践朴学，折衷六艺，为命世之儒也"（《复堂日记》卷一）。

当代学者指出:"王、顾、黄三人在时代精神上是宋明道学的异端,但却在形式上还对理学抱有保留的态度。王、顾形式上左祖程、朱,黄宗羲形式上左祖王守仁。颜元不然,对于宋以来的道学家一齐推翻,没有一丝形式上的保留态度"(侯外庐《中国思想通史》第五卷第324页)。

再从提倡经世致用之学方面看,理学家声言"明体达用",反对功利之学,结果养成空谈心性,不务实际的空疏学风。顾、黄、王三大家已经完全放弃了对理学空洞性体的体认,不再讲"明体达用",而是讲"通经致用"。他们批评理学"不以六经为根柢"(黄宗羲语),提出"六经责我开生面"(王夫之语),试图通过"通经"来证今,寻求"致用"的根据。从这一点看,他们已离开了理学的轨道。颜李学派对于"致用"的态度更进一步。刘师培说:"先生(颜元)以用为体,即以用为学"(《习斋学案序》)。颜、李所理解的"体"即是"礼乐兵农、水火工虞、天文地理"的学问本身,"体即具用,用,用其体",不须再浪费时光去寻求"性理"或"六经"的根据,实际上,是要求摆脱理学教条的束缚。

颜李学派对经世致用,作过数十年持续不断的讨论研究,其成果集中反映于《平书订》等书中。根据颜元"天地间田,宜天地间人共享之"的思想,王源提出"不为农则无田","官无大小,皆不可以有田","有田者必自耕,毋募人以代耕"的主张,反映了市井平民力图取消封建土地所有制的要求,它包含有民主思想的因素。为了鼓励发展工商业,王源又提出一种类似现代所得税的税制设想,这在中国税制史上是空前的。颜李学派这些主张虽然带有社会空想的色彩,但在当时国内各派经济学说中是呈放异彩的,它对后来资产阶级民主革命产生了一定的影响。为此,前人如章太炎、缪荃孙等都把颜李学派作为开当时社会风气之先的主要代表。章太炎说:"讫宋世则有程、朱,与程、朱立异者,复有陆、王,与陆、王立异者,复有颜、李"(《章氏丛书·太炎别录》二《答铁铮》);"自荀卿而后,颜氏则可谓大儒矣"(《訄书·颜学》)。又说,颜元弟子"李塨、王源亦皆惩创空言,以有用为臬极"(同上)。缪荃孙也说:"明季群奉王学,杨园(张履祥)起而宗朱,互相讥诋,均托空言。不若颜、李,折衷六艺,躬行实践,为名世之英,得用世之道"(《艺风堂漫存》卷二)。这些意见不无道理。颜李学派在学术上的贡献虽不及顾、黄、王三大家,但从社会思潮史角度看,这一学派较之顾、黄、王更为集中而鲜明地反映了清初进步思潮的特征。

二、颜李学说的历史命运

大约在康熙末雍正初的一二十年间,颜李学说在社会上产生了一定的影响,如陶窳说"颜李之学数十年来,海内之士靡然从风"(《秦关稿序》);张伯行说,颜学"四方响和者,方靡然不知所止"(《正谊堂文集》卷九《论学》),方苞说,颜学"发扬震动于时"(《望溪先生文集》卷十三《刁赠君墓表》),"立程、朱为鹄的,同心于破之,浮夸之士皆醉心焉"(同上卷六《再与刘拙修书》)等等,正是反映了这种情形。当时,清初诸大儒如孙奇逢、陈确、陆世仪、顾炎武、傅山、王夫之、黄宗羲、费密、李颙已相继谢世。颜元此时也已作古,而李塨已成为学术界所瞩目的人物。万斯同负天下重名,时人誉为泰斗。他却说:"李先生继周孔正学,非我所及。"朝廷欲给皇子聘师,张廷玉、徐元梦二相国都推荐李塨。由于方苞阻征,力陈李塨老病而罢。

颜、李提倡"事物之教","六艺之学",以复兴古代文化的形式,热切地呼唤一个崇尚艺能,讲求功用的时代,但这个时代却姗姗来迟。在封建文化专制主义日益严酷的压迫下,他们的进步主张被人冷淡。

到了颜元再传弟子程廷祚的时代,清廷随着统治力量的稳固和加强,开始对思想界进行严密的控制。自康熙五十年(公元1711年)起,文字狱迭兴,开始还只是以反清谋逆论罪,到了雍正七年(公元1729年),御史谢济世以注释《大学》毁谤程、朱获罪。乾隆六年(公元1741年)上谕:将谢济世所注经书中,有明显与程、朱牴牾者,即行销毁。这是对思想界批评理学思潮的一个严重的政治打击。

程廷祚是吴敬梓的挚友,《儒林外史》中的庄征君即以他为原型。他私淑颜、李,心仪其说。但处在当时的政治压力下,他却惧怕"共诋程、朱"的罪名,不敢公开宣传颜李之学。虽然"其论学好议论程、朱",但只是就"解经之是非离合"对程、朱发议论,而不敢像颜、李那样直接从"学问根本"上否定程、朱。

即使如此,当时的正宗儒学对于程廷祚思想仍不能相容。在江淮学者中,针对程廷祚的"议论程、朱",曾展开激烈的争辩,如程晋芳对程廷祚批评程、朱深致不满,认为程、朱"不可轻议","诋宋儒如诋天";姚鼐撷拾方苞唾余,以为李塨、程廷祚等由于诋毁程、朱,"率皆身灭绝嗣"(《惜抱轩文集》卷六《再复袁简斋书》)。当时袁枚站在同情颜李学派立场上为程廷祚辩护,对程晋芳"诋宋儒如诋天"之论颇不以为然,写信给他说:"宋儒非天也,宋儒为天,将置尧、舜、周、孔于何地?……足下守宋儒太狭,诋颜、李太遽,窃以为不可"(《小仓山房文集》卷十九《与程蕺园书》)。

当时汉学已进入鼎盛时期,正如吴则虞所指出:"本来是反清、反理学的思想武器,一变而为'纾死避祸'的防空洞,再变而为'孤芳自赏'的娱乐品,三变则为'润饰鸿业'的点缀品,四变而成为束缚思想的绳索了。"①程廷祚继承了颜学的思想传统,对宋学、汉学皆予反对,曾说:"墨守宋学者非,墨守汉学者尤非"(《颜氏学记》卷九)。然而他毕竟势孤力薄,不能给当时思想界以很大影响。而在程廷祚之后的百余年间,颜李之学完全被淹没在理学、汉学所垄断的思想界。

到了同治年间,曾国藩幕府中的戴望广求颜、李遗著,撰成《颜氏学记》十卷,时为同治八年(公元1869年),上距鸦片战争近三十年,下距戊戌变法也近三十年。在这后三十年间,一些维新志士痛感国家政治腐败,受制于外夷,主张变法自强,他们需要一种沟通中西学术的理论。颜李之学适膺其选。这正如刘师培所说:"近世以来,中土士庶慑于强权,并震于泰西科学,以为颜氏施教,旁及水火工虞,略近西洋之致用,而贵兵之论,又足矫怯弱之风,乃尊崇其术,以为可见施行"(《非六子论》②)。当时推崇颜李学说的思想家有陈虬、宋恕、梁启超等。梁启超主讲湖南时务学堂,对颜李学派甚为推崇。他流亡日本期间,将颜李之学介绍给日本思想界和

---

① 《论清初汉学家学术思想》,见《安徽历史学报》1958年第2号。
② 见《中国哲学》第一辑第444页

学术界。尔后他著《中国近三百年学术史》,对颜李学派给予很高的评价:"有清一代学术……其间有人焉,举朱陆汉宋诸派所凭借者一切摧陷廓清之,对于二千年来思想界为极猛烈极诚挚的大革命运动,其所树旗帜曰'复古',而其精神纯为现代的。其人为谁?曰颜习斋及其门人李恕谷。"梁氏推崇颜李学派是因为他们思想有相通之处,即都主张在维护皇权的前提下进行社会改革,使社会朝着征实致用的方向发展。即使如此,颜李之学仍然受到顽固派朱一新、叶德辉、程仲威等人的拼命攻击。如程仲威说:"王荆公新法乱宋,千载下犹訾其学术之未至,犹或原其心术之无他。国初有颜元者,阳托《周礼》'乡三物'之说以立教,而阴祖王氏学以诋宋儒……此非特吾道之蠹,实本朝之蟊贼"(《颜学辩·叙言》)!

由于梁启超等人不遗余力地介绍和宣传,颜李之学在社会上产生了较大的反响,使得一些政治上保守、反动的人物也来撷取、利用其思想资料了。在20世纪20年代初,徐世昌以大总统的身份提倡颜李之学,倡组四存学会,成立四存中学校,编辑《四存月刊》,征求颜、李遗著,并将颜、李从祀孔庙。一时间,颜李之学风靡海内,当时即有讥其为"显学"者。清遗老刘声木对颜、李盛传,"与孔孟争烈"的情形大为不满,认为颜、李"皆直隶省人,与天津某君(徐世昌)为同省,尊颜、李即所以尊天津,阴以'人杰地灵'四字煽动天下"(《苌楚斋随笔》卷六)。这是从另一方面对徐世昌的批评。虽然徐世昌提倡颜李之学的做法并不怎么高明,但也并非如刘声木所理解的那样浅薄。

四存学会成立于一九二〇年。在这前一年,爆发了举世闻名的五四新文化运动,提出了"打倒孔家店"的口号,使旧的封建思想文化和伦理道德受到极大冲击。这时要直接提出尊孔、孟以号召天下就不那么灵了,尤其是孔、孟崇道贱艺的思想更不合乎时代的需要。这样,徐世昌便利用颜李之学在当时的影响来维系"世道人心",企图以此阻遏新思想的发展。实际上,他名为尊颜、李,实际上是尊孔、孟。四存学会代会长李见荃就说过:"徐东海先生牖民觉世,正本清源,倡立四存学会,以颜、李为标准,实以孔、孟为依归,使朝野上下群趋于德行、道艺之一途,敛之为孝子悌弟之常,扩之即纬地经天之业。"①

我们在考察颜李之学对后世影响时,既要看到其学说本身与后世被推崇的联系,更要看到二者之间的区别。五四运动前后,颜李之学对社会的影响,主要有两个方面:一是其重"致用"的精神,二是其尊孔孟的思想。徐世昌主要是利用其尊孔孟的落后成分。当时一些志士仁人和爱国知识分子强调颜李学派重"致用"的思想,试图以颜李之学转变社会惰弱习气,振兴中华,抵御列强。青年毛泽东曾受到颜李之学的影响。他在一九一七年著《体育之研究》,对于颜、李其人深表礼敬。他说:"清之初世,颜习斋、李刚主文而兼武,习斋远跋千里之外,学击剑之术于塞北,与勇士角而胜焉。故其言曰:'文武缺一岂道乎?'此数古人者,皆可师者也。"该文中提倡"习动",极斥理学习静功夫,其说与颜、李相通,似得益于颜、李。

---

① 《四存学会三周年纪念演说词》,载于《四存月刊》1923 年 18 期

第六十一章 陆世仪的理学思想

第一节 陆世仪的生平与著作

全祖望云:"予惟国初儒者曰孙夏峰、曰黄梨洲、曰李二曲最有名,而桴亭先生少知者。及读其书而叹其学之邃也"(《鲒埼亭集》卷二十八《陆桴亭先生传》)。这位在清初名声并不显赫,但被全祖望视为学问深邃的"桴亭先生",就是陆世仪。

陆世仪(公元1611—1672年)字道威,号刚斋,晚号桴亭,江苏太仓人。明末诸生。万历三十九年(公元1611年),他出生于一个塾师的家庭。幼年因为家贫,曾寄养于他姓。天启七年(公元1627年),他与同里陈瑚、盛敬等人结为文会,互相砥砺。崇祯元年(公元1628年),从赵自新学习经学。崇祯五年,入郡学。翌年,他有感于明代末年的动荡局面,考虑到自己以后"一旦出而用世,则兵革之事所不能也"(《桴亭先生文集》卷六《石敬岩传》),乃与陈瑚一同师事石敬岩,学习武艺。"凡横槊舞剑、弯弓弄刀,战斗之具两人无不习"(《陆子遗书》附录陈瑚《尊道先生陆君行状》)。崇祯九年(公元1636年),与江士韶"相约为体用之学"(同上陆允正《府君行实》)。第二年,记《考德课业录》,"创立考德、课业二格,每日所为之事与所读之书,夜必实书于录,互相考核"(《论学酬答》卷四《答玉峰张邑翼马殿闻陈天侯书》)。同时又与陈瑚、江士韶、盛敬一同研讨学问。崇祯十四年(公元1641年),"大饥",

乃"约同志数人为同善会,日聚银、米散饥民"(陆允正《府君行实》)。崇祯十七年(公元1644年)清军进入北京以后的一段期间里,他曾上书南明政府,"又尝参人军事"(全祖望《鲒埼亭集》卷二十八《陆桴亭先生传》)。后"凿池,宽可十亩,筑亭其中,不通宾客"(同上),过着隐居的生活(故又号桴亭)。顺治十七年(公元1660年)以后,讲学于锡山东林书院与毗陵等处。康熙十一年卒,终年六十二岁。卒后,门人私谥尊道先生,又私谥文潜先生。

陆世仪的著作主要有:

(一)《思辨录辑要》。此书共三十五卷。原系他自"丁丑"即崇祯十年(公元1637年)以后,仿照前人读书记之法,逐年随笔"自记所得之书"(《思辨录辑要》卷端江士韶《思辨录辑要发凡》),名为《思辨录》,未有伦次。后为友人江士韶等仿《近思录》体,摘其要者,分类编辑,而成此书,故名"辑要"。内有《前集》二十二卷、《后集》十三卷。《前集》分小学、大学、立志、居敬、格致、诚正、修齐、治平八类;《后集》分天道、人道、诸儒、异学、经子、史籍六类。初刊于顺治十八年(公元1661年),后有光绪三年(公元1877年)江苏书局刊本等。

(二)《陆子遗书》。此书又名《陆桴亭先生遗书》。凡二十一种。包括:《桴亭先生文集》(六卷,附《补遗》一卷)、《桴亭先生诗集》(十卷)、《论学酬答》(四卷)、《志学录》《性善图说》《虚斋格致传补注》《四书讲义辑存》《淮云问答辑存》《月道疏》《分野说》《治乡三约》《制科议》《甲申臆议》《苏松浮粮考》《娄江条议》《桑梓五防》《常平权法》《家塾礼》《支更说》《避地三策》(各一卷)、《八阵发明》(未分卷),并附有凌锡祺所编《尊道先生年谱》等。该书于光绪二十五年(公元1899年)由唐受祺辑刻于北京。

第二节 陆世仪的理气论

世界的本原是什么?关于这个问题,陆世仪的见解是:

> 试思天地未有之先,何以忽然而有天,忽然而有地?……自我看起来,《系辞上》说:"易有太极,是生两仪",便是说天地之原起。但太极是甚么东西?说个"有"字,自不知者观之,得无认作一物。否!这太极不过是理。理是无形的,无所谓极,而实太极,是为"无极而太极"。这太极何尝会动静,但天地是个阴阳,阴阳是个气,气自然有动静。然其动也,非无因而动也,必有当动之理而后动,这便是"太极动而生阳";其静也,非无因而静也,必有当静之理而后静,这便是太极"静而生阴"。其动静也,又非一动一静而遂已也,理必循环不已,这便是"静极复动",动极复静。动静之久,则分阴分阳而两仪立,两仪立则五行生,五气布而四时行,究竟五行不过一阴阳,阴阳不过一太极,太极不过一无形之理而已。这便是生天生地的根因。(《桴亭先生文集》卷一《太极图说讲义》)

这里,陆世仪认为,"太极"亦即"理",是产生天地万物的"根因"。"太极"是无形的;"太极"又是不动的,是阴阳二气的动静之理。无疑,这"太极",正如陆世仪本人所说的那样,绝不是物,而只能是一种精神实体。在他看来,整个世界就是由"太极"这个精神实体衍化出来的。朱熹曾说:"圣人谓之太极者,所以指夫天地万物之根也"(《朱文公文集》卷四十五《答杨子直》)。"所谓太极,亦曰理而已矣"(《楚辞集注》卷三)。"天地之间,只有动静两端……其动其静,则必有所以动静之理焉,是则所谓太极者也"(《朱文公文集》卷四十五《答杨子直》)。上引陆世仪对"太极"的论述,与朱熹的这些提法显然是一致的。这就说明,陆世仪的宇宙生成论正是继承了朱熹的观点。

在上引陆世仪的论述中,显然已接触到在世界本原的问题上,所谓"理"与"气"的关系问题。既然在他看来,作为"气"的阴阳,其动,"必有当动之理而后动";其静,"必有当静之理而后静"。就是说,"理"是先于"气"的。所以,他说:

> 朱子谓理先于气,是就天地未生前论。假如轻清者上浮而为天,是气也,然必有轻清上浮之理而后轻清者浮而为天;重浊者下降而为地,是气也,然必有重浊下降之理而后重浊者下降而为地。不然,何不闻重浊上浮、轻清下降乎?譬如人著新衣,忽生虮虱,此气之所成也,然必有生虮虱之理而后虮虱生,衣服外面则不生矣,无是理故无是气也,岂非理先于气乎?(《思辨录辑要·后集》卷一)

我们知道,朱熹认为,就具体事物而言,"理与气本无先后之可言"(《朱子语类》卷一),"理"在"气"中;但就世界本原而言,则"毕竟先有此理,而后有此气"(同上卷九十五),"理"先"气"后。这里,陆世仪正是按照自己的理解,对朱熹的"理"先"气"后说进行了论证。

从这种以"太极"或"理"为世界本原的观点出发,陆世仪对明代思想家罗钦顺进行了指责。罗钦顺认为"理只是气之理"(《困知记》续卷上),"气之聚便是聚之理,气之散便是散之理,惟其有聚有散,是乃所谓理也"(《困知记》卷下)。否认"理"是游离于事物之外,具有世界本原作用的精神实体。所以他批评朱熹"终身认理气为二物"(同上卷下)。陆世仪针对罗钦顺的观点进行反驳说:"整庵(罗钦顺)云:'气之聚便是聚之理,气之散便是散之理,惟其有聚有散,是乃所谓理也。'是即就聚散上观理,而不知所以为聚散者,理也。宜其于程、朱之言多所未合矣"(《思辨录辑要·后集》卷一)。"朱子理与气决是二物[①]一语,煞是下得倒断,无本领汉决说不出"(同上)。又说:"整庵只未会理先于气之旨,便有许多不合处"(同上)。

还应提到,陆世仪同朱熹一样,将"道"视为与"太极"或"理"相等同的范畴。他说:

> 道生天地,天地生人。无是道则天地且不成,天地、人于何

[①] 按朱熹云:"所谓理与气,此决是二物。"(《朱文公文集》卷四十六《答刘叔文》)

有？(《思辨录辑要·前集》卷一)

陆世仪不仅论述了"太极"即"理"或"道"为世界本原，还论述了"虚空"皆"道"。他说：

> 邵子《观物内外篇》俱是玩心高明，读之真见得虚空劈塞皆道。(《思辨录辑要·后集》卷十一)
> 道不可见，惟知道之君子能见之。诗云："鸢飞戾天，鱼跃于渊。"言其上下察也，满空中都是道在。(同上卷一)
> "鸢飞""鱼跃"是言虚空劈塞都是道理，随意指见前一物都是这个。(同上)

在他看来，天地间的一切，都体现了那所谓先天地而生的"道"的作用。他的这种观点无疑是继承了朱熹所谓"道之流行发见于天地之间，无所不在"(《朱子四书或问·中庸或问》卷二)的观点；同时也是针对张载"虚空皆气"的唯物主义命题而提出的。

由此可见，陆世仪的理气论因袭了程朱派的观点，其中没有什么新的东西。

第三节 陆世仪的"格物致知"论与"居敬"说

陆世仪继承、发挥了程、朱的"格物致知"论。

朱熹说："圣人只说格物二字，便是要人就事物上理会。且自一念之微，以至事事物物，若静若动，凡居处、饮食、言语，无不是事，无不各有个天理人欲，须是逐一验过"(《朱子语类》卷十五)。陆世仪也说："格致只是辨天理人欲。天理人欲只是是非两字。是便是天理，非便是人欲"(《思辨录辑要·前集》卷三)。可见，他同朱熹一样，都认为"格物致知"的目的，在于体认"天理"。

陆世仪有时也谈到所谓"格"草木之理的问题，如《思辨录辑要·前集》卷三载：

> 问：程子一草一木亦皆有理之说如何？曰：草木，阴阳、五行之所生。阴阳、五行不可见而草木则可见，故察其色，尝其味，究其开落死生之所由，则草木之理皆可得。《本草》所载、《月令》所记，皆圣人穷理之一端也。要之，此皆圣人心体洁净，知识通明，触处洞然，故能如此。今人为情欲声利所汩没，心体窒塞，即万物当前，往往视而不见，听而不闻，食而不知其味，何能格物？

所谓"程子一草一木亦皆有理之说"，是指程颐所云"一草一木皆有理，须是察"（《河南程氏遗书》卷第十八）。单看这句话，似乎程颐所说的"格物"，有探究草木等物的科学知识的含义，实则不然。因为程颐同时还着重申明："'致知在格物'，非由外铄我也，我固有之也。因物有迁，迷而不知，则天理灭矣，故圣人欲格之"（同上卷第二十五）。可知在他看来，"格物"是指在心中恢复所谓"我固有之"的"天理"。朱熹认为，"格"草木器用之理不是什么"学问"；只"格"草木器用，不会有成，只有体认"天理"，才是真"学问"，才是"格物致知"的意旨所在。陆世仪在上面的论述中，同程颐、朱熹的观点一脉相承，进一步提出："格"草木之理，必须先要达到像所谓"圣人"那样"心体洁净"，亦即所谓全是"天理"而无"人欲"的境地；而如果"心体"为"人欲""窒塞"，那就不可能"格"草木之理。这样，"格"草木之理，就成了只有"圣人"才能办到的一种不具有实际意义的事情；至于对一般人来说，所面临的首先是使所谓"心体洁净"亦即体认"天理"的问题。

基于这种观点，他强调说，"格物致知"绝不能从一草一木入手：

> 凡格物须从身心性命、三纲五常、日用饮食切近的格去，其余万事万物自然贯通。不可先于一草一木上理会。（《思辨录辑要·前集》卷三）

按照他的这种观点,只要从"身心性命、三纲五常、日用饮食"等方面,即所谓"人伦日用"的方面入手去"格物",从而体认了"天理",那么,其余万事万物之理,也就都可以了然了。这自然是南其辕而北其辙,实际上是用对封建伦理道德规范的体认,取代了对于客观事物的探求和认识。

在继承、发挥程、朱"格物致知"论的同时,陆世仪还继承、发挥了朱熹的"居敬"说。

我们知道,朱熹继承程颐关于"主敬"的思想,以所谓"居敬"或"持敬"为认识主体的修养功夫。对这种修养功夫,陆世仪也有不少论述。《思辨录辑要·前集》中的《居敬类》有云:

> 只提一敬字,便觉此身举止动作如在明镜中。(卷二)
>
> 人心多邪思妄想,只是忘却一敬字。敬字一到,正如太阳当头,群妖百怪迸散无迹。(同上)
>
> 持敬须是头容直。若头容一直,则四体自入规矩。(同上)
>
> 敬字是从前千圣千贤道过语,举示学者,正如看积年旧物,尘垢满面,谁肯当真理会。须要看得此字簇新,方有进步。然不是实实用工,实有一番见地,此个字又安得簇新也?(同上)

此外,他还说:

> 修身工夫,博言之,则貌、言、视、听、思五者;约言之,只是一个敬。(同上卷八)

值得注意的是,陆世仪在论述"居敬"时,特别强调"敬天"。他说:

> 能敬天,方能与天合德。(同上卷二)
>
> 敬天二字,为圣门心法。(《桴亭先生文集》卷六《书淮云问答后》)

关于"敬天",他还具体阐述说,首先,要认识"理"就是"天"。他说:"天地间无一事一物非理,即无一事一物非天"(《思辨录辑要·前集》卷二)。"'理即天也。'识得此意,敬字工夫方透"(同上)。显然,他认为,只有把"理"当作"天"来看待,从而"敬天",才能真正做到"居敬"。这样,能否"敬天"就被视为能否"居敬"的关键所在。其次,他还谈道:"人须是时时把此心对越上帝"(同上)。"能读《西铭》,方识得敬天分量;能践《西铭》,方尽得敬天分量。人能有所畏,便是敬天根脚。小人只是不畏天命。不畏天命,便无忌惮,便终身无入道之望"(同上)。可知他所说的"理即天"的"天",与所谓有意志的人格神——"上帝"是同义语;而他所谓的"敬天",则是指时刻保持一种所谓"对越上帝""畏天命"的充满畏惧,不敢纵逸的精神状态。他这种"敬天"思想,显然是沿袭朱熹所谓"敬……只是有所畏谨,不敢放纵"(《朱子语类》卷十二)及其《敬斋箴》中所谓"潜心以居,对越上帝"的提法而来。

陆世仪为什么这样强调"敬天"呢?他说:

> 读《四书》《五经》,古人无事不言天。孔子言"知我""其天","天生德于予","获罪于天"。孟子言"知天","事天","顺天者存,逆天者亡"。《春秋》言"天命","天讨"。《礼》称"天则"。至于《易》《诗》《书》三经,则言天甚多,又有不可枚举者,皆说得郑重严密,使人有震动恪恭之意。故古人之学不期敬而自敬。今人多不识"天"字,只说"敬"字,学者许多昏愦偷惰之心,如何得震醒?(《思辨录辑要·前集》卷二)

又说:

> 古人言敬,多兼天说,如"敬天之怒","敬天之威"……之类。临之以天,故人不期敬而自敬,工夫直是警策。今人不然,

天自天，敬自敬……子瞻所以欲打破敬字也。若如古人说敬天，子瞻能打破天字否？（同上）

这里可以看出，他之所以"兼天"说"敬"，强调"敬天"，目的在于使人们在"天"的照临下，循规蹈矩地进行"居敬"这种认识主体的修养，而不敢稍有懈怠。同时也是为了阻止类似苏轼（字子瞻）那样的学者对"居敬"说提出异议。

陆世仪还论述了"居敬"同"穷理"即"格物致知"的关系问题。他说：

夫穷理之学，格致是也。理在吾心而乃求之天下之物，何也？曰：此儒者之道，所谓体用合一，而孟子之所以称万物皆备于我也。一物不备，不足以践我之形；一理未穷，不足以尽性之量。……学者有志于穷理，则必事事而察之，日日而精之，时时而习之，渐造渐进，以至于极，为神为圣，莫非是也。然而又非驰骛于穷大之谓也。驰骛于穷大而莫为之主，则事至而纷纠，事去而放逸，虽有所得，旋亦放失，是故君子又有居敬之学。夫居敬之学，则诚意是也。诚意之始，由于不欺……至功夫再进，则真心发矣……至功夫又进，则谨慎至矣……至功夫更进，则戒惧生矣。无善可凭而常惺惺，无恶可绝而常业业，诚之至也，敬之至也。故《中庸》以至诚为圣人，朱子以"敬"字为圣门第一个字，盖真见千圣相传止此一法。有是法，然后有以穷天下之理，而为尽性，为至命，可以即此而造极。（《论学酬答》卷二《答王周臣天命心性志气情才问》）

陆世仪对所谓"理在吾心而乃求之天下万物"的解释，显然正是以朱熹的观点为依据的。至于所谓"事事而察之"之"事"，联系前述陆世仪的"格物致知"论可知，是指所谓"身心性命、三纲五常、日用饮食"等方面之事，即"人伦日用"之事；所谓"穷天下之理"，则是指对于所谓世界精神本体的"理"或"天理"的体认。上面这段话表明,陆世仪认为,"穷理"与"格物致知"含义相同,是要以对"人伦日用"之事的"格物"为媒介,体认所谓"吾心"固有的"天理",而不能"驰骛于穷大",即不能只知一味"求穷其至大之域"(《庄子·秋水》)。为此,就必须以"居敬"为修养功夫。而"居敬",在他看来,总的来说,即是"诚意";具体地说,则是意味着使认识主体依次通过"不欺""真心发""谨慎至"的修养阶段,而逐渐达到"戒惧生",从而进入"常惺惺""常业业"那种常怀戒惧的所谓"诚之至"的精神状态。而这种"诚之至"的精神状态,也就是"敬之至"。陆世仪认为,有了这种"居敬"的修养方法,才能"穷天下之理"即体认"天理"。可见,他是把"居敬"作为"穷理"即"格物致知"的根本来看待的。所以,他明确说:"居敬是根本,穷理是进步处"(《论学酬答》卷二《答宋子犹论时事书》)。又说:"居敬,格致之本原也"(《思辨录辑要·前集》卷二)。

陆世仪还进而指出,"居敬"与"穷理"是不能截然划分的:

> 居敬穷理四字十分分析不得,居敬时固要敬,穷理时亦要敬。(同上)

就是说,不能把"居敬穷理"理解为在从事"居敬之学"时要"敬",然后在从事"穷理之学"时,就不需要"敬"了;而应理解为,无论是从事"居敬之学"还是"穷理之学",都应以"敬"字贯串其间。依据这一观点,他还直截了当地把"居敬穷理"概括为"敬",说:"四个字是居敬穷理,一个字是敬"(同上)。

此外,还应提到,陆世仪在阐述"居敬"说的同时,反对"主静"。他明确说:"静不如敬,后儒误认,或流为禅寂之言"(《论学酬答》卷二《答王圣乘论学书》)。又说:"静字中间容易藏躲禅家面目,不如敬字劈实,始终颠扑不破"(同上)。由此可见,陆世仪的认识主体修养论具有主敬而反对主静的特征。

第四节　陆世仪晚年对程朱理学人性论的异议

程朱理学认为,性有两种:一是"义理之性",或称"天命之性""天地之性",一是"气质之性"。陆世仪早年也因袭了这种观点。他说:"仪于性学工夫不啻数转。起初未学时,只是随时师说有义理之性,有气质之性"(《思辨录辑要·后集》卷五)。后来,他的观点逐渐发生了变化,形成了与程朱理学不同的人性论。据他说,他关于人性论的新见解萌生于"丁丑",即明崇祯十年(公元1637年),形成于"己亥",即清顺治十六年(公元1659年),"然未敢与世昌言"(同上)。"至庚子讲学东林而始微发其端","丙午论性毗陵而始略书其概"(同上)。所谓"庚子讲学东林",是指他于顺治十七年在东林书院讲授《高顾两公语录大旨》;所谓"丙午论性毗陵",指他于康熙五年(公元1666年)讲学毗陵时所写的《性善图说》。按顺治十六年,他四十九岁,康熙五年,他五十五岁,可见他与程朱理学不同的人性论,形成并发表于自己的晚年。此外,还需要说明的是,他的《思辨录辑要·后集》中也有一些不同于程朱理学人性论的论述,这些论述也当系他晚年所写。

那么,陆世仪晚年的人性论与程朱理学不同的见解究竟是什么呢?集中到一点就是:反对程朱理学的人性二元论,而主张人性一元论。他说:

> 禅和方外固非,分性为二者亦非。(同上)
> 宋儒又言性有义理之性、有气质之性。性岂有二乎?曰:不然。(同上卷四)
> 许舜光问:性有义理之性、气质之性……如何?曰:只是一个性。(同上卷六)

陆世仪反对程朱理学区分"义理之性"与"气质之性",见于他下面的具体见解:

首先,陆世仪反对程朱理学所谓性即"天理",无有不善的观点。他说:

> 程子曰:"性即理也。"此"理"字不可作"善"字看,只是作常理看。若作"善"字看,则人性上便说得去,物性上便说不去。岂可谓人有性、物无性乎?性作常理看,故火之理热,水之理寒……人之理善,此"理"字方一贯无碍。(同上卷五)

我们知道,程、朱都把性视为所谓宇宙本原的"理"即"天理"的体现,因而将人性看作纯粹至善。然而,在上面的引文中,陆世仪则认为:如把"性即理"之"理"视为"天理"即"善";那么,虽然人性上说得通,物性上便说不通。他据此提出:只有把"性即理"之"理"视为"常理",即不具有宇宙本体意义的理,才能在人性与物性上都讲得通。陆世仪的这一见解,直接否定了程、朱关于人性是宇宙本体之"理"或"天理"的体现的观点。

应当指出,由于朱熹所谓"性即天理,未有不善"的"性",也即是"义理之性",所以,陆世仪对"性即天理,未有不善"的观点的否定,也正是对朱熹所谓的"义理之性"的异议。

其次,在人性问题上,陆世仪反对离气质而言性。

关于性与气质的关系,朱熹认为:"本原之性,无有不善。……只被气质有混浊,则隔了"(《朱子语类》卷四)。"人之性皆善,然而有生下来善底,有生下来恶底,此是气禀不同"(同上)。朱熹这两处话包含两层意思:其一,作为"天理"之体现的人性,是先于人的形体与气质的。所以,朱熹还曾明确说过,"未有此气,已有此性"(《朱文公文集》卷四十六《答刘叔文》)。其二,人性亦即"本原之性"或"义理之性"皆善;但在人出生以后,因为人各自所禀气质的不同,故人的"气质之性"则有善有不善。

陆世仪反对朱熹的这两种看法。

针对朱熹所谓"未有此气,已有此性"的观点,他指出:

> 周子《太极图说》曰:"惟人也得其秀而最灵。形既生矣,神发知矣。"形生质也,神发气也,有形生神发而五性具,是有气质而后有性也。不落气质,不可谓之性,一言性便属气质。(《思辨录辑要·后集》卷四)

他在《性善图说》中也说:

> 性成于形生神发之后,则必有气质而后有性。

又说:

> 论性断离不得气质。一离气质,便要离天地。盖天地亦气质也。(《思辨录辑要·后集》卷四)
> 性离不得气质。(同上)
> 气质之外无性。(同上)
> 离气质而论性必至入于禅。(同上)

可见,陆世仪认为,对于人来说,是先有气质而后才有性,性是在人出生以后才有的。这也是对朱熹所谓的那种体现"天理"的性即"义理之性"的异议。

针对朱熹所谓由于所禀气质的不同,人的"气质之性"不能尽善的观点,陆世仪在《高顾两公语录大旨》中说:

> 人性之善不必在天命上看,正要在气质上看,何以言之?性字是公共的。人有性,物亦有性,禽兽有性,草木有性。若在天命上看,未著于人,未著于物,人之性即物之性,物之性即人之性,无所分别也。无所分别而谓之至善,则人至善,物亦至善,何以见得至善必归于人?惟就气质上看,则人之性不同于物之性,

禽兽之性不同于草木之性。人得其全,物得其偏;人得其灵,物得其蠢;人得其通,物得其塞。其为至善,必断断属于人无疑。故人之性善,正如火之性热,水之性寒……全在气质上见。(《桴亭先生文集》卷一)

在上面的引文中,陆世仪实际是说,如果从所谓"天命"的角度来看,那么,人与物都应具有朱熹所说的那种专指"天理"而言的、先验的"至善"之性。而这样就会同朱熹关于只有人性善的观点相牴牾。所以,陆世仪认为,"在天命上看",不能使所谓只有人性善的观点得到说明。并认为,只有从"气质"的角度看,才能看出人性与物性的不同,从而才能得出"至善"之性为人所独具的结论。基于此点,陆世仪反复强调:"人性之善正在气质"(《性善图说》)。"性善只在气质"(《思辨录辑要·后集》卷四)。并指出:

人之气质之性亦至善也。(《桴亭先生文集》卷一《高顾两公语录大旨》)

以此表示不同意朱熹所谓"气质之性"不尽善的观点。

陆世仪还进而指出:

性者,气质之理也。(《思辨录辑要·后集》卷五)
气质中间所具之理则谓之性。(同上)

他在《性善图说》中也指出:

非于气质之外别有所谓义理,物不能得而人独能得之也。然则何以谓之义理也?曰:是即气质中之合宜而有条理者指而明之也。何者为合宜而有条理?则恻隐、羞恶、辞让、是非之四端是矣。……而非于阴阳形气之外,别有一物焉,谓之义理,而人可得之以为性也。

这是说,作为宇宙本原的"理"之体现的"性",即"义理之性",是根本不存在的。"理"就存在于"气质"之中。而存在于"气质"中的"理",就是"性"。这种"性",就是陆世仪所说的"只是一个性"的"性",也即"气质之性"。其实,陆世仪所谓的"气质之性"与朱熹所谓的"气质之性",含义有别。朱熹所谓的"气质之性",是"以理与气杂而言之"(《朱文公文集》卷五十六《答郑子上》),其所谓"理",是指作为世界本原的"理",即"天理";而陆世仪所谓的"气质之性",则是指"气质之理",其所谓"理",是指"气质中之合宜而有条理者",并非"天理"。

第三,陆世仪反对程朱理学关于孟子性善说系指"义理之性"的观点。

程朱理学为了给其区分"义理之性"与"气质之性"提供历史"根据",断言:孟子的性善说是指所谓"义理之性",而未涉及"气质"。朱熹说:"孟子说性善,但说得本原处,下面却不曾说得气质之性"(《朱子语类》卷四)。朱熹门人陈淳也说:"天所命于人以是理,本只善而无恶。故人所受以为性,亦本善而无恶。孟子道性善,是专就大本上说来……只是不曾发出气禀一段"(《北溪字义》卷上《性》)。与这种观点相对立,陆世仪则指出:

> 诸儒谓孟子道性善,只是就天命上说,未落气质。予向亦主此论。今看来亦未是。若未落气质,只可谓之命,不可谓之性。于此说善,只是命善,不是性善。且若就命上说善,则人与万物同此天命,人性善则物性亦善,何从分别?孟子所云性善,全是从天命以后说,反覆七篇中可见。(《思辨录辑要·后集》卷四)

这里,陆世仪认为,孟子的性善说不是从"命上说善","全是从天命以后说",就是说,孟子的性善说,谈的不是什么体现所谓"天所命于人以是理"的"义理之性",而是就气质上谈论性善的。这就否定了程朱理学所谓孟子的性善说系指"义理之性"的观点,从而也就否定了程朱理学区分"义理之性"与"气质之性"的历史"根据"。

从以上所述可以看出,陆世仪晚年反对程朱理学的性二元论而主张性一元论,绝不是偶然的。

不过,陆世仪晚年虽然反对程朱理学的性二元论而主张性一元论,虽然否定程朱所谓作为"天理"之体现的"性",即"义理之性"的存在,但是他所谓"人之气质之性亦至善"的观点,表明他仍然是性善说的信奉者。特别是,当他把作为人性的"气质之理"具体化时,仍不外是"恻隐、羞恶、辞让、是非",即"仁、义、礼、智"的四种所谓"善端"("四端")。这样,封建伦理道德规范就依旧被说成是为人性所固有的了。

第五节 陆世仪思想评价

总括上述,陆世仪虽然在理气论、"格物致知"论方面继承、发挥了程朱理学的某些基本观点,而且他早年在人性论方面也隶属于程朱理学派的营垒;但他在晚年却形成了与程朱理学不同的人性论。这表明,他并不恪守程朱理学的门户。

陆世仪不恪守程朱理学的门户还表现在,他对待陆王心学的代表人物——陆九渊与王守仁的态度上。

对于陆九渊,陆世仪曾批评说:"陆子静好言静,其学稍流禅学"(《论学酬答》卷二《答王圣乘论学书》)。"予读性理,思陆象山……自是好高,自是便入骄吝,便坏却一生人品学术"(《思辨录辑要·后集》卷八)。与此同时,他又说:"陆象山人物甚伟。其语录议论甚高,气象甚阔。初学者读之,可以开拓心胸"(《思辨录辑要·前集》卷一)。"陆子静直是壁立万仞,闻其风者可以廉顽立懦,尤善鼓舞聪明人,故聪明人亦喜趋之。若下梢肯教人读书,其学岂逊朱子"(《思辨录辑要·后集》卷八)?

对于王守仁,陆世仪曾批评说:"阳明有言,少与友人为朱子格物之学,指庭前竹树同格,深思至病,卒不能格,因而叹圣人决不可学,格物决不可为。予曰:此禅家参竹篦子之法,非文公格物之说也。阳明自错,乃以尤朱子,何耶"(《思辨录辑要·前集》卷三)？"阳明……'无善无恶谓之性,有善有恶谓之意(按,原文为'无善无恶是心之体,有善有恶是意之动',见《传习录下》),知善知恶是致知(按,原文为'良知'),为善去恶是格物'四语宗旨未妥"(《思辨录辑要·后集》卷九)。与此同时,他又说:"王新建于'致知'中增一'良'字,极有功于后学,盖恐人以世俗乖巧为知也"(《思辨录辑要·前集》卷三)。"程、朱之'居敬穷理'……王阳明之'致良知',皆所谓入门工夫,皆可至于道"(同上卷二)。

由此可见,陆世仪对陆九渊和王守仁及他们所代表的心学,并不像正宗的程朱派学者那样,予以全盘否定。难怪他曾对聚讼不休的所谓"朱陆异同"问题,明确表示不感兴趣:"仪尝读先儒语录,至鹅湖一会……未尝不叹息追悼,痛其开千古辨争之门也"(《论学酬答》卷二《与张受先仪部论学书》)。

陆世仪不恪守程朱理学的另一表现是,他反对为学仅局限于理学,而主张还要讲求"切于用世"之学。他说:

> 六艺古法虽不传,然今人所当学者正不止六艺,如天文、地理、河渠、兵法之类,皆切于用世,不可不讲。俗儒不知内圣外王之学,徒高谈性命,无补于世,此当世所以来迂拙之诮也。(《思辨录辑要·前集》卷一)

他认为,为学应兼顾"性命"之学(即理学)与"切于用世"的实学两个方面,这样才谈得上是"内圣外王之学";否则,如果只知"高谈性命",那就是"迂拙"的"俗儒"。显然,他所谓的"内圣外王之学",体现了以经世之学矫正一般理学家空虚学风的尝试,具有修正理学的意味。

由此出发,陆世仪曾开列了一个书目,分为"十年诵读"(用于五岁至十五岁)、"十年讲贯"(用于十五岁至二十五岁)、"十年涉猎"(用于二十五岁至三十五岁)三类。每一类除了开列有理学家的著作外,还开列了"切于用世"的书目。其中,"十年诵读"类所列"各家歌诀"下注云:"凡天文、地理、水利、算学诸家俱有歌诀,取其切于日用者暇时记诵"(同上卷四)。

"十年讲贯"类与"十年涉猎"类,都列入了典礼、律令、天文、地理、农田水利、兵法诸书。此外,他还特别强调学习数学的重要性:"数为六艺之一,似缓而实急。凡天文、律历、水利、兵法、农田之类,皆须用算。虽知算而不精,未可云用世也"(同上卷一)。足见他对于与国计民生有关的学问的重视,并说明他主张治学范围应大大超出于理学的领域。

清人唐鉴在《清学案小识》卷二《传道学案》中,曾给予陆世仪以"谨守程朱家法"的评价。上述表明,这种评价是与陆世仪的思想实际不尽符合的。

陆世仪不恪守程朱理学,是同他主张为学应"不立宗旨"相联系的。他说:"或问仪以宗旨,仪应之曰:实无宗旨"(同上卷二)。"于道学之途,尤不喜言宗旨,以为此分立门户之渐"(《桴亭先生文集》卷二《答晋陵汤公纶论学书》)。又说:"予尝有言,大儒决不立宗旨。譬之医家,其大医、国手无科不精,无方不备,无药不用"(《思辨录辑要·后集》卷九)。这显然是他能不为程朱理学所囿的思想基础,表明他反对学术思想上的门户之见。

陆世仪的思想,特别是他对程朱理学人性论的异议,在历史上有一定的影响。这种异议在程朱理学占据思想界统治地位的清代初年,很自然地被一般学者视为"殊新奇骇人"(见《存学编》卷一《上太仓陆桴亭先生书》所引"南方诸儒手书"),而同时也得到主张性一元论的颜元的赞扬。颜元认为"非气质无以为性,非气质无以见性"(《存学编》卷一《性理评》)。他在得知陆世仪《性善图说》中关于"人性之善正在气质""气质之外无性"的观点后,在致陆世仪的信中说:"先生……悟孔、孟性旨,已先得我心矣"(同上卷一《上太仓陆桴亭先生书》)!与此相反,以"卫道"而自我标榜的程朱派正宗学者陆陇其则批评说:"陆桴亭《性善图说》大旨谓人性之善正要在气质上看……此图甚不必作"(《三鱼堂剩言》卷七)。颜元同陆陇其对陆世仪以《性善图说》为代表的晚年人性论截然不同的评价,孕育着后来反理学思潮的若干思想内容。

第六十二章　陆陇其的理学思想

陆陇其(公元1630—1693年[①])原名龙其,字稼书,浙江平湖人。康熙九年(公元1670年)进士,历官江苏嘉定知县、直隶灵寿知县、四川道监察御史,著有《三鱼堂文集》《松阳讲义》《问学录》《三鱼堂剩言》《三鱼堂日记》等。

第一节　陆陇其论"理""道"与"太极"

陆陇其在宇宙论方面继承了朱熹的"理之流行"[②]说。他写道:

> 天地万物浩浩茫茫,测之不见其端,穷之莫究其量,而莫非是理之发见也,莫非是理之流行也,莫非是理之循环而不穷也。高明博厚不同,而是理无不同也;飞潜动植有异,而是理无异也。(《三鱼堂文集》卷一《太极论》)

> 此理流行天地间,真随处充满,无少欠缺,亦无滞碍。(《松阳讲义》卷二《中庸·君子之道费而隐章》)

---

① 据柯崇朴《清故文林郎四川道监察御史陆先生行状》(见《三鱼堂文集》附录)载,陆陇其系"卒于康熙壬申十二月二十七日",康熙壬申十二月二十七日,即公元1693年2月1日。姜亮夫《历代人物年里碑传综表》(中华书局1959年版)第527页,以陆陇其卒年为"一六九二"年,误。

② 朱熹云:"物物各具此理,而物物各异其用,然莫非一理之流行也"(《朱子语类》卷十八)。

在这里,他把整个世界视为一个"理"的世界。这种"理"凌驾于天地万物之上,而又通过它的所谓"流行"充满于天地之间,君临一切,主宰着天地万物。这种具有世界本原作用的"理",无疑是一种绝对的精神本体。由此可见,陆陇其的世界观是属于程朱派客观唯心主义性质的。

我们知道,对于程朱理学来说,作为世界本原的"理",与"道"是同一范畴。陆陇其也是这样看待"理"与"道"的,如他说:"道者,天理之当然"(《三鱼堂文集》卷五《答徐健庵先生书》)。"道者,日用事物当然之理。一事离道,这一事便不成事了;一物离道,这一物便不成物了"(《松阳讲义》卷二《中庸·天命之谓性章》)。把"道"视为同"理"一样,是事物的本原和主宰。这样,在他看来,"理之流行"当然也就是"道之流行"。所以,他又说:

> 天地间惟道无不在。鸢之戾于天也,鱼之跃于渊也,莫不有道焉。(《三鱼堂外集》卷十《活泼泼斋记》)
>
> 这个道……自其大无外者言之,则洋洋乎流动而充满。飞潜动植,物至多也,而斯道之流行,有以发育乎万物焉。……自其小无间者言之,则优优乎充足而有余。礼仪如冠婚丧祭之类,其目有三百,三百之中无一而非道也;威仪如升降揖逊之类,其目有三千,三千之中无一而非道也。(《松阳讲义》卷三《中庸·大哉圣人之道章》)

就是说,从自然界的"飞潜动植"到人类社会的"礼仪""威仪",事事物物都体现了绝对的精神本体"道"的作用。

在"理""气"关系上,陆陇其曾批评罗钦顺说:"整庵乃谓理气一物,不容分,而不满于朱子之说,何耶"(《问学录》卷二)?"整庵之学……其论理气处可议"(《三鱼堂文集》卷五《答徐健庵先生书》)。"整庵立说之异处,总由不知理气之分也"(同上)。我们知道,罗钦顺以物质性的"气"为世界本原,认为"理只是气之理"(《困知记》续卷上),批评朱熹"终身以理气为二物"(同上卷下),否定朱熹以"理"为世界本原的观点。陆陇其对罗钦顺的非议表明,他是沿袭朱熹的思想路径,以"理"为世界本原的。

陆陇其还着重指出,不能只知津津乐道于宇宙生成的问题,而应反求诸身。他说:

> 论太极者,不在乎明天地之太极,而在乎明人身之太极。明人身之太极则天地之太极在是矣。先儒之论太极,所以必从阴阳五行、天地生物之初言之者,惟恐人不知此理之原,故溯其始而言之,使知此理之无物不有,无时不然,虽欲顷刻离之而不可得也。学者徒见先儒之言阴阳、言五行、言天地万物,广大精微,而不从我身切实求之,则岂前贤示人之意哉?夫太极者,万理之总名也。在天则为命,在人则为性,在天则为元、亨、利、贞,在人则为仁、义、礼、智,以其有条而不紊则谓之理,以其为人所共由则谓之道……以其真实无妄则谓之诚,以其纯粹而精则谓之至善,以其至极而无以加则谓之太极,名异而实同也。学者诚有志乎太极,惟于日用之间时时存养,时时省察,不使一念之越乎理,不使一事之悖乎理,不使一言一动之逾乎理,斯太极存焉。(《三鱼堂文集》卷一《太极论》)

又说:

> 善言太极者,求之远不若求之近,求之虚而难据不若求之寔而可循。故周子《太极图说》虽从阴阳五行言之,而终之曰:"圣人定之以中正仁义而主静,立人极焉。"其示人之意亦深切矣。又恐圣人之立极,非学者可骤及也,而继之曰:"君子修之吉。"修之为言,择善固执之谓也。而朱子解之,又推本于敬,以为能敬然后能静虚动直而太极在我。呜乎,至矣!……学者慎无骛太极之名而不知近求之身也。(同上)

陆陇其认为，如果仅仅知道朱熹等"先儒"从"天地生物之初"即宇宙生成的角度，对"太极"的所谓本原作用的论述，而"不从我身切实求之"，那就没有真正了解朱熹等"先儒"的"太极"论的主旨。他基于程朱理学关于"太极"与"命""性""理""道""诚""至善"等，是同一范畴的观点，关于"仁、义、礼、智"等封建伦理道德准则，是"太极"在人身上具体体现的观点，特别强调应"明人身之太极"。而他所谓"明人身之太极"，就是要人们努力"修身"，使一言一行都不违背所谓"天理"，即完全纳入封建道德准则的轨道。事实上，朱熹的"太极"论，一方面把"太极"说成是世界的本原，另一方面又赋予"太极"以"仁、义、礼、智"等"至善"的道德属性，其实质就是为了论证封建伦理纲常的合理性，以便让人们恪守封建道德准则。在这点上，陆陇其可谓深得朱熹"太极"论的个中三昧。

陆陇其的"太极"论之所以强调"明人身之太极"，除了他认为这是朱熹等"先儒""太极"论的主旨以外，还因为在他看来，"太极"（"理"）是宇宙的本原，朱熹早已做出定论。他说：

> 自昔辨理气者多在于分合先后之间：言其合，则以分者为支离；言其分，则以合者为混淆；言有先后，则不见其合一之妙；言无先后，则又不见其本末之序。此理气之说所以纷纷不一也。然观朱子曰：理不离乎气，亦不杂乎气，则可无疑其分合矣。又曰：理气"本无先后之可言，然必欲推其所从来"，"须说先有是理"，则又可无疑其先后矣。……若夫理气之为分为合，一而二，二而一，不离不杂，则朱子之论备矣，又何庸其纷纷之论乎？（同上卷一《理气论》）

所谓"理""气"的"分合先后"问题，实际是"理"能否脱离事物而独立存在，从而成为具有世界本原作用的精神实体的问题。朱熹说："所谓理与气，此决是二物。但在物上看，则二物浑沦，不可分开，各在一处，然不害二物之各为一物也。若在理上看，则虽未有物，而已有物之理，然亦但有理而已,未尝实有是物也"(《朱文公文集》卷四十六《答刘叔文》)。这段话表明,朱熹所谓的"理"不离乎"气"和"理""气""本无先后之可言",是"在物上看"的,即是指万物生成以后而言的;而朱熹所谓的"理"不杂乎"气"和"必欲推其所从来","须说先有是理",则是"在理上看"的,即是指世界本原而言的。既然在世界本原的问题上,陆陇其认为,朱熹关于"理"不杂乎"气"和"理"先"气"后的观点,即"理"是独立于物质世界之外、之先的精神实体的观点,是毋庸置疑的绝对真理;那么,他自然认为,这个问题无须再去探讨,而应把精力集中到"明人身之太极"上来。

这里还应提到,陆陇其"明人身之太极"的观点,在其"道"论上,表现为强调"道不外人伦日用之间"。他说:

> 盖此道常昭著于日用常行之间,初无高远难行之事。若欲离人事而求之高远,便非所以为道,所谓道在迩而求诸远也。……道不外人伦日用之间。人之所以为人,全在乎此,不可须臾离。今日学者病痛不在远人,只患在于当知当行之道不肯去笃实用功,全被气禀、物欲做主,是将不得为人,岂但远人而已,切宜猛省。(《松阳讲义》卷二《中庸·道不远人章》)

我们知道,对于程朱理学来说,"道"兼具世界本原之"道"与"人伦日用"之"道"的双重含义。陆陇其强调"道不外人伦日用之间",就是要求人们于"当知当行之道""去笃实用功",让人们在日常生活中去努力体认并践履道德的准则。

第二节 陆陇其的"中庸"论

"中庸"是儒家的传统思想。程、朱对它做过一些诠释。程颐云:"中者,只是不偏……庸只是常。犹言中者是大中也,庸者是定理也"(《河南程氏遗书》卷第十五)。朱熹云:"中庸者,不偏不倚,无过不及,而平常之理,乃天

命所当然,精微之极致也"(《中庸章句》第二章注)。陆陇其也说:

> 这个中,是极平常的道理,故谓之中庸。(《松阳讲义》卷二《中庸·仲尼曰君子中庸章》)

显然,陆陇其对"中庸"的解释,是继承了程、朱的观点。陆陇其还谈到:

> 这个中和,合言之,只是一中。(同上)
> 性道中和,统言之,只是一个不偏不倚、无过不及的中。(同上卷三《中庸·天命之谓性章》)

这与朱熹所谓"中庸之中,实兼中和之义"(《中庸章句》第二章注),是一致的。

陆陇其还吸取了朱熹关于"中者,未动时恰好处"(《朱子语类》卷六十三)的观点,并予以发挥,把"中"或"中庸"解释为"恰好处"或"恰好的道理"。他说:

> 其恰好处便是中。(《松阳讲义》卷十一《孟子·伯夷非其君章》)
> 凡吾人一身之语默动静,以至处天下国家之事,皆有个当然恰好的道理。减一毫不得,增一毫不得,这叫做中。(同上卷八《论语·子贡问师与商也章》)
> 中庸是个恰好的道理,增一分不得,减一分不得的。(同上卷二《中庸·中庸其至矣乎章》)

那么,这个被称为"中"或"中庸"的"恰好处"或"恰好的道理",究竟指的是什么呢?陆陇其举例说:"如一论厚薄也,极厚之说是,则以极厚者为中;极薄之说是,则以极薄者为中;厚薄之间是,则以厚薄之间者为中。如一论大小也,极小之说是,则以极小者为中;极大之说是,则以极大者为中;小大之间是,则以小大之间者为中。他可类推"(同上卷二《中庸·舜其大知也章》)。

如何才能把握这种"恰好处"的"中"呢？陆陇其说：

> 这个中，原是人人共有的。但人人各有气禀，各有习染，又各有私意、私欲之牵制，或于中之上增了一毫，便叫做"过"，或于中之上减了一毫，便叫做"不及"，这个中便把捉不住了。（同上卷八《论语·子贡问师与商也章》）

又说：

> 中庸……是人之所固有，初非高远难行之事，但人之生不能无气禀、物欲之拘蔽，惟赖有教以裁其"过"，引其"不及"，然后能复归于中。（同上卷二《中庸·中庸其至矣乎章》）

这里，他把"中"或"中庸"说成是为"人之所固有"，实际上是将"中"或"中庸"等同于所谓"义理之性"。这并非偶然，因为他依据程朱理学的观点，把"中"视为精神性的本体。他说："太极""以其不偏不倚、无过不及则谓之中"（《三鱼堂文集》卷一《太极论》）。这样，"中"与"太极"或"理""道"以及所谓"性即理"的"性"，就成为同一范畴。基于这种观点，无怪乎他认为，人们之所以"把捉不住""中"，是由于所受"气禀""物欲"的障蔽了。显然，在他看来，在对待具体事物上，要想做到"中"或"中庸"，即把握好"恰好处"，那只要除去所谓"气禀""物欲"对人们自身的所谓"义理之性"的障蔽，就可以了。所以，对他来说，"中"或"中庸"，绝不是要人们实事求是地从客观实际出发，去把握事物本身的"恰好处"，而是要求人们去"人欲"以存所谓"天理"。陆陇其"中庸"论的唯心主义和禁欲主义实质在这里表露无遗。

第三节 陆陇其的"居敬穷理"论

陆陇其还继承、发挥了朱熹的"居敬穷理"论。他说：

> 必平日有居敬穷理之功,方能辨得天下之善恶。不然,在我者皆私意偏见,如何能察?……学者欲求知人之法,且先去做居敬穷理工夫。(《松阳讲义》卷八《论语·乡人皆好之章》)

他在阐发《论语·哀公问曰何为则民服章》时,说:

> 知人者,万世治道之纲;居敬穷理者,万世治道之本也。学者读这章书,须先将居敬穷理四字细细体认。人君非此无以治天下,儒者非此无以成德业。(同上卷五)

可见,他把"居敬穷理"不仅视为进行道德修养之本,而且视为从事政治活动之本。所以,他说:

> 惟有居敬穷理是本原工夫。(同上卷八《论语·子张问明章》)
> 圣贤居敬穷理之学,虽欲顷刻离之而可得耶?(《三鱼堂文集》卷十《困学斋记》)

那么,"居敬"之"敬",其涵义究竟是什么?陆陇其认为,这个问题是首先应当搞清楚的。他说:"今日学者要做君子,须先理会这敬字。先儒谓整齐严肃是敬之入手处,主一无适是敬之无间断处,惺惺不昧是敬之现成处,提撕唤醒是敬之接续处,大约不出此数端"(《松阳讲义》卷九《论语·子路问君子章》)。而在这"数端"中,陆陇其对"主一无适"特别予以重视。他说:

> 从古讲敬字,莫如程子"主一无适"四字说得切当;而"主一无适"四字之解,又莫如薛文清公瑄说得明白。文清论敬曰:行第一步,心在第一步上;行第二步,心在第二步上。三步、四步无不如此,所谓敬也。如行第一步而心在二、三步之外,行第二步

而心在四、五步之外，即非敬也。至若写字处事，无不皆然。合程子、文清之言观之，敬字之义了然矣。诚能于此实下工夫，由浅而深，学术、政事皆可一以贯之。（同上卷四《论语·子曰道千乘之国章》）

所谓"程子'主一无适'四字"，是指程颐所说："所谓敬者，主一之谓敬；所谓一者，无适之谓一"（《河南程氏遗书》卷第十五）。这个解释，后来也为张栻、朱熹所承袭。张栻作了《主一箴》，朱熹作了《敬斋箴》，发挥了程颐"主一无适"的思想。由此可知，关于"敬"的涵义，陆陇其是以程颐、朱熹及薛瑄的解释为准的。同时，从这里也可以看出，他把"敬"主要理解为使精神达到高度集中、毫不旁骛状态的一种涵养工夫，即程颐所谓的那种"收敛身心"（同上卷十二）的功夫。陆陇其还说："敬则主于存天理"（《三鱼堂文集》卷四《读象山对朱济道语》）。可见，他认为"敬"这种涵养功夫的目的在于体认天理。

关于"居敬"与"穷理"的关系，陆陇其认为，二者是不可偏重于任何一边的。他说：

穷理、居敬必无偏废之理。（《问学录》卷二）
穷理而不居敬，则玩物丧志而失于支离；居敬而不穷理，则将扫见闻，空善恶，其不堕于佛、老以至于师心自用而为猖狂恣睢者鲜矣！（引自柯崇朴《清故文林郎四川道监察御史陆先生行状》）

在《答秦定叟书》中，他还说：

窥先生之意，却似以居敬为重，而看穷理一边稍轻，虽不若阳明之徒尽废穷理，而不免抑此伸彼。……夫居敬穷理如太极之有两仪，不可偏有轻重，故曰：涵养莫如敬，进学则在致知。未有致知而可不居敬者，亦未有居敬而可不致知者。故朱子平日虽说敬不离口,而于《大学补传》则又谆谆教人穷理,又于《或问》中反复推明,真无丝毫病痛。朱子所以有功万世者在此,所以异于姚江者在此。(《三鱼堂文集》卷五)

这里,陆陇其所谓的"阳明之徒尽废穷理",是指王学反对朱熹的"即物穷理"说,而提出"致良知"说。我们知道,朱熹的"即物穷理"说,是"要人就事物上理会"所谓"天理"(《朱子语类》卷十五);而王守仁的"致良知"说,则把认识径直说成对于"良知",即所谓人心固有的"天理"的自我认识。陆陇其的这段话表明,他之所以指出"居敬"与"穷理"不可偏废,正是针对王学反对"即物穷理"说而发的。

应当看到,尽管陆陇其一再说过"居敬"与"穷理"不可偏废,但他对"居敬"还是十分强调的。他说:"敬为万事之主宰"(《松阳讲义》卷六《论语·子曰雍也可使南面章》)。又说:"参天地,赞化育,皆是这敬做成的;天地位,万物育,皆是这敬做成的"(同上卷九《论语·子路问君子章》)。"敬字若浅看,只是一身上工夫。就一身上看,亦只是一件工夫。若深看,则这敬字只怕充积未盛耳,充积到盛时,则敬字外别无学问,亦别无经济,内圣外王之事无不在其中矣"(同上)。在陆陇其眼中,"敬"这种认识主体的修养功夫,是天下独一无二的学问,并且具有所谓"天地位,万物育"即主宰世界的神秘作用。王守仁曾说:"位天地,育万物,未有出于吾心之外也"(《王文成公全书》卷七《紫阳书院集序》)。陆陇其的观点与之可谓异曲同工。从这里可以看出,像陆陇其这样以"理"为世界本原的客观唯心主义者,同王守仁以"心"为世界本原的主观唯心主义者之间,并不存在一条截然不可逾越的鸿沟。

第四节 陆陇其的尊朱黜王论

陆陇其还极力主张尊崇朱熹之学和摈黜王守仁之学。他说:"今日起敝扶衰,惟在力尊紫阳"(《三鱼堂文集》卷五《答秦定叟书·又》)。"愚尝谓今之论学者无他,亦宗朱子而已"(《三鱼堂外集》卷四《策·经学》)。"必尊朱子而黜阳明,然后是非明而学术一……阳明之学不熄,则朱子之学不尊"(《三鱼堂文集》卷五《上汤潜庵先生书》)。他还向清朝统治者提出:

> 汉之世当尊孔子,而今之世当尊朱子……尊朱子而非朱子之说者皆绝其道,勿使并进。《四书》《五经》之注,固学者所当奉以为式,不敢稍叛矣;而凡《太极图》《通书》《东、西铭》《皇极经世》诸书为朱子所表章者,皆列于学官,俾学者肄而习之;而又选敦厚有道术者为之师表,使之不惟诵其言,且法其行。如是则天下晓然知宋儒之学为天下之正学……而向之嘉、隆以来之学……有君国子民莅官临政之志者,当摈而绝之,不可稍有入焉者也。(《三鱼堂外集》卷四《策·道统》)

所谓"嘉、隆以来之学",指的也是王学流派。由此可知,陆陇其力图使人们像尊奉孔子那样尊奉朱熹,主张使朱学成为统治思想,而反对王学在思想领域占据任何地盘。

陆陇其尊朱黜王的论据之一是:朱学即孔学,尊奉朱熹也就是尊奉孔子。他说:"非周、程、张、邵则洙泗之学不明;非朱子则周、程、张、邵之学不明……朱子者,周、程、张、邵所自发明,而孔子之道所自传也。尊朱子即所以尊周、程、张、邵,即所以尊孔子"(同上)。又说:"自秦、汉而后,诸儒辈出。集诸儒之大成者,朱子也。朱子之学即孔子之学"(同上卷四《策·经学》)。正是因为他把朱熹视为秦、汉以后孔学的最好继承人,所以,他说:"夫朱子之学,孔、孟之门户也。学孔、孟而不由朱子,是入室而不由户也"(《三鱼堂文集》卷五《答嘉善李子乔书》)。

我们知道,自明代中叶王学崛起以后,无论是王守仁本人还是王门后学,都把王学说成是孔学的真传。如王守仁自称:"区区所论致知二字,乃是孔门正法眼藏……异此而学,即谓之异端;离此而说,即谓之邪说;迷此而往,即谓之冥行"(《王文成公全书》卷五《与杨仕鸣书》)。其弟子王畿也说他:"缵承绝学,接孔、孟之传"(王畿《刻阳明先生年谱序》,引自《王文成公全书》卷三十六)。

另一位王门弟子徐爱也称誉王守仁说："先生之学为孔门嫡传,舍是皆傍蹊小径、断港绝河矣"(引自《王文成公全书》卷一)。显而易见,陆陇其的观点与之正是相对立的,其实质在于代表朱学的势力同王学争夺孔门正宗的地位。

陆陇其尊朱黜王的论据之二是:王学名儒实禅。他说:"阳明以禅之实而托于儒,其流害固不可胜言矣!……知禅则知阳明矣"(《三鱼堂文集》卷二《学术辨》中)。"阳明王氏倡为良知之说,以禅之实而托儒之名"(同上卷二《学术辨》上)。"阳明提致良知,驱人入禅"(同上卷二《白鹿洞规说》)。

这里首先应当指出,不论朱学还是王学,都是儒学而非佛学,陆陇其说王学名儒实禅,有些过分。其次也应看到,王守仁确曾深受佛学禅宗的影响。例如,他所谓的"心即理也"(《王文成公全书》卷一《传习录》上),"无心外之理"(同上),就显然是禅宗所谓"心是理,则是心外无理"(大照《大乘开心显性顿悟真宗论》)的翻版。他所谓的"良知是造化的精灵,这些精灵,生天生地"(《王文成公全书》卷三《传习录》下),也导源于禅宗所谓的"心者,万法之根也。一切诸法,唯心所生"(神秀《观心论》)。然而,问题在于,朱熹也同样深受佛学的影响。例如,朱熹所谓的"物物各有理,总而只是一理"(《朱子语类》卷十四),就明显地因袭了华严宗所谓的"一一事中,理皆全遍,非是分遍。何以故?以彼真理不可分故"(《大正藏》卷四十五《华严发菩提心章》)。以及佛氏所谓的"一月普现一切月,一切水月一月摄"(玄觉《永嘉证道歌》)。朱熹所谓的"只收敛身心,整齐纯一,不惹地放纵,便是敬"(《朱子语类》卷十二),也吸取了华严宗所谓的"一心者,心无异念故。……观最胜者,住念向佛故"(法藏《华严经探玄记》卷三)。所以,难怪颜元曾指出:"朱子盖已参杂于佛氏,不止陆、王也"(《习斋记余》卷六)。由此可见,就与佛学的关系而论,朱学与王学是各有所受的。

陆陇其尊朱黜王的论据之三是:是否奉行程朱理学,能决定封建王朝的"治""乱"。他说:"有宋之兴,程、朱大儒继出而正学始明。……其道虽未尽行于宋,而明兴尊而奉之,以为规矩准绳。洪、永、成、弘之间,上非此不以为教,下非此不以为学,天下之言有不出于程、朱者,如怪物焉,不待禁令而众共弃之,学术正而耳目一,是故朝多纯德之彦,野皆方正之儒,治化之隆,几比三代,有由然也"(《三鱼堂文集》卷八《周永瞻先生四书断序》)。"明之中叶,自阳明王氏倡为良知之说……龙溪、心斋、近溪、海门之徒从而衍之,王氏之学遍天下,几以为圣人复起,而古先圣贤下学上达之遗法灭裂无余。学术坏而风俗随之。其弊也至于荡轶礼法,蔑视伦常,天下之人恣睢横肆,不复自安于规矩绳墨之内而百病交作。……至于启、祯之际,风俗愈坏,礼义扫地,以至于不可收拾。其所从来非一日矣!故愚以为明之天下不亡于寇盗,不亡于朋党,而亡于学术。学术之坏所以酿成寇盗、朋党之祸也"(同上卷二《学术辨》上)!他由此得出结论说:"明之所以盛者,程朱之学行也;其所以衰者,程朱之学废也"(同上卷八《周永瞻先生四书断序》)。

这里,陆陇其认为,程朱理学是明王朝的致"治"之本;王学则是明王朝的致"乱"之源。这是一种唯心主义的历史观,因为他将社会变动的终极原因归结为精神的力量。事实上,就在陆陇其极力讴歌的"洪(武)、永(乐)、成(化)、弘(治)之间"(公元1368—1505年),便曾爆发过山东蒲台的唐赛儿起义(公元1420年)、江西上饶的叶宗留起义(公元1445年)、福建沙县的邓茂七起义(公元1448年)、郧阳地区的刘通、石龙起义(公元1465年)及刘通旧部李原等的起义(公元1470年)等。可见,即便程朱理学占据思想界的统治地位,也终究不能保证封建社会的长治久安。至于明代中叶以后,王学取代程朱理学而流行,那也绝不是一种历史的偶然,而是反映了地主阶级在连绵不断的农民起义的打击下,已感到程朱理学的无能为力,因而试图用另一种思想武器来挽救其封建统治。不过,王学与程朱理学一样,毕竟也不能稳定封建统治。这就说明,明王朝"治""乱"的根本原因,绝不是是否奉行程朱理学;明王朝的衰亡,归根到底,是地主阶级对于农民阶级日益加重的剥削和压迫,迫使广大农民群众奋起反抗而造成的。

陆陇其为了尊朱黜王,强烈反对"调停"朱学与王学之争。他说:"至论正、嘉风俗之坏,非姚江之过,学姚江者之过,此今日调停朱、王者大抵如此立论,然仆则以为有不可调停者。风俗之坏,实始姚江,非尽其徒之咎也。若徒归狱龙溪辈而谓与姚江无干,则非惟不足以服龙溪,且将使天下学者不见姚江之失,复从而学之,其害可胜道耶"(同上卷五《答同年臧介子书》)？孙奇逢在《理学宗传》中,将陆九渊、王守仁与程、朱并列为道统的传人,陆陇其对之更是十分不满,批评说:"容城孙奇逢(字钟元)《理学宗传》一书,混朱、陆、阳明而一之"(《三鱼堂剩言》卷七),"天下学者多被他教得不清楚"(同上卷八)。陆陇其在致友人的一封信中还写道:"愿高明奋其卫道之力,必使考亭、姚江如黑白之不同,勿有所调停其间,则大指可得而世道其庶几矣"(《三鱼堂文集》卷五《答秦定叟书·又》)。其实,朱学与王学之争,同自宋代以来的朱、陆之争一样,属于客观唯心主义与主观唯心主义之间的争吵罢了,他们之间无所谓"黑白之不同",并不存在什么本质的区别。

陆陇其生活的年代,正值清王朝的初年。清王朝为了巩固其封建统治秩序,力图用程朱理学加强思想钳制。清廷于顺治二年(公元1645年)所颁《科场条例》,即沿袭明制,规定科举考试的内容采用程朱理学对儒家经典的诠释作为依据。康熙更是"夙好程、朱,深谈性理"(昭梿《啸亭杂录》卷一)。对此,陆陇其曾予以赞扬说:"今天子敦崇正学,程、朱之说复行于世"(《三鱼堂文集》卷八《周永瞻先生四书断序》)。而他正是在这种历史条件下,适应清朝统治者的政治需要,极力主张尊朱黜王的。因此,他自然会得到清朝统治者的青睐。康熙三十三年(公元1694年),即他去世后的第二年,便被以"千秋理学正宗"(同上附录《崇祀名宦录》)的名义,入祀嘉定县(今嘉定区)名宦祠。雍正二年(公元1724年),他又在清代儒者中,第一个被降谕准予从祀孔庙(据雍正二年三月谕,见吴光酉《陆清献公年谱》卷端)。乾隆还曾亲自为他撰写碑文,说他:"研精圣学,作洙泗之干城;辞辟异端,守程、朱之嫡派。……蔚为一代之醇儒"(乾隆三年《御制碑文》,见《陆清献公年谱》卷端)。这些都充分说明,他的尊朱黜王论是何等为清朝统治者所赏识!

与此同时,后来的朱学派理学家也对他倍加称道。如道光间,唐鉴在所著《清学案小识》中,便奉陆陇其为清代"道统"的传人,强调说:"有先生(按指陆陇其)之辨之力,而后知阳明之学断不能傅会于程、朱……有宋之朱子,即有今之陆先生也。与先生同时诸儒以及后之继起者,间多不及先生之纯"(《清学案小识·自序》)。唐鉴对陆陇其的推崇足以说明,陆陇其的尊朱黜王论对清代程朱派理学家发生过重要影响。

第六十三章　李光地的理学思想

李光地是清初有影响的政治家和思想家,从政近五十年,著述有三十余种、数百万言。对其在理学衰颓时期的地位,以及主要学术观点,应给以必要的分析和评价。

第一节　李光地的生平和著作

李光地(公元1642—1718年)字晋卿,号厚庵,因曾于家乡筑榕村书舍,故又号榕村,谥文贞。福建安溪县人。从他记事时起,家道即已破落,"既窭且贫,崎岖多难,或衣被不完,或麓粝不饱,或遁荒遁野,风雪飘摇"(《榕村全集》卷十一《母太夫人七十征言引》,以下简称《全集》)。这样的环境并没有成为他上进的障碍。从其孙李清植等人所纂集的《文贞公年谱》中分析,李光地具有深厚的家学修养和敏锐的政治嗅觉。其父兆庆,无有功名,以教授生徒为业。虽"贫无宅舍",但"独喜蓄濂、洛、关、闽之书",即使"橐无赢资而购辑不择价"。由于家教的影响,李光地从十八岁起,究心性理之学,对理学诸编,夜录昼诵,务求"穷极深微",并"敛衣冠,谨坐起,非程、朱不敢言",乡人讥之为"假道学"。此后数年,以其在理学上的根底,分别于康熙五年(公元1666年)中举人、九年(公元1670年)中进士,从此进入仕宦之路。

李光地同清初一些汉族知识分子的政治态度不同,他效忠清廷。康熙十二年（公元1673年），他任编修、会试同考官，以省亲假归。次年，"三藩之乱"起，为避乱，遁匿荒谷。耿精忠欲召为僚属，郑经亦遣使劝顺，他均以死固拒。康熙十四年（公元1675年），他遣仆密陈"蜡丸疏"，献破耿、郑之计，提出"以急攻为主""出奇以捣其虚""迅雷不及掩耳"、内外呼应的用兵方略，以及乡兵在前、步兵尾随、骑兵殿后的布阵举措（详见《全集》卷二十六《疏一》），深得康熙嘉许。据称，康熙"得丸动容，手削出疏，嘉叹久之。以疏遍示群下曰：'此真忠臣也'。所上机宜辄下群帅予施行。"由于李光地在平定"三藩之乱"时立下殊功，十六年（公元1677年），被特授侍读学士。

康熙十七年（公元1678年），李光地居家守父丧。适逢郑经部刘国轩和白头军农民起事，乃为清兵指引道路，平险隘、治浮桥，率民兵备办军需。事平后，清将喇哈达为之请功。康熙称赞他"实心为国"。十八年（公元1679年），从优授予内阁学士。从此便与康熙结下了一种特殊关系，他的官职也就不断地升迁。

康熙二十五年（公元1686年），升任翰林院掌院学士、经筵讲官、方略馆副总裁等职。其时康熙于台湾之弃守久而未决，乃建议委官戍守，为康熙采纳，促成了国土的统一。

康熙二十八年（公元1689年），扈从南巡。同年，升任通政使、兵部侍郎。始见数学家梅文鼎，得其所著《方程论》，付梓闽中，板藏榕村书舍。

康熙三十一年（公元1692年），荐陆陇其入为御史。

康熙三十五年（公元1696年），以兵部侍郎衔督学京畿。

康熙三十七年（公元1698年），升任直隶巡抚。

康熙三十八年（公元1699年），镇压赞皇县纸糊套农民起义。

康熙四十二年（公元1703年），升任吏部尚书，兼直隶巡抚。

康熙四十四年（公元1705年），升任文渊阁大学士，入阁为辅。任此职直至逝世，达十三年之久。

综观李光地一生，他以对清廷的一片"忠心"和"实心"，赢得了康熙的信任。他熟知康熙"表章经学，尊重儒先"，"一以孔孟程朱之道训迪磨厉"的思想文化政策,竭力迎合康熙推行理学的需要。从康熙十一年(公元1672年)起,陆续进呈理学和儒家经典,每逢"万寿节"(指康熙的生日),群臣多进古玩,他独献旧版名编备览,并借为康熙讲经之机,一再宣传儒者之学与帝王之学的一致性,道统与治统的一致性。他说:"盖古今之言学者,莫不曰帝王之学与儒生异。臣以为不然。夫溺于技艺,滞于章句,以华藻自娱,以涉猎相高,岂独帝王者,虽儒生非所尚也。若夫穷性命之源,研精微之归,究六经之旨,周当世之务,则岂独儒者之所用心,帝王之学何以加此"(同上卷十《序一·进读书笔录及论说序记杂文序》)。又说:"臣又观道统之与治统古者出于一,后世出于二","皇上又五百年应王者之期,躬圣贤之学,天其殆将复启尧、舜之运,而道与治之统复合乎"(同上)! 表示要以"周当世之务"为治学宗旨,尽力使理学的道统服务于封建的治统。一次,康熙问及"鼎覆餗"(见《易·鼎》)之义。他说:"《易》例以九四应初六者多凶,为居大位而昵匪人也。以九四承六五者亦多凶,为位近君而任刚德也。鼎四既犯二例,又卦中三阳者鼎腹至四则腹满矣。物不可满,满则必覆。禄位固尔,功名亦然,即学问有自满之心,德必退矣"(《文贞公年谱》)。按上述爻辞,据《易·系辞下》:"子曰:德薄而位尊,知小而谋大,力小而任重,鲜不及矣。《易》曰:鼎折足,覆公餗,其形渥,凶。言不胜其任也。"孔颖达疏云:"施之于人,知小而谋大,力薄而任重,如此必受其至辱,灾及其身也。"原意是,鼎之足折断,公之餗(菜肴)倾覆,其餗之形渥然而沾濡,此因不胜任以致偾事之象也。李光地为告诫清初的统治者,却反其义释之为"满则必覆"。对这种具有倾向性的附会之辞,康熙颇为赞叹,为之"悚然,嘉许者久之"。这说明李光地在发挥理学的社会作用方面确系康熙的一位不可多得的人才。因此,康熙对他恩宠备至。出巡时,令其扈从左右;决疑时,诏其内殿策问,甚至还亲赴其寓所听其解经。李光地晚年疝病,耳疾甚重,多次请归,康熙执意挽留。五十四年(公元1715年),特准假二年,行前,赐"谟明弼谐"匾,赐饯别诗:"协恭唯得老成儒,味道经书揖庙谟,辞阙忧君千里外,引年捧日万方敷。"并表示政事有决疑者,"当密以传闻"。五十五年(公元1716年),又传谕令其提前到职,信中有"去年除夕到家,家事皆旧日事,八九个月可完。事完后,着于十月或十一月起身赴京,三月间可到……北方住久,北方高燥,南方暑气热难受,着善为保养。再荔枝性极热,亦着少吃"云云。李光地感激涕零,表示:"君父垂念臣子如此,为臣者苟一息之仅存,何忍不重茧扶持",终以辛劳过度,病逝任所。康熙惋惜之至,并说:"李光地谨慎清勤,始终一节,学问渊博。朕知之最真,知朕亦无过光地者"(《清史稿》本传)。雍正曾誉为"昌时柱石",追赠太子太傅。

李光地的著作宏丰,遍及四书、五经的许多方面。主要有:

《榕村全集》四十卷。清李祖陶曾撰文简介其内容:首卷为《观澜录》,皆论学、论经、论性、论诸儒、论治之作,宛然《朱子全书》规模。次为经书笔记、读书笔录。笔录曾经御览,其辨甚析,后数条阐发泰交谦收之旨,用意尤深。次为《春秋大义》《春秋随笔》,尚不脱胡氏(按:指胡安国)习气。次为《尚书句读》。次为《周官笔记》。次为《初夏录》,分为"诚明""大学""中庸""仁智""孟子""通书""太极""人物""人心""天地""性命""喜怒"等篇。次为《尊朱要旨》,析为"理气""心性""气质""智仁勇""知行""立志""主敬"等条,类皆阐奥抉疑,发前人之所未发。次为《象数拾遗》,予不能尽通其说。次为《景行摘记》,则生平所向往而诵习者也。第十四卷以下,始为序、记、论、说、解、辨、杂著、讲义、颂、疏、札子、书、传、墓志、祭、赞、箴、铭等文(《国朝文录·榕村全集文录引》)。这是研究李光地理学思想的主要资料。

《榕村语录》三十卷。

《四书解义》八卷,计《读论语札记》二卷、《孟子札记》二卷、《大学古本说》《中庸章段》《中庸余论》《中庸四记》各一卷。

《周易通论》四卷。

《周易观彖大旨》二卷。

《周易观彖》十二卷。

此外,尚著有《诗所》《春秋毁余》《古乐经传》《尚书解义》《榕村续集》《别集》《制义》等。解《太极图说》《通书》《西铭》等。注《参同契》《阴符经》《握奇经》《离骚》《九歌》等。

以上著作,后人均辑入《榕村全书》。

第二节 李光地的理学派别

一、李光地对朱学的继承及其他

李光地是一位学宗程、朱的理学家,但他对程朱之学并未全盘继承。对此,李祖陶在《国朝文录》中也曾有所评述:"文贞之学本之朱子而能心知其意,极推透以畅其旨,不阿附以盖其失"(同上)。又说:"当时有三大儒,平湖(指陆陇其,浙江平湖人)专宗朱子,不容一语出入;安溪(指李光地)宗朱子而能别白其是非;睢州(指汤斌,河南睢县人)宗朱子而亦兼取阳明,其疑《大学补传》与安溪同,而不诋毁先儒与平湖异"(同上《榕村一·朱陆析疑评》)。这里称李光地对朱学"不阿附以盖其失","能别白其是非",是符合实际的。李光地自己就曾多次声称:"程、朱大段与孔、孟若合符节,所谓先圣后圣其揆一也。若微字碎义,安能处处都不差。伊川何以亦有不依明道处,朱子何以亦有不依二程处。盖主于发明道理,不为人也,即朱子于《四书注》垂绝犹改,可见他亦不以自己所见为一定不移,何况于人"(《榕村语录》卷十七《孝经》,以下简称《语录》)。"程子传圣学功甚大,但往往以绝对为言。却起后来菲薄前贤,自我作古一辈人流弊"(同上卷二十四《学二》)。"许鲁斋云,学问到有朱子,已经都说明,只力行就是了。此语似是而非……如所谓阙疑阙殆,择善而从,不是见古人不论是非,一概深信不疑也"(同上)。在李光地看来,宗信不等于盲从,判断学术是非要"主于发明道理",不能仅以某人为转移。李祖陶发现并肯定李光地的上述见解,具有一定的学术价值,但他没有进一步阐明李光地何以宗信程、朱,又在何处与之发生分歧。

李光地宗信程、朱,主要是因为程、朱能"明性",在人性问题上继承了儒家的统绪。他说:"孔子而后,孟子独出诸儒者以明性也;程、朱得继孔、孟之统者,亦以明性也"(《全集》卷十六《说一·性说二》)。前一句是转引二程的话,后一句是他自己的发挥。又说:"知性者儒,孟子之后,董、韩其几矣。周、程、张、朱所为继绝学者以此"(同上卷一《观澜录·学》)。他认为程、朱在人性问题上的贡献是:"性字自孔、孟后,唯董江都明于天性、知人贵于物数句说得好。自后汩于佛、老,都是以气质为性,以心之灵明为性。至韩文公既以仁、义、礼、智为性,却又疑孟子性善之说,难道有不好的仁、义、礼、智、信?直到程、朱出来把性字说一个透"(《语录》卷二十五《性命》)。按李光地的说法,程、朱以仁、义、礼、智为"性",明确了"性善"的内涵,为"性善论"找到封建伦常上的根据,并解决了韩愈"性三品说"中的矛盾,这就把人性问题说"透"了。因为"见得性善,则人我一也,便能感化人成就人"(同上卷二十《诸子》),"所以性善之说明,便见得天下之人皆有性善,老吾老以及人之老,幼吾幼以及人之幼,养之教之,欢欣和厚"(同上卷二十五《性命》)。这样,李光地认为,封建伦常就显得十分和洽美好了。

李光地还推崇《太极图说》《西铭》《定性书》(《河南程氏粹言·心性篇》的一部分)及《好学论》(全称《颜子所好何学论》)等所谓《理学四书》。他说,《太极图说》《西铭》《定性书》《好学论》四篇,"相连看去……圣学备矣"(同上卷十八《宋六子》一)。为何要"相连看去"?他认为,这四部书提出了互相补充、首尾完备的有关人性问题的一系列理论。他说:

> 象数可图,理不可图也,而周子以圆图图之。……唯圆则满,充实无欠。及至阴阳之中小圈,五行之中下圈,皆接上大圈,如水中之月,即天上月,本无有二。此下又将气化、形化作二圆圈与太极等,直是大手段。人告以身从父母生,即性亦从父母赋,须当守身尽性以为孝,人都信得。及若告以天地为吾大父母,必笑为迂远矣。唯使他由父母而推之于父母之父母,累进而直上溯至厥初生民,非天地之气化而何?《西铭》即是此二圈图说,故曰乾称父,坤称母。不谓之祖妣者,祖妣年远为鬼。鬼者,归也,归则不及抚摩恩勤矣。乾坤即是我大年难老之大父母。

……至周子虽言君子修之，未尝言如何修也。……《西铭》自知化穷神，直说到厚生玉成，所谓穷理尽性以至于命，工夫皆备，又定之以中正仁义而主静。何以定，何以静，亦未言明，却得明道《定性书》阐之。所谓定者，动亦定，静亦定。然廓然大公者，仁之所以为体；物来顺应者，义之所以为用。体在于大公，即所谓主静也。但工夫节次尚未详密，又得伊川《好学论》补之，其曰真而静，静即主静之静，真即无极之真，实本《太极图说》以立言。至下明诸心，知所养，然后力行以求至。指出力行二字，而途辙具矣。四书合而首尾完备。(同上)

这是他对《理学四书》基本思想的概括。他把《太极图说》分为两部分解说，中间的阴阳、五行这一部分是"太极"化生万物的中介，虽不可缺少，但系"过脉"(同上)，不占重要地位。他认为最上一圈"太极"与最下二圈"人物化生"这一部分"最妙"(同上)，即揭示了人性与天地之性的一致性，说明人乃"天地之气化"而成，人性乃"天地之性"所赋，故与"太极等"，"直是大手段"，即是《太极图说》的旨趣所在。《西铭》以"乾称父，坤称母"发挥《太极图说》最下二圈之理，使人从"累进而直上"中懂得"乾坤却是我大年难老之大父母"，从而"读书明理"以尽性。从"厚生玉成"尽己之性，到尽人物之性，推己而及人。《定性书》用"主静"作为尽性的主要途径。《好学论》又以"力行"去实现尽性的目标。经过李光地的解释，从《太极图说》的"见人与天地之性一"(同上)，到《西铭》的"尽性"，《定性书》的"主静"，以至《好学论》的"力行"，就构成一组人性论的理论。

李光地在何处与程、朱发生分歧？在《四书解义·陶成序》中曾有所说明："师李安溪学宗紫阳，独于《大学》则说古本，于《中庸》则别为章段，似与朱子迥异"(见《榕村全书》)。这是一段颇值得玩味的话，为我们的研究提供了线索。

李光地为何"于《中庸》则别为章段"，其中的原委在于他对朱熹《中庸章句》一书持有不同意见。《中庸章句序》说得明白，"《中庸》何为而作也？子思子忧道学之失其传而作也。"《中庸章句》起首引"程子曰：'不偏之谓中，不易之谓庸。中者，天下之正道，庸者，天下之定理。'"朱熹接着发挥说："此篇乃孔门传授心法"，把"十六字心传"视为天下之"正道""定理"，并以之贯通全书。对此，李光地评论说："'中庸'二字，程子以不偏不倚、正道、定理诠解，固妙。但只就道理上说，尚该补出个头来，人性便是道理的头"（《语录》卷七《中庸》一）。这是说，"性"比"理"更重要，暗示程、朱之言是无头之论。

由此形成了不同的编次。朱熹编定《中庸》为三十三章，写有一篇《书〈中庸〉后》："右《中庸》一篇，三十三章。其首章，子思推本先圣所传之意以立言，盖一篇之体要。而其下十章则引先圣之所尝言者以明之也。至十二章又子思之言。而其下八章复以先圣之言明之也。二十章以下至于卒章，则又皆子思之言，反复推说，互相发明，以尽所传之意者也。熹尝伏读其书，而妄以己意分其章句如此。"这就表明，朱熹是根据"孔门传授心法"这一天下定理来编次《中庸章句》的。

李光地则编定《中庸》为十二章，称为《中庸章段》。《四书解义·发凡》称："师（即李光地）于《中庸》一篇分十二章，首一章全起，末一章全结。中间前五章申明性、道、教之源流，后五章申明致中和之功用"（见《榕村全书》），只字未提及所谓"孔门传授心法"。李光地认定"性道乃义理之源"（《中庸章段》），故"《中庸》明白得天命之谓性"，"全部便可豁然"（《语录》卷十五《春秋》一）。可见，他是以"明性"诠释《中庸》一书的。因此，他对《中庸章句》的若干注文也做了订正。对朱熹解释"道也者，不可须臾离也，可离非道也"所说"无物不有，无时不有"的含义，提出自己的见解："无物不有，无时不然，今人都说成无物不有当然之理，如桌有桌之理，椅有椅之理。无时不有当然之则，如说话有说话之理，饮食有饮食之理，却是错了。无物不有，乃是说性之德我固有之，凡人皆然，因物亦有性，故不言人而言物耳。其曰无时不有，乃是言心之体无一刻不流行也。人人有之，时时有之，所以不可须臾离，须臾离之，则性于是断，天命于是息矣"（同上卷七《中庸》一）。这是说，"性"是无处不有，无时不有的永恒存在。

他又根据"性""人人有之""时时有之"的观点，认为"至诚尽性一章（指《中庸章句》二十二章）以下，朱子分天道、人道都是硬派，不甚贴合"（同上卷八《中庸》二），意谓朱熹以性为天道，唯圣人能尽之，而无人欲之私；以教为人道，贤人通过教化，推致其善端而至于善的说法，实质上是将一般人划出了"性善"的范围以外。他说："性者，天地所赋于我，与民、物共之者也"（《中庸章段》）。又说："仁与智皆性之所自有也，内而己，外而物，若是两样，便照不见，推不行。唯照之便见，推之便行，故成己与成物是合内外之道"（同上）。并举例说："如天下雨一般，何尝于江河多些，于沟渠蹄涔少些，于清流处清些，于臭秽处浊些，都是一样"（同上卷十八《宋六子》一）。重申"性"是"天地所赋"，一视而同仁，不应分出等级、次第。

李光地"于《大学》则说古本"，这是针对朱熹《大学章句》而发的。他说："地读朱子之书垂五十年，凡如《易》之卜筮，《诗》之雅、郑，周子无极之旨，邵氏先天之传，呶呶粉拿，至今未熄，皆能烛以不惑，老而愈坚。独于此书（指《大学章句》）亦牵勉应和焉，而非所谓心通而默契者。间考郑氏注本，寻逐经意，窃疑旧贯之仍文从理得，况知本诚身二意，尤为作《大学》者枢要所存，似不应使湑于众目中"（《大学古本私记旧序》）。李光地认为，"知本诚身"为《大学》的枢要，这是他不能与《大学章句》"心通而默契"的症结所在。他在解"明明德"时亦说："明德，指性不指心；明明德，合知性养性而言"（《语录》卷一《大学》）。"《大学》明白得在明明德"，"全部便可豁然"（同上卷十五《春秋》一）。这自然与《大学章句》不尽一致。在《大学章句》"此谓知本"句下，程注云："衍文也。"把"知本"视为多余的文字。在"此谓知之至"句下，朱熹以为有缺文，特补《大学格物致知传》一篇。这一删一补，表明了程、朱之所重。李光地认为，"格物致知"是为"知本诚身""知性养性"服务的，如果突出其在《大学》中的地位，把"穷理"置于"明性"之上，就是舍本而求其末。所以，他主张取消"补传"。他说："《大学》一书，二程、朱子皆有改订，若见之果确，一子定论便可千古，何明道订之，伊川订之，朱子又订之。朱子竟补《格物传》，尤启后人之疑。若格物应补，则所谓诚意在致其知，正心在诚其意，皆当补传矣"（同上卷一《大学》）。

"只是经文已备,不消补传耳"(同上)。

综上所述,李光地与程、朱在《大学》《中庸》诠释上的"迥异",其实质是在"明性"上的分歧。在他看来,程、朱虽有"明性"之长,但还有不明的缺陷,他们还不完全明晰人性问题在儒家经典和理学中的重要性。他说:

> 《易》曰:有天地万物,而后有男女夫妇,有男女夫妇,而后有父子,有父子然后有上下君臣,而礼义有所措也。三代之学皆所以明人伦也。(《全集》卷十《序一·礼记纂编序》)

> 道者,人伦也,君臣者,道之极也。非立身无以行道,非事君行道,亦无以立吾身而事吾亲也。(《孝经注》)

这里,他引用了《易·序卦》上的一段话,将其解释为"三代之学"即"明人伦"之学。他认为,人伦关系,就其先后而言,是先有夫妇、父子,而后有君臣上下;就其轻重而言,君臣关系是人伦之极,一切其他关系都要服从君臣关系。人伦同人性的关系是:"父子、兄弟、君臣、朋友、夫妇,伦也;仁、义、礼、智、信,性也。语其本之合,则仁贯五伦焉;义、礼、智、信,亦贯五伦焉。语其用之分,则父子之亲,主仁者也;君臣之义,主义者也;长幼之序,主礼者也;夫妇之别,主智者也;朋友之信,主信者也"(《中庸余论》)。即人性是处理人伦关系的依据和准则。因此,李光地所说的"明性",就是为"明人伦"服务的,首先是为封建君主专制服务的,也是为维系自然经济的家庭服务的。这就是说,人性问题同封建主义休戚相关。有鉴于此,他认为应对程朱之学做必要修正与补充。

李光地不仅以"明性"与否,崇抑程、朱,而且以此作为取舍学术派别的标准。他说:"某尝言学问先要有约的做根,再泛滥诸家。广收博采,原亦不离约的,临了仍在约的上归根复命。如草木然,初下地原是种子,始有根、有干、有花、有叶,临了仍结种。到结了种,虽小小的,而根干花叶,无数精华都收在里面"(《语录》卷二十四《学二》)。

李光地继承元、明以来,朱、陆合流的余绪,对陆、王之学采取了既有否定又有肯定的态度。他十分赞赏陆、王对《大学》《中庸》旨趣的分析，认为其中反映了重视人性问题的特点。他说："以知本为格物，象山之说也，与程、朱之说相助，则大学之教明矣"（《全集》卷一《观澜录·学》）。"姚江之言曰：'《大学》只是诚意，诚意之至，便是至善；《中庸》只是诚身，诚身之至，便是至诚。'愚谓王氏此言，虽曾、思复出，必有取焉"（同上卷六《初夏录·大学篇》）。由于陆、王强调"知本""诚身"，在"明性"方面弥补了程、朱的不足，两家并非冰炭水火。他也十分赞赏"良知"说，明确表示："阳明子曰：'人之良知，即草木瓦石之良知也，盖天地万物与人本于一体也。'愚以为阳明之言似矣"（同上卷二《经书笔记》）。因为确认人、物具有"良知"，也就是肯定了人性皆善。在他看来，这既符合程、朱论性的内容，又符合理学万物一体之说，因而是可取的。

李光地认为，陆、王之失也是在"明性"问题上。他在评论朱、陆之争时说："吾学本天，彼学本心"（同上卷八《要旨续记》），即朱学以"性"为"天地所赋"，陆、王以"性"为"心"之固有。指出，由于陆、王"只守一心"（《语录》卷一《经学总论》），重内轻外，"便破败百出"（同上卷四《下论》），以致"到后来做诗出韵，写字写别字，论古将事记错了，此岂良知中应尔乎"（同上）！所以，他又说："夫告、孟之差，朱、陆之异也，在乎心性之源不合，仁义之实不著，非夫功之偏而不举，说之略而不全云尔"（同上卷八《要旨续记》）。这是说，朱、陆之异，要以是否"明性"为依归，不要如"今言陆、王之学者，不谓其偏于德性而缺学问，则谓重在诚意而轻格物"（同上卷七《初夏录二·通书篇》），在枝节上纠缠不休。

对于佛、道二教，李光地的态度十分明朗。他容纳了元、明以来三教调和的倾向，认为三教"工夫却同，只是源头不同"（《语录》卷二十《道释》）。

所谓"工夫却同"，就是指佛家的"定慧戒"、道家的"练气养性"与理学的"主敬存养"这三者之间，没有实质性的区别，因为"大约三教工夫都是从收放心做起"（同上）。他说："和尚家参禅，亦是要心归一。故意说一句极没理的话（指禅宗的'机锋'），要你在这上寻求，想来想去，别的念头都断了。人心本自灵明，逼到归一时，光彩忽发，别见得一个境界。他们得此,方好用功,不是到此就住,从此遍参历扣,直追无上菩提"(同上卷二十三《学一》)。这里所谓"要心归一",即"收放心",把放纵了的心收回来,不为外累。他就曾吸取这一"工夫",对付他人的攻讦。他说:"凡人遇谗,唯心里对之以光明,处事只顺着正理,凭他如何来,我意中似没有一般,便一点也不足以碍其灵台……佛家亦窥见此意。一人屡无理于释迦,释迦只不应,久之,其人感悟,求释迦说法。释迦云:设若人加礼于我而我不应,无礼在人乎在我乎? 其人曰:自然在我。释迦曰:设若人无礼于我而我不应,无礼我乎? 抑在人乎。其人曰:自然在人。佛因告之以当风扬尘,适以自粪;持梃击空,适以自困。最妙! 空处打他不着,徒自困乏而已,彼自然歇了。胸中若有一丝芥蒂,便是机心不尽"(同上卷十三《诗》)。他通过佛经的这则宗教故事,竭力渲染佛家"工夫"妙不可言。据说只要心无"一丝芥蒂",即可不受外界干扰。他要求人们依此做去,"凡遇不好的事,只求之于己,便消了许多火气缠绕,佛家重忏悔,亦是此意"(同上卷十一《周易》三)。并赋诗云:"不作风波于世上,自无冰炭到胸中"(同上卷十九《宋六子》二)。他所反复宣传的,就是这种逆来顺受的处世哲学。

李光地称赞道家"《参同契》道理,就是吾儒亦用得着一半"(同上卷二十《道释》),"用不着"的是指"成仙"之类的宗教生活;"用得着"的是指道家"慎言语、节饮食、惩忿欲"(同上)的宗教修养。他说:"参同……取丹砂铅汞者,取其中有至宝,以喻人躯壳中有至宝耳。……四者不加陶洗烹炼,不过是丹砂铅汞,一加陶洗烹炼,便有至宝。人不去修炼,不过是一皮囊,与草木腐朽,一经修炼,便可成圣贤,岂非至宝"(同上)。这里说的"修炼",当然不是指炼丹,而是指心性修养,认为这是成为儒家圣贤的必经阶梯。他自己就是"因《参同契》悟得《易经》道理"(同上)的。

因此,李光地一再宣传佛、道二教的修养功夫与儒家经典的一致性。他说:道家的"黑","是收视反听不说话,将耳、目、口三宝闭塞了,直使形如槁木,心如死灰。久之,黑中生出明来,便是白,所谓虚屋生白。到得魂守魄,魄拘魂,魂不游而魄不昧,便是黄。后来一团纯阳真火,阴邪之气都烧化了,所谓童颜是也,这便是红。红则丹成矣。吾儒工夫亦然。以《中庸》言之,戒慎,黑也;慎独,白也;致中和,黄也;至天地位万物育,红也。佛家工夫亦同。其云发大愿力,即吾儒之立志;其云悟,即吾儒之致知;其云修,即吾儒之力行"(同上)。他把《中庸》《大学》中的若干命题与佛、道二教的所谓"工夫",互相比附,一方面,把儒家经典宗教化,另一方面,又把宗教理论儒学化,以此证明三教"工夫"的融通。

所谓"源头不同",就是指三教对于"性"的理解各别。他认为,儒家论"性",以"仁"为"头";道家以"仁"为"尾";佛家以"仁"为"空"。他解释说,儒家以仁、义、礼、智为性,"性"与生俱生,故仁、义、礼、智之心,亦即"赤子之心","人初生,本红,故曰赤子"(同上),意谓人初生时,即禀得性善,是谓"将仁放在头上";道家则认为"复还婴儿之赤",是在修炼的最后阶段,人死了,"黑"了,他才"亮起来","红"起来,故称"将仁放在尾上"(同上);佛家"说心性之体,如明镜一般,物来必现,随物见形,然镜内空空的,一无所有,冷冰冰全无生意"(同上)。意谓佛家将仁、义、礼、智排除在人性之外,人性必然是"空空的"。但他认为这些分歧,无关大局,不过是如《易·系辞上》所云"仁者见之谓之仁,智者见之谓之智"(《全集》卷一《观澜录·性》)而已,是全和偏、整体与部分的分歧。三教在"明性"问题上虽存在着由此达彼的障碍,但更有着化彼为此的桥梁。

李光地还对议论人性问题的若干重要思想家一一加以评述。

他最称颂的是孟子,谓孟子"才大,学问直溯源头,掘井见泉,横说竖说头头是道"(《语录》卷五《上孟》)。意谓孟子论性善,直探学问"源头",最为完备。他对程子论张载性论中"论性不论气不备"的说法,意谓暗指孟子,寓批评口吻。李光地讥程子为"菲薄前贤,自我作古"。

他多次赞扬董仲舒"明于天性"(《全集》卷六《初夏录·孟子篇》)。韩愈"言性也,曰仁、礼、信、义、智而已"(同上卷十八《杂著一·记韩子原性》)。

他批评告子离仁义言性,"便是佛家大教头"(《语录》卷五《上孟》)。荀子"说性恶太可厌"(同上卷二十《诸子》)。扬雄论性"善恶混",亦不可取,等等。

他正是在论述前人性论的基础上,建立起以"明善知性"为中心的理学思想。他很重视人与人之间的道德关系。

二、李光地的科学、数学兴趣

李光地对西方传教士带来的技艺,采取比较开明的态度。他说:"西洋人不可谓之奇技淫巧,盖皆有用之物,如仪器……自鸣钟之类。《易经》自庖牺没,神农作;神农没,尧、舜作,张大其词,却说及作舟车、耒耜、杵臼、弧矢之类,可见工之利用极大,《周官》一本《考工记》,全说车"(同上卷十四《三礼》)。这里,他把西方的技术工艺与中国古代的物质文明相提并论,肯定了西方技艺的功效。

康熙十一年(公元 1672 年),李光地同南怀仁讨论天体结构问题,著有《记南怀仁问答》:"怀仁深诋天地方圆之说及以九州为中国之误。其言曰:天之包地,如卵裹黄,未有卵圆而黄乃方者。人之所见之近,谓地平坦而方其可乎?天地既圆,则所谓地中者乃天中也,此唯赤道之下二分,午中日表无影之处为然。怀仁与会士来时,身履其处,所谓地中矣。"李光地仍坚持天圆地方的见解,但问答中保存了南怀仁的科学之说,在科学史上有意义。他在所著《历法》中说:"新历(指西历)以地为圆体,南北东西随处转移,故南北则望极有高下,东西则见日有早暮。望极有高下,而节气之寒暑因之矣,见日有早暮,而节气之先后因之矣。推之四海之外,四方上下,可以按度而得其称,揆象而周其变","实则圣人之意,乃千载而一明也"(《全集》卷二十)。这里,他赞扬了西方历法的精确。

由于李光地同著名数学家梅文鼎的密切交往,引起了他对几何学、代数学的浓厚兴趣,曾著《算法》称赞《几何原本》,并谓"欲通新法者,必于几何求其原,以三角定其度,较之以八线,算之以三率,则大而测量天地,小而度物计数,无所求而不得矣"(同上)。并试图以之解《易》:"凡数起于点,当初止有一点,引而长之则为线,将此线四围而周方之则为面,又复叠之教高则为体,直方大,即是此意。直即线,方即面,大即体。唯直而后可方,既直方自然大。故曰敬义立而德不孤"(《语录》卷九《周易》一)。"直方大",是《易·坤》中的爻辞,孔颖达疏云:"生物不邪谓之直也,地体安静是其方也,无物不载是其大也。"这是指地体的性质。李光地则以"敬以直内,义以方外"的理学命题与几何学范畴相类比,以"敬、义"为"直、方","敬义立",即"大",犹如几何学上的"体",面面俱到,喻具有完全的德性,从一个侧面反映了李光地利用西方数学为"明性"服务的时代特色。然而,李光地的科学、数学成就,还是值得重视的。

这使我们很自然地联想到一百多年后兴起的"中体西用"之说。李光地把理学、佛学和道教思想,以及输入的西方学术都纳入封建纲常名教的轨道,在一定程度上表现出"中体西用"说的萌芽。

第三节 李光地的理学诸观点

一、"性大无外"的性论

李光地理学思想的最高范畴是"性",而不是"理"或"心"。胡宏和薛瑄等人都曾经提出过类似的思想。李光地自称曾研读过薛瑄的《读书录》。但他比前人的分析更加具体、深入。

关于性与理。他说:

> 性为之主,理者其流也。(《全集》卷二《经书笔记》)
> 所谓理者,即性命之流行于事物者尔。(《周易观象》卷十二)
> 性者,理之总名尔。(《正蒙注》)
> 万物散殊,无非完其性之固有。(《全集》卷六《初夏录·诚明篇》)

"理"是"性"在事物上的体现,它是由"性"所规定的事物的"条理"。"性"类似本性(本质),"理"只是本性的部分特征,故"理"是从属于"性"的,万物都是"性一分殊",而不是"理一分殊"。"是以圣学明性之为大"(《孟子札记》一)。他不赞同程、朱"性即是理"的命题,认为如果"性即是理",那就是强调"性"是"理"的体现,以及"理"的至高无上的地位。他说:"程子言性即理也,今当言理即性也"(《语录》卷二十六《理气》),即"理"是

"性"的体现,"不知理之即性,则求高深之'理',而差于日用,溺泛滥之'理',而昧于本源"(同上)。他批评正宗理学的流弊,在"差于日用",溺于"高深",使人"求理于外,其于性也日远矣"(《全集》卷一《观澜录·性》)。所以必须予以改造,坚持"理即性也,实实有个本体在,即乾之元而人之性也"(《语录》卷二十六《理气》)。这样,方能避免上述弊端,使之起到调整封建社会后期人伦关系的作用。

关于性和心。他认为"性实心虚"(同上卷二十《诸子》)。所谓"心",一是指"心之室",即"血肉之心"(同上卷二十五《性命》),它在"腔子里,可指其处所而言"(同上卷十一《周易》三);一是指"心之神","无在而无不在"(同上)。"神有灵机妙用"(《全集》卷二《经书笔记》)。前者指作为生理器官的"心",后者是指"心"的思维功能。

"心之室"是"性之郭廓,心如物之皮壳,性是皮壳中包裹的"(《语录》卷二十五《性命》);"心之神","亦性之所生也,及有此心,则性具于中,感物而动,而情生焉"(同上)。如此看来,"心"只是"性"的外壳,或感物的媒介,"性"是"心"的认识来源。他又说:"人心之所以能周物而不遗者,以性大无外故也,故心之量之无不该,必性之源之无不穷"(《孟子札记》一)。这是说,"性"的无穷,决定了认识的无穷,"性"比"心"更为根本。

他反对陆、王"以心为性",认为陆学使"心"无有"凭据","是学术不是"(《语录》卷二十《诸子》)。对王守仁则用词较为激烈,宣称王学乃佛教"直指人心,立地成佛耳,其流毒无穷"(同上)。应该指出,李光地的这些见解以及把心分析为肉体之心和思维之心的说法,在心理学上有一定价值。

由此可见,李光地既不同意程、朱的"理本"论,又不同意陆、王的"心本"论。他主张"性本"论。

李光地把"性"分为"天地之性"、人性和物性三个范畴。其中,"天地之性"是产生人、物之性的本原。

所谓"天地之性",他又称之为"天地之德""生物本体""太极"等,它的唯一使命就是"生生不已"。他说:

从古及今,不知其千万年也。天地之为天地,无有他事,生万物而已。生生也不生,则成其所生而又以为生生之地也。观天地之为天地者,天地之情之心可见矣,观天地之情之心者,天地之性可识矣。(《全集》卷七《初夏录二·太极篇》)

天地之道在生人,人与物同生也,而种之美者尔,故天地之性在焉。(同上)

天地之性,而万物得之,亦各一其性,有若以为根氏标准者然,比之两仪四象,则无声无臭为之主宰纲维,至极而无所加于其上,故曰太极也。(同上)

性之所以为性者,善而已矣,性之所以为善者,仁而已矣,在天地则为生物之本体,所谓大德曰生者也。(同上《人心篇》)

这里,他提出了许多范畴,主要说明一个问题:"天地之性"何以能生?他借用道家的术语,叫作"生生也不生"。他以"谷种"为喻,"谷种生处,尚不是性,所以生之,万古不变者为性。性本无形,如大麦万古是大麦,小麦万古是小麦,不是性如此,如何不会变。有性所以有许多物事,若没有这个不会变,不肯住的,如何有这许多物事。所以云,性立天下之有"(《语录》卷二十五《性命》)。这是说,"天地之性"是"万古不变"的"所以生",人物之性是其所生,它是"无所加于其上"的"主宰纲维"。这种不变的、无形的"所以生",无疑是一种神秘的精神力量。

他认为,人性和物性,都是禀受"天地之性"而生,都有"天命之善"。他说:"天地之性,纯粹至善,人物得是理以有生,则莫不有天命之善焉"(《周易观象》卷十)。这是人性和物性之同。人性和物性之异:一是人性得"天地之性"的"正",物性只得"天地之性"的"偏"。他说:"偏正者,人物之分也。曰性,人物所同也,故曰尽人之性,尽物之性。曰中,人所独也,故曰降衷于下民,民受天地之中以生也"(《全集》卷一《观澜录·性》)。又说:"孟子终谓人之性善不与物同者,物明于一而暗于他,不能与天地相似则不足以言善,不足以言善者,非谓无一端之善,不足以语纯粹至善之本而得乎天地之性之全也"(同上卷七《初夏录二·人物篇》)。他解释说,"天地之性"有"元、亨、利、贞"四德(《中庸余论》),"人之生也,得乎元之德以为仁,得乎亨之德以为礼,得乎利之德以为义,得乎贞之德以为智"(同上),故人性具有"仁、义、礼、智"四端(同上),或称"仁、义、礼、智、信"五常,而物性只具有其中的一端,如"虎狼则但知有父母而不知有君臣","蜂蚁则但知有君臣而不知有父子"(《语录》卷六《下孟》),只能说"人性皆善",而不能说"性皆善也"(同上)。二是人性具有物性所没有的"无所不亲,亲亲为大"(同上卷七《中庸》一)的特点。他认为人性的"四端"不是平列的,其中"仁"最为根本,据说"仁"即"元","元,大也,始也,凡物之始便大","大则统率群物"(同上卷九《周易》一)。这是说,"仁"是人性中第一位的,起统率作用的一德,"盖仁也者,偏言则一事,专言则包四者,故仁、义、礼、智皆仁也"(《全集》卷六《初夏录·孟子篇》)。而"仁以亲亲为大"(《语录》卷十七《孝经》),即以孝为基础。他说:"礼、信、义、智皆统于仁,而仁之最笃实处莫过于孝"(同上)。"盖孝者,德之本也。德莫先于仁,仁莫先于孝"(《中庸余论》)。只要爱其亲,尽孝道,就能推己及人,"无所不亲"。由于人性包含"爱字仁字亲字"(《语录》卷六《下孟》),因此,它最能表现出"天地之性"的"纯粹至善",是"天地之性"中比物性更为宝贵的部分。

像李光地这样突出孝的地位,把人性落实在孝行上,在理学前辈中确系罕见。一方面,这是他为改变"理"的空泛所做的一种努力,另一方面,在清初,宣传"孝"要比宣传"忠"更易于为人们所接受,因而更具有吸引力和实用价值。

因此,李光地竭力推崇《孝经》和歌颂孝子。称《孝经》"是道德顶尖处"(同上卷十七《孝经》),"就孝上说,全了为人的道理"(同上卷十九《宋六子》二)。对朱熹怀疑《孝经》的说法,表示"不敢从"(同上),含蓄地批评朱熹等人忽视了《孝经》在儒家经典中的重要地位。

他还对明代孝子王原,徒步数万里,历时十余年寻父一事,大发感慨,特作叙事诗一首,运用艺术的手段,渲染孝能使人奋身不顾,能感动四邻,能改变信仰,能"躬耕"怡年(见《全集》卷三十六《诗二·王孝子诗并序》)。这里,他以一部《孝经》,一位孝子作为人们的精神指导和行为楷模,要求人人发挥其固有的所谓"善性",去做封建社会的孝子。

既然"人性皆善",又何以有不善? 李光地一反理学家的传统观点,不赞同把人性分属"天地之性"和"气质之性",把不善的根源归之于"气质之性"。他与张载、程、朱不同,认为人性只有一个,就是由"天地之性"所赋予的"纯粹至善"之性,人性中没有不善的成分或因素。在他看来,张载、程、朱的观点忽略了性善的普遍性。他批评说:"分理与气说性,觉得孟子不是这样说。孟子却是说气质而理自在其中。若分理气,倒象理自理,气自气一般。……大约天地之气本于天地之理,何尝有不善? 鼓之以雷霆,雷霆是好的,润之以风雨,风雨亦是好的,只是人、物如何禀得全似天也。唯人也,具体而微,到底不能如天地,但气质虽或偏驳,而天地之性无不有,如银子之成色,虽不等,然饶使极低,毕竟陶炼得银子出"(《语录》卷六《下孟》)。这里,其一是说,区分"天地之性"和"气质之性",容易使人产生错觉,似乎人有两个性,实际上"气质而理自在其中","天地之性"就存在于"气质"之中,两者是统一的。其二是说,人性之善,犹如银子,银子的成色"不等",因而,说性善并非"个个都一样,是大概人性都善,不甚相远耳"(同上卷二十五《性命》)。但即使银子的成色"极低",毕竟还是银子;人在性善程度上的参差,也仍然还是善的。不能把这种差别说成是"气质之性","气质"不是性,所以,"不必又说义理之性与气质之性矣"(同上卷十八《宋六子》一)。

李光地认为,"气质"不是性,但能影响性,是人为不善的原因之一。他指出,人的气质有"清浊淳驳"之分,因而对"天地之性"的禀受亦有"偏正"之别,"有偏于仁者,有偏于义、礼、智者,有不足于仁者,有不足于义、礼、智者。未有全无仁、义、礼、智及仁、义、礼、智之缺一者。如五味调和之不咸,是所入之盐少,非全无盐也。不酸,是所入之梅少,非全无梅也。人虽才质稍逊,奋励扩充,自不可限"(同上卷六《下孟》)。这是说,人的"气质"只能影响性善的程度,而不能根本改变人性的性质,不能使人性中全无仁、义、礼、智,或缺其中的一德。这有别于物性的"偏",因此,经过后天

的"奋励扩充",自可弥补性善的不足。"气质"是可以克服的障碍。李光地认为,人尽性要做到"中",不能过与不及。他说:

> 中也者,所以完此善者也,非谓中,善也。譬之粱肉之为美,而食之过焉则伤;绮縠之为温,而服之多焉适累。粱肉绮縠自有善焉,苟不至于过,伤生累体之患何由生哉!仁义与人,膏粱也,绮縠也,体之以中,则与天地相似也。(《全集》卷八《要旨续记》)

他把仁义比喻为人们不可须臾离开的衣食,尽性犹如穿衣吃饭,不可不足,更不可过量。这样,他就把尽性的主动权移到每个人的主观努力之中,以便为理学争取更多的信徒。

李光地的性论,企图揭示天地人物的根本性质,并在此基础上探讨其间的统一性和差别性,为深入研究世界的统一性提供了材料。但他所说的根本性质,只局限在人伦关系方面,因而也就失去其理论的哲学意味。

二、"性为本气为具"的性气观

李光地从四十岁著《尊朱要旨》起,即致力于研究"性"和"气"的关系,以后又用十多年时间对程、朱、罗钦顺、蔡清(公元1453—1508年,号虚斋)、薛瑄等人的观点进行了比较和论述,用力颇多。

李光地的基本观点,是"性为本气为具""性先气后"。他说:

> 性者,生物之本也;气者,生物之具也。由此观之,道器安得谓无上下。阴阳有终始,天地有混辟,而其性终不移,故混兮辟兮,终则有始。由此观之,理气安得谓无后先!(同上卷七《初夏录二·太极篇》)

这里,他提出了"性气""理气""道器"等多对范畴,其含义都相近。"性"是超乎形之上的,故又可谓之"道";"气"是存乎形之中的,故又可谓之

"器"。"性气"与"理气"也系同等意义的范畴。他为了同传统的"理气"说用语相一致,故将"性""理"混同。"理"即"性"的代名词,并不意味着他对"性"或"理"的内涵有任何改变。

李光地承认世界上有两种东西,一为"性",类似本性(本质);一为"气",类似各种现象,既指"阴阳、动静、明晦、出入、浮沉、升降、清浊、融结"(同上卷八《尊朱要旨》)等自然现象,又指心理和生理现象,就"性""气"的上下、先后关系而言,"气"只是构成事物的材料,"性"才是事物的内在本质。他举例说:

> 有蔼然之理,故有蔼然之气以生物,是生物之理善也。有肃然之理,故有肃然之气以成物,是成物之理善也。(同上卷八《要旨续记》)

"蔼然之气",指春天之气。春气生物是由其不变的善性所决定的。"肃然之气",指秋天之气。秋气成物也是由其不变的善性所决定的。他又以人为喻:"如人之欢欣暴厉者,气也。但未有漠然无喜而忽欢欣,恬然无怒而忽暴厉之事。所以有喜,以有仁之理故也。所以有怒,以有义之理故也"(《语录》卷二十六《理气》)。这是说,"性"决定"气","性"产生"气"。他根据这种认识,宣称:"气者,性之所生,因而为性之用"(《全集》卷七《初夏录二·太极篇》)。

李光地与之辩论的主要对象是罗钦顺、蔡清和王守溪,争论涉及"性""气"孰先孰后问题。他说:

> 余少读虚斋《蒙引》,见其拘拘焉,疑于朱子理气先后之说。大指盖曰:天地间皆气也,无始无终者也,安有所谓理先气后者哉!至求其所谓理者,盖曰:凡气之运行无过不及者是也。朱子《图说》曰:太极者,所以动而阳、静而阴之本体也。则欲更之曰:所谓动而阳、静而阴之全体也。意以为言全体则运行不偏胜之

意可见,而云本体则不可知也。后又得观罗整庵《困知记》,其疑与虚斋同。其大指亦曰:气之外无所谓理者而已。而又曰:观理者,观于气之曲折而已。至其果于自信,遂訾朱子而上及濂溪,则与虚斋之退然存疑者,又未可同日论也。夫整庵当日号为直谅于姚江者,而其说乃如此,则其所以失者何也?曰:失皆在于不敢离气而论性。王氏以气之灵当之,蔡与罗以气之迹当之也。吾之所谓性者,非灵非迹,虽离气言之而未尝无,此则所谓本体,所谓大原。实验之在阴阳五行之中,默识之则超于阴阳五行之上者也。守溪之论性曰:天地间逼塞充满皆气也,气之灵则性也,人得气以生而灵随之也。姚江之传,守溪举是为称首。夫释氏之说,尊灵觉于无上,守溪以为随气而有,其陋必为佛所嗤也。(《全集》卷二十二《书后·书王守溪性善对后》)

先有理而后有气,有明一代虽极纯儒,亦不明此理。蔡虚斋谓天地间二气滚作一团,其不乱之处即是理。罗整庵谓理即气之转折处,如春转到夏,夏转到秋,自古及今,何尝有一毫差错,此便是理。某初读其书,只觉得不帖然,不知其病在何处。及读薛文清《读书录》,有性即气之最好处,颇赏其语而未畅。至五十一岁后,忽悟得三说之差,总是理先气后不甚分明耳。先有理而后有气,不是今日有了理,明日才有气,如形而上者为道,形而下者为器,岂判然分作两截。只是论等级毕竟道属上,器属下;论层次毕竟理在先,气在后。理能生气,气不能生理。……明乎此,则知天地虽气化迁流,万端杂糅,亦有不能自主之时,却有万古不变的一个性在。(《语录》卷二十六《理气》)

即所谓气滚作一团其不乱者即理,到底有所以不乱者在;谓气流行不已其转折处即理,到底有所以转折者在。(同上)

以上,李光地指责罗钦顺等不懂"气",不知"理",不明"理先气后",不敢"离气论性"。具体说,第一,他沿袭朱熹《太极图说注》的观点,以

"太极"为"气"的"本体",而非"全体"。因为承认"太极"是"气"的"全体",故也就是承认"太极"即"气",在"气"之上没有更高层次的范畴,这将动摇"性为本气为具"说的基石。第二,他认为,"理",就是那个"万古不变"的"性",是"气滚作一团"而不乱的"所以不乱者";"气流行不已其转折处"的"所以转折者",而非"气之迹",即"气"运行的形迹。第三,他认为,"理""气"虽不能分割,但就"等级""层次"而言,是"理先气后"。所谓"等级""层次",意谓"气"是"然","理"是"所以然",按逻辑推论,"所以然"是"然"的最终原因。所以,"理能生气,气不能生理。"第四,他认为,罗钦顺等"失在不敢离气而论性",这并非如朱熹所云"未有天地之先,天地既坏之后,理依然在,亦不须推说到此"(同上),而是要通过所谓"实验之""默识之"的途径,领悟"性"是存于"气"中的"本体""大原",不能"以气为性"。第五,他认为,"性"不是"气之灵",即不是由"气"所产生的"灵机妙用",不能以"心"为"性"。

李光地的诘难,除心性问题外,集中地表现出理学与明中期唯物主义思想在理气问题上的对峙,反映出罗钦顺等人的学术观点的价值及其深远影响。

三、"明善知性"的"格物致知"说

李光地据《大学》经文"壹是皆以修身为本",发挥"格物致知"之义。他说:

> 心身家国天下是物也,修身、齐家、治国、平天下是事也,本即修身,故曰:"壹是皆以修身为本,其本乱而末治者否矣。"(同上卷一《大学》)

> 物事即物也,本末终始即物中之理也,格之则知所先后。(同上)

> 事物皆格,皆本末始终俱透,方为格物之全功。《大学》恐人疑惑知至"至"字,为当穷尽天下之物,始谓之"至",故又曰:以

修身为本,本乱末未有治者;厚者薄,未有薄者厚者,此谓知本,此谓知之至。(同上)

所谓知至,知本之谓也。盖国家天下末也,身者,本也。(《全集》卷六《初夏录·大学篇》)

性者,善而已矣。物之性,犹人之性,人之性,犹我之性,知其性善之同而尽之本在我,此所以为知性明善也,此所以为知本也。(同上)

知天下国家以身为本,则知身心之不可以放纵、苟且、自私。(《大学古本说》)

上述言论,反复说明何谓"格物致知"。他解释"物",即身、家、国、天下,亦即修、齐、治、平,专指社会的伦理生活和政治生活,不含其他内容;"格",即明辨身、家、国、天下(修、齐、治、平)的本末先后,"不是物物都要格尽,也不是格一物便知天下之物,积累多时自有贯通处"(《语录》卷一《大学》);"致知",即知本。"知其善之同而尽之本在我",就是"知之至"。可见,"格物致知"的过程,就是"知性明善"的过程。所以,他又说:

仁、义、礼、智,便是格物致知,便是明善知性。(同上)

李光地以能否"知本"、能否"知性明善"作为评论理学家"格物致知"说的依据。他说:

自宋以来,格物之说纷然。扞御外物而后知至道,温公司马氏之言也;必穷万物之理同出于一为格物,知万物同出乎一理为知至,蓝田吕氏之言也;以求是为穷理,上蔡之言也;天下之物不可胜穷也,然皆备于我而非从外得,反身而诚,则天地万物之理在我,龟山杨氏之言也;物物致察,宛转归己,又曰即事即物,不厌不弃,而身亲格之,武夷胡氏父子之言也;格,正也;物,事也,去其不正以归于正,则又近年姚江王氏之说也。古注之说不明,而诸家又纷纭若此,此古人入德之方,所以愈枝也。程、朱之说至矣。司马氏、王氏,不同道而姑舍是,是余诸子皆学程门者,宜乎各有所至矣。然朱子之意,犹谓程子之言,内外无间,而本末有序,非如诸儒者,见本则有薄末之心,专内则有遗外之失,又或以外合内,而不胜其委曲之烦,皆未能得乎程氏明彼晓此、合内外之意,及积累既多豁然贯通之指也。虽然程子之说,则真圣门穷理之要矣,而施之《大学》则文意犹隔。盖《大学》所谓格物者,知本而已。物有本末,而贵乎格之而知其本。末者,天下国家也;本者,身也;知天下国家不外乎吾身之谓知本,知本则能务本矣。此古人言学之要,《大学》之首章,《学记》之卒章,其致一也。象山陆氏之言曰:为学有讲明,有践履。《大学》格物致知,讲明也,修身正心,践履也。物有本末,事有终始,知所先后,则近道矣。……愚谓陆子之旨,盖以物有本末,知所先后,连格物致知以成文,其于古人之意既合,而警学之理尤极深切,视之诸家,似乎最优,未可以平日议论异于朱子而忽之也。就诸家中,则龟山之说,独为浑全,盖虽稍失《大学》浅近示人之意,而实圣门一贯之传也。(《全集》卷七《初夏录二·通书篇》)

这一段文字,表述了李光地对诸家之说的态度。他把诸家之说分为三类:

一类,如吕大临、谢良佐、胡安国、胡宏父子。他假借朱熹之意,批评他们"见本则有薄末之心,专内则有遗外之失,又或以外合内,而不胜其委曲之烦",即未能正确处理修身与齐家、治国、平天下这一内外、本末的关系。至于司马光和王守仁,则因其属旁门异户而不论。

另一类,是二程、朱熹。他认为"程、朱之说至矣",但因其以格物为穷理,未直接阐明格物即知本之旨,故又与《大学》"文意犹隔",此说亦不尽完备。

再一类,是杨时、陆九渊。他声称陆说是诸家中"最优"的,因其能"以物有本末,知所先后,连格物致知以成文",这是他录引陆九渊的两段文字后所做的归纳,意谓其说把"知本"与格物致知融为一体,符合《大学》旨趣。杨说在诸家中"独为浑全",因其主张天下之物"皆备于我而非从外得",从而把"知本"与"知性明善"相统一。不难看出,李光地的观点与陆、王之说紧密联系,抑或就是二说的发挥与发展。

因此,李光地所谓的认识,不是面向外界,而是向内省察。他说:"人者,具天体之体而微,凡天地间所有,皆吾性之所有也。其大者为三纲五典,其自然之心,当然之则,我固有之也;其显者为礼乐政教,其所以然之理,亦吾固有之也。从此而推之,则阴阳变化,鬼神屈伸,昆虫草木之荣枯生息,远近幽明,高下巨细,亦无有不相为贯通者也"(《孟子札记》一)。在他看来,通过格物致知,掌握了人性所固有的"三纲五典""礼乐政教"的"当然之则""所以然之理",就可以推知自然界万物的生息变化,将"天下之物"尽收于"性"中。所以,他很称颂张载"大其心"之说,宣称:"万物皆备于我矣,何则?其性与我同出于天也。是故尽其性则能尽人物之性,是能大其心以体天下之物也。人之不能体物者,由其不能知物之皆我也,不能知物之皆我,由梏于见闻,而不能知其性也。能尽心以知性,则能尽性而大心以体物矣"(《正蒙注》)。这里,同张载一样,他把"梏于见闻"视为"大心体物"的障碍,认为掌握物之性(本性、本质)全依内省体验,无须以"见闻"为基础。

当然,他并不绝对排斥"见闻"的作用,但其所谓的"见闻",多指学术交往和印证古人,同张载的"见闻之知"还有所区别。他说:

> 出门之功甚大,闭户用功何尝不好,到底出门闻见广,使某不见顾宁人(顾炎武)、梅定九(梅文鼎)如何得知音韵、历算之详。(《语录》卷二十四《学二》)
>
> 心虽见得是了,然尚虚在那里,得古人以为佐证,所见方实,心中虽有所得,然安知不更有一层道理足以夺之,得古人以为帮

衬,所得方安。(同上卷四《下论》)

这些,虽属为学的枝节,但对开拓知识视野是不可缺少的。他以此作为划分同王守仁心学的界限之一,声称王学"遗书史、略文字、扫除记诵见闻"(《全集》卷八《尊朱要旨》),犹如种树而除其枝,"若种树而必芟其枝者,小芟而干不大,大芟而树死,望其修乔,不可得也"(同上)。由于他对"见闻"的狭隘理解,这种批评击不中王学的要害。

李光地的知行观也是建立在"明善知性"的基础上的。他说:

学有知行,本于性之有智、仁。(同上《要旨续记》)

这是说,"知"发于"智",表现为"博学审问谨思明辨"(同上卷二《经书笔记》),"行"发于"仁",表现为"惩忿窒欲迁善改过"(同上)。可见,他所说的"知"和"行"都是伦理观念或行为。

关于"知行之序",李光地企图"为学者立法"。为此,他综合朱熹以"敬"贯"知行"及胡宏、陈淳以"立志""虚心"为"知行先"等说,提出"立志""居敬"(亦称"持敬")为"知行"之本。他说:

圣人之学,唯知与行,知行之本在立志与持敬。(同上卷六《初夏录·仁智篇》)

所谓"志","志其趋向"(同上《诚明篇》)。"立志",即指得"仁"、行"仁"的一种"念念不舍""拳拳服膺而弗失",无顷刻之间违反的"趋向"(《读论语札记》)。"敬"即"心虚而无邪"(《全集》卷六《初夏录·诚明篇》)。"心虚"以存志;"无邪"以正志,所以,"居敬"即"持志","立志而居敬以持之,则存之又存而成于性矣"(同上)。只有这样,才能将知行纳入"成于性"的轨道。他说:

> 故欲行而不知，则怅怅然其何之；求知而不敬，则心昏然不能须臾；敬而非志，则又安得所谓日强之效也。且志而非敬，则此志何以常存；敬而非知，则措其心于空虚之地；知而非行，则理皆非在我而无实矣。然四者虽相须并进，而其序既有先后，则得效亦有难易浅深，故夫子曰："吾十有五而志于学"，志已立矣；"三十而立"，盖敬始成也；自"不惑""知命""耳顺"，而知始精；又至从心不逾矩，而行始熟。(同上)

这是说，"行"不以"知"，则迷茫不知所措；"知"不以"敬"，则昏然无所归依；"敬"不以"志"，则难收进取之效。但就先后、难易、浅深而言，则"立志"为先，"居敬"次之，"知行"又次之，并推出孔子自述为证，以树立其说的经典根据。李光地比他的前辈更加强调知行应具有一定的目的，这含有合理因素，但又将其限制在"明善知性"的范围里，这是不足取的。

李光地还提出，在知行关系上，以朱熹"知先行后"说为"不偏而无弊"，宣称这不仅是"朱子之说，群圣贤之言也，非群圣贤之言，性之德、天地之理也"(同上卷八《尊朱要旨》)。他并发挥《易·系辞上》"乾坤"之义予以论证：

> 《易》曰："乾知大始，坤作成物。乾以易知，坤以简能。易则易知，简则易从。"盖阳先阴后，阳知阴能。阳为神，理为心；阴为辙，迹为事。(同上)

据孔颖达疏，这是以"阳气阴形"说明万物的发生和形成以及人们对其认识的过程。李光地则以"阳先阴后""阳为神""阴为事"，说明"知先行后"的"知行之序，性命之理，不可易矣"(同上)。他认为知行虽有如朱熹所云"知愈真则行愈力"，"行愈笃则知愈至"的相互促进作用，但绝非王学的"知行合一"，两者不得"混而一之"(同上卷二《经书笔记》)，以免流入所谓的"虚无""寂灭"之地。

对"知先行后"和"知行合一"的实质,比李光地早几十年的王夫之曾作精湛的分析,而李光地却固守旧说,其认识水平落伍了。

四、"天人同一性"的天道鬼神思想

这是李光地"性大无外"思想在天人关系上的进一步发展。他说:

> 见得天人同一性,自能节节皆通。(《语录》卷二十六《理气》)
> 幽明之故,死生之说,鬼神之情状,皆天地之道。天地之道以其显者知其微者。(《周易观彖》卷一)

这是说,"天人同一性"是"天人相通"的理论前提;"以其显者知其微者"是"天人相通"的论证方法。

所谓"天人同一性",即人通过"天"禀得"天地之性","天人"在"天地之性"上互为贯通。他认为"天"是"天地之性"的"命者,令也"(《全集》卷七《初夏录二·性命篇》),人对"天地之性"的禀受是以"天"为中介的;"天"如生人的"种子",人系"种子"所结之实,"无不与种子相肖"。他说:"天的大意,只是生人,如草木的大意,只是结子。既欲结子繁多,势必先为地步,不得不有根株枝干,又必有陪生者,不得不有叶,至结子时,千颗万颗,无不与种子相肖。虽其中有秕细不成实者,亦无不与种子相肖。天要生人,不得不辟世界以为之地步,又必生物以陪之。人生虽至万亿,无不与天相肖,故皆能心天之心,行天之道,尽其性以尽人物之性,真与天一般"(《语录》卷二十六《理气》)。

人是自然界的一部分,是自然界的产物,这似乎也被李光地朦胧地猜测到,但这种物质演化过程被描绘为具有明确的意志和目的,"天"辟世界以容人,生万物以养人,按自己的样式塑造了人,把"天地之性"授予人,人"真与天一般","天人"无处不"相通"。

所谓"以其显者知其微者",即以可感知的现象说明不可感知的现象。他认为应从人身推知"天"的一切。以人的形体而论,他以"心"可以制约

"五官百体"(同上卷十一《周易》三),用之说明世界上的"动静变化"都是"天之材料",而中间的"主宰谓之帝,各项职掌无不听命于帝"(同上),"天"即世界之"帝",如人体之"心"。由此,他断言:"人与天真是一般。说天聪明,果然天聪明,说天有好恶,果然天有好恶,说上天震怒,果然天有震怒,说皇天眷佑,果然天有眷佑。人有性,天亦有性,人有心,天亦有心,无丝毫之异"(同上)。以人的知觉而论,他提出,人同"天"相比是何等渺小,人"尚然有知觉,何况天地"(同上)。并以这种毫无科学根据的类比推理,解释风雨雷电等自然现象,亦有"云师、风伯、雷公、电母运行于其中",即同样为"天"意所左右。

以上人类天、天类人、"天人相通"的说教,固然是董仲舒"天人感应"的再版,而更重要的是,李光地在"天人同一性"的基础上,把"明性"、尽孝、敬神合为一体,以挽救理学所面临的危机。

为此目的,他批评"西人""不知天人相通之理"。他说:"西人历算比中国自觉细密,但不知天人相通之理。如古人说,日变修德,月变修刑。西人便说日月交食、五星凌犯乃运行定数,无关灾异。不知天于人君,犹父母也。父母或有病,饮食不进,岂不是风寒燥湿所感,自然有的,但为子孙者,自应忧苦求所以然之故。必先自返于身,或是己有不是处触怒致然;否则,亦是我有调理不周而致然。因为彷徨求医,断无有说疾病人所时有,不须管他之理。无论天子,即督抚于一省,知府于一郡,知县于一邑,皆有社稷人民之责,皆当修省。即士庶虽至卑贱,似不足以召天变,然据理亦当修省。……西人此等说话,直是阴助人无忌惮、'天变不足畏'之说"(同上卷二十六《理气》)。

他承认西人学术细密,也承认天体变化是"自然有的",但认为必须探求"所以然之故",即从"天人同一性"上"反于身",以敦促清初统治者重视"天变",层层"修省",摒弃"天变不足畏之说",再一次重申西人之学必须为"中国"所用,不能乖背"天人相通之理"。

李光地也不赞同朱熹思想中的某些无神论因素。他说:"程、朱说道理极精,至说鬼神犹有未尽处。朱子说,人形既销,还有什么存于天地间。

此却小差"(同上)。

他以佛教"神不灭"论予以反驳："天地既生过这一个形,就是过去了,亦有此一个影。大约以心法观之极确,一念便是万事,旦夕即是百年,百年即是千古"(同上)。认为世界上的一切现象一经产生,永远不会消失,形亡影在,形影可以分离,人的精神可以脱离肉体而存在,精神现象是永存的。他并提出以下论证：

> 万物之存化,万事之生灭一也。事虽往矣,其迹象未尝不在乎心,虽久而忘矣,而触及未尝不复记忆,此岂人心又有藏往之处,鬼神之为德固如此尔。(《全集》卷七《初夏录二·天地篇》)

这里,意识的能动作用被曲解为"神不灭",这是一。第二,他混淆物质现象和精神现象的质的区别,以证明"神不灭"。他说："或言人之死也,形气既离则散而无矣,鬼神之说所谓神道设教者与? 曰:子未知人,且以物验之。夫谓形神离而有知者,不谓如香木之体质与香气也与。今夫枯槁之属,虽为灰烬,未有不如其本性以药于人者也,是其魄之灵不销也,其香气之所触或经时而熏染,是其魂之灵不灭也"(同上卷十六《说一·魂魄说》二)。意谓香木虽枯槁,其性其香犹存,人死,其知犹在。因此,他宣称："鬼神不得谓之无也,但不可与相见"(《语录》卷二十六《理气》),认为鬼神是一种无形的威慑力量。他要求人们像处理人伦关系那样去敬神祀鬼,祭祖宗犹如敬父母,祭天地犹如敬祖宗,祭百神犹如敬尊长,祭圣贤犹如敬师友(《中庸余论》)等等,不要对鬼神有存疑,"或疑人死为鬼,使古来灵魂都在,岂不塞满世界? 此却不然。如人读过的书,做过的事,说过的话,虽多年还记得,何尝见塞满胸腹"(《语录》卷二十六《理气》)。表示他对王充以及一切无神论者的不可调和的立场。

李光地宣传有鬼论的最终目的,是为了规劝人们为善去恶。他说：

> 人但因其平生之立心行事,死而以类相从,凭依感触而有托

焉。或清明刚正,与神明合而为神;或幽暗乖戾与鬼怪合而为鬼。佛家说人死后看一点亮处行,好人亮处入人神道,恶人亮处入畜生道,亦是此理。(同上)

人生前的一切意念和行为在死后都会得到相应的果报,为善入"神道",为恶入"畜生道"。在李光地看来,凡是有利于"明善知性"的理论,即使如佛教的"因果报应""轮回转生"之类,亦可纳入其理学思想体系,暴露出此时理学家在理论上已经发展到"饥不择食"的地步了。

第四节 李光地编纂的性理诸书

李光地奉命和自编的性理之书,主要有:

康熙三十四年(公元1695年),编《朱子语类四纂》五卷。

康熙三十五年(公元1696年),编《二程遗书纂》二卷。

康熙四十六年(公元1707年),编《朱子礼纂》五卷。

康熙四十五——五十一年(公元1706—1712),奉命与熊赐履等编《朱子全书》六十六卷。

康熙五十二——五十四年(公元1713—1715年),奉命编《周易折中》二十二卷。

康熙五十四年(公元1715年),奉命编《性理精义》十二卷。

此外,还编有《二程外书纂》《音韵阐微》等。

其中,费力最多、影响最大的,当推《朱子全书》和《性理精义》二书。

《朱子全书》,是从《朱子语类》《朱文公文集》中"撮取精要,芟削繁文,以类编次"而成。从编修至正式刊行前后历时八载。《性理精义》,系纂集宋、元时期四十五位思想家论学、论性命、论理气、论治道等若干言论而成,乃明初《性理大全》的节本。从编修至正式刊行也历时二年。仅李光地向康熙进呈有关二书编修事宜的文表,见于《榕村全集》的即达十余件。

编纂工作是在康熙直接主持下进行的,从宗旨、体例、选材、编次以至校刊,均由其亲自审订,并为二书分别写有序言,阐述编纂目的,宣称"非此不能知天人相与之奥;非此不能治万邦于衽席;非此不能仁心仁政施于天下;非此不能内外为一家"(《御纂朱子全书序》),把《朱子全书》等视为知人知天、安定百姓、治理国家、统一学术的重要依据。

李光地除贯彻康熙的编纂意图外,还力求阐发自己的理学思想。

为了宣传他标举的理学"四书",《性理精义》全文录载"周子《太极图说》《通书》、张子《西铭》",谓此"乃有宋理学之宗祖,诚为《学》《庸》《语》《孟》以后仅见之书","附以朱子解说,使学者知道理之根源,学问之枢要"(《性理精义·凡例》)。

为了反映他兼容各家的学术思想,《性理精义》除主要收录周、程、张、邵、朱及其后学的论述外,还收录有他所谓"不同道"的司马光的言论,以及与朱学对立的陆九渊的大段议论。

为了突出他所推崇的《大学》"修、齐、治、平"思想,他曾建议修改《朱子全书》的原订编次。他说:"查原目录内首十数卷论学之后,即继之以四书五经、诸儒、诸子、历代人物等目,然后及于治道。臣切唯《大学》格、致、诚、正与齐、治、平相为表里","妄谓首十数卷论学之后,似即宜继以论治,而论治诸目,则宜以奏疏为首,然后以下君道、臣道、养教、兵刑、用人、理财等目次之,则开篇数十卷之中而内圣外王之道备矣"(《全集》卷二十八《札子一·条奏朱子全书目录及次弟札子》)。但康熙以"朱子平生工夫,在于发明四书六经,须以四书六经为首",即沿用原订编次,而未予采纳。

李光地对性理之书中与自己的观点相左之处,一般能尊重古人,不以己意任加删节。例如,他不主张以"气质"为性,但在《朱子全书》中仍辟有"气质之性"一目。他宣传鬼神思想,但在《性理精义》末辟论鬼神专目。这些都表现出作者编纂思想的求实态度。

李光地学宗朱熹,间有不满朱熹的言论,那是次要的。其理学思想,比较陈旧,无所发明。由于得到康熙的宠信,仕历显达,因而在当时有一定影响。他对西方传教士传入的科学技艺,抱开明态度。他与梅文鼎交往,学习几何学、三角等数学,这是他的学术思想中的新因素。但是,他把西方学术与数学比附理学观点,这就显得可笑了。

与李光地同时且以理学名臣显赫于世的,还有张伯行①。其学笃守程、朱,而力辟王守仁之说,认为"千圣之学,括于一敬,故学莫先于主敬",因自号敬庵(《清史稿·张伯行传》)。其著述繁多,然多因袭旧说,理论上无多大建树。清初理学家陆世仪、陆陇其、李光地等人,都有类似情况,说明宋明理学至此已走向穷途末路,其颓势十分显明。

---

① 张伯行(公元1651—1725年)字孝先,河南仪封人,康熙二十四年(公元1685年)进士,官至礼部尚书,谥清恪。主要著作有:《性理正宗》《道学源流》《困学录》《困学录续录》和《正谊堂文集》等。此外,他还编有《正谊堂全书》,集儒先之遗言和著述。

附录一：理学家①生卒年表

960	庚申	宋太祖建隆元年	宋代建立
992	壬辰	宋太宗淳化三年	孙　复生
993	癸巳	四年	胡　瑗生
1005	乙巳	宋真宗景德二年	石　介生
1011	辛亥	大中祥符四年	邵　雍生
1017	丁巳	天禧元年	周惇颐生
1020	庚申	四年	张　载生
1032	壬申	宋仁宗明道元年	程　颢生
1033	癸酉	二年	程　颐生
1042	壬午	庆历二年	吕大临生（约）
1050	庚寅	皇祐二年	谢良佐生
1053	癸巳	五年	石　介卒（或谓1045年卒）
			杨　时生
			游　酢生
1057	丁酉	嘉祐二年	孙　复卒
1059	己亥	四年	胡　瑗卒
1072	壬子	宋神宗熙宁五年	罗从彦生
			朱　震生
1073	癸丑	六年	周惇颐卒
1074	甲寅	七年	胡安国生
1077	丁巳	十年	邵　雍卒
			张　载卒
1085	乙丑	元丰八年	程　颢卒
1090	庚午	元祐五年	吕大临卒（约）
1092	壬申	七年	张九成生

---

① 包括本卷所论述的其他思想家。

1093	癸酉	八年	李 侗生
1098	戊寅	宋哲宗绍圣五年	胡 寅生
1102	壬午	宋徽宗崇宁元年	胡 宏生（或谓1105年生）
1103	癸未	二年	谢良佐卒
1107	丁亥	大观元年	程 颐卒
1123	癸卯	宣和五年	游 酢卒
1130	庚戌	宋高宗建炎四年	朱 熹生
1133	癸丑	绍兴三年	张 栻生
1134	甲寅	四年	薛季宣生
1135	乙卯	五年	杨 时卒
			罗从彦卒
			蔡元定生
1136	丙辰	六年	舒 璘生
1137	丁巳	七年	吕祖谦生
			陈傅良生
1138	戊午	八年	胡安国卒
			朱 震卒
1139	己未	九年	陆九渊生
			沈 焕生
1141	辛酉	十一年	杨 简生
1143	癸亥	十三年	程端蒙生
1144	甲乙	十四年	袁 燮生
1148	戊辰	十八年	蔡 渊生
1152	壬申	二十二年	黄 榦生
			董 铢生
1156	丙子	二十六年	胡 寅卒
1159	己卯	二十九年	张九成卒
			陈 淳生
1161	辛巳	三十一年	胡 宏卒
1163	癸未	宋孝宗隆兴元年	李 侗卒
1167	丁亥	乾道三年	蔡 沈生
1173	癸巳	九年	薛季宣卒

1178	戊戌	淳熙五年	魏了翁生
			真德秀生
1180	庚子	七年	张　栻卒
1181	辛丑	八年	吕祖谦卒
1188	戊申	十五年	何　基生
1191	辛亥	宋光宗绍熙二年	沈　焕卒
			程端蒙卒
1192	壬子	三年	陆九渊卒
1197	丁巳	宋宁宗庆元三年	王　柏生
1198	戊午	四年	蔡元定卒
1199	己未	五年	舒　璘卒
1200	庚申	六年	朱　熹卒
1203	癸亥	嘉泰三年	陈傅良卒
1209	己巳	嘉定二年	许　衡生
1213	癸酉	六年	黄　震生（约）
1215	乙亥	八年	赵　复生（约）
1221	辛巳	十四年	黄　榦卒
1223	癸未	十六年	王应麟生
			陈　淳卒
1224	甲申	十七年	袁　燮卒
1226	丙戌	宋理宗宝庆二年	杨　简卒
1230	庚寅	绍定三年	蔡　沈卒
1232	壬辰	五年	金履祥生
1235	乙未	端平二年	真德秀卒
1236	丙申	三年	蔡　渊卒
1237	丁酉	四年	魏了翁卒
1249	己酉	淳祐九年	刘　因生
			吴　澄生
1269	己巳	宋度宗咸淳五年	何　基卒
1270	庚午	六年	许　谦生
1271	辛未	七年	程端礼生
1274	甲戌	十年	王　柏卒

1279	己卯		宋亡
1280	庚辰	元世祖至元十七年	黄　震卒（约）
1281	辛巳	十八年	许　衡卒
1293	癸巳	三十年	刘　因卒
1296	丙申	元成宗元贞二年	王应麟卒
1303	癸卯	元成宗大德七年	金履祥卒
1306	丙午	十年	赵　复卒（约）
1310	庚戌	元武宗至大三年	宋　濂生
1311	辛亥	四年	刘　基生
1333	癸酉	元顺帝元统元年	吴　澄卒
1337	丁丑	至元三年	许　谦卒
1345	乙酉	至正五年	程端礼卒
1357	丁酉	元惠宗至正十七年	方孝孺生
1368	戊申	明太祖洪武元年	明朝建立
1375	乙卯	八年	刘　基卒
1376	丙辰	九年	曹　端生
1381	辛酉	十四年	宋　濂卒
1389	己巳	二十二年	薛　瑄生
			黄润玉生
1391	辛未	二十四年	吴与弼生
1402	壬午	明惠帝建文四年	方孝孺卒
1411	辛卯	明成祖永乐九年	陈真晟生
1416	丙申	十四年	王　恕生
1422	壬寅	二十年	娄　谅生
1426	丙午	明宣宗宣德元年	阎禹锡生
1428	戊申	三年	陈献章生
1431	辛亥	六年	罗　伦生
1434	甲寅	九年	曹　端卒
			胡居仁生
1436	丙辰	明英宗正统元年	章　懋生
1437	丁巳	二年	贺　钦生
1453	癸酉	明代宗景泰四年	蔡　清生

1455	乙亥	六年	张诩生
1457	丁丑	明英宗天顺元年	董澐生
1464	甲申	八年	薛瑄卒
			潘润生
1465	乙酉	明宪宗成化元年	罗钦顺生
			余祐生
1466	丙戌	二年	湛若水生
			夏尚朴生
1469	己丑	五年	吴与弼卒
1472	壬辰	八年	王守仁生
1474	甲午	十年	陈真晟卒
			王廷相生
1476	丙申	十二年	阎禹锡卒
1477	丁酉	十三年	黄润玉卒
			黄绾生
1478	戊戌	十四年	罗伦卒
			李中生
1479	己亥	十五年	吕柟生
			穆孔晖生
1483	癸卯	十九年	王艮生
			蒋信生
			顾应祥生
1484	甲辰	二十年	胡居仁卒
1485	乙巳	二十一年	季本生
1486	丙午	二十二年	何廷仁生
			薛侃生
1487	丁未	二十三年	聂豹生
			徐爱生
1490	庚戌	明孝宗弘治三年	刘文敏生
			刘邦采生
			黄省曾生

1491	辛亥	四年	娄　谅卒
			邹守益生
1492	壬子	五年	黄宏纲生
			吕　怀生
1494	甲寅	七年	陈九川生
1496	丙辰	九年	钱德洪生
			欧阳德生
1497	丁巳	十年	陈　建生
			程文德生
			唐　枢生
1498	戊午	十一年	王　畿生
			林　春生
1500	庚申	十三年	陈献章卒
1501	辛酉	十四年	何　迁生
1503	癸亥	十六年	尤时熙生
			张后觉生
			王　栋生
1504	甲子	十七年	罗洪先生
1506	丙寅	明武宗正德元年	唐顺之生
1508	戊辰	三年	蔡　清卒
			赵贞吉生
1510	庚午	五年	王　恕卒
			贺　钦卒
1511	辛未	六年	王　襞生
1514	甲戌	九年	张　诩卒
1515	乙亥	十年	罗汝芳生
1517	丁丑	十二年	徐　爱卒
			胡　直生
			何心隐生
1519	己卯	十四年	李　材生
1521	辛巳	十六年	章　懋卒
			王时槐生

			冀元亨生
1524	甲申	明世宗嘉靖三年	耿定向生
1525	乙酉	四年	孟　秋生
1526	丙戌	五年	潘　润卒
1527	丁亥	六年	李　贽生
			章　潢生
1528	戊子	七年	余　祐卒
1529	己丑	八年	王守仁卒
1533	癸巳	十二年	董　澐卒
1534	甲午	十三年	耿定理生
1535	乙未	十四年	许孚远生
1536	丙申	十五年	吕　坤生
1537	丁酉	十六年	管志道生
1538	戊戌	十七年	夏尚朴卒
			张元忭生
			唐鹤征生
1539	己亥	十八年	钱一本生
1540	庚子	十九年	黄省曾卒
			方学渐生
1541	辛丑	二十年	王　艮卒
			林　春卒
			焦　竑生
1542	壬寅	二十一年	吕　柟卒
			李　中卒
			邓以赞生
1544	甲辰	二十三年	王廷相卒
1545	乙巳	二十四年	薛　侃卒
1547	丁未	二十六年	罗钦顺卒
			杨起元生
			周汝登生
1550	庚戌	二十九年	顾宪成生
1551	辛亥	三十年	黄　绾卒

			何廷仁卒
			邹元标生
1552	壬子	三十一年	徐　樾生
1554	甲寅	三十三年	欧阳德卒
			顾允成生
1556	丙辰	三十五年	冯从吾生
1559	己未	三十八年	蒋　信卒
			程文德卒
1560	庚申	三十九年	湛若水卒
			唐顺之卒
1561	辛酉	四十年	黄宏纲卒
1562	壬戌	四十一年	陈九川卒
			邹守益卒
			高攀龙生
			陶望龄生
1563	癸亥	四十二年	聂　豹卒
			季　本卒
1564	甲子	四十三年	罗洪先卒
1565	乙丑	四十四年	顾应祥卒
1567	丁卯	明穆宗隆庆元年	陈　建卒
1572	壬申	六年	刘文敏卒
1574	甲戌	明神宗万历二年	钱德洪卒
			何　迁卒
			唐　枢卒
1575	乙亥	三年	刘邦采卒（约）
1576	丙子	四年	赵贞吉卒
1577	丁丑	五年	耿定理卒
1578	戊寅	六年	张后觉卒
			刘宗周生
1579	己卯	七年	何心隐卒
1580	庚辰	八年	尤时熙卒
1581	辛巳	九年	王　栋卒

1583	癸未	十一年	王　畿卒
1584	甲申	十二年	孙奇逢生
1585	乙酉	十三年	胡　直卒
			黄道周生
1587	丁亥	十五年	王　襞卒
1588	戊子	十六年	张元忭卒
			唐鹤征卒
			罗汝芳卒
1589	己丑	十七年	孟　秋卒
1595	乙未	二十三年	李　材卒
1596	丙申	二十四年	耿定向卒
1599	己亥	二十七年	杨起元卒
			邓以赞卒
1602	壬寅	三十年	李　贽卒
1604	甲辰	三十二年	许孚远卒
			陈　确生
1605	乙巳	三十三年	王时槐卒
			傅　山生
1607	丁未	三十五年	顾允成卒
1608	戊申	三十六年	管志道卒
			章　潢卒
1609	己酉	三十七年	陶望龄卒
1610	庚戌	三十八年	黄宗羲生
			钱一本卒
1611	辛亥	三十九年	方以智生
			陆世仪生
1612	壬子	四十年	顾宪成卒
1613	癸丑	四十一年	顾炎武生
1615	乙卯	四十三年	方学渐卒
1618	戊午	四十六年	吕　坤卒
1619	己未	四十七年	王夫之生
1620	庚申	四十八年	焦　竑卒

1624	甲子	明熹宗天启四年	邹元标卒
1626	丙寅	六年	高攀龙卒
1627	丁卯	七年	冯从吾卒
			李　颙生
1629	己巳	明思宗崇祯二年	周汝登卒
1630	庚午	三年	陆陇其生
1635	乙亥	八年	颜　元生
1642	壬午	十五年	李光地生
1645	乙酉	清世祖顺治二年	刘宗周卒
1646	丙戌	三年	黄道周卒
1659	己亥	十六年	李　塨生
1671	辛亥	清圣祖康熙十年	方以智卒
1672	壬子	十一年	陆世仪卒
1675	乙卯	十四年	孙奇逢卒
1677	丁巳	十六年	陈　确卒
1682	壬戌	二十一年	顾炎武卒
1684	甲子	二十三年	傅　山卒
1692	壬申	三十一年	王夫之卒
1693	癸酉	三十二年	陆陇其卒
1695	乙亥	三十四年	黄宗羲卒
1704	甲申	四十三年	颜　元卒
1705	乙酉	四十四年	李　颙卒
			全祖望生
1718	戊戌	五十七年	李光地卒
1733	癸丑	清世宗雍正十一年	李　塨卒
1755	乙亥	清高宗乾隆二十年	全祖望卒

附录二：宋明时期主要理学著作目录

（理学以外的有关著作附见，书名前加＊号）

书　名	编、著者	版　本
周易口义　十二卷	胡　瑗	四库全书本
安定言行录	胡　瑗	清光绪《月河精舍丛钞》本
春秋尊王发微　十二卷	孙　复	清内府藏本
徂徕石先生集　二十卷	石　介	清康熙刊本
周子全书　四卷 　　（包括《太极图·易说》及《易通》）	周惇颐	万有文库本
张载集	张　载	中华书局本
关学编　二卷	冯从吾	清康熙刊本
关学宗传　五十六卷	张　骥	陕西人民教育出版社本
二程集	程　颢 程　颐	中华书局本
龟山集　四十二卷	杨　时	四库全书本
游廌山集　四卷	游　酢	同上
上蔡语录　一卷	谢良佐	正谊堂全书本
邵子全书	邵雍著、 徐必达编	明万历刊本
皇极经世易知	何梦瑶	清刊本
皇极经世全书解	王　植	清乾隆刊本
＊邵氏闻见录	邵伯温	涵芬楼本
汉上易传	朱　震	通志堂经解本
易图	朱　震	同上
丛说	朱　震	同上
春秋传　三十卷	胡安国	明汲古阁本
胡子知言　六卷	胡　宏	明嘉靖正心书院刊本
五峰集	胡　宏	四库全书珍本

书名	作者	版本
横浦集 二十卷	张九成	四库全书本
横浦心传 三卷	张九成	
孟子传(残本) 二十九卷	张九成	四部丛刊本
中庸说(残本) 三卷	张九成	同上
癸巳论语解 十卷	张栻	丛书集成本
南轩文集 四十四卷	张栻	清咸丰刊本
南轩易说 三卷	张栻	四库全书珍本
南轩全集 六十一卷	张栻	清咸丰重刊本
东莱集 四十卷	吕祖谦	金华丛书本
东莱吕太史文集	吕祖谦	续金华丛书本
*历代制度详说 十二卷	吕祖谦	同上
丽泽论说集录 十卷	吕乔年编	同上
晦庵先生朱文公文集 一二一卷	朱熹	四部丛刊本
朱子语类大全 一四〇卷	朱熹	明刊本
四书章句集注 十九卷	朱熹	清刊本
四书或问 三十九卷	朱熹	同上
易学启蒙 四卷	朱熹	同上
易本义 十二卷	朱熹	同上
仪礼经传通解 三十七卷	朱熹	同上
孝经刊误 一卷	朱熹	同上
近思录 十四卷	朱熹编	同上
伊雒渊源录 十四卷	朱熹编	同上
太极图说解	朱熹解	同上
通书解	朱熹解	同上
西铭解 一卷	朱熹解	同上
小学集注 六卷	朱熹辑	同上
参同契考异 一卷	朱熹注	四部备要本
诗集传 八卷	朱熹	中华书局本
楚辞集注 八卷	朱熹注	同上
资治通鉴纲目 五十九卷	朱熹	明刊本
五朝名臣言行录 十卷	朱熹编	四部丛刊本

三朝名臣言行录　十四卷	朱　熹编	同上
古今家祭礼　二卷	朱　熹编	清刊本
*叶适集	叶　适	中华书局本
*陈亮集	陈　亮	同上
诚斋集　一三三卷	杨万里	清刊本
诚斋易传　二十卷	杨万里	丛书集成本
重刊陈北溪先生全集　五十卷（附《性理字义》）	陈　淳	清刊本
皇极经世指要	蔡元定	清《蔡氏九儒书》本
律吕新书	蔡元定	同上
书集传	蔡　沈	通行本
洪范皇极	蔡　沈	清刊本
洪范皇极补	刘世衢	同上
性理字训	程端蒙	《宋元学案》卷六十九引
程董二先生学则	程端蒙　董　铢	同上
程氏家塾读书分年日程	程端礼	四部丛刊本
象山全集　三十六卷	陆九渊	同上
慈湖遗书　十八卷	杨　简	四部丛书本
杨氏易传　二十卷	杨　简	同上
絜斋集　二十四卷	袁　燮	同上
絜斋家塾书钞　十二卷	袁　燮	同上
袁正献公遗文钞　二卷	袁　燮	同上
广平类稿　四卷	舒　璘	同上
定川遗书　二卷	沈　焕	同上
西山真文忠公全集　五十一卷	真德秀	四部丛刊本
大学衍义　四十三卷	真德秀	清刊本
鹤山大全文集　一一〇卷	魏了翁	四部丛刊本
黄氏日钞　九十七卷	黄　震	清乾隆刊本
四明文献集　五卷	王应麟	清抄本
深宁先生文钞	王应麟	清刊本

困学纪闻	王应麟	上海商务印书馆本
何北山遗集　四卷	何　基	金华丛书本
鲁斋集　十卷	王　柏	同上
鲁斋文集　二十卷	王　柏	续金华丛书本
王鲁斋正学编　二卷	王　柏	率祖堂丛书本
诗疑　二卷	王　柏	朴社（1930年版）本
书疑　九卷	王　柏	通志堂经解本
仁山集　六卷	金履祥	金华丛书本
尚书注　十二卷	金履祥	十万卷楼丛书本
尚书表注　二卷	金履祥	率祖堂丛书本
大学章句疏义　一卷	金履祥	同上
论孟集注考证　十七卷	金履祥	同上
濂洛风雅　六卷	金履祥	同上
许白云先生文集　四卷	许　谦	四部丛刊本
读书丛说　六卷	许　谦	金华丛书本
读四书丛说　二十卷	许　谦	同上
许文正公遗书　十四卷	许　衡	清乾隆怀庆堂本
静修先生文集　二十二卷	刘　因	四部丛刊本
饶双峰讲义　十二卷	饶　鲁	清乾隆刊本
草庐吴文正公全集　四十一卷	吴　澄	清乾隆万氏刊本
滋溪文稿　二十卷	苏天爵	适园丛书本
渊颖吴先生集　十二卷	吴　莱	四部丛刊本
清容居士集　五十卷	袁　桷	同上
师山先生集　八卷	郑　玉	明刊本
道园学古录	虞　集	四部丛刊本
性理大全　七十卷	胡广等编	明永乐内府刊本
四书大全　三十六卷	胡广等编	同上
五经大全　一五四卷	胡广等编	同上
宋文宪公全集　五十三卷	宋　濂	四部备要本
太师诚意伯刘文成公全集　二十卷	刘　基	四部丛刊本
方正学逊志斋集　二十四卷	方孝孺	清道光刊本

书名	作者	版本
曹月川遗书	曹　端	清刊本
薛文清公文集　二十四卷	薛　瑄	清雍正刊本
吴康斋文集　十二卷	吴与弼	明崇祯刊本
白沙子　八卷	陈献章	四部丛刊本
白沙语要　一卷	陈献章	学海类编本
甘泉文集　三十二卷	湛甘泉	清康熙刊本
格物通　一〇〇卷	湛甘泉	四库全书本
春秋正传　三十七卷	湛甘泉	同上
甘泉新编　一卷	湛甘泉	学海类编本
王文成公全书　三十八卷	王守仁	四部备要本
龙溪全集　二十卷	王　畿	清刊本
龙溪语录　八卷	王　畿	同上
东廓邹先生文集　十二卷	邹守益	明嘉靖刊本
欧阳南野先生文集　三十卷	欧阳德	同上
念庵罗先生集　十三卷	罗洪先	同上
双江聂先生文集　十四卷（包括《困辨录》）	聂　豹	同上
易蕴	刘邦采	《明儒学案》卷十九引
论学书	王时槐	《明儒学案》卷二十引
王益轩会语	王时槐	同上
仁知说	王时槐	同上
石经大学略义	王时槐	同上
衡庐精舍藏稿　三十九卷	胡　直	四库全书本
衡庐精舍续稿　十一卷	胡　直	同上
胡子衡齐　八卷	胡　直	明万历刊本
方山文录　二十二卷	薛应旂	清光绪武进盛氏刊本
薛方山文集　一卷	薛应旂	皇明经世文编本
周易象义　四卷	唐鹤征	唐氏丛刊本
桃溪札记　一卷	唐鹤征	同上
宪世编　六卷	唐鹤征	清刊本
明道编　六卷	黄　绾	中华书局本

张阳和集　三卷	张元忭	正谊堂全书本
明儒王心斋先生遗集　五卷	王　艮著 袁承业重编	1912年排印本
韩乐吾先生集	韩　贞	近年翻刻本
*爨桐集	何心隐	中华书局本
近溪子文集	罗汝芳	明刊本
耿天台先生文集	耿定向	同上
*焚书、续焚书	李　贽	中华书局本
*藏书、续藏书	李　贽	同上
*李氏文集	李　贽	明刊本
困知记	罗钦顺	同上
罗整庵先生存稿　二卷	罗钦顺	丛书集成本
*王氏家藏集	王廷相	明嘉靖刊本
*吕新吾全集	吕　坤	清同治、光绪间修补印本
学蔀通辨　十二卷	陈　建	清光绪刘氏传经堂刊本
顾端文公遗书　三十七卷	顾宪成	清光绪刊本
泾皋藏稿　二十二卷	顾宪成	清刊本
小辨斋偶存　八卷	顾允成	同上
高子遗书　十二卷	高攀龙	同上
*东林本末　三卷	吴应箕	民国神州国光社本
*东林列传　二十四卷	陈　鼎编	清康熙山寿堂刊本
*东林书院志　二十二卷	高廷珍等编	清光绪重刊本
周易六龙解 （附《东溟粹言》）	管志道	复性书院刊本
从先维俗议　五卷	管志道	同上
圣学宗传　十八卷	周汝登	明万历刊本
刘子全书　三十八卷	刘宗周	清道光刊本
刘子全书遗编　二十二卷	刘宗周	同上
石斋先生经传九种	黄道周	清康熙刊本
榕坛问业　十八卷	黄道周	同上
易象正　十一卷	黄道周	同上

＊博物典汇　十九卷	黄道周	同上
＊周易时论·图象几表	方孔炤、方以智	清顺治刊本
＊通雅　五十二卷	方以智	清刊本
＊物理小识　十二卷	方以智	长白本
＊东西均	方以智	中华书局本
＊浮山文集后编	方以智	抄本
＊未生梦	方以智	清初刊本
＊宁都三魏全集	魏祥、魏禧、魏礼	通行本
＊耻躬堂诗钞文钞	彭士望	清道光刊本
＊广阳杂记	刘继庄	清末刊本
＊曝书亭集	朱彝尊	四部丛刊本
夏峰先生集	孙奇逢	清刊本
理学宗传　二十六卷	孙奇逢	同上
四书近指　二十卷	孙奇逢	同上
书经近指　六卷	孙奇逢	同上
读易大旨　五卷	孙奇逢	同上
理学备考　十四卷	范鄗鼎辑	清康熙五经堂刊本
广理学备考　四十八卷	范鄗鼎辑	同上
宋元学案　一〇〇卷	黄宗羲著全祖望补	四部备要本
明儒学案　六十二卷	黄宗羲	中华书局沈芝盈点校本
南雷集　二十二卷	黄宗羲	上海商务印书馆重印本
南雷文集　二十四卷	黄宗羲	黄氏家塾耕余楼刊本
＊明夷待访录	黄宗羲	《黄宗羲全集》第一册浙江古籍出版社本
＊留书佚文	黄宗羲	同上
关中李二曲先生全集　四十六卷	李颙	清陕西刊本
四书反身录　八卷	李颙	同上
＊陈确集	陈确	中华书局本

书名	作者	版本
*船山遗书 七十七种	王夫之	清同治刊本
*霜红龛集 四十卷	傅 山	清宣统山阴丁氏刊本
*圣人为恶篇	傅 山	手稿
*荀子评注	傅 山	手稿
*庄子批点	傅 山	手抄本
*昆山顾氏全集 三十八种	顾炎武	清光绪刊本
*日知录集释 三十二卷	顾炎武撰、黄汝成集释	湖北崇文书局重刊本
*颜李丛书 三十三种	颜 元、李 塨	民国四存学会刊本
*居业堂文集 二十卷	王 源	清道光刊本
桴亭先生文集 六卷	陆世仪	陆桴亭先生遗书本
论学酬答 四卷	陆世仪	同上
思辨录辑要 三十五卷	陆世仪	清光绪江苏书局刊本
性善图说 一卷	陆世仪	陆桴亭先生遗书本
三鱼堂文集 十二卷	陆陇其	西京清麓丛书本
三鱼堂外集 六卷	陆陇其	同上
松阳讲义 十二卷	陆陇其	清光绪刊本
问学录 四卷	陆陇其	正谊堂全书本
性理精义	李光地等编	清康熙刊本
榕村全书	李光地	清道光李维迪刊本
*鲒埼亭集(内篇) 三十八卷	全祖望	四部丛刊本
（外篇） 五十卷	全祖望	同上
经史问答 十卷	全祖望	同上
*华严经义海百门 一卷	法 藏	大藏经
*华严游心法界记 一卷	法 藏	同上
*原人论 一卷	宗 密	同上
*坛经 一卷	慧 能	齐鲁书社郭朋《坛经对勘》本
*观心论 一卷	神 秀	大藏经
*宋高僧传 三十卷	赞 宁	同上
*五灯会元 二十卷	普 济	同上

图书在版编目（CIP）数据

宋明理学史/侯外庐，邱汉生，张岂之主编；张岂之修订.—西安：西北大学出版社，2018.12

ISBN 978-7-5604-4290-7

Ⅰ.①宋… Ⅱ.①侯… ②邱… ③张… Ⅲ.①理学—思想史—研究—中国—宋代 ②理学—思想史—研究—中国—明代 Ⅳ.①B244.05②B248.05

中国版本图书馆 CIP 数据核字（2018）第 282895 号

宋明理学史

主　　编	侯外庐　邱汉生　张岂之
修　　订	张岂之
出版发行	西北大学出版社
地　　址	西安市太白北路 229 号
邮　　编	710069
电　　话	029-88303059
经　　销	全国新华书店
印　　装	陕西博文印务有限责任公司
开　　本	787 毫米×1092 毫米　1/16
印　　张	108.5
字　　数	1458 千字
版　　次	2018 年 12 月第 1 版　2018 年 12 月第 1 次印刷
书　　号	ISBN 978-7-5604-4290-7
定　　价	480.00 元

本版图书如有印装质量问题，请拨打电话 029-88302966 予以调换。